사회복지실천을 위한 사례관리

| **이효선 · 남화수** 공저 |

학지사

머리말

우리나라에서 사례관리는 1990년대 초반 탈시설화 정책을 기점으로 도입되어 사회복지 전 분야에 걸쳐서 급속도로 확대되었다. 공공영역에서도 2015년 서울특별시의 '찾아가는 동주민센터'와 2016년 보건복지부의 '읍 · 면 · 동 복지 허브화' 사업을 통하여 전달체계를 개편하면서 효과적인 복지 서비스 제공의 필수적인 방법으로 제시되고 있다. 하지만 김만두 교수의 최초 편역서인『사례관리실천론』이 발간된 이후, 체계적인 교육과 훈련 과정 없이 현장에 투입된 사례관리자들이 개인이나 기관 차원의 역량과 주관적 경험에서 얻은 개념적 이해를 기반으로 실천이 이루어지면서 혼란이 가중되고 있는 실정이다.

실제로 사례관리는 기존의 사회사업(social work)방법을 통합한 고도의 전문성이 요구되는 실천전략이라 할 수 있다. 따라서 사례관리자는 과학적인 개입을 통해 통합적이고 연속적인 서비스를 제공하고 체계화된 절차를 수행할 수 있어야 한다. 그러나 사례관리의 특성상 사례관리자 그리고 기관의 특성에 따라 그 실천이 다양하게 이루어지고 통합적인 서비스가 강화되다 보니 다른 영역과의 서비스 연계 등이 중요하게 다루어지고 있다. 즉, '사례+관리'에서 봤을 때

'관리'의 측면이 더 강조가 되고 '사례'에 대한 부분은 약화되어 있음을 볼 수 있다. 사례관리가 사례에 대한 이해와 분석을 기초로 진행되는 것을 고려한다면, 관리가 잘 이루어지기 위해서는 무엇보다도 사례에 대한 충분한 이해가 선행되어야 한다. 이 책은 원(原)개념에 입각한 사례관리 실천이 이루어질 수 있도록 먼저 기본적 개념을 명확히 하고, 상호주관성(intersubjectivity)을 바탕으로 한 사례중심실천(Case-Based Practice)에 따라 사례를 분석한 후, 재구성하는 작업을 추가하였다. 지금까지의 사례분석이 수집된 정보를 기록하고 기록된 정보를 구성해 문제를 규명하는 차원이었다면, 사례중심실천에서는 기록된 것, 즉 정보가 의미하는 것을 해석해 주는 작업을 더한다. 이 해석의 과정은 클라이언트, 즉 사례가 가지고 있는 숨겨진 의미구조를 찾아내는 것을 핵심으로 한다.

이를 위해 저자 이효선은 사회복지시설에서 질적 연구방법의 아이디어에 기반을 둔 사례관리 실천이 가능한 것인가를 실험하였다. 즉, 사례관리자에게 3년 이상 슈퍼비전을 주며 사례관리방법의 새로운 가능성을 확인하는 작업을 한 것이다. 저자 남화수는 25년 이상의 실무경험을 바탕으로 사례가 중심이 되는 실천의 중요성과 실천과정의 본질적 접근을 강조하면서 실제 사례를 제시하였다. 즉, 이 책은 사례관리 실천에 대한 사회복지 이론가인 질적 연구자와 현장 실천가의 고민이 담긴 공동 작업물이기에 다른 교재와는 차별성이 있음을 밝힌다. 사례는 이 세상에서 단 하나이므로 사례관리는 클라이언트에 의해, 클라이언트를 위한, 클라이언트의 사례관리가 되어야 함을 다시 한 번 강조한다.

이 책은 크게 제1부 '사례관리의 이론적 이해', 제2부 '사례관리의 실제'로 이루어져 총 일곱 개의 장으로 구성되어 있다.

제1장 '사례관리 이해를 위한 기초개념'에서는 사례와 사례연구의 개념, 학문적 발달사에 대해 살펴본 후 사례연구와 사례관리의 상관성에 대해 설명하였다. 기존의 사례관리는 '사례'보다 '관리'의 측면을 더 강조하고 있지만, 관리가 잘 이루어지기 위해서는 사례에 대한 이해가 선행되어야 함을 앞서 밝혔다. 따

라서 우선적으로 사례와 관련된 기초개념에 대해 제시하였으며, 사례관리의 몇 가지 특성과 함께 사례중심실천(사례분석/연구)의 필요성을 강조하였다.

제2장 '사례관리의 정의와 역사'에서는 맥락을 제외한 사례관리 개념의 섣부른 보편화가 많은 부작용을 낳았고 이로 인해 사례연구와 사례관리 실천에 혼란을 겪고 있는 우리나라의 실정을 살펴보았다. 이후 사례관리에 대한 학자들의 다양한 정의를 통해 욕구(needs)와 서비스의 통합성을 핵심개념으로 제시하여 독자들이 사례관리의 개념을 명확히 이해할 수 있도록 돕고자 하였다. '사례관리의 역사'에서는 19세기 Mary Richmond의 인간봉사실천을 시작으로 1970년대 후반 재가복지와 탈시설화 정책으로 인해 욕구 맞춤형 양질의 서비스 전달의 한 방법으로 사례관리가 자리 잡은 미국과 1993년 김만두 교수의 『사례관리 실천론』 편역서를 시작으로 현재 보건복지부의 '읍 · 면 · 동 복지허브화', 서울특별시의 '찾아가는 동주민센터' 등 공공 영역으로까지 체계화된 우리나라의 사례관리 발달과정을 시대별로 간략하게 설명하였다.

제3장 '사례관리의 구성'은 가장 핵심적인 구성 요소인 클라이언트, 사례관리자 및 사회적 자원에 대한 내용을 담고 있다. 클라이언트는 사회복지서비스 이용자를 지칭하는 가장 보편적인 용어로 이와 관련하여 현재까지 지속되고 있는 다양한 논의에 대해 이 장에서 제시하였다. 사례관리자는 전문가로서 가치와 경험을 토대로 이론적 지식을 활용하여 클라이언트의 문제 및 욕구를 해결하기 위한 직간접적 역할을 수행하는 사례관리 실천의 주체이다. 따라서 개인의 전문적 역량이 서비스의 질에 막대한 영향을 미치는 만큼 전문성의 구성 요소인 가치(value), 경험(experience), 지식(knowledge), 기술(skill)에 대해 단계별로 재구성하여 전문가로서 사례관리자의 역할에 대해 기술하였다. 사회적 욕구를 충족하기 위해 활용 가능한 자원의 총칭인 사회자원은 사회복지실천의 목표와 목적을 달성하는 데 도움이 되는 모든 것을 일컫는 것으로 사례관리에서 사회자원의 의미를 살펴보고, 사례관리자는 이것을 어떻게 활용해야 할지에 대해 제시하

였다.

제4장 '사례관리의 목적, 기능, 실천원칙 및 요소'에서는 탈시설화 맥락에서 복합적이고 장기적이며 다양한 욕구를 가진 클라이언트에게 효과적인 서비스를 제공하기 위한 사례관리의 목적, 실천에서의 역할과 기능, 특히 실천과정의 주요 요소들이 혼동되고 있는 상황을 감안하여 기능의 개념에 적합한 내용을 제시하였다. 또한 Moxley(1989) 그리고 Cross와 그의 동료들(1989)이 제시한 사례관리를 위한 실천원칙과 Greene(1992)이 제시한 사례관리의 효과적인 서비스 개입을 위한 실천요소를 중심으로 구성하였다.

제5장 '사례관리 실천과정'은 일반적으로 사정, 개별 서비스 계획, 개입, 점검 및 평가의 5단계 또는 접수 과정을 포함한 6단계로 구분하고 있지만, 여기서는 클라이언트 발굴, 인테이크, 스크리닝 단계에서 필요한 과업들을 반영하여 9단계로 구분하여 설명하였다. 특히 사례관리자의 클라이언트에 대한 '이해'를 바탕으로 개인과 환경의 상호작용 속에서 복합적으로 구성되는 욕구 중심의 접근, 즉 환자를 진료할 때 증상만 치료한다고 해서 완치를 기대할 수 없는 것처럼 문제와 욕구를 하나의 뿌리를 지닌 것으로 이해하고 인간의 마음속에 자리한 원형을 확인하기 위한 과학적 사정을 강조하였다.

제2부 '사례관리의 실제'에서는 질적 연구를 활용한 사회복지시설에서의 사례관리와 종합사회복지관의 사례관리 실천사례를 소개하였다.

학문이 학문으로서의 위상을 유지하기 위해서는 '근거가 있는 지식'이어야 한다는 것이 당위이다. 그러나 인간과 사회의 문제를 해결하려는 노력들이 효율성을 강조하는 기술주의적 사고와 기능적 진단으로 인해 길을 잃고 방황하고 있다. 사회복지실천 현장도 예외일 수는 없다. 급속도로 변화하고 있는 혼돈의 상황에서 사례관리자는 눈앞의 현상에만 주목할 것이 아니라 클라이언트가 중심이 되는 본질적인 접근을 위해 고민해야 할 시점이라 생각한다. 이러한 점에서 이 책이 사회복지를 공부하는 학생들과 현장에서 일하는 사례관리자들에게 도움이 되기를 기대한다.

마지막으로 이 책이 나오기까지 질적 연구방법이 사회복지사에게 클라이언트를 대하는 최고의 정점임을 믿고 따라와 준 인간발달연구소 식구들(유연숙, 정푸름, 김석기, 김혜진, 정순원)과 현장을 제공하고 사례관리를 함께해 준 사회복지여성노숙인시설인 서울시립영보자애원 사회복지사들(진성숙, 이인혜, 김민경, 김민지) 그리고 사회복지실천지식연구소 '위하여' 연구원들과 궁동종합사회복지관의 사회복지사들에게 진심으로 감사드린다. 마지막으로 출판을 도와주신 김진환 사장님과 편집부 여러분께도 감사를 드린다.

2017년 9월
강남대학교 샬롬관에서
이효선, 남화수

차례

제2부 사례관리의 실제

제1부

사례관리의 이론적 이해

제1장

사례관리 이해를 위한 기초개념

1. 사례의 개념

사례(case)의 어원은 라틴어 casus로, 그 어근이 '떨어지다' 또는 '일어나다'의 뜻을 지닌 동사 'cadere'에서 파생된 단어이다. 또한 독일어에서 사례를 지칭하는 단어 Fall은 '무엇인가 신중하게 고려해야만 하는(etwas, womit man rechnen muss) 상황'을 의미하는 것으로, 주사위를 던져 승부를 결정할 때 그 결과가 바닥에 떨어진 '던져진 주사위'처럼 운명적이고 결정적인 '하나의 상황'을 뜻한다. 결국 사례는 대상과 사람 또는 사건과 상태 그리고 상황 등이라 정의할 수 있다(Bromley, 1986). 그러나 정작 과학 분야에서는 사례에 대한 합의된 개념 정의를 찾아볼 수 없는데, 이는 사례의 개념이 일상생활의 용어와 마찬가지로 다양한 학문 분야에서 사용되어 왔지만 그 개념을 통합하지 못하고 각각 나름의 오랜 전통을 가지고 발전해 왔기 때문인 것으로 생각된다.

실제로 case는 이미 우리의 일상 언어생활에서도 '~경우'나 '사건 각각의 예(case by case)' 등의 의미로 사용되고 있으며, 케이스라는 외래어로도 사용하고 있다. 반면에 의학과 법학 그리고 심리치료에서 사례(case)라는 용어는 연구와 관련되어, 특히 전문가가 되기 위해 다루어야 할 분석의 대상(자료)으로 활용되며 전문 용어로 자리 잡고 발전해 왔다. 즉, 사례는 전문 직업인의 일상적인 업무의 대상이기에 사례를 다루는 일은 훈련의 대상이 된다. 그래서 전문직을 양성하는 교육기관에서는 대부분 사례중심의 교육이 중요한 교과목으로 편성되어 있으며, 교육기간 중 실제와 유사한 모의 상황과 실제 상황(실습)에서 슈퍼바이저나 멘토들의 지도를 받으며 사례를 정확히 분석하는 훈련을 시키고 있다. 그런데 이러한 사례의 개념을 문헌을 통해 살펴보면 사례 자체의 개념을 다루는 것보다 사례연구, 사례분석, 사례관리와 같이 다른 개념과 연결되어 사용되고 있어 개념 정의가 쉽지 않다. 사례관리를 상위 범주로 가정하고 사례와 사례연구나 분석을 하위 범주로 놓을 때 사례관리를 위한 사례연구나 분석이 연구 영역과 실천 영역의 모호한 경계에 놓이게 되는 것이다. 이처럼 과학의 분야에서 사례의 개념이 합의되지 못하고 각각의 학문분야에서 개념을 정립하며 발전한 것에서 알 수 있듯이, 사례연구나 분석, 사례관리도 통합된 개념으로서가 아니라 각기 구분되어 논의되고 있는 것을 알 수 있다. 특히 '분석'에 방점을 찍는 경우 사례분석이 사례연구의 측면에서 방법론으로 활용되었기 때문에 사례는 연구대상이나 연구주제로 한정되고, 분석은 연구방법의 측면으로 나뉘어 발전되었다는 것을 알 수 있다.

앞에서 살펴본 것 같이 사례의 개념을 정의하는 것이 그리 쉽지 않기에 Ragin(2000)은 사례 개념을 정의하기 전에 염두에 두어야 할 사항을 다음과 같이 정리하고 있다.

- 사례와 사례연구 및 사례분석에 대한 개념들의 유사점과 차이점에 대한 이해가 있어야 한다.
- 사회과학에서의 이론적이고 목적이 분명한 샘플링과 사례연구와 같이 탐색적인 연구 사이의 관계를 규명해야 한다.
- 사례분석과 문헌을 활용한 연구(문헌연구)의 관계를 이해해야 한다.

- 사회과학 안에서의 사례연구의 차별적 사용에 대한 이해가 필요하다.
- 무엇이 좋은 사례연구인가에 대한 숙지와 지속적 물음이 필요하다(Ragin, 2000).

그렇다면 과학의 현장에서 사례는 어떻게 정의되고, 무엇을 사례라 규정하는가? 의학과 법학 분야에서는 사례를 인간 또는 인간에 의해 벌어진 일, 그리고 행위의 시작과 같은 의미로 규정한다(Gutzwiller, 1975). 즉, 사례는 그의 행위나 특정한 성향들을 통해 규범으로부터 떨어져 나간 단 한 명의 개인을 의미한다. 예를 들어, 학습을 통해 얻어지는 인지발달의 규칙이 보편적으로 모든 사람에게 적용되어 발달하지만 어느 누구에게는 기능하지 못하여 어려움을 겪을 때, 또는 사회질서 유지를 위해 보통 모든 사람은 법에 대한 존엄을 인정하며 이행하지만 누군가는 그것을 지켜 내지 못하고 위반했을 때 우리는 각각의 행위들을 학습장애나 범죄 행위로 규정하며 '사례'라 칭한다. 다시 말해, 누군가의 행동과 사고가 일상적이고 이해가 가능하며 문제를 스스로 극복할 수 있다면 사례로 규정되는 경우는 적으나, 사건의 과정 속에서 갈등이 있고, 기억할 만큼 독특하고, 이상할 만큼 특별한 사건 또는 기대와 예상하지 못했던 것들이 드러나게 될 때 우리는 사례라 규정한다(Steiner, 2004). Stake(1995)에 의하면, 사례는 사람들의 일상생활과 경험 영역에서 찾아볼 수 있는 경계가 있고 특이성을 지닌 통합된 체계이다(강진숙, 2016). 예컨대, 사례는 사회복지사가 사회복지기관을 이용하는 클라이언트의 삶을 이해하기 위해 발굴한 연구대상이나 참여자가 될 수 있다. 학교사회복지에서 학교에 적응하지 못하는 청소년의 경우나 노인복지기관에서 클라이언트의 서비스 수급 문제 때문에 갈등하는 사회복지사의 의사결정이 사례가 될 수 있는 반면, 사회복지사의 업무 자체는 경계가 있는 특이성(specificity)이 결여되어 있기 때문에 사례가 될 수 없다. 사회복지 현장에서 모든 것이 사례가 될 수 없는 이유는 사례가 될 수 있는 필수요건인 경계성과 특별함의 속성에 의해 결정되기 때문이다. '~의 사례'는 하나의 특정한 사건 또는 역사로 특징지어질 때를 말하는 것으로 이는 결국 보편적인 것(법, 규칙, 규칙적인 것, 개념)을 위한 사례이다. 이렇게 특별한 것은 일반적인 것과의 상관관계를 통해서 하나의 사례로서의 가치를 지니게 된다. '전형적인 또는 무엇에 대한 유형으로서'라는 표현의 사용은 결국 사례들이 단 한 번 벌어진 일과 사건으로 사례가 되지 않는다는 의미이다.

독일 교육학 분야에서는 사례를 누구의 사례(Fall von, case of)이며, 누구를 위한 사례(Fall für, case for)이고, 누구와 함께 어떻게(Fall mit, case with) 해결해야 하는지에 관한 이론적 주장을 분석하는 도구로 활용하고 있다. 예를 들어, 사례는 개인의 위기나 기관의 문제 또는 제도(case of)가 될 수 있으며, 이것은 가족과 제도뿐 아니라 문화와도 밀접한 관계가 있으며, 이 사례를 누가 다룰 수 있는가(case for)는 사회복지사나 심리치료사 등 도움의 과정에 참여하는 이들이, 이 사례들을 어떻게 자료 수집하여 어떠한 평가의 방법으로 어떻게(case with) 해결할 수 있어야 함을 밝히는 세 영역으로 나누어 사례에 대한 이해를 돕고 있다(Müller, 2012).

Karl-Heinz Günther(1983)는 사례를 하나의 발생한 일로 규정하며, 특별함 속에서 규칙적인 것을 발견하게 되는 것으로 보았다. 이는 사례의 보편적인 것과 특별한 것 사이의 상관성에 관한 것으로, 사례는 경계성이라는 제한성을 갖고(Merriam, 1998; Punch, 2005; Stake, 1995) 현상을 이해하는 데 있어 맥락을 고려해야만 하는 특성이 있다(Yin, 2013)는 것을 의미한다. 이는 사례가 특별한 상황적이고 역사적인 맥락 속에서 행위하는 개체(인간)로부터 구체적인 사건(사고)의 연속적이고 시간적인 차원을 갖는다는 뜻이다. 즉, 사례는 사건의 연속이며 사건 관계자로서의 개인과 사건으로 구성되어 있다. 그래서 사례들은 실제적인 관계의 현실성을 갖거나 가상의 것이 될 수도 있다.

요약하면, 첫째, 사례는 발견되는 것으로 연구과정 속에서 정의되고 성립되는 것이다. 둘째, 사례는 객관적인 것으로 경험적 현실과 규정된 것이며 또한 증명할 필요가 없는 것이다. 왜냐하면 사례는 이미 일반적이고 관습화된 것이기 때문이다. 셋째, 사례는 만들어지는 것으로 연구과정에서 합체된 특수한 이론적 구조를 의미한다. 이는 경험적인 것도 주어진 것도 아니며 연관 과정에서 그 모양을 완성해 가는 경험적 증거에 점진적으로 부합되는 것으로 이해되어야 한다. 마지막으로, 사례는 관습적이고 전통적인 것으로 연구자는 사례를 일반적 · 이론적 구조로 보아야 한다. 또한 이 구조는 학문적 과업과 상호작용의 결과물로 이해되어야 한다(Ragin, 2000: 9-11).

표 1-1 사례의 정의

사례의 이해	사례 개념	
	특수적으로	일반적으로
경험연구의 단위	① 사례는 발견되는 것	② 사례는 객관적인 것
이론적 구조로서	③ 사례는 만들어지는 것	④ 사례는 관습적 · 전통적인 것

Kant는 인간이 사례를 이해하기 위해서는 보편적인 것에서 특수한 것을 발견하기 위한 능력이나, 또는 특수한 것을 통해 보편적인 것을 찾는 판단 능력이 필요하다. 이러한 능력은 학습을 통해 얻어지는 것이 아니라 연습을 통해서만 획득될 수 있다고 주장하고 있다(Buck, 1989). 이는 보편적인 것과 특수한 것들의 상호작용에 대한 연습의 중요성을 강조하는 것으로, 사례는 학생들에게 비판적인 숙고를 할 수 있는 특별한 기회를 제공한다고 볼 수 있다. 왜냐하면 사례는 실천을 위한 이론의 적합성을 탐색하게 하고, 실천에 유익한 정보를 제공하는 연구로서의 역할을 하며, 또한 실천가의 의사결정 행동을 위한 기준과 가이드라인으로 사용될 수 있기 때문이다. 그래서 사례를 접하는 학생들과 실천가는 다음과 같은 질문을 한다. "어떻게 나의 결정이 현재 이론들에 적용되는가?" "관련 연구가 나에게 좀 더 효과적이고 대안적인 선택들을 제공하는가?" "어떻게 연구들이 의사결정과 행동에 대한 자신감을 증가시키는 측면에서 나의 실천지혜를 넓히고 향상시키는가?" 이러한 질문들은 사례를 이해시키기 위한 교육에서 학생들이 그들의 결정을 돕는 가치와 연구, 이론, 경험적인 증거를 사용하는 마음가짐을 발전시키도록 격려한다(Austin & Packard, 2009). 사례 토론(case discussions) 역시 현존하는 연구가 갖는 한계나 차이점을 강조할 수 있도록 하

며, 또한 어디에 추가적인 연구가 필요한지를 확인할 수 있도록 한다. 사례를 이용하여 가르치는 것은 학생들이 이해해야 하는 문제들을 검토하는 방법을 발전시키게 되며, 사례는 또한 학생들의 지식과 기술을 테스트하는 방법으로도 사용된다.

결국 사례를 이해하는 교육은 현장에 나가기 전 대학생들에게는 일상생활의 복잡성에 대해 접근할 수 있는 통로를 제공하기 때문에 클라이언트를 이해할 수 있게 하는 연습의 기회를 제공할 수 있다. 이러한 작업은 결국 사례관리자가 클라이언트를 이해하고 그에 따른 적합한 개입을 진행하게 함으로써 추후 복잡한 상황 속에서 클라이언트가 양성되는 것을 예방할 수 있는 계기가 된다. 그래서 사례를 이해할 수 있는 훈련과 연습하는 교육방법(사례연구)은 교육의 현장에서

사례연습

◈ 다음의 사진을 보고 사례의 세 영역으로 설명하시오.

1. 여기서 특별한 사례는 무엇인가?(누구의 사례인가)

2. 누가 이런 경우 도와주어야 하는가?

3. 이런 문제는 어떻게 풀어야 하는가?

출처: Kraimer(2016).

반드시 그 중심에 서 있어야 한다. 그것은 이미 훈련을 받아 숙련된 선배로부터의 지도감독을 받으며 실제적인 실천에 의한 학습(learning by doing)의 형태를 통해 사례 중심적, 사례 재구성적 연습을 함으로써 가능하다(Oevermann, 1981). 사례 그리고 사례 기반적 분석은 대학생들에게 비판적 분석과 문제를 해결할 수 있는 기법 발달에 도움을 준다(Müller, 2012).

2. 사례연구의 개념과 학문적 발달사

1) 사례연구의 개념

사례연구(case study)는 특정 사례(case)를 대상으로 하여 그의 특성이나 문제를 심층적으로 분석하는 연구를 일컫는 것으로, 이는 곧 대상의 현상과 그 주제를 명쾌히 설명하여 결과의 보편화와 객관화에 도움이 되도록 작업하는 것이라 할 수 있다(Stake, 1995). 이때 연구대상은 특정 개인일 수 있으며, 사회적인 단위일 수도 있다. 즉, 사례연구는 인간과 인간, 또는 개인과 공동체의 내부적 역동을 기록하여 분석하거나, 비슷하거나 대비되는 여러 사례를 분석하면서 구체적인 사실을 발견하고 그 내용을 보다 더 명료하게 기술하는 것을 의미한다(최기호, 2013). 이런 특징을 지닌 사례연구는 실천적이고 역사적인 단위로서 주관성을 의미하지만 그 형태는 분석적이고 이론적이어야 한다는 점에서 객관적이라고 할 수 있다(Thomas, 2011).

사례연구는 현장연구(fieldwork study)나 민족지학연구(ethnographic study) 또는 탐구적 연구(exploratory research)라는 이름으로 이미 널리 사용되고 있으며, 사회복지실천 현장에서는 케이스워크(casework)나 사례방법(case method)과 같은 용어로 활용되고 있다. 실용주의 철학에 배경을 두고 발전한 사례연구는 심리학에서 기원하여 사회학이나 인류학 등 사회과학의 연구방법으로 등장한 질적 연구의 방법으로서 관찰과 인터뷰 등의 질적 자료가 주를 이루어 사용되며

(차지영, 2014), 사례의 현상을 예시화한 하나의 유형으로서 심도 있게 접근하는 연구방법이다. 이러한 사례연구는 문제시되는 맥락으로부터 각 사례가 갖는 고유한 의미를 인정하고 해당 사례가 생성된 맥락과 그로부터 수렴되는 의미들에 대해 깊이 있게 이해하는 것을 목표로 한다. 그래서 사례연구는 묘사적이고 보다 질적인 것이며, 연구 대상자의 태도 같은 행위의 관찰과 연구 참여자의 인식의 조합이라 할 수 있다. 사례연구를 위한 자료 수집은 연구자의 인터뷰 기술과 피면접자와의 신뢰관계를 형성할 수 있는 연구자의 능력에 의해 크게 좌우된다. 이러한 사례연구는 사회복지 연구에 많은 기여를 하고 있으며, 사례연구방법은 다음과 같은 조건에서 더욱 필요로 한다(Yegidis & Weinbach, 2006). ① 연구하고자 하는 영역에 대해 알려진 것이 많지 않을 때, ② 연구하고자 하는 영역이 사회적으로 용인되기 쉽지 않거나 때로는 불법적인 행위를 포함하고 있을 때, ③ 참여자의 '대표적 샘플링'이 불가능할 때 사례연구가 진행된다. 이는 사례연구가 다른 연구 전략과 다른 점을 설명하고 있는데, 사례연구가 맥락과 현상을 의도적으로 구분하는 실험과 다르며, 증거를 다루는 역사적인 연구와 다르고, 맥락을 제한적으로만 다루는 서베이조사와도 다르다는 것이다.

사례연구의 개념에 대해 다양한 학자들의 정의를 살펴보면 다음과 같다. Yin(2013)은 사례연구를 "가능한 한 다양한 상황에서 자료 수집이 보장되는 형태로 이론에 기반을 두고 자료의 수집과 분석이 영향을 받는 연구"라고 정의했다. 특히 실제적인 맥락 안에서 이루어지는 현상에 대한 실증적인 탐구로 현상의 경계와 맥락이 명확하게 구분되지 않는 상황에서 이루어지는 탐구로 보았다. Merriam(1998)은 "개별적인 사건, 현상 또는 사회적 단일체에 대한 집중적이고 전체적인 기술과 분석"으로 질적인 사례연구를 정의했으며, Wolcott(1992)는 "현장을 중심으로 수행된 연구물의 최종 산출물"을 사례연구라 정의했다. Stake(1988)는 사례연구를 물리적 또는 개념적 한정성을 가진 한 개인이나 집단이 분석의 기본 단위가 되며 시간에 따른 변화과정을 심도 있게 기록하는 것으로 정의하고 있다. 즉, 개인이나 집단에 관한 자세한 기술과 분석에 기초하여 진행되는 것으로, 구성원들의 문화와의 상호작용이나 행동양식보다 더욱 구체적으로 상황을 이해할 수 있는 내부적 역동을 기록하여 분석하며 개인이나 공동체에 대한 분석뿐 아니라 여러 비슷하거나 대비되는 사례를 분석하는 것을 의미한다(유기웅 외, 2012).

사례연구의 특징은 우선 사례를 기술하고 해석하는 데, 연역 추리에 의해서가 아니라 귀추법에 의하고, 선행연구의 결과나 이론에 영향을 받아 분석하는 것이 아니라 사례가 중심이 되어 탐색 작업을 한다는 것이다. 사례연구가 실제적 맥락 안에 자리 잡은 연구대상을 이해한다는 점에서 민족지학연구와 같은 자연주의적 탐구 방식을 적용하나, 민족지학연구의 경우는 연구결과를 일반화하거나 해석 하지 않는다. 그러나 사례연구의 경우에는 비슷한 사례들이 축적되어 상당한 정보량을 제공한다거나 해당 사례의 전개가 무엇을 의미하는지에 대한 독자의 해석이 정당화된다면 연구결과를 일반화하거나 다른 맥락에서 적용될 수 있는 가능성을 배제하지 않는다(Stake, 1988: Cohen, 2003 재인용).

사례연구들(case studies)은 조직연구(organizational studies)와 사회과학을 넘어서 광범위하게 사용되고 있다. 실제로 사례연구는 특정 개체의 문제를 사정하는 데 활용되고 있으며, 또한 사례연구에서 발견된 결과물은 연구자가 연구대상을 충분히 이해하게 함은 물론 새로운 이론의 구성을 가능하게 해서 연구자가 관련 문제를 해결하는 데 커다란 도움을 주기도 한다. 오늘날 사례연구방법은 그 사용이 증가하고 있으며, 그 자체로 근거 있는 연구 전략이라는 확신이 증가되고 있다. Stake(2005)는 사례연구는 질적 연구를 실행하는 가장 공통적인 방법 중 하나지만 그렇게 새롭지도 매우 질적이지도 않다고 역설하고 있다. 결국 사례연구는 방법(method)이 아니며 연구 전략일 뿐이라는 것이다(Kohlbacher, 2006). 사례연구는 '현실세계'의 전후 맥락 안에서 특정한 프로젝트, 정책, 기관, 프로그램이나 시스템의 독특성과 복합성의 다차원적 관점으로부터의 깊은 탐험을 의미한다(Simons, 2009: Thomas, 2011 재인용). 그래서 사례연구는 방법론적 선택이 아니라 연구되어야 할 것이 무엇인가에 대한 선택이다. 어떠한 연구방법을 사용하든 우리가 '사례'를 연구하기 위해 선택한 것을 말한다(Stake, 2000, 2005: Thomas, 2011 재인용). 그러나 Flyvbjerg(2006)는 사례연구가 실제 사례를 넘어서는 새로운 이론이나 견해를 제공하지 못하고 있음을 비판한다. 그는 사례연구가 굉장히 상세한 것을 조사하는 것에 걸맞게 이론과 개념의 발전에 기여해야 한다고 주장한다. 그러한 사례연구는 인간을 다루는 현재의 지식들에 맞는 방법이기에 맥락 의존적(context-dependent)이며 주어진 문제를 둘러싼 많은 의미와 주제들을 보여 주기 때문이다(Gibbs, 2013). 사례연구에서 연구자는 비판적 태도를 갖고 상호적 의사소통을 할 수 있어야 하고 연구 참여자의 신뢰를 얻는 것이 매우 중요하다. 그럼으로써 사례연구자는 문제와 연구 질문에 대한 지식을 발전시킬 수 있으며 사례의 내면적 측면을 연구할 수 있다는 장점을 지닌다(Yegidis & Weinbach, 2006: 170-172). 이러한 사례연구는 연구자의 능동적인 참여 자세와 사고력 향상에 효과적일 뿐만 아니라 연구를 통해 자주적인 판단력이 함양되고 인간에 대한 고정관념을 탈피할 수 있는 기회가 될 수 있다.

2) 사례연구의 학문적 발달사

일반적으로 사례연구는 여러 분야의 학문에서 일찍부터 중요하게 이용된 접근방법이었다. 의학이나 법학과 같이 역사적으로 중요하고 학문적인 의의를 갖는 이론들이 사례연구방법을 통해 발전해 온 것 같이 교육학을 기점으로 심리학, 문화인류학, 행정학 그리고 사회복지학에서도 사례연구는 학문 분야의 발전뿐 아니라 전문직의 정의를 새롭게 구현하는 데 중요한 기여를 하였다. 사례연구의 발전과정과 학문적 특징을 살펴보면 다음과 같다.

교육학 분야에서 독일의 사례연구의 발달사를 살펴보면, 플라톤의 『메논』과 루소의 『에밀』은 사례연구의 출발점 혹은 논증의 예시로 활용되어 왔다(Steiner, 2004). 그러나 1960년대 말까지도 사례중심 접근이 교육 상담과 아동 치료를 제외하면 거의 없다고 Steiner(2004)가 밝히고 있는 것처럼, 비록 사례연구가 일찍 태동되었어도 집중적으로 다루어지기 시작한 명확한 시점은 교사와 직업인들의 직업교육과 재교육·연수를 위한 교육이 출현한 이후라 할 수 있다. 미국의 경우 1960~1970년대에 연방정부가 교육 개혁 정책을 추진하는 데 있어서 여러 가지 현실적 교육 실천과정을 이해하기 위하여 사례연구가 다각적으로 이용되었다.

특히 학교의 통합문제, 창의적 과학 교과과정, 새 수학 등을 가르치기 위한 심층적 조사를 위해서 사례연구가 널리 적용되었다. 이런 접근방법은 교육적 실천에 대한 통찰력을 가져다주고, 정책을 구성하는 데 크게 도움을 주고 있는 요인을 드러내기도 하였다(박수연, 1997). 독일에서는 1980년대 초반부터 다양한 교육학 관련 출판물(발행물)에서 직업교육과 연구를 목적으로 구체적인 일상세계와 생활세계(Alltagsleben und Lebenswelt)가 보다 많이 고려되었으나, 1990년대 말에 이르러서야 교육학의 과학이론과 방법론적 근거로서 사례연구의 정착이 이루어졌다(Steiner, 2004).

오늘날 교육학에서도 교육의 실천과정과 이에 대한 동태 파악을 위하여 사례연구가 많이 활용되고 있다. 심리학에서 사례연구는 상담과 심리치료 과정을 깊이 있게 분석하는 중요한 방법으로 발달하였다. 이 방법은 상담 회기 내에서 상담자와 내담자 사이에 실제로 일어나고 있는 역동을 보다 적절하게 기술할 수 있고, 상담자와 내담자 사이의 관계의 독특한 성질을 파악할 수 있음과 아울러 긍정적 혹은 부정적 결과를 치료과정의 자료에 비추어 이해할 수 있으며, 상담결과를 측정함으로써 내담자의 특수 문제가 어느 정도 어떻게 변했는지 알아볼 수 있기 때문에 사례연구의 필요성이 결국 사례연구의 발달을 가져오게 한 것이다(정방자, 1984).

전통적으로 정책이나 정부 조직이 주된 분석 단위인 행정학에서 사례연구의 중요성은 일찍부터 인식되어 왔지만 행정학에서 이루어지는 많은 사례연구는 대부분 실증주의적 입장에서 이루어지고 있다. 이러한 영향으로 인해 사례연구에서 많이 사용되고 있는 스토리텔링이나 내러티브가 행정학에서 중요한 연구자료로 활용되지 않고 단순히 사례의 형태만을 설명하는 데 그치고 있다(장용진, 2012). 그들의 주된 관심은 가설형성과 가설검증, 그리고 이를 통한 일반화에 있었으므로 실증적 사례연구에 집중하고 있음을 알 수 있다(김승현, 2008).

문화인류학에서는 참여관찰을 주요 방법으로 하는 민족지적 방법론이나 민

속방법론이 있다. 직접 대상 주민들과 밀접하게 접촉하여 관찰하고 질문하고 조사하는 방법으로, 연구자가 특정 집단을 장기간 집중적으로 관찰하고 참여하면서 주민들과 면접과 대화를 통하여 그 집단이 가지고 있는 환경에서부터 관계망과 구조 그리고 의미구조까지 종합적으로 연계해서 파악하면서 발달하였다. 과거의 민족지가 한 마을의 부족이나 환경, 사회조직 그리고 의례, 종교, 신화 등을 종합적으로 찾아내어 기록하는 집단의 전체적인 측면을 조사하는 것이었다면, 현재는 일시적으로 특정 목적을 위해 형성되는 공동체나 회사, 동아리뿐만 아니라 팬클럽, 국회의사당, 박물관 등을 포함한 다양한 영역까지 확장되고 있으며, 특정 주제에 집중하여 분석하는 경향이 있다(이정덕, 2003).

사회복지학에서는 케이스워크(casework, 개별사회사업)를 통해 사례연구의 전형을 구축했다. 이는 개별적으로 인간과 환경 간의 의식적이고 효과적인 조정을 통하여 성격(personality)을 개발시키는 과정으로, 정신분석 이론에 근거하는 인간행동의 이해를 강조하며 발달해 왔다. 그러나 케이스워크는 클라이언트의 심리적이고 내면적인 문제해결에만 집중함으로써 클라이언트의 생활문제에 대한 정책적 · 제도적 해결이라는 기본적 과제에 대처하는 데 한계를 노출시켰다. 이의 대안으로 생태체계적 접근을 강조하며 서비스의 통합과 연계를 강조하는 사례관리가 등장한 것이다.

이 외에도 보스턴 소재 하버드 대학교 경영대학원에서 시행한 사례연구가 교수법적 도구로서 이루어진 최초의 시도로서 사례중심적인 직업교육 모델을 적용한 시초로 보고 있다. 그렇기 때문에 2000년대 초반 경제학 분야의 전문가들이 발전시킨 사례연구방법의 전공 문헌들에서 '하버드식 방법'으로 빈번하게 명시되기도 하였다. 독일어권에서 이러한 교수법적인 단초는 경제학과 일반적인 직업교육 기관에 적용되어 발전되어 왔다. 특히 직업교육과 재교육의 목적으로 사례연구를 이용하는 것에 대한 개념적이고 방법론적인 고찰이 각 전공 분야와 직업 분야에서 다양하게 발전하게 되었다. 또한 직업적으로 교사 양성 분야에서도 폭넓고 심도 있는 논의가 이루어지고 있다(Steiner, 2004). 교사와 사회복지사와 같이 전문 직업인을 양성하는 직업교육과 연수 · 재교육 분야에서 실습 그리고 재교육 세미나의 틀 안에서도 사례연구와 슈퍼비전이 이루어지고 있다. 이렇게 사례중심적인 연구방법은 개별(단일) 사례와 특정한 방법론적인 지침에 의거하여 다양하게 숙고되며 연구되고 있다.

3. 사회복지 측면에서 본 사례연구와 사례관리의 관계

오늘날 사회복지실천에서는 통합적인 서비스의 필요성이 증가하고 다른 영역과의 서비스 연계를 중시한다. 따라서 사례관리에서 '관리'의 측면이 한층 강조되고 '사례'에 대한 부분은 상대적으로 소홀히 하는 현상이 발생하고 있다. 그러나 사례관리는 우선적으로 사례에 대한 충분한 이해가 선행되어야 하며 사례에 대한 분석이 과학적으로 이루어졌을 때 사례관리가 잘 되었다는 평가를 받게 된다. 그러므로 사례관리자는 사례관리가 사례의 과학적 분석 및 충분한 이해와 깊이 연관되어 있음을 명심해야 할 것이다.

사례관리의 개념은 시기에 따라 초점의 변화가 있어 왔다(도광조, 2010). 예를 들어, 1970년대에는 '사정'으로 시작해서 '개입'을 통해 지속되는 서비스를 클라이언트와 연결하는 과정이었다면, 1980년대에는 '관리'라는 용어가 '통제'의 의미를 가지고 있어 클라이언트의 참여나 역량강화를 반영하지 못한다고 보았다. 그래서 서비스 조정(coordination) 등의 용어가 더 적절하다고 생각되었다. 1990년대 후반 이후에는 사례관리가 서비스 연계 · 점검과 직접적인 서비스 제공의 이중적 역할이라고 가정했다. 최근에는 사례관리를 클라이언트가 최적의 사회적 기능을 강화할 수 있도록 하기 위한 사정과 상담 그리고 옹호의 기술을 포함하는 창조적이고 협력적인 과정(Woodwide et al., 2006)으로 보고 있으며, 일부에서는 사례관리를 구체적인 정의 없이 그저 여러 가지 실천이 적용된 하나의 프로그램이라고 정의 내리고 있다. 사례관리에 대한 이러한 비정형적 개념이 갖는 포괄적인 성질로 인해 직접실천과 간접실천의 균형 등에 대해 학자들 간의 다른 해석이 가능해졌다.

현장에서의 사례관리의 실천은 우리나라의 경우 1997년 「정신보건법」 시행을 계기로 한국정신보건학회가 정신보건전문요원 인턴십 과정에 사례관리를 정식 과목으로 포함시키면서 시작되었다(권진숙, 2010). 그러나 이 내용은 정신보건 분야에만 머물렀고 사례관리와 관련하여 타 영역과의 교류는 이루어지지 못했다.

학자들이 제시한 사례관리의 정의를 다시 살펴보면, 사례관리가 통합적인 접근과 관리의 측면에서 강조되어 왔음을 볼 수 있다. 그러나 실제로 그 내용과 과정들은 협의가 명확하게 이루어지지 않고 있는데, 이는 사례관리의 특성상 사례관리자 및 기관의 특성에 따라 그 실천이 다양하게 이루어지고, 통합적인 서비스가 강화됨에 따라 다른 영역과의 서비스 연계 등이 사례 자체의 이해 보다 중요하게 다뤄지고 있기 때문이다. 앞서 설명했듯이 지금까지의 사례관리는 '사례+관리'에서 '관리'의 측면이 더 강조가 되고 '사례'에 대한 부분은 그 중요성이 약화되어 있는 실정이다. 그러나 관리가 잘 이루어지기 위해서는 그전에 사례에 대한 충분한 이해가 선행되어야 하기에 사례분석(혹은 연구)을 사례관리와 연결시키기 위한 '가교'가 필요하다. 이는 곧 '사례관리에서 사례와 사례분석의 개념이 어떠한 구조 속에 있으며, 어떻게 적용되고 이해하여야 하는가?'라는 질문에 대한 답일 것이다.

사례관리자는 확실하지 않은 것, 결정하기 어려운 것을 결정해야 하는 전문직이다. 클라이언트의 심리사회적인 눈에 보이지 않는 문제를 평가하고 도와야 하는 사례관리자는 그들의 평가와 사정을 위한 전문가로서의 판단을 필수적으로 해야 하는데, 진정한 전문가라면 이 불확정성(indeterminacy)과 기술(technicality)적용 사이의 균형을 잡을 수 있어야 한다. 사례관리자로서의 사회복지사는 사례를 평가하는 능력을 갖추고 있어야 함과 동시에 서비스 전달체계의 효과성을 증대시키는 역할을 수행해야 한다. 그러나 때로는 서비스 전달체계의 효과성을 높이기 위한 점검과 연계 서비스는 전문가로서의 불확정성과 기술 적용이라는 두 가지 명제 사이의 균형을 깰 수 있는 요소로 작용하기도 한다. 심리사회적 사정을 해야 하는 사회복지사의 전문성이 점검과 서비스 과정 연계에서 전문가로서의 역할을 의심받게 한다. 즉, 준전문가가 할 수 있는 역할을 포함하고 있기 때문에 사례관리자의 전문성이 실천 현장에서는 평가절하 될 수 있다는 염려의 목소리도 높다. 그러나 사례관리자의 가장 큰 과업은 상담과 사회적 관리와 계획 사이의 균형을 맞추는 것이며, 이것이 올바로 이행되었을 때 사례관리를 담당하는 사회복지사로서의 전문적인 역할을 충분히 한 것이다(Lymbery, 1998). 결국 사례관리자는 클라이언트의 욕구를 파악하고 이를 달성하는 것을 돕기 위해 개별화된 건강 및 사회 서비스의 묶음을 계획하고 연계하는 일을 해야 한다(Goodman, 1987; Intagliata, 1982; Sussman, 1982: Moore, 1990 재인용). 즉, 사례관리자는 분절화된 서비스 전달체계를 연계하는 방법으로서(Moore, 1990), 이러한 연계와 계획을 위해서는 인간 이해를 바탕으로 하는 전문가로서의 역할이 중시된다. 결국 사례연구나 분석이 무엇이 사례인가를 탐구하는 작업에 그치는 것이라면, 사례관리는 무엇이 사례인가에 대한 이해를 바탕으로 실질적 사회복지서비스의 전달체계를 완성시키는 것으로 볼 수 있다.

사례관리에서 사례중심실천(Case-Based Practice: CBP; 사례분석/연구)이 필요한 이유는 사례관리가 갖는 특징들 때문이다. 첫째, 클라이언트의 욕구와 문제는 원형적 서비스 전달 구조 속에서 사정된다. 초기 사정부터 중간 평가와 재평가에 이르기까지 사회복지사는 서비스 제공과 평가라는 과업을 연속적으로 수행해야 한다. 만약 사회복지사의 문제 사정이 겉으로 드러난 현상만 기술하는 것이 아니라 클라이언트의 문제와 관련된 삶의 구조와 행동 패턴을 발견하는 데까지 이른다면 이 원형적 서비스 전달과정의 효과성을 높일 것이다. 앞에서 설명한 것처럼, 클라이언트의 삶에서 출현하는 위기는 그 형태를 달리하며 다른 문제를 가져올 것이다. 그러나 위기에 대응하는 클라이언트의 구조를 파악한다면 현재의 문제를 해결함은 물론 앞으로 닥쳐올 위기로부터 클라이언트를 보호할 수 있는 회복탄력성을 갖게 할 수 있다. 이러한 사례중심실천(CBP)의 장점은 사례관리에서 염려하는 비용의 효율성을 높일 수 있다. 사례관리는 클라이언트의 서비스 욕구와 필요성을 평가하기 위해 사정과 재사정을 지속적으로 진행한다. 초기 사정 및 진행 단계에서 클라이언트의 구조를 잘 파악한다면 그들의 구조를 변화시키기 위한 노력에 보다 집중할 수 있으며, 불필요한 사회복지사의 노력을 줄일 수 있다.

질적 연구방법에 대한 편견 중에 사람들이 지적하는 것 가운데 시간 활용의 비효율성 문제가 있다. 즉, 질적 연구방법을 적용하는 것에는 상대적으로 긴 시간이 소요되며, 사용된 시간에 비해 결과물이 적다고 생각한다. 물론 다른 문제 사정도구에 비해 특정한 절차를 따라야 하고 해석의 과정을 거쳐야 한다는 이유 때문에 많은 시간이 필요할 수 있지만, 클라이언트의 문제 사정은 한 인간을 이해하는 과정이다. 인간 이해를 위해서는 비용과 시간의 효율성보다 중요한 사람, 즉 클라이언트가 우선되어야 한다. 그리고 잘 이해된 사례는 후에 따를 중간 평가와 재사정 과정에서 불필요하고 반복적으로 사용될 시간의 양을 줄일 수 있기 때문에 장기적으로 보았을 때 오히려 비용과 시간의 효율성을 향상시킬 수 있다.

둘째, 사례관리에서 사례중심실천(CBP)이 중요한 이유는 사례관리의 장기적 서비스 개입과 연관된다. 사례의 구조가 도출되었다고 해도 클라이언트를 변화시키는 것은 쉽지 않은 일이다. 개인이 자신의 전 생애를 통해 형성해 온 구조는 밝히는 것에도 많은 노력이 필요하지만 그것을 변화시키는 것에는 이보다 몇 배의 노력과 시간이 소요된다. 때문에 사례관리 실천을 통해서 문제가 무엇인지 잘 분석하여 사례의 구조를 뽑아내고 그 구조 혹은 문제와 관련된 행동 패턴을 변화시키기 위해 장기적인 개입 활동으로 클라이언트의 긍정적 변화를 도모할 수 있게 된다.

Unger와 Cunningham(2002)은 사회복지와 사례관리의 공통점은 문제해결 과정이며, 사례관리는 좀 더 높은 위험을 가지고 있는 인구 집단에 적용하는 방법론으로 지속적인 서비스의 조정과정이고, 비용 절감을 위한 책임으로 연결된다고 하였다. 또한 이들은 사회복지에서 계획과 개입이 일반적으로 사용되고 있지만 이보다는 중재자의 역할과 점검이 사정할 때 사례관리에서 가장 중요한 부분이라고 언급하였다(정순돌, 2012).

이러한 논의들을 정리하다 보면, 사회복지실천 현장에서 사례연구/분석이 아닌 사례관리라는 용어를 채택하고 사례관리라는 통합모델을 실행하는 것은 '실천', 즉 문제해결 과정에 중심을 둔 사회복지의 기본 개념과 연결되어 실천 측면만 강조하고 있다. 따라서 사례에 대한 이해를 위한 과정은 상대적으로 비중 있게 다뤄지지 못하고 있는 문제점을 안고 있음을 알 수 있다. 사례관리의 요소, 성격, 내용 또는 그 과정에 관한 논의에 있어서도 사례 자체를 어떻게 이해하고 분석하느냐에 관한 부분은 간과되고 있음을 쉽게 발견할 수 있다.

Kanter(1989)는 임상사례관리자가 지지적 보호모델에 포괄된 개인적 확신과 신념을 갖고 서비스를 연계하는 서비스 중개모델(service-brokerage models)의 개념을 내포한 관료적 기술을 동시에 가지고 있어야 한다고 강조하고 있다. 이에 따라 사례관리자는 사례에 전문적 서비스를 제공하는 것뿐만 아니라 다른 사례관리자에게 슈퍼비전을 제공할 수 있고, 사회복지적 그리고 의학적 지식에 대한 지속적인 교육을 받아야 하며, 전문가로서의 성장과 발전을 위한 끊임없는 노력을 기울여야 한다. 사회복지사가 사례관리자로서 적합한 이유는 이들의 지역사회 자원에 대해 풍부한 지식과 의사소통 및 옹호의 기술을 가지고 있으며, 다음과 같은 전문가로서의 목적과 목표에 부합하기 때문이다. ① 필요한 자원을 클라이언트에게 제공하기 위한 원조, ② 개인과 그들의 환경 간의 상호작용의 촉진, ③ 개인에 대한 연대적 책임을 함께 공유하기 위한 사회와 기관을 변화시키는 일 등은 사회복지사의 목표이며 이는 사례관리자로서의 역할과도 상통한다.

때로는 '사례관리자가 어떻게 전통적 개념의 사회복지사와 다른가?'라는 질문을 받게 된다. 이에 대해 Moore(1990)는 사례관리자란 올드 패션의 사회복지가 새로운 옷을 입은 것과 같다고 설명하였다. 사례관리자란 일반 실천가인 '제너럴리스트(generalist)'로 이해될 수 있다(Hepworth et al., 2006). 사례관리 과정은 의학적 문제를 진단하던 시기에도 있었다. 그 당시에 클라이언트는 집에 돌아오면 그들 스스로 자기 문제를 관리해야 했다. 그러나 오늘날에는 클라이언트는 사정, 계획 그리고 조정과정(coordination process)에 의해서 지원을 받는다. 이런 이유로 클라이언트의 욕구와 제공되는 서비스의 효과성에 대한 지속적인 평가가 있어 왔다. 더욱이 오늘날 다양한 휴먼 서비스 직업군이 생겨남에 따라

(예: 서비스 조정자, 카운슬러, 케이스 조정자) 서비스 전달의 다양성뿐만 아니라 책임 영역과 그들의 역할을 인지하는 사례관리자들의 서로 다른 방법들의 확대를 가져왔다. 이것이 사례관리의 발전을 가져온 이유이기도 하다. 사례관리자의 역할은 다른 전문가들과 협력하고 여러 가지 서비스를 조정하고, 그들 스스로를 돕기 위한 시스템을 사용하는 개인을 역량강화 하는 데 있다. 사례관리에서 '관리'라는 측면은 얼마나 효과적으로 자원을 활용하는가에 달려 있다. 특히 최근 들어 사례관리자는 비용 효과적인 서비스 전달의 책임 역시 갖는다(Moore, 1990). 비록 사례관리의 기능이 사회복지사의 문제해결 과정의 전통적 기능과 유사해 보일지라도 사례관리는 대부분 고위험군에 그 초점을 맞추고, 서비스를 위해 타 직종과도 지속적으로 연계하기 위해 조정하며, 비용 억제를 위한 책임을 갖는다는 점에서 차별성을 가진다(Roberts, 2002).

제2장

사례관리의 정의와 역사

1. 사례관리의 정의

사례관리에 대한 최초의 편역서인 김만두 교수의『효과적인 복지서비스를 위한 사례관리 실천론』[1]이 발간된 이후 20여 년이 지난 지금까지 학계와 실천 현장에서 다양한 해석과 적용으로 사례관리 개념에 대한 합의점을 도출하지 못하고 있다. 우리나라의 사례관리는 실천 현장에 적용 가능하고 활용할 수 있는 구체적인 방향과 방법론을 제시하기보다 누습(陋習)처럼 외국의 상황과 특정한 개입 집단을 대상으로 적용한 사례관리 이론과 모델을 여과 없이 소개한 수준에 머물고 있기 때문이다. 또한 학교 현장에서 사례관리에 대한 체계적 교육과 훈련 이수과정 없이 실천 현장에 투입된 사례관리자들이 개인의 역량이나 축적된 경험과 기관 환경, 지역의 특성 등에 따라 사례관리 개념을 재구성하고 부분적으로 적용하면서 혼란스러움을 가중시키고 있다. 이러한 현실에서 일선의 사

1) Moxley, D. P. (1989). *The Practice of Case Management*. 김만두 편역(1993). 효과적인 복지서비스를 위한 사례관리 실천론. 서울: 홍익제.

례관리자들은 이론적 지식과 기술의 습득을 통해 클라이언트를 원조하기 위한 구체적인 활동으로 전환되는 과정에서 더 이상 나아가지 못하고 있다. 즉, 클라이언트와의 라포(rapport) 형성을 통해 신뢰감 있는 협력적 관계를 구축하여 문제와 욕구에 대한 과학적인 분석과 다각적인 판단으로 클라이언트를 돕기 위한 구체적인 전략을 수립하고 개입 · 실행하는 전문적인 과정의 수행 역량을 발현하는 수준으로 성장하지 못하고 있는 것이다. 그러나 사례관리는 Rapp과 Chamberlain이 제시한 것처럼 구체적인 정의가 결여된 여러 실천이 적용된 다양한 프로그램(Rothman, 1991)이라는 속성으로 인하여 이론적 다양성이 공존하게 된 것이다. 따라서 우리나라의 사례관리는 현재 이론적 혼돈 상태라기보다 일선 현장의 상황에 적합하다고 판단한 방법들을 선택하고 적용하는 과정에서 다양한 실천방법이 통합된 내재적 속성으로 인해 개념적 혼란이 발생한 것으로 설명할 수 있다. 사례관리의 본질적 특성에 대한 명확한 이해를 돕기 위해 국내외 문헌을 토대로 주요 학자들의 정의를 살펴보면 다음과 같다.

Moxley(1989)는 복합적인 욕구를 가진 사람들의 기능화와 복지를 위해 공식적 · 비공식적 자원과 활동의 네트워크를 조직 · 조정 · 유지하고, 이러한 활동을 통해서 클라이언트의 생활 기술을 증진하고, 사회적 네트워크와 관련된 대인복지 서비스 제공자의 능력을 고양하며, 제공되는 서비스의 효율성과 효과성을 증진하는 것이라고 정의하였다. Moore(1990)는 임상적 기술과 지역사회 전문가의 옹호 기술이 요구되는 새로운 사회복지실천 분야로 클라이언트의 욕구를 충족시키기 위해 단편적인 서비스 전달체계를 통합하고 서비스를 기획하고 조정하며, 클라이언트와 1차 집단이 사회 환경을 효과적으로 사용할 수 있도록 촉진하는 데 초점을 두는 활동이라고 제시하였다. 또한 Kumar(2000)는 클라이언트 욕구에 대한 사정 · 계획 · 조정 · 전달과 점검을 통해 서비스 통합을 달성하기 위한 전문적 서비스 실천과정으로 정의하였다. 전미사회복지사협회(1984)는 서비스전달체계를 연결하고 조정하여 개인의 보호를 위한 욕구를 충족시킬 수 있는 포괄적인 프로그램을 제공하는 하나의 기제로 설명하였고, 한국사회복지협의회(1994)는 복합적 원인으로 요보호 상태에 있는 클라이언트에게 효과적이고 다양한 지역사회 자원을 연결시켜 관리하는 원조 대책으로 복지, 의료, 보건 간의 독립된 체계를 없애고 클라이언트가 가지고 있는 다양한 욕구들을 조기에 적절하게 대응하는 것으로 정의하였다. 한국사례관리학회(2014)는 만성적・복합적 욕구가 있는 클라이언트와 가족의 사회적 기능 회복을 위해 운영체계를 확립하고, 이를 기반으로 체계적 사정과 지역사회의 다양한 자원을 활용하여 지속적이고 효과적인 사회복지서비스를 제공하는 통합적 실천방법이라고 제시하였다.

2. 사례관리의 핵심개념

국내외 주요 학자들의 정의에서 공통적으로 제시한 사례관리의 핵심개념은 '욕구(needs)와 서비스의 통합성'으로 요약할 수 있다. 먼저 클라이언트의 욕구를 파악한다는 것은 소득, 주거, 의료, 고용 등 독립적인 생활 유지와 관련된 표면적인 '요구'를 의미하는 것이 아니다. 요구는 무엇이 필요하나 그것을 가지지 못할 때 생기는 개인의 인지 또는 정서 상태이지만, 욕구는 보다 근원적이고 본질적인 것으로 개개인의 삶의 역사와 본래 타고난 성격적 특성 등 개별화된 독특성이 있어 일정한 틀로 범주화할 수 없다. 욕구를 파악한다는 것은 사회적 상호작용을 통해 영향을 주고받으며 축적된 감정과 생각들, 관계 맺기, 갈등 관리 등의 다양한 경험들을 통해 반복적으로 형성된 삶의 패턴 구조를 확인하는 것이다. 그 과정에서 클라이언트도 스스로 욕구를 인식할 수 있는 것으로 '필요' '곤란' '빈곤' '결핍' 등의 사전적 의미나 서비스와 관련된 'demand' 'want'의 개념과는 명확하게 구분되어야 한다. 따라서 욕구는 어떤 사람이 필요한 그 무엇을 다른 사람의 판단 과정을 거쳐 확인된 것(Reid, 1978: 황성철, 2013 재인용)으로, 개인과 환경과의 상호작용 맥락에서 전문가의 개입을 통해 분석(해석)한 문제의 이면에 숨겨진 근원, 본질로서의 의미구조[2]로 해석되어야 한다.

2) 상황과 장소가 변해도 변하지 않는(잠재되어 있는) 행동 패턴 혹은 구조를 말한다.

클라이언트의 욕구는 평면적인 측면에서 발생되는 것이 아니라, 개인의 내적 · 외적 다양한 요인들의 상호 간 영향에 의해 복합적으로 구성된다. 사례관리자는 환자가 호소한 증상에 대한 개선만이 질병의 근본적인 치료가 아니듯이 과정 중심의 전략적 관점에서 문제의 본질에 관심을 가지고 다양한 변인들의 상호작용 결과를 확인하는 구조적 관점으로의 확장을 지향해야 한다. 즉, 처방은 난무하나 본질 자체를 사유하지 않는 현실에서 문제와 욕구를 대립된 양극이 아니라 하나의 뿌리를 지닌 나눌 수 없는 것으로 이해하고, 문제에서 발견한 사실을 추적하면서 욕구의 다른 장으로 확대할 수 있어야 한다. 또한 사례관리자는 귀근(歸根)[3]의 노력과 동시에 메타적 시선을 유지하면서 사회적 상황과 맥락에 따라 재구성된 스키마(schema)[4]의 보편적 질서를 찾으려는 노력을 기울여야 한다. 보편적 질서가 존재한다면 원인과 결과를 합리적으로 설명해 주어 클라이언트 스스로 자신의 문제와 욕구, 강점, 약점 등을 직시할 수 있게 하며 지역사회 내에서 독립된 주체로서의 안정된 삶을 유지하는 데 기여할 것이다.

다음은 서비스의 통합성에 관한 것으로 학계와 실천 현장에서는 사례관리 서비스의 성격을 간접 서비스(중개, 연결, 조정, 옹호, 협력 등)로 국한할 것인지, 아니면 직접 서비스(치료, 상담, 교육, 정보 제공 등)인 문제해결의 기능을 포함시켜야 하는지에 대한 이슈가 논란의 주류를 이루어 왔다(박춘숙 외, 2011). 그러나 사례관리의 수행체계는 다양하고 복합적인 욕구에 부응하기 위한 통합적이고 연속적인 과정으로서 직접적 실천과 간접적 실천을 구분해서 적용하는 것에는 선뜻 동의하기 어렵다. 클라이언트의 욕구에 부응하기 위해 다양한 실천이론과 실천방법들을 사례관리라는 영역 속에 포함시켜야 하는데 이 영역을 간접적 실천에 한정할 것인지, 직접적 실천에 한정할 것인지, 아니면 그 두 가지 영역을 통합할 것인지의 초점은 오로지 클라이언트가 어떤 욕구를 가지고 있는지 사정

3) Husserl이 표명하고 있는 '엄밀한 학문으로서의 철학'의 이념과 근본주의(fundamentalism), 모든 것의 뿌리를 찾아가고자 하는 노력은 '로고스에 따른 삶'이라는 고대 그리스의 이상으로 거슬러 올라간다(강영안, 2013).

4) 구조화된 생각이나 행동을 뜻하는 것으로 개인과 환경의 상호작용을 통해 재구조화된다.

하는 단계에서 출발해야 하기 때문이다. 직접적 실천과정은 전문성을 바탕으로 인테이크(intake)와 사정(assessment) 그리고 개별 서비스 계획(individual service plan: ISP) 수립 등을 통해 대면 서비스를 제공하는 것이다. 이 단계에서 편의상 이미 계획된 서비스를 나열해 놓고 표준화된 양식의 분류 절차를 통해 클라이언트에게 자원을 연결하는 간접적 실천과정으로 이어진다면 욕구에 근거한 계획 수립 및 실행은 요원해질 것이다. 여기에 수치화된 실적을 목표로 강조하는 성과주의가 부합되면 업무 수행 속도만을 향상시키는 악순환의 고리를 만들고 클라이언트 관리와 서비스 제공의 중복, 행정상의 비효율성 등 역할이 명확히 구분되지 않는 파편화된 서비스 전달체계로서 중첩 현상이 발생하게 된다. 따라서 사례관리자는 과학적인 개입을 통해 통합적이고 연속적인 서비스를 제공하고 체계화된 절차를 수행하는 고도의 전문화된 기술이 요구되는 과정을 실천해야 함을 명확히 인식해야 한다.

사례관리는 시대적 상황, 지역적 특성과 서비스 환경, 그리고 대상의 차원에 따라 다양한 실천의 양상으로 나타날 수 있다. 그러나 사례관리의 실천가치가 클라이언트 각 개인에게 초점이 맞추어져 있고 개별적 욕구를 고려하여 맞춤형 서비스가 제공되고 관리된다는 점에서 지금까지 고찰하였던 두 가지 개념, 즉 '욕구(needs)'와 '서비스의 통합성'을 강조한 논의의 결과와 맥락을 같이하고 있다. 지금까지 살펴본 공통적인 기반의 내재적 속성과 핵심개념을 토대로 사례관리를 포괄적으로 정의하면 다음과 같다.

사례관리의 정의

개별적이고 복합적인 클라이언트의 욕구에 부합된 통합적인 서비스를 체계적인 실천과정을 통해 연속적으로 제공하여 지역사회 내에서 독립적이고 안정적인 생활을 가능하게 하는 전문적인 실천방법

3. 미국의 사례관리 등장배경과 현재

사례관리는 19세기 미국의 빈민과 도움이 필요한 사람들에 대한 자선조직협회의 구제 활동에서 찾아볼 수 있으나, 현대적 의미의 사례관리는 1970년대에 들어서면서 시작되었다고 보는 것이 일반적이다(박영숙, 2008). 최근에는 사례관리가 '복합적 욕구를 가진 클라이언트를 위한 사회복지실천전략'으로서의 위치를 확고히 하고 있으며, 특히 클라이언트의 권리를 강조하는 사회복지와 일치하는 접근법이라는 점에서 사회복지 전문직에서의 중요성은 날로 높이 평가되고 있다. 이에 하나의 방법론에 국한된 차원이 아니라 사회복지 서비스 전달체계의 핵심으로 발전하고 있는 사례관리의 발달과정에 대해 선행연구를 중심으로 살펴보면 다음과 같다.

미국에서의 사례관리는 19세기 Mary Richmond가 활약하던 시기에 소셜케이스워크(social case work)에서 조정과 소비자 지향을 강조했던 인간봉사실천의 한 부분이었다(NASW, 1992). 이후 1920~1930년대 행해졌던 초기 사례관리는 공중보건 간호사들에 의해 정신과적 보호를 위해 사용되었다(Huber, 2000). 1963년「정신보건법」제정을 계기로 부각되기 시작한 사례관리는 탈시설화(deinstitutionalization) 정책을 통해 각 지역으로 흩어진 만성질환자들의 지역사회 내 보호를 위해 적극 도입되었다.

사례관리가 본격적으로 주목받기 시작한 것은 1970년대에 들어서였다. 이때 당시 미국의 의료 및 사회복지서비스 시스템은 만성 노인질병의 치료와 보호를 위한 의료비 증가가 계속되자 비용 절감을 위한 대안적 방법을 강구하기 시작하였다. 미국의 노인건강보험제도인 메디케어(Medicare)는 이러한 필요성으로 서비스 적절성과 의료 및 사회 서비스 전달체계에 대한 평가를 실시하였고, 메디케이드(Medicaid, 저소득층 건강보험)도 비슷한 조사에 착수하였다. 이와 함께 1970년대 후반부터 가속화된 재가복지와 탈시설화 움직임은 노인뿐만 아니라 장기적인 보호가 필요한 클라이언트에게 연속적인 서비스 개입을 요구하였다. 재가복지와 탈시설화 현상은 비용 절감에 대한 고려에서 기인했지만 클라이언트의 격리보호가 그들의 삶의 질 향상에 긍정적 영향을 끼치지 못한 것이 원인으로 작용하였다. 때문에 비용 면에서 더 효율적이고 클라이언트의 삶의 질 향상, 정상화 그리고 자립적 생활을 높이는 것에서 효과성이 기대되는 재가서비스와 탈시설화가 본격화되었다(이효선, 정푸름, 2012). 이후 정신보건뿐만 아니라 의료 및 사회적 지원이 지속적으로 요구되는 노인으로 확대되었으며(Kumar, 2000: 권진숙, 2010 재인용), 빈곤가정, 약물남용자 등 복합적인 욕구를 지닌 사회복지서비스 이용자들에게도 적용되어 모든 개별사회사업을 대체하는 개념으로까지 사용되었다(Rubin, 1987; 장창호, 2007: 김영숙 외, 2009 재인용). 그러나 기존의 의료 및 사회복지 개입은 서비스 간의 분화가 심했으며, 지역사회로 돌아간 클라이언트를 지속적으로 점검할 체계가 부족했다. 지역사회로 돌아온 클라이언트는 계속적인 서비스 욕구가 있는 집단으로 독립적 생활을 유지하기 위한 대처능력을 발전시키기 위해 전문가의 도움이 연속적으로 필요했다. 이러한 서비스 욕구와 필요성의 증가로 인해 정신보건계를 비롯한 재가복지서비스 영역에서 사례관리 실천의 필요성이 대두되었다. 사례관리는 시설과 지역사회 체계 사이에서 클라이언트의 독립적이고 안정적인 생활을 영위할 수 있도록 돕는 가교의 역할을 수행해 오며, 사례에 대한 지속적인 점검과 평가가 중요한 요소로 요구되었다.

1980년대 들어서면서 사례관리는 장애인과 노인뿐 아니라 일반 아동과 가족으로 확대되었으며, 이러한 서비스 개입은 지역사회 기반(community-based) 실천이 정착되면서 더욱 발달하게 되었다(이효선, 정푸름, 2012). 사례관리는 가족의 기능 회복과 안정을 위해 교육, 주거, 생활, 양육, 가족관계 및 고용 문제에 걸친 광범위한 개입 활동을 펼쳐 나갔으며, 이를 위한 사례관리자의 자원 개발, 자원 연결, 옹호의 역할은 직접 서비스 개입 못지않게 강조되었다. 또한 대상의 확대에 따른 다양한 클라이언트의 서비스 욕구와 환경으로 인해 사례관리자의 제너럴리스트적 기술과 함께 스페셜리스트로서의 지식과 기술의 활용이 중요하게 여겨졌다.

1990년대에 들어서 사례관리는 특정 대상자(혹은 대상 집단)의 욕구를 충족시키기 위하여 서비스 공급자들을 연계하는 시스템으로 조망되었고 사례관리라는 용어가 빈번하게 사용되면서 1990년 『사회사업백과사전(Encyclopedia of Social Work)』은 기존의 사회사업 실천을 의미하는 'case work'라는 단어 대신 사례관리를 의미하는 'case management'로 대체하여 미국 사회사업계의 변화를 상징적으로 보여 주었다(박영숙, 2008). 이는 사례관리가 조정 기능을 중심으로 한 간접 서비스와 클라이언트에 대한 대면 서비스 등과 같은 직접 서비스 모두를 포괄하는 통합적 모델임을 보여 주는 것이기도 하다. 또한 사례관리 서비스의 수행자(사례관리자)와 일련의 수행과정(욕구사정-서비스 계획-서비스 연계-서비스 전달 여부 점검-옹호-욕구의 지속적 사정)상의 절차가 일반화되었으며, 적용 영역도 확대되어 최근에 이르기까지 고령 계층, 약물중독, 만성질환, 장애, AIDS, 출소 후 사례관리, 아동학대, 긴급복지, 직업 훈련 및 근로자 지원 프로그램 등 다양한 사회복지 및 보건 분야에서 사례관리 서비스가 시행되고 있다(이주연, 2011). 현재 미국의 사례관리 현장의 가장 큰 조직은 미국사례관리협회(Case Management Society of America: CMSA)로서 간호계가 중심이 되어 움직이고 있는데, 민간의료보험 체계인 관리 의료(managed care) 제도하에서 주 개입 모델로서 사례관리가 적용되고 있기 때문이다. 이렇게 1990년 이후부터 사례관리 대상이 전 생애단계에 속한 클라이언트 집단으로 확장되면서 다양한 휴먼 서비스 분야에서 사례관리가 활용되고 있다. 이로 인해 일반 사회복지실천 현장은 기존 실천방법과 사례관리 간의 구분 없이 사용되거나 혹은 사례관리로 일반 실천과정이 통합되는 경우도 있다. 이는 특히 미국의 실천 현장에서 나타나는 두드러진 변화로 기관에 따라 클라이언트/가족 조정자(client/family coordinator) 혹은 사례관리자로 사회복지사의 직위를 명명하기도 한다. 욕구를 갖고 있는 클라이언트에게 서비스의 개입과 종결은 생애 과정 속에서 연속적으로 평가와 관리가 되어야 하는 것이다(이효선, 정푸름, 2012). 사례관리는 휴먼 서비스에 대한 지속성의 중요성 인식과 개인과 환경의 상호작용에 대한 초점, 그리고 수요자 중심의 서비스 전달을 위해 현재까지 발전해 왔다. 사례관리자로서 사회복지사는 클라이언트의 환경과 삶의 질을 향상시키고 독립적인 생활을 유지할 수 있도록 돕는 조력자, 조율자로서 사례관리 활동을 이어 오고 있다.

종합하면, 미국의 사례관리는 다양하고 전문적인 복지서비스 공급체계와 복합적인 욕구를 가진 이용자(클라이언트)를 연계하여 공급자적 측면에서는 서비스의 효율성을 도모하고 이용자적 측면에서는 욕구 맞춤형의 양질의 서비스를 이용할 수 있도록 하는 서비스 전달의 한 방법으로 정리할 수 있다.

4. 한국의 사례관리 등장배경과 현재

우리나라의 사례관리는 1990년대 이후 사회복지의 방향이 지역사회복지 중심으로 전환되면서 도입되었다. 사례관리는 지역사회의 다양한 서비스와 자원을 통합(service integration)하여 복합적 욕구를 가진 클라이언트에게 연계함으로써 보호의 지속성(continuity of care)을 실현시킬 수 있는 방법으로 평가되었고, 서비스 전달을 위한 가장 효과적이고 효율적인 실천방법으로 자리를 잡게 되었다.

1993년 김만두 교수는『효과적인 복지서비스를 위한 사례관리 실천론』이라는 최초의 사례관리 편역서를 발간하였고, 같은 해 유성은(1993)은「재가봉사센터의 효율적 운영을 위한 사회복지사의 역할에 관한 연구: 사례관리 모델을 중심으로」라는 최초의 석사학위논문을, 이윤로 등(1993)은「사례관리: 효과적 서비스 전달을 위한 방법-피부양노인 사례를 중심으로 한 기법과 모델」이라는 사례관리 관련 최초의 논문을 발표하였다(권진숙, 2010).

현장에서의 사례관리 실천은 1997년「정신보건법」시행을 계기로 한국정신보건사회복지학회가 정신보건전문요원 인턴십 과정에 사례관리를 정식 과목으로 포함시키면서 시작되었다. 그중 특히 지역정신보건센터의 설치는 만성정신장애인들의 재활과 사회복귀에 핵심적인 역할을 담당하게 되었으며, 정부에서는 정신보건센터의 업무를 규정하면서 사례관리를 필수 업무 중 하나로 지정(보건복지부, 2006)하게 되었다. 그리고 정신보건센터의 여러 다양한 업무 중에서 사례관리 서비스가 차지하는 비중이 외래나 상담치료 및 주간 재활서비스보다 더 비중이 높은 것으로(서동우 외, 1999) 나타났다. 이후의 확산은 주로 공동모금회를 비롯한 다양한 공적 · 사적 조직과 기관들에 의해 실시되었던 프로젝트 혹은 시범사업 형태로 이어졌다고 볼 수 있다. 사회복지교육협의회에서는 법정 과목 이외의 교과목으로도 필요성이 인정되면서 지침서에 포함한다는 방침 아래, 2006년 사회복지학과 교과목 지침서에 '사례관리론(Case Management in Social Worker Practice)'을 비(非)법정 과목 중의 하나로 포함시켰다(한국사회복지교육협의회, 2006). 한편, 서울시복지재단(2005)에서는 지역사회복지관의 지역사회보호사업 중 어떠한 프로그램의 매뉴얼이 개발되어야 하는가의 필요도를 조사하였고, 64.4%가 사례관리라고 응답한 결과를 바탕으로 국내 최초 사례관리 매뉴얼을 제작하였다.

이후 2008년, 중앙 정부는 핵심 국정 과제를 '시 · 군 · 구에서 맞춤형 통합 원스톱 복지서비스 제공'으로 설정하고 조직 구조를 새롭게 개편하였으며, 복지체감도 향상을 위한 효율적인 세부 운영 방안 개발을 시도하였다. 이는 기존의 사회복지 현장에서 클라이언트의 복합적인 욕구를 통합적으로 해결하는 데에 필요한 자원의 한계를 극복하기 위하여 공공의 행정적인 서비스 연계성을 기반으로 한 '수요자 중심의 통합적 서비스를 민 · 관이 효율적으로 실시할 수 있는 시스템'을 구축하는 과정이라고 할 수 있고, 사회복지현장 전달체계의 구조 재편이라고 평가할 수 있다.

공공사례관리는 전국 3,000여 개에 이르는 읍 · 면 · 동에서 동일한 매뉴얼로 사례관리를 수행하였던 경험을 시작으로 현재는 시 · 군 · 구의 희망복지지원단에서 민간과 공공 인력을 배치하여 수행하고 있다(민소영, 2015). 민간의 실천 현장에서도 사례관리에 관한 관심이 높아지기 시작하면서 2003년부터 서울시 종합사회복지관을 중심으로 사례관리 수행에 관한 평가가 시작되었다. 2006년에는 사례관리 수행 여부를 넘어서 "사례관리는 대상자에 대한 인테이크, 사정, 보호계획, 개입과정 등의 전반적인 사례관리 내용을 말하며, 대상자

파일이 양과 질의 측면에서 충분한지를 평가하는 것이다."(보건복지부, 2006)라는 보다 구체적인 평가 내용이 제시되었다. 2013년에는 종합사회복지관에서 사례관리 영역을 별도로 편성하여 운영하도록(보건복지부, 2013) 조정되면서 사례관리가 사회복지실천과정에서 반드시 수행해야 하는 의무로 규정되기에 이르렀다. 이후 2015년 서울시에서는 동 단위 사례관리를 핵심으로 하는 '찾아가는 동주민센터' 사업을 실시하였고, 2016년 행정자치부와 보건복지부는 '읍·면·동 복지 허브화' 사업의 일환으로 사회복지 인력의 충원과 복지전담부서 신설 및 동 조직 개편을 통해 '생애주기별 맞춤형 복지' '찾아가는 복지'로 전달체계를 개편 중에 있다.

제3장

사례관리의 구성

1. 클라이언트

누가 사회복지의 대상인가를 규정하는 일과 그들을 지칭하기 위해 사용되는 용어의 정의는 결국 그들과 함께하는 사회복지사의 역할과 책무는 물론 직업적 관계를 분명하게 한다. 사회복지 대상자가 발생될 수 있는 주요 원인으로는 한 개인이나 집단이 스트레스 상황에 긍정적으로 대처하지 못하거나, 내적 · 외적 자원의 부족과 심리사회적 기능의 약화로 자율성이 상실된 상태로 보고 있다. 이러한 상황에 처한 개인 또는 집단이 그들 스스로 자신들의 문제를 해결할 수 없어 사회복지사에게 의뢰되거나 또는 변화의 필요성을 스스로 인식하게 되어(Libassi et al., 1986) 사회복지사를 직접 찾아온 당사자(최혜지 외, 2013)를 우리는 클라이언트라 부른다.

'클라이언트'는 사회복지실천 현장 전반의 특성과 사회복지실천 안에서 관계의 특수성을 담아낼 수 있는 용어로 사용되고 있으며(Miley et al., 1995), 현재 사회복지서비스 이용자를 지칭하는 가장 보편적인 용어이다. 과거에는 사회복지

서비스를 이용하는 클라이언트를 '환자' '도움받는 사람' '고침이 필요한 사람' 등으로 규정하였다. 이러한 정의는 사회복지사가 이들을 치료하고 도와주기 위한 지식과 권위를 가진 전문가이고, 서비스를 받는 사람들은 치료를 받아야 하는 수동적인 존재이며, '부족한' 혹은 '못 가진' 사람이라는 의미를 내포하였다.

클라이언트(client)라는 용어는 사회복지뿐만 아니라 수많은 전문가 집단에서 그들의 서비스 이용자를 가리킬 때 주로 사용하고 있다. 'client'라는 영어에 대체할 수 있는 용어로는 'applicant' 'case' 또는 'patient' 등을 들 수 있다. 특히 사회복지 방법론 중 하나인 케이스워크의 주창자인 Mary Richmond는 클라이언트라는 단어가 단순히 'a suitor(청원자, 請援者)' 또는 'a dependant(피부양자)'에서 좀 더 격상된 '조언에 귀 기울이는 사람' 또는 '전문직 서비스를 사용하는 사람'을 의미하는 것으로 변화했다고 밝히고 있다(송정부 역, 2000). 그래서 개별적으로 원조를 요청하기 위해 찾아오는 내담자는 일반적으로 원어 그대로 클라이언트라 불리며 변호사나 사회복지사 등 전문가의 원조를 청해 상담을 의뢰하는 사람의 뜻으로 쓰이게 되었다. 실제로 원조가 필요하여 신청한 단계에서는 아직 신청자(applicant)이지만, 사회복지 시설이나 기관에서는 일정한 수속과 동의 절차에 따라 계약이 이루어져 사회복지사와 접촉이 개시된 시점부터 클라이언트라고 부른다(이철수, 2006). 그러나 '클라이언트'라는 용어는 클라이언트가 수동적인 입장에서 주어진 서비스를 받기만 하는 위치에 놓여 있기에 적절하지 못한 용어라는 비판에 직면하게 되었다. 또한 사회복지 현장에서 클라이언트라는 용어가 사회복지사에게 과도한 권한을 부여한다는 부정적인 시각이 있어 이에 많은 사회복지실천가와 학자들은 그 용어의 정의에 대한 토론을 지속해 왔으며, 클라이언트가 주체적으로 참여하고 있다는 내용을 담을 수 있는 용어를 찾는 것에 주력했다. 이에 대한 결과로 클라이언트에서 소비자(consumer/customer)로의 용어의 전환을 살펴볼 수 있다. 사회복지실천에서는 클라이언트에 대한 존경을 토대로 보다 성공적인 전문적 관계를 위해 사회복지사와 클라이언트가 협력적인 파트너십(partnership)을 형성해야 하므로 클라이언트의 능동적 역할을 강조하기 위해 그들을 '소비자'라는 용어로 칭하기도 한다(Gummer, 1983). 소비자라는 측면에서 클라이언트는 권리를 가지고 있는 존재로서 그들이 필요로 하는 것에 대한 정보를 찾아 선택하거나 계약을 하는 적극적이고 능동적인 대상으로 정의되고 있는 것이다(Tracy & DuBois, 1987). 그러나 이 경우, 사회복지서비스 이용자가 지나치게 시장의 원리로만 이해될 수 있다는 비판을 피할 수 없다.

이러한 비판 속에 '소비자(consumer/customer)'의 대안적 개념으로 '서비스 이용자(service user)'라는 개념이 도입되었고, 이는 1990년대 이후부터 현재(주로 영국에서)까지 가장 널리 사용되는 개념 중 하나이다(McLaughlin, 2009). 서비스 이용자는 단순히 시장의 논리로만 클라이언트를 국한하지 않고 제공되는 사회복지서비스를 이용하는 이용자의 개념으로 기존의 용어에 대한 문제를 넘어설 수 있는 것처럼 보였지만, 이 또한 비판에서 자유로울 수 없다. 왜냐하면 이 용어 안에는 클라이언트, 즉 그/그녀가 부모로서, 자식으로서, 직장인으로서 그리고 이웃으로서의 다양한 역할을 하고, 다양한 관계를 유지하며 삶을 살아가는 인간이라는 점을 포함하고 있지 않기 때문이다. 즉, 단순히 사회복지서비스를 이용하는 이용자라는 개념 이외에 사회복지실천 현장에서 사회복지사들이 직면하는 그들의 전 생애에 걸쳐 복잡하게 얽혀 있는 그들의 문제나 삶의 자원 등을 다각적으로 접근하고 토론하고 분석되어야 하는 대상이라는 의미를 담아낼 수 있는 용어가 아니라는 비판이 뒤따랐다.

가장 최근에 논의되고 있는 개념은 경험에 대한 전문가(experts by experience)로서, 이는 클라이언트가 자기 삶의 경험에 대해 누구보다 가장 잘 알고 있는 전문가라는 의미이다. 이는 사회복지 철학에 가장 근접한 용어가 아닐까라는 생각이 들게 하지만, 이 또한 완벽한 개념이라 볼 수 없다. 왜냐하면 클라이언트가 자신의 삶의 경험을 가장 잘 아는 것은 사실이지만, 그들이 자기 문제를 평가하는 능력에 있어 전문가라고 볼 수는 없기 때문이다. 이 경우, 클라이언트들이 자신의 삶을 가장 잘 알기 때문에 그들이 자신의 문제를 정의하고 개선할 수 있다고 볼 수 있는가라는 문제가 남는다.

누가 사회복지의 대상인가를 규정하는 것과 그들을 명명하는 일은 사회복지실천의 철학을 기반으로 해야 하기 때문에 쉬운 결정이 아니다. 현재까지 논의되고 있는 용어들은 어느 것도 완벽하게 사회복지의 가치를 담아내고 있지 못하고, 서비스 이용자와 서비스 제공자 사이의 관계를 적절하게 포함하고 있지 못하며 여전히 사회복지실천에 물음을 보내고 있다(McLaughlin, 2009). 클라이언트라는 용어의 사용은 사회복지실천가와 학자들마다 다르고 대안적인 개념들이 논의되고 있지만, 중요한 것은 클라이언트를 한 인간이며 파트너로서 존중하는 마음이 어떠한 용어를 사용하든 그 속에 반드시 들어가 있어야 한다는 것이다. 또한 분명히 인식해야 할 것은 클라이언트는 각 개인의 고유성과 개별성 속에서 자기 삶의 경험에 대한 전문성을 가지고 있으며, 강점과 능력을 가진 존재로 변화를 위해 노력하는 파트너로서 모든 변화과정 단계에 주체적으로 참여하고 있다는 관점을 유지해야 한다는 것이다.

2. 사례관리자[1]

우리는 전문가를 '어떤 분야를 연구하거나 그 일에 종사하여 그 분야에 상당한 지식과 경험을 가진 사람'[2]이라고 정의하고, 전문성은 전문적인 성질 또는 특성, 전문직은 이와 같은 직업이라고 정의한다. 전문직(profession)의 특성은 체계적인 지식과 기술을 기반으로 오랜 교육과 훈련 기간을 거치고 이를 통해 얻어진 집단에 동일시된 고유문화가 있으며, 그 지식과 기술이 자격시험의 합격으로 지역사회로부터의 권위를 인정받아 자율성(autonomous)이 보장되는 것이다. 또한 그들의 자율성에 책임과 의무를 부여하는 윤리강령을 갖고 있으며 지식과 기술이 사회적으로 유용하게 쓰이는 사회봉사를 목적으로 하는, 즉 앞에서 열거한 특성을 갖추고 인간과 관계된 일을 하는 이들을 전문가(professional)라고 부르며 숙련가(expert)와 구별된다(이효선, 2009).

1) 남화수(2012) '지역사회복지관 사례관리의 사례관리 인식에 관한 재구성: 위버만의 객관적 해석학을 중심으로' 박사학위논문 내용을 바탕으로 재구성하였다.

2) 국립국어원 표준국어대사전(http://stdweb2.korean.go.kr/main.jsp)

사례관리자는 가치와 경험을 토대로 이론적 지식을 활용하여 클라이언트의 문제와 욕구를 해결하기 위해 사례관리 실천과정에서 직간접적 역할을 수행해야 한다. 한국사례관리학회(2015)에서는 사례관리자의 자격에 대해 사회복지전공 학사학위 이상을 취득하고 사회복지사 1급 자격을 가진 자가 바람직하다고 제시하였다. 불가피한 경우 사회복지사 2급 자격증 소지자도 사례관리자가 될 수 있지만 슈퍼바이저의 지도감독을 강화함으로써 전문성을 향상시키기 위한 노력을 기울여야 한다고 강조하였다. 사례관리자는 사례관리 실천의 주체인만큼 개인의 역량에 따라 서비스에 현저한 차이가 발생할 수 있기 때문에 전문가로서 어느 정도의 역량을 갖추고 있는지 정확하게 인식하여, 부족한 부분은 채워 나가고 갖춰진 역량은 충분히 발휘될 수 있도록 해야 한다.

이 장에서는 사례관리자의 전문적 역량강화를 위해 사회복지실천의 구성요소인 가치, 지식, 기술과 더불어 최근에 강조되고 있는 경험을 단계별로 재구성하였다.

1) 가치

사례관리 실천현장에 대한 현실적인 이해와 사고는 실천의 가치(values)와 목표에 의해 지배된다. 따라서 실천의 적합한 가치 지향에 대한 논의는 사례관리자가 추구하는 가치나 이데올로기와의 연관성 속에서 고려될 수밖에 없다. 하지만 과학적 근거를 강조하고 실증적 실천과 경험적 연구방법을 중시하는 최근의 연구 동향에서는 이러한 논의들이 이어지지 못하고 있는 실정이며(홍선미, 2011), 사회복지실천 관련 교육에서도 가치를 배제한 이론에 치중하고 있음을 어렵지 않게 확인할 수 있다.

가치는 신념이나 선택이며 인간을 위해서 좋은 것과 바람직한 것에 대한 가정이다. 가치는 사회복지실천에서 지식, 기술과 함께 사회복지 전문직의 토대를 이루고 있는 3대 요소이며, 그중에서 가장 핵심적인 요소로서 사회복지사의 전문적 정체성을 규정하고 사회복지실천의 준거 틀을 세우는 데 매우 중요하다

(김용민, 2011). 사회복지실천 전문가의 중심 가치(Loewenberg et al., 1995)는 다음과 같이 정리할 수 있다.

사회복지실천 전문가의 중심 가치

1. 사회복지의 전문적 관계는 개인 존중과 인간 존엄을 바탕으로 구축되며 클라이언트의 참여, 클라이언트의 자기 존중과 수용, 비밀보장, 정직성, 갈등을 다루는 책임성 등의 가치에 의해 증진된다.
2. 사회복지사는 클라이언트의 선택, 서비스 계약, 원조과정에 참여할 권리를 존중하고 사회제도가 보다 인본주의적이며 인간의 요구에 반응할 수 있도록 기여한다.
3. 사회복지사는 다양한 집단들이 가진 고유한 특성을 존중하고 수용하는 데 앞장선다.
4. 사회복지사는 질 높은 실천을 위해서 전문적 지식과 기술을 끊임없이 연마하고 유지하기 위해서 자신의 윤리적 행동에 책임져야 한다.

사례관리자는 이러한 가치를 기반으로 클라이언트의 문제와 욕구에 접근하고 해결하기 위해서 다양한 방법론과 이론 등을 동원할 수 있다. 그러나 그 이전에 항상 윤리적인 문제, 즉 '무엇이 최선의 선택인가?'에 대해 명확한 윤리적 가치 기준을 갖추고 있어야 한다. 실천 현장에서 발생하는 윤리적 갈등 문제에 대한 의사결정은 사례관리자가 선택할 수 있는 다양한 개입 행위의 대안들 가운데 가장 윤리적인 것과 관련하여 판단하고 결정 내리는 선택 행위를 의미한다(Reamer, 1998). 윤리는 가치로부터 나오는 것으로 윤리와 가치는 불가분의 관계이며 사회복지의 가치와 분리되어 논할 수 없는 것으로서(김기덕 외, 2012) 사람들에게 그들이 추구하는 가치에 따라 일관되게 행동하도록 지시하는 행동 규범을 뜻한다.

오헌석 등(2010)은 전문가의 가치를 직무 및 직업에 대한 태도, 정의적 특성으로서 해당 분야의 전문성을 발달시키는 데 영향을 미치는 핵심 요인이라고 하였다. 전문가의 가치는 전문성 발달과 성장의 실천적 행동특성, 즉 학습과 경험 활동을 유발하고 지속적으로 유지시키게 하는 원천이자 성장 동력이라는 것이다.

또한 전문성을 구성하는 모든 요인의 뿌리와 같은 기능을 수행하는 가치는 전문가와 비전문가를 구분하는 가장 근본적인 요인임과 동시에 가장 큰 차이를 보이는 요인이라고 주장하고 있다. 따라서 우리나라 사회복지사 윤리강령은 일상적으로 윤리적 딜레마와 마주치는 사례관리자의 사고와 행동의 기준으로서 인지, 감정, 사고, 행동의 틀이 구체적이고 세부적으로 구성되어야 하고, 사례관리자 또한 단절적인 지식의 유용성과 기술의 전문화를 강조하는 가치 지향보다는 사회 문제의 상호 연관성과 상황적 맥락의 중요성을 이해하며 클라이언트의 삶의 질을 향상시키기 위해 변화 가능성을 추구하는 노력이 필요하다(홍선미, 2011).

2) 경험

경험(experience)은 전문성의 핵심 요소 중 하나(허정무, 2008; Goldman, 2008: 한상만, 2013 재인용)로서 과거 전문성에 대한 초창기의 연구들에서는 전문성을 개인의 타고난 능력으로 보는 관점이 우세하였지만 최근에는 경험이 전문성의 핵심 요소 중 하나로 강조되고 있다(Hayes et al., 2008). 이는 개인이 주변 환경과 지속적으로 상호작용하는 가운데에서 존재하며 이러한 상호작용이 곧 경험(Kolb, 1984)이 된다는 것을 내포한다. 배을규(2009)의 연구에서 전문성이 후천적으로 개발 가능하다는 사실이 입증되면서 전문적이고 체계적인 훈련을 바탕으로 하는 개인의 경험은 전문성 계발에 있어 무엇보다 중요한 요소로 간주되었다. 사회적으로 인정받는 전문가는 최고 수준의 전문성을 갖추기 위해서 보통 1만 시간 또는 10년 이상의 노력을 한다(Ericsson, 2006). 10년이라는 기간은 짧은 시간에 높은 수준의 전문성에 도달할 수 없으며 단순한 경험만으로 전문성이 발달되는 것은 아니라는 것을 의미한다. 즉, 높은 수준의 전문성은 이론적 지식을 습득한다고 해서 짧은 순간에 도달되는 것이 아니며, 장기간의 숙달과 적응 기간을 통한 의도적이고 집중된 연습이나 실습 등의 실천이 필요함(Ericsson et al., 2007)을 강조하는 것이다.

여기서 주목해야 할 내용은 지금까지 전문화라는 명목하에 사회복지에 소개된 많은 지식과 기술의 효율성과 관련하여 그 주체인 인간에 대하여 얼마나 고려하고 있는지이다(이효선, 2009). 실천 현장에서는 만연한 성과주의의 결과를 반영하듯 사례관리자의 전문성 계발에 필수적인 '충분한 시간'과 '기다림'이 주어지지 않는다. 이는 과업 수행만을 위한 매뉴얼과 표준화된 지침의 개발, 통일화된 사고, 클라이언트에 대한 획일적 접근 등 기술적인 숙련성만을 향상시키면서 효율성이 가치를 지배하는 전치현상의 결과로까지 이어지게 된다.

인간을 대상으로 하는 사회복지에 있어서 가장 특징적인 부분은 인간의 다양성만큼 접근방법 또한 무한하다는 것이다. 따라서 클라이언트의 개별성에서 출발해야 한다는 주요 특징을 지닌 사례관리에 있어서 개인에 대한 이해는 기본적 전제 조건이다. 또한 인간은 투입과 산출에 수동적으로 반응하는 존재가 아니라 환경과의 상호작용 속에서 활동하는 유기적인 존재로서(이효선, 정푸름, 2012) 클라이언트 중심에서의 접근이 필요하다. 인간의 존엄성에 대한 책임은 물론 다양한 경우의 수에 대한 접근을 고려할 때, 사례관리자에게 있어서 클라이언트 이해에 대한 전문성과 경험적 민감성은 기술적인 면에 초점을 두고 의식적으로 결정하고 분석적인 방법을 활용하는 숙련가(expert)를 지향할 것이 아니라 체화된 기술의 적용과 오랜 경험과 성찰을 통해 체득한 지식과 노하우가 담겨 있는 암묵지[3]를 사용하여 문제를 해결하는 직관적인 방법의 활용을 통한 전문가(professional)[4]를 지향(한상만, 2013)해야 함을 의미한다.

이러한 맥락에서 외국의 사례를 살펴보면 우리나라와는 확연한 차이를 보이고 있다. 일본의 경우에는 2009년 4월부터 실행되고 있는 새로운 양성 교육과정에서 상담 원조연습, 상담 원조실습지도, 상담 원조실습 등 실습과 연습에 총 420시간을 할애하도록 정해 놓고 있다. 미국은 미국사회복지사협회의 공인사회복지사(Academy of Certified Social Workers: ACSW), 임상사회복지사(Qualified

3) 학습과 경험을 통하여 개인에게 체화되어 있지만 겉으로 드러나지 않는 지식을 말한다(두산백과).

4) 전문가는 지식과 기술이 신체의 한 부분처럼 통합되어 그 존재를 의식할 필요가 없어질 뿐만 아니라 자신의 직관에 대해 비판적으로 성찰한다. 다양한 상황에서의 충분한 경험으로 목표와 관점에 따라 상황을 그룹화하고 지식과 기술을 상황에 맞게 동원하여 유연한 수행을 할 수 있게 된다(배진현, 2012).

Clinical Social Workers: QCSW), 전문임상사회복지사(Diplomate in Clinical Social Workers: DCSW)와 같은 자격증을 취득하기 위해서 학위 후 현장 경험이 2년 또는 3,000시간 이상 있어야만 한다고 규정하고 있다. 이에 비해 우리나라는 사회복지사 자격 요건에서 현장 실습이나 현장 경험에 대한 강조가 매우 부족하다(이순민 외, 2011). 현장 실습이 학생의 실천 능력을 배양하는 데 있어 핵심 교과목임에는 분명하나 실습 교육의 비중이 매우 적은 교육 현실에서는 실습 과목을 통한 실천 역량의 배양은 매우 제한적일 수밖에 없다. 보다 근본적으로 사회복지 교과과정 전반에서 어떻게 실천능력을 배양해야 하는지에 대한 논의가 필요하다(백옥미, 2013). 사회복지 사례관리자 양성이 교육 목표임을 분명히 하고 있는 미국처럼 우리나라도 교과과정 내에 클라이언트를 중심으로 실천되어야 하는 영역의 특수성을 감안하여 우선적으로 실습과 훈련 위주의 교육과정을 마련함으로써 실천 현장에 적용 가능한 사례관리자로서 준비시키는 것이 효과적일 것이다.

3) 지식

우리나라 학사과정 사회복지 대학 교육정책은 개인 · 집단 · 가족 · 조직 · 지역사회에 의해 직면되는 문제를 효과적으로 다루고, 이를 위해 넓은 범주에서의 전문성과 훈련을 강조하는 일반주의 사회복지사의 전문성을 개발하는 데 초점을 두고 있다. 이를 위한 교육 방법으로는 전문적 지식과 기술의 통합이 강조되며, 각 교과목 내용은 가치를 근거로 목표가 적절해야 하고 이론의 학습과 실무실습을 병행할 것을 강조하고 있다.

그러나 대학의 학부과정은 실천 현장에 적용하기 어려운 사회복지 이론과 기술에 대한 광범위한 내용의 지식(knowledge) 전달이라는 한계를 가지고 있다. 사례관리 실천 영역도 필요성과 중요성에 비해 대처는 미흡한 수준이다. 대학의 교과과정에서 사례관리가 사회복지실천론 또는 지역사회복지론 내에 한 장(chapter) 정도를 할애하여 간략하게 소개되고 있거나 과목이 개설되어 교육이 진행되고 있다 하더라도 실질적으로 교육 참여자에게 변화를 가져왔는지, 변화를 가져왔다면 어떠한 영역에서 이루어졌는지에 대한 실증 연구가 부족한 상황이다(민소영, 2008). 또한 최근에는 현장에 적합한 인력을 양성하겠다는 취지에서 산업 현장에서 직무를 수행하기 위해 요구되는 지식 · 기술 · 소양 등의 내용을 국가적 차원에서 표준화한 국가직무능력표준(NCS)에 기반을 둔 교육과정을 도입하고 있다. 하지만 사례관리 개념과 실천과정의 각 단계별 주요 과업에 적합한 내용으로 구성되었는지, 실천 현장의 상황을 반영한 적용 가능한 과정으로 구성되었는지에 대한 검증 작업은 부족한 실정이다. 상대적으로 미국은 Hwa(1996)가 전국의 간호 전공과 관련된 학부와 대학원을 대상으로 사례관리의 실시 현황 및 교육 내용 그리고 교육과정에서의 어려움에 대해 조사한 결과, 비록 사례관리 전공이 독립적으로 존재하지 않았지만 조사 대상 학교 중 대학원은 89%가 그리고 학부는 95%가 사례관리를 교육 내용에 다양한 형태로 통합시켜 운영하고 있었으며 학부보다는 대학원 과정에서 사례관리 교육이 심화 학습으로 진행되고 있었다. 또한 사례관리 교육에 대한 현황 탐색에서 더 나아가 사례관리 교육을 위하여 어떤 내용이 포함되어야 하는지를 연구한 논문의 등장과 일단 교육 자료가 만들어지면 이것이 제대로 이해되고 있으며 지역사회에서 잘 적용되는지에 대한 검증을 위한 연구도 이루어지고 있었다. 즉, Austin(1987)의 사회복지실천에서 사례관리를 구체화하도록 학생을 교육하지 않으면 사례관리 영역을 잃을 수 있음에 대한 경고를 수용하듯, 사례관리의 교육이나 훈련 프로그램을 개발하고 효과성을 분석하고자 하는 노력이 이어지고 있다.

전문가들이 가지고 있는 지식은 공식적인 교육을 통한 이론적 지식과 경험을 통해 비공식적으로 획득한 실천적 지식으로 나누어 볼 수 있다. 이론적 지식이 합리성과 객관성을 가진 이론과 명제들인 반면, 실천적 지식은 실천적 경험 속에서 반성적 사고과정을 거쳐 묵시적(implicit)으로 형성되는 비형식적 · 비명제적인 형태의 지식으로 현장에 뿌리를 두고 문제를 해결하기 위해 자동적으로 생성된 지식이다. 김정아 등(2007)은 실천적 지식의 중요한 특성을 다음과 같이 설명하고 있다. ① 다른 사람들로부터 직접적인 도움 없이 획득된 실천 중심 지식

(action-oriented knowledge), ② 개인의 가치가 반영되고 특별한 상황과 관련된 개인적 · 맥락적 지식, ③ 함축적이고 암묵적인 지식, ④ 과학적 지식, 규범과 가치를 포함하는 일상적 · 경험적 지식들이 복합적으로 관여되어 형성된 통합적 지식, ⑤ 실천적 지식을 구축할 때 신념(beliefs)이 가장 중요한 역할을 한다. 신념은 새로운 지식이 개념적 틀에 통합될 때 필터로 작용되기 때문이다.

Schön(1983)은 우리가 학습하는 이론적이고 기술적인 지식들은 실제 현장에서 일어나는 복잡하고 모호한 상황에 적용하기에는 한계가 있다는 것을 인식하고, 경험 자체가 실천적 지식을 가져다주는 것이 아니라 경험에 대한 '반성적 사고'를 통해 의미 있는 지식들을 습득하게 된다고 설명하였다. 이러한 전문 지식은 실천이 벌어지는 상황 속에서 자신의 실천 행위에 대한 탐구자(Pollard & Tann, 1993: 12: 이주한, 2012 재인용)로서 그 상황과 반성적으로 '대화'함으로써 얻어진다. 반성적 사고는 [그림 3-1]과 같이 훈련에 의해 학습이 가능한 사고과정으로 현재(또는 과거)에 일어나고 있는(일어난) 문제 상황을 인식하고 그것에 대해 지속적으로 주의 깊게 분석하고 생각함으로써 문제 상황을 이해하게 되어, 더 나은 전문적 지식과 결론을 얻게 되고 미래의 행위에 대한 방향을 결정하게 되는 과정이라고 볼 수 있다(손은정, 2003).

현장 및 실무 중심인 사회복지 학습과 훈련 간 상호 연계를 통한 전문 인력 양성 문제는 꾸준히 주장되어 왔다. 이러한 점에서 사회복지 전문성에 기초한 인력 배양과 관련하여 대학의 역할과 기능은 매우 중요하다. 대학이 사회복지 실천 현장에서 질적 서비스를 제공하는 역량을 갖춘 인재 육성을 위해 양질의 교육 수행을 하는 것은 사회적 당위이기도 하다. 이와 관련하여 사례관리 현장에서 필요한 실질적 내용을 담보한 역량 있는 전문가를 양성하는 데 있어 교과과정의 중요성은 아무리 강조해도 지나치지 않을 것이다. 따라서 사례관리자의 실천 역량을 향상시키기 위해서는 기존의 이론적 지식을 전달하는 교수법에서 사례 경험과 훈련을 기반으로 한 실천적 지식 위주의 교과과정을 구성하고 실행능력에 필요한 이론적 지식 습득과정으로의 전환이 선결되어야 한다.

1단계	실천과정에서 '무슨 일이 있어났는가'에 초점을 두고 실천가에게 자신이 직면한 상황을 기술하도록 제안
2단계	실천가가 자신이 경험한 사건에 대한 좋은 혹은 불편한 느낌들을 표현하도록 요구
3단계	실천가가 자신이 경험한 사건을 통해 자신에게 가치 있는 것들 혹은 개선되어야 할 것들이 무엇인지 스스로 묻고 평가
4단계	실천과정의 '성공에 기여한 점들이 무엇이었는가'에 대해 고찰하고 실천 결과들이 '어떤 과정을 거쳐 발생하게 되었는가'를 이해
5단계	평가와 분석을 거친 실천가가 일종의 결론을 내림
6단계	실천가가 앞으로의 실천 계획을 수립

[그림 3-1] 반성적 실천 6단계

출처: Gibbs(1988).

4) 기술

기술(skill)은 용어의 모호성으로 인해 연구자에 따라 영역 특화된 기술, 테크닉, 비판적 사고 기술 등으로 제시되고 있다. 보편적으로는 문제해결(problem-solving) 능력으로 이해(Swanson & Holton, 2001)되고 있으며, 이는 문제 상황과 관련된 특정 정보와 지식을 어떻게 가공·활용할지를 결정하는 과정으로 전문성이 높아질수록 점차 심층적 수준으로 변화한다(Alexander, 2003). 이 장에서는 사례관리자와 클라이언트의 전문적 관계, 면접, 의사소통, 사정, 개입 등이 해당되지만 사회복지실천론, 사회복지실천 기술론에서 다루고 있어 제외하도록 한다. 그러나 '조직화(organization)' 기술은 간접적 실천 영역에서 서비스의 통합성과 지속성을 위한 자원의 효율적 네트워크 구축에 필수적인 기술로 평가되기 때문에 별도 영역으로서의 고민이나 노력보다는 사례관리 영역 내에서 통합된 기술로서 다루어 보고자 한다.

사례관리 실천기관들은 지역사회 내에서 기관과의 의뢰체계 미비나 교류의 부족 등으로 인해 발생된 분절적이며 비연계적인 형태의 서비스 제공 방식을 넘어 포괄적인 지역사회 보호차원의 사례관리나 사회서비스 지원을 위한 통합적인 사례관리로 확대되는 데 한계를 보이게 되었다(이인숙, 2004; Gilbert et al., 1986; 홍선미, 2009 재인용). Kahn과 Kamerman(1992)은 서비스 통합이란 파편화된 전달체계의 문제를 해결하고 문제와 욕구를 갖고 있는 개인 또는 가족에게 개입 프로그램이나 전문적인 서비스가 제대로 연결될 수 있도록 하는 체계적인 노력으로, 클라이언트와 서비스를 보다 원활하게 연결하고 그러한 서비스를 제공하기 위해 보다 조정된 체계를 만드는 것을 목적으로 한다고 설명하고 있다. Ragan(2003)은 유일한 정의란 존재하지 않고 클라이언트가 서비스에 접근하는 것을 단순화하거나 활성화하는 전략들의 결합이며 서로 다른 전략과 과정, 상대 서비스 기관이 혼합된 결과라고 하였다.

사례관리에서는 서비스 통합의 모델이나 대상과 상관없이 사례관리에 기반을 둔 통합적인 서비스를 어떻게 제공할 것인지, 서비스 통합의 전략으로서 유용성을 지역사회에서 어떻게 보여 줄 것인지에 대한 논의가 매우 중요하다. 왜냐하면 서비스 통합체계가 효과적으로 작동하기 위해서는 조정체계로서의 거점 기관 역할 수행과 서비스 기관들 간의 연계가 필요하지만, 성과 · 평가 중심의 구조적 요인으로 인한 현실적 제약이 있기 때문이다. 또한 사례관리자도 지역사회에서 클라이언트와 눈높이를 맞추어 주변 환경을 분석하고 인적 · 물적 자원을 확인하는 적극적인 활동을 통해 서비스를 제공할 수 있는 여건 조성의 노력보다 기관에서 제공 가능한 서비스를 전달하는 역할에만 치중하는 미시적 접근이 주류를 이루고 있기 때문이다. 사례관리자들의 현장 실무 경험이 주로 기관과 개인 차원에서 배양되어 지역사회에 대한 구체적이고 세밀한 정보를 취득하기 곤란한 상황에서 서비스의 통합성과 유용성을 높이기 위해서는 [그림 3-2]와 같이 실현 가능성이 희박한 이상적인 기관 중심의 네트워크를 지향하기보다 [그림 3-3]과 같이 사람 중심 네트워크를 통하여 지역사회 공동체를 형성하는 것이 클라이언트에게 효율적이고 효과적인 서비스의 연속성을 확보할 수 있다.

사례관리자는 사람 중심의 자발적 네트워크를 통해 공식적 자원뿐만 아니라 비공식적 보호체계와 클라이언트 간의 상호작용을 촉진할 수 있다. 여기서 비공식적 자원체계 즉 가족, 친척, 친구, 이웃, 자원봉사자, 종교단체, 자조집단 등을 통하여 클라이언트는 경제적 · 사회적 · 신체적 · 정신적 건강, 정서적 지지, 안내, 지역사회 생활의 향상 등에서 결정적인 지원을 받을 수 있게 된다(김영숙, 2008). 이는 지방분권의 강화와 주민 자치의 중요성이 부각되면서 최근 마을공동체 사업의 사람과 사람 사이를 잇는 '관계'를 포함한 공동체(community)의 개념으로 지역사회의 문제를 지역사회 구성원들이 스스로 해결할 수 있는 역량강화가 주목받고(서울시복지재단, 2012) 있는 것과 무관하지 않다. 하지만 지역사회 조직화 영역은 사례관리 영역만큼이나 현장 경험을 바탕으로 한 실천 계획이나 지침이 부재한 상황이다. 이러한 맥락에서 지역사회를 기반으로 지역주민의 자발적인 참여를 통해 실천적 과제를 해결하는 '조직화 실천과정'에 대해 이론과 실천을 접목하여 정립한 결과(남화수, 2009)를 소개하면 다음과 같다.

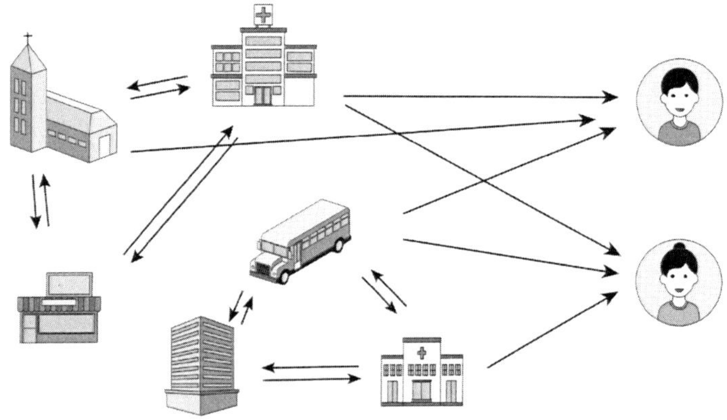

[그림 3-2] 기관 중심 네트워크

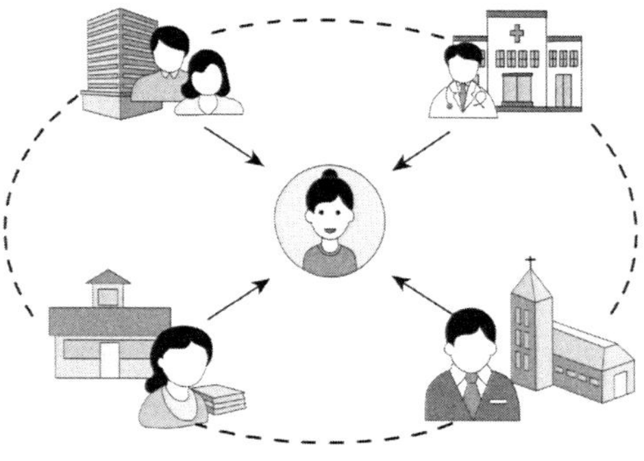

[그림 3-3] 사람 중심 네트워크

지역사회 조직화 실천과정

서울시 95개 지역사회복지관에서 지역사회 조직화를 담당하고 있는 실무자와 슈퍼바이저를 대상으로 2009년 지역사회 조직화에 관한 인식의 조사를 실시하였다. 분석 결과[5] 중 지역사회 조직화 5단계의 세부 단계별 실천과정에 관한 필요성 인식[6] 결과에서 전 과정에 걸쳐 매우 높게 공감하고 있는 것으로 나타났다.

1) 준비 단계–지역적 환경 조사(4.4), 인구 동태, 주민 의식 등 지역주민 분석(4.35), 주민 조직 및 지역 단체 운영 실태 파악(4.17), 주민 간 공식적 · 비공식적인 의사소통의 수단 분석(4.00), 주민 조직의 권력 구조 및 지도자, 정치의식 수준 파악(3.76)

⇩

2) 계획 단계–지역사회 욕구 파악(4.60), 욕구의 순위화(4.17), 목표의 설정(4.42), 실시계획 수립(4.38)

5) 유의표집방법을 통한 우편 설문조사를 실시하였으며, 최종 회수된 설문지는 총 75개 기관, 135부로 회수율은 71%였다.

6) 지역사회 조직화 실천과정은 총 5단계로 '준비 단계-계획 단계-조직화단계-문제해결 단계-평가 단계'에서 수반되는 세부 추진과정들의 필요성 여부에 대해 분산분석(ANOVA) 결과에 대한 평균 척도 점수(최소값 1, 최대값 5)의 비교분석 결과이다(남화수, 2009).

⇩

3) 조직화 단계–홍보 활동(4.41), 모집(4.25), 조직 구성(4.29), 조직 내 리더 발굴 및 교육(4.44), 자원 동원(4.41), 조직의 발대식 및 관리체계 수립(3.92)

⇩

4) 문제해결 단계–문제해결 활동(4.38), 정기적인 교육 및 간담회를 통한 관리(4.27), 문제의 이슈화(4.23), 인식 확산 유도(4.35), 정책적 · 제도적 건의(3.88)

⇩

5) 평가 단계–평가 계획 수립(4.28), 평가 자료 수집 및 분석(4.30), 보고서 작성(3.95), 피드백(4.50), 차기 계획 수립(4.46)

사례관리자가 지역사회에 기반하여 클라이언트의 욕구에 부합하는 자원의 동원, 연계, 활용, 관리 등을 통해 지속적이고 통합적인 지역사회 보호체계(community care system)를 형성하는 것은 간접적 실천에 있어 필수적이다. 무엇보다 사람 중심의 지역사회 공동체 형성이 '현실화'되기 위해서는 현장 상황과 맥락에 맞는 지식과 기술을 갖춘 전문적 역량과 지역사회 조직화 실천과정을 통해 자원을 세분화하여 조직화하고 이들의 자발적인 참여를 통해 조직을 유지하며, 지역사회 활동을 지원하고 문제와 욕구를 해결하는 노력이 사례관리 영역의 틀 안에서 고려되어야 한다.

지금까지 사례관리자가 실천 현장에서 전문적으로 갖추어야 할 역량에 대해 가치, 경험, 지식, 기술 네 가지 영역으로 살펴보았다. 정리해 보면, 사례관리자의 전문적 실천을 위해서는 [그림 3-4]와 같이 전문가로서의 가치를 기반으로 다양한 사례 경험을 통해 클라이언트와 관련된 지식과 기술을 습득하고 적용하고 활용하려는 bottom-up 방식의 단계적인 노력이 필요하다. 즉, 사례관리자의 전문성에 대한 논의에서 자주 등장하는 마인드와 전문성은 서로 별개의 것이 아니라 하나의 흐름 안에서 함께 발전시켜 나가야 한다는 것임을 의미한다. 이와

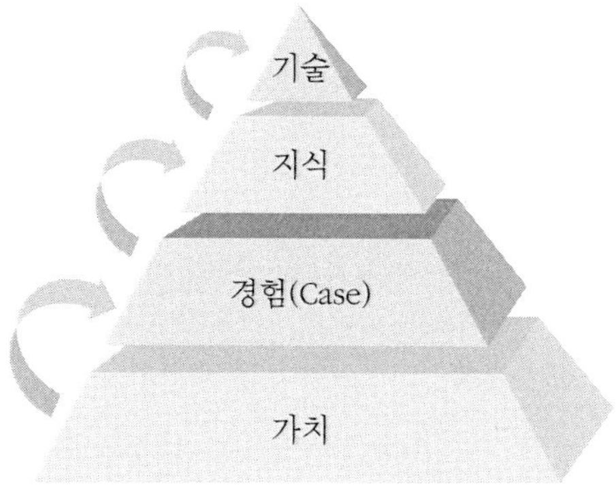

[그림 3-4] 전문성 구성 요소

관련하여 프랑크푸르트 대학교 사회학과 교수인 Oevermann(1981)은 전문가의 조건으로 이론 이해(Theory Verstehen)와 사례 이해(Fall Verstehen)를 제시하면서 인간과 사회에 대한 이론 습득은 물론 인간 이해를 위한 훈련이 반드시 겸비되어야 함을 강조하고 있다.

5) 사례관리자의 역할

사례관리자는 전문가로서 가치, 경험, 지식, 기술의 요소를 갖추고 실천과정에서 다양한 역할을 수행해야 한다. 사례관리의 주요 기능에 따라 직접 서비스를 제공하는 역할과 간접 서비스를 제공하는 역할로 구분하여 제시하기도 한다. Sheafor 등(2006)이 사례관리자가 공통적으로 담당하는 활동으로 소개한 일곱 가지 내용은 다음과 같다(한국사례관리학회, 2015: 78-79).

(1) 정보 수집과 사정 활동

사례관리 대상 클라이언트는 대체로 고위험군이다. 이들에 대한 포괄적인 정보 수집은 사례관리자가 수행하는 업무 중에 중요한 역할을 차지한다. 클라이언트와 관련된 정보를 수집하고 클라이언트의 욕구와 관심을 확인한다.

(2) 서비스 계획

사례관리자는 서비스 계획 단계에서 무엇보다 클라이언트의 욕구와 관심사에 초점을 두어야 한다. 서비스 계획은 실행이 가능한가에 대한 전문적 의견을 고려해야 한다.

(3) 프로그램 배치 및 서비스 제공 · 조정 활동

클라이언트에게 적절한 프로그램과 서비스 제공자를 배치하고, 클라이언트에게 필요한 서비스 전달체계를 수립한다. 서비스가 통합적으로 제공되기 위하여 각 기관과 서비스를 조정한다.

(4) 사례 계획의 수행 정도 점검

사례관리 수행에서 클라이언트 욕구를 충족시키는 데 사례관리 수행의 효과성을 점검한다. 클라이언트에게 보다 나은 서비스를 제공하기 위해 필요한 경우 계획 조정이 이루어진다.

(5) 지속적이고 원활한 의사소통

사례관리 서비스 제공에 있어 책임 소재를 확인하고 의사소통 수준을 확인한다. 사례관리 서비스는 다양한 서비스 제공과 다수의 기관이 서비스 제공자 역할을 담당하므로 이들 간 의사소통이 원활하게 이루어져야 한다. 사례관리자는 이 과정에서 중심 역할을 담당해야 한다. 클라이언트와 다양한 서비스 제공자가 서비스 전달과정 중 문제나 질문이 발생했을 때 그들을 원조할 수 있는 사람에게 신속히 접근할 수 있도록 한다.

(6) 옹호 활동

기존의 서비스 체계에서 접근성이 제한되거나 서비스 제공체계에 존재하는 장벽으로 인하여 서비스 이용이 어려운 클라이언트들이 발생한다. 이들을 위해 직간접적인 옹호 활동을 수행한다.

(7) 지역사회 활동

지역사회에 존재하고 있으나 활용할 수 없는 서비스를 클라이언트에게 지원해 주기 위한 활동으로서 지역사회 내의 타 기관과 전문가 및 지역사회 구성원들을 대상으로 활동을 수행한다. 또한 클라이언트에게 필요한 서비스와 프로그램을 개발하기 위해 지역사회 내의 다양한 구성원들에게 홍보 혹은 협력 활동을 수행한다.

3. 사회자원

사회복지는 빠르게 변화하는 현대사회에서, 자율성이 손상된 개인에게 사회복지사가 개인적 · 사회적 자원을 동원하여 사회적 기능을 강화하도록 돕는 과정(helping process)이라 정의할 수 있다. 여기서 사회자원이란 생활상의 요구의 충족이나 문제해결을 목적으로 활용할 수 있는 각종 제도 · 시설 · 기관 · 단체 및 사람들의 지식 · 기술 등의 물적 · 인적 요소를 일컫는다(두산백과). 한마디로, 사회자원은 개인의 사회적 네트워크와 사회적 연대망(tie)의 자원이라고 말할 수 있다. 이 사회자원은 개인이 직접적 혹은 간접적으로 연결되어, 타인이 소유한 자원에 접근할 수 있으며 그것을 사용할 수 있는 자원을 말한다. 예를 들어, A에게 차를 소유한 친구가 있을 때, 그 친구는 A가 교통수단이 필요할 때 그 차를 빌려주거나 혹은 태워 주어 A가 갈 수 있는 방법을 제공하거나, A가 빌릴 수 있게 하는 것을 의미한다. 이러한 의미에서 사회자원은 그 소유권을 개인이 가지고 있지는 않지만 대상에 접근할 수 있으며 이를 이용할 수 있는 것을 의미한다(Encyclopedia of Sociology, 2017).

이 사회자원 이론은 특정 학문 분야에서 깊이 연구되어 발전된 이론은 아니지만 특별히 심리학 분야에서 개인 스스로 가지고 있는 능력(지능, 학습능력, 지각능력, 감정, 성격 등)인 개인적 자원과, 이와 대비되는 개인 주변의 자원인 사회적 관계망의 활용능력(부모, 가족 또는 주변 사람과의 상호교류능력, 주변 환경의 동원능력 등)을 일컫는 사회적 자원으로 나누어 개인을 사정할 때 많이 쓰였다(Bartmann, 2006). 사회학 그리고 경제학 분야에서는 사회자본(social capital)이라는 용어를 사회자원의 개념과 유사하게 보고 개인을 사회와의 관계 속에서 평가할 때 사용하여 다양한 관점의 사회구조이론을 개발하였다. 이 이론을 구축한 프랑스의 문화 사회학자 Bourdieu(1979)는 자본을 '축적된 역사(accumulated history)'로 보고, 이 사회적 자본을 "사회적 경쟁에서 도구로 사용할 수 있는 모든 에너지"라고 정의했다.

Bourdieu는 Marx의 자본 개념을 비경제적 영역으로 확장했으며, 역사를 움직여 나가는 동력은 경제적 · 물질적 가치만이 아니며 문화적이고 정신적인 가치로 이루어져 있다는 Max-Weber적 관점을 흡수했다. 그가 응용 · 확장한 자본 개념의 주요 용례는 각 개인이 집단과 사회 속에서 습관(Habitus)을 형성하여 만들어진 문화적 자본(cultural capital)과 사회적 자본(social capital)으로, 문화적 취향과 사회적 인간관계가 역사를 구성하고 움직여 나가는 실질적인 힘이 되고 있다는 점을 자본 개념을 통해 잘 보여 주고 있다. 또한 인간을 이해하는 데 있어 그의 자본이론은 기존의 경제적 자본 측면에 국한되어 있지 않으며, 문화적 자본과 사회적 자본의 확충된 개념으로 한 개인의 생애 전체를 통합적으로 조형해 보는 관점을 제공하고 있다. 사회적 자본은 보다 포괄적인 사회관계 속에서 각 개인이 갖고 있는 연결망과 집단 소속이 해당 당사자에게 주는 다양한 사회적 기회인 자원의 총칭으로, 현실적 또는 잠재적 자원의 집합으로서의 상호 면식과 인정의 제도화되고 지속적인 관계망의 소유를 말한다. 즉, 이 관계망은 특정 집단에의 멤버십과 연결되어 있고, 이러한 멤버십은 소속된 멤버들에게 신용으로서의 '보증'을 제공한다(Bourdieu, 1979)는 것이다. 사회적 자본은 결국 "타인인 인적 자원뿐 아니라 물적 자원의 앎과 그들에게 인정받기 사이의 제도화된 사회적 관계의 지속적인 조직망"(Bourdieu, 1992: 이효선, Garz, 2012 재인용)을 이용하는 것을 근간으로 한다. 행위자는 사회적 관계와 네트워크의 한 부분이며, 어떤 집단에 속하는 자본을 공유하게 된다. 그리하여 그는 가족, 동창 혹은 정당의 동기와 같은 정형적 집단에 속할 수 있게 된다. 이런 집단 안에서의 성공적인 상호 관계는 다른 사람에게 인정받을 수 있는 기회의 가능성을 높이고, 따라서 경제적 · 문화적 자본을 성공적으로 획득할 수 있게 한다.

응용사회과학인 사회복지학에서 사회자원이란 사회적 욕구를 충족하기 위해 활용 가능한 인적 · 물적 · 제도적 자원의 총칭으로, 집단이나 개인이 갖는 지식이나 기능뿐 아니라 전문가, 자원봉사자 등 유형 · 무형의 자원을 의미한다. 결국 사회자원은 사회복지실천의 목표와 목적을 달성하는 데 도움이 되는 모든 것을 일컫는 것으로, 사회적 욕구를 충족하기 위해 동원되는 시설, 설비, 자금이나 물자, 나아가 개인이나 집단이 갖는 지식이나 기능을 총칭하는 것이라 할 수 있다(엄미선 외, 2009). 다양한 공급 주체를 일컫는 사회자원은 가족, 친척, 동료, 이웃, 자원봉사자 등의 비공식적 자원과 행정가, 행정기관, 공공복지시설, 조직체, 전문가들, 법인 등의 공식적 자원으로 나누어지기도 하며, 이러한 사회자원은 클라이언트의 문제를 해결하기 위해 필요한 서비스에 의해 조정되고 통합된다. 예를 들어, 기관 및 시설 안의 직원, 시설, 설비는 물론 그 사업지침도 자원이며, 기관 및 시설 밖의 사회자원으로는 집단을 원조하고 협력해 주는 전문적 지식과 기술을 가진 사람, 자원봉사자, 활동의 장소와 시설 그리고 활동을 뒷받침하는 자금 등이 있다(이철수 외, 2009).

클라이언트에게 사회자원을 적절하고도 효과적으로 활용해 나갈 수 있도록 지원하는 것은 사례관리자의 중요한 역할 중 하나이다. 클라이언트의 문제 및 욕구에 다각도로 접근하여 구체적으로 파악하고 실천의 방향을 결정하는 사정(assessment)과정에서 클라이언트가 무엇을 문제라고 생각하는지 그리고 무엇이 문제인지를 사정하고 나면, 문제해결에 필요한 클라이언트의 자원에 대한 사정이 필요하다. 클라이언트에게서 발견할 수 있는 자원은 클라이언트 개인에 대한 정보뿐만 아니라 클라이언트가 처한 상황 및 클라이언트를 둘러싼 환경을 이해하는 데 도움을 준다. 클라이언트를 둘러싸고 있는 환경체계에 대한 정확한 사정이 되어야만 클라이언트의 다양한 욕구에 대응할 수 있는 서비스와 연계할 수 있을 것이며, 이러한 작업은 클라이언트의 변화 가능성과 강점을 평가하고 사회복지 개입전략을 세울 수 있게 하여 문제를 해결할 수 있는 밑거름이 된다.

클라이언트의 문제를 사정하고 개입전략을 세울 때, 클라이언트의 개인적 자원과 외부적 자원으로 나누어 평가할 수 있다. 개인적 자원은 내부자원으로, 흔히 개인적 장점으로 여겨지는 것이다. 이것은 문제를 해결하고 욕구를 충족시키기 위해서 사용될 수 있는 개인의 성격 또는 가족생활의 질을 의미하는 것으로(권진숙, 전석균, 1999) 클라이언트의 개별적 능력과 자질이라 할 수 있으며, 성별, 인종, 나이, 종교, 교육, 직업, 수입과 같이 개인이 취득한 자원을 의미한다. 이에 비해 외부적 자원은 개인 또는 가족이 일정 수준 이상의 생활을 유지하도록 도와주는 재화와 서비스를 제공하는 사람이나 조직으로 두 가지 자원 개념으로 나누어진다. 첫 번째는 자조집단(self-help group), 즉 주변에 혹은 온라인상으로 도움을 청하고 받을 수 있는 자원이 있는가를 보는 자원이며, 두 번째는 자연적 지지체계(natural support systems)로 가족, 친척, 동료 등을 포함한 주변의 가까운 사람으로부터 클라이언트가 지지체계를 구축할 수 있는가를 보는 자원을 말한다(Hepworth et al., 2006).

이러한 지원체계를 통해 클라이언트는 정서적 지지, 사회적 안정, 지역사회 생활의 향상 등에서 결정적인 도움을 받을 수 있다. 또한 클라이언트가 가지고 있는 사회자원인 환경적 자원에 대한 사정이 필요한데, 그 내용은 다음과 같다.

1. 물리적으로 클라이언트의 건강과 안전을 유지할 수 있는 환경인가?
2. 가족, 친구, 친척, 이웃, 여타의 사회적 기관으로부터 도움을 받을 수 있는가?
3. 의미 있고 책임 있게 신뢰하는 지역사회와의 연대가 있는가?
4. 정신적 · 심리적 건강을 유지할 수 있는 적절한 방법과 자원이 있는가?
5. 안전하고, 신뢰할 수 있고, 적합한 아동 및 노인 보호서비스에 접근할 수 있는가?
6. 여가를 위한 시설에 접근 가능한가?
7. 시민으로서의 권리를 행사할 수 있고, 자원을 이용할 수 있고, 일하고 사회화를 할 수 있는 교통수단이 있는가?

8. 경찰 및 소방에 대한 보호와 합리적 범위 안에서의 안정성을 보장받을 수 있는가?
9. 안전하고 건강한 일할 수 있는 조건을 갖고 있는가?
10. 삶을 영위하는 데 중요한 자원을 살 수 있는 경제적 자원을 가지고 있는가?
11. 만약 아동과 함께 사는 클라이언트의 경우, 아동을 보호할 수 있는 주거 환경을 가지고 있는가?
12. 자신의 성장과 교육을 위한 기회가 있는가?
13. 법적 지원에 접근할 수 있는가?
14. 직업을 구할 수 있는 기회를 가지고 있는가?

사례관리자는 클라이언트의 문제와 필요한 욕구를 사정하고, 클라이언트가 필요로 하는 자원을 제공받지 못하거나 사용 가능한 유용한 자원을 활용하지 못할 경우에 클라이언트의 욕구와 자원과의 관계를 파악하고, 이러한 자원들과 클라이언트를 연결시키는 역할을 한다. 사회자원을 활용하고 지원하는 데 있어서 ① 개별 문제의 정확한 판단 · 평가에 입각하여 지원과정을 계획할 것, ② 사회자원을 체계적 · 개별적으로 충분히 파악해 둘 것, ③ 복구에 대응해 각각의 자원 조정이나 유기적 결합을 도모하는 것, ④ 적극적으로 사회자원 정보를 제공해 복구하려는 사람들의 욕구를 발견할 수 있도록 도모할 것, ⑤ 부족한 사회자원을 확인하고 새로운 자원의 개발에 힘쓰는 것 등이 중요하다(대한간호학회, 1996). 이렇듯 사회자원을 최대한으로 활용하기 위해서 사례관리자는 사회자원에 관해 충분한 지식과 정보를 갖추어야 함은 물론 클라이언트의 욕구와 자원과의 관계를 파악하고, 접근 가능한 사회자원을 활용하고 새로운 사회자원의 개발에 힘써야 한다.

또한 복합적이고 변화하는 클라이언트의 욕구와 환경과의 상호작용에 대처하기 위해 그 변화를 조절하고, 클라이언트의 개인적 자원뿐만 아니라 공식적 · 비공식적 사회자원 등과 연계하여 적절한 서비스를 제공하도록 노력해야 한다.

그리고 공식적 · 비공식적 지원체계로부터 획득한 자원을 클라이언트가 효과적으로 활용할 수 있는지 평가해야 한다. 즉, 개입전략의 다양한 활용과 클라이언트의 자원을 여러 각도에서 분석하여, 때에 따라 무엇이 적절한 서비스 제공이며 효과적인 자원 연결인지 판단할 수 있어야 한다.

사회복지는 사회정의를 최고의 가치로 삼고 그 실현을 위해 각 개인은 시민의 한 사람으로 사회자원을 누릴 수 있다는 권리의식과 함께 동등하게 분배되도록 노력하며, 개인의 성장과 발전을 위한 기회가 모든 사람에게 열려 있는 사회구조를 갖추도록 노력해야 한다. 또한 제도는 사회의 모든 계층과 수준에서 각 개인의 발달과 경험을 향상시키는 것이 중요한 목표로 설정되어 몇몇 개인에게만 우선권을 준다거나 또는 억압을 통제의 기능으로 사용하지 않도록 주의해야 한다(Miley et al., 1995). 왜냐하면 정의롭지 못한 사회가 개인의 권리를 침해하고 그 구성원의 일부에 대해서 편견들을 가지고 불평등을 조장할 때, 사람들로 하여금 사회자원과 자본에 대해서 공평하게 접근할 수 없게 하고 사회참여의 기회를 제한하기 때문이다. 이에 사례관리자는 불공정과 불평등으로 인해서 생기는 결과(클라이언트)들을 이해하고, 개인 및 집단 차원의 사회경제적 정의를 성취하기 위해 돕는 과정에 개입하며 사회제도가 제공하는 기회와 자원을 확장함으로써 사회정의를 구현하도록 노력해야 한다.

제4장

사례관리의 목적, 기능, 실천원칙 및 요소

1. 사례관리의 목적

사례관리는 탈시설화의 맥락에서 서비스의 단편화를 극복하면서 복합적이고 장기적이며 다양한 욕구를 가진 클라이언트를 대상으로 효과적인 서비스를 제공하는 대표적인 사회복지실천 전략이며 방법이다(홍선미, 2009). 사례관리의 목적을 살펴보면 다음과 같다.

첫째, 클라이언트의 욕구 충족과 문제해결이다. 사례관리는 클라이언트에게 필요로 하는 서비스를 제공하여 문제와 욕구를 충족시킴으로써 그들이 지역사회 내에서 만족스러운 생활을 영위할 수 있도록 하는 것에 목적을 두고 있다(이근홍, 2015). 최근에는 클라이언트를 도움이 필요한 수혜자로 바라보게 된다는 문제 제기와 함께 '대상자'라는 표현을 '당사자' '소비자'로 대체하여 사용하기도 하는 등 클라이언트를 삶의 주체로서 바라보고 실천과정에서 파트너십을 유지하려는 노력이 이루어지고 있다. 따라서 사례관리자는 실천 현장에서 제공자 중심의 전통적인 사례관리의 초점에서 벗어나 클라이언트가 스스로 자신의 문제해결에 주도적으로 계획하고 참여할 수 있도록 동기를 부여하고 자원 접근성을 향상시킬 수 있도록 도움을 제공해야 한다. 또한 이러한 과정에서 사례관리자는 클라이언트의 환경에서 표출된 요구(want) 중심의 해결 노력과 동시에 심층적이고 본질적인 욕구(needs) 중심 접근으로 확장시키기 위한 노력을 해야 한다.

둘째, 서비스 제공의 연속성 보장이다. 사례관리는 다양하고 복합적인 욕구와 문제를 가진 클라이언트를 대상으로 하기 때문에 클라이언트가 필요로 하는 서비스를 일시적으로 제공하기보다는 연속적으로 제공해야 한다. 서비스의 연속성은 사례관리에서 가장 강조되는 것으로 필요한 서비스가 시간적으로 적합하게 조정되어 클라이언트에게 중단 없이 제공되느냐를 확인하는 것이다(Rubin, 1992: 정순둘, 2008 재인용). 사례관리자는 지속적인 서비스를 제공하는 횡단적 차원의 연속성과 포괄적인 서비스를 제공하는 종단적 차원의 연속성의 두 가지 차원을 동시에 고려하면서 인테이크, 욕구사정, 개별 서비스 계획, 개입, 점검, 재사정, 평가 등 사례관리 실천과정의 각 단계별 과업을 충실하게 수행해야 한다.

셋째, 서비스 전달의 비용 효과성 증진이다. 탈시설화는 인도주의와 비용 절감의 목적을 동시에 지니고 있다(Rothman, 1992). 즉, 시설에서의 보호는 클라이언트가 인간적이며 문화적인 생활을 영위하는 데 어려움이 있고 자유와 인권 및 사생활을 침해받을 수 있으며, 장기보호를 요하는 클라이언트에게는 상당한 부담이 되기 때문에 인권존중, 정상화, 비용 절감 등의 필요성에 의해서 사례관리가 등장하게 된 것이다(이근홍, 2015). 사례관리자는 실천의 주체로서 개인의 역량이 클라이언트에게 제공되는 서비스의 질에 막대한 영향을 미칠 수 있다는 점을 기억하고 다양한 형태의 자원들을 효율적으로 활용하여 클라이언트에게 효과적으로 전달하면서 비용 효과성을 증가시켜야 한다. 예를 들어, 공적 부조 서비스 대상에 해당되지 못하는 잠재적 위기 대상인 사각계층의 경우에 지역사회 자원을 활용한 지지체계를 구축하여 가정방문을 비롯한 사회·경제·정서·건강 지원 등의 활동으로 문제 및 욕구 해결에 기여했다면, 사후적인 비용보다 예방적 차원에서 비용 효과성을 증진시킨 경우라고 할 수 있다.

넷째, 클라이언트의 사회적 기능 향상이다. 사례관리 대상자는 대부분 사회적 기능상 심각한 문제를 지니고 있는 사람들로서 자원과 기회 부족, 동기 결여, 능력 부족, 정보 부재, 자신감 결여, 좌절감 등으로 인하여 자신의 욕구를 스스로 충족시키지 못하는 경우가 많다(최은희 외, 2016). 사례관리자는 이러한 클라이언트에게 필요한 서비스를 제공하기 위해서 지역사회에서 활용 가능한 자원을 발굴 · 연계하고 지속적인 관계 맺음을 통해 클라이언트의 문제와 욕구에 대응하고 사회적 기능을 향상시키면서 스스로 자립할 수 있도록 도와야 한다. 여기에서 사례관리자는 클라이언트가 처한 상황이나 욕구에 따라 외부 자원을 활용하는 간접 서비스와 필요한 경우에는 교육이나 상담 등 직접 서비스까지도 제공할 수 있어야 한다.

2. 사례관리의 기능

사례관리는 복합적 욕구를 가진 사람들의 기능화와 복지를 위해 공식적 · 비공식적 자원과 활동의 네트워크를 조직하고 조정 · 유지하는 것으로(양정남 외, 2011) 클라이언트와 필요한 서비스의 연결, 비공식 보호체계와 클라이언트 간의 상호작용 촉진, 사례관리 기관들 간의 조정, 상담 및 문제해결, 옹호 등 다양한 기능을 가지고 있다(Levin & Fleming, 1984; Steinberg & Carter, 1983: 박영숙, 2008 재인용). 사례관리 실천에서 역할과 기능은 특히 실천과정의 주요 요소들과 혼동되기도 한다. 역할은 일정한 자격을 가지고 하는 맡은 바의 일이고 기능은 일정한 분야에서 어떠한 일을 해낼 수 있는 능력이다(이근홍, 2015). 이 차이점을 주의하며 사례관리의 기능을 살펴보면 다음과 같다.

첫째, 클라이언트와 서비스의 연결이다. 클라이언트와 필요한 서비스의 연결은 사례관리의 기능 중 가장 중요한 것이다. 이는 클라이언트의 욕구를 충족시키고 문제를 해결하며 사회적 기능을 향상시키기 위해서 필요하며, 유용한 서비스와 권리를 클라이언트에게 위임하고 양도하는 것이다(Vourlekis & Greene, 1992). 사례관리자는 정확한 사정을 통해 클라이언트에게 유용한 자원이 무엇인지를 인식해야 하며, 클라이언트가 필요로 하는 자원을 개발하고 동원하며 확보해야 하고, 클라이언트와 서비스의 효과적인 연결을 위해서 클라이언트를 준비시키고 옹호해야 한다. 또한 사례관리자는 클라이언트와 서비스의 연결에서 장애 요인들을 제거하고 서비스를 효과적으로 제공받을 수 있도록 격려하고 훈련시키며, 자신의 잠재능력을 최대한 발휘하여 성장·변화되도록 환경을 조성하고, 클라이언트의 자립과 독립을 극대화할 수 있는 방식으로 서비스를 제공해야 한다.

둘째, 사회적 관계망과의 상호작용 촉진이다. 사회적 관계망을 통하여 클라이언트는 욕구 충족과 문제해결을 위해 필요한 서비스를 제공받을 수 있으며, 정서적 지지, 상담, 조언, 옹호 등을 받을 수 있다. 가족, 이웃, 자원봉사단체와 같은 비공식적 서비스 제공자와 복지관, 보건소, 학교 같은 공식적 서비스 제공자가 있다. 사례관리자는 클라이언트와 사회적 관계망과의 상호작용 촉진의 기능을 더욱 강화하기 위해 가족과의 친밀한 관계 유지, 친구·이웃·직장 동료와의 지속적인 교류, 자조집단의 결성과 지도, 자원봉사자의 개발과 활용 등을 위해서 끊임없이 노력해야 한다.

셋째, 욕구 충족 및 문제해결 역량강화이다. 사례관리는 클라이언트에게 스스로 욕구를 충족하고 문제를 해결할 수 있는 역량을 강화시킬 수 있도록 하는 기능을 가지고 있다. 사례관리자는 클라이언트와 가족이 지역사회 내에서 욕구를 충족할 수 있는 자원을 확보할 수 있도록 정보를 제공하고, 문제해결 능력을 높일 수 있도록 교육과 역할 연습을 시키거나 대인관계기술, 생활기술, 사회화기술 등을 가르치며 클라이언트가 자기결정권을 행사할 수 있도록 지원한다(권진숙 외, 2012: 63). 이때 사례관리자는 편의에 따라 제한된 정보를 제공하여 클라이언트의 자기결정권을 침해하지 않도록 특히 주의를 기울여야 한다.

넷째, 서비스 제공기관 상호 간의 조정이다. 사례관리 실무에서 서비스 제공기관 상호 간의 조정은 대개 기관 수준에서의 공식적인 협정보다는 사례관리자 개인적인 수준에서 비공식적으로 이루어지는 경우가 많다. 하지만 기관 간의 신뢰성 있는 연계를 보장하기 위해서는 서비스 제공기관 상호 간의 협정이 공식적으로 이루어질 수 있도록 하는 것이 중요하다. 또한 협정 후에는 각 기관 내 직원들이 세부 사항을 충분히 숙지하여 형식적인 것에 그치지 않고 실제 서비스 연계나 담당자 간에 활발한 교류의 기반이 될 수 있도록 해야 한다.

다섯째, 클라이언트에 대한 옹호이다. 옹호는 클라이언트가 자기 능력으로 제공받을 수 없는 서비스 또는 자원을 획득할 수 있도록 하거나, 클라이언트에게 불리하게 작용하는 현재의 정책 · 절차 · 관례를 수정하기 위해서나 필요한 자원 또는 서비스를 제공할 수 있도록 하는 새로운 입법 · 정책을 조장하기 위해서 클라이언트와 함께 또는 클라이언트를 위해서 일하는 과정이다(Hepworth et al., 1993). 즉, 이것은 클라이언트 개인 또는 클라이언트 집단에게 서비스의 공정성을 보장하기 위해서 중재하는 노력이며, 클라이언트를 대신하여 주장하고 논쟁하고 교섭하고 협상하고 환경을 조작하는 것 등을 포함하고 있다(Compton et al., 1984). 사례관리자는 클라이언트를 옹호하기 위해서 상황에 따라 적절한 표적을 선택해야 하며 협상, 지휘 계통의 활용, 법적 호소, 대중매체에의 폭로, 집단과의 제휴, 제도적 조직의 활용 등을 통하여 필요한 서비스가 제공될 수 있도록 해야 한다. 이는 앞서 소개한 네 가지 기능에 비해 거시적인 접근으로 실제 현장에서 다루어지는 비중이 매우 미비한 실정이다. 하지만 옹호 역시 사례관리자가 중요하게 다루어야 할 사례관리의 기능 중 하나임을 인식하고 필요한 경우 적극적으로 활용할 수 있어야 한다.

3. 사례관리를 위한 실천원칙

사례관리는 지역사회의 자원 개발과 네트워크 연결 등을 통해 서비스의 중복을 방지하고 클라이언트에게 맞춤형 서비스를 제공할 수 있다는 점에서 사회복지실천의 중요한 영역으로 자리 잡아 가고 있다(정순둘, 2010). 사례관리의 목적을 달성하기 위한 원칙과 관련하여 Moxley(1989), Cross 등(1989)이 제시한 내용을 중심으로 살펴보면 다음과 같다.

첫째, 사례관리자는 클라이언트의 수준에서 일하고 클라이언트에게 단일 접촉점을 제공한다. 사례관리의 핵심적 특성 중 하나는 클라이언트를 바라보는 관점에 있다. 제공자 · 서비스 중심의 전통적인 관점과는 달리 사례관리자는 이용자 · 욕구 중심의 관점에 기반하며 이로 인해 클라이언트 참여, 파트너십 등이 최근 실천에서 가장 영향력 있는 개념으로 자리 잡혀 가고 있다(Coulshed et al., 1988: 우국희 외, 2007 재인용). 사례관리자가 욕구 중심의 본질적인 접근을 위해서는 클라이언트의 이해를 바탕으로 개인의 고유성과 개별성을 강조하는 사례중심실천을 수행해야 한다. 이러한 과정에서 클라이언트가 필요한 자원을 획득하는 데 도움이 되는 자료를 확보하여 제공하고, 그들 스스로 주도권을 가지고 자기결정권을 행사할 수 있도록 여건을 마련해 주어야 한다. 또한 사례관리자는 클라이언트와의 협력관계를 구축하고 다양한 자원과 서비스가 연계되는 과정에서 직간접적으로 영향을 미치는 체계나 실천과정에서 연계되는 자원들이 사전에 합의된 개입이 이루어지고 있는지, 각각의 서비스들이 파편적으로 제공되고 있지는 않는지, 클라이언트 욕구를 중심으로 연속성 있게 제공되고 있는지 등의 혼란을 최소화하기 위해 책임 소재를 사례관리자로 통합해야 한다.

둘째, 사례관리자는 체계적인 관점을 유지하고, 클라이언트가 자신의 개인적 자원, 즉 공식적 · 비공식적 자원을 이용할 기회를 보장해 주며, 통합적인 서비스를 제공하기 위해 노력한다. 사례관리자는 클라이언트의 개별성을 존중하며 그들을 둘러싼 개인적 자원을 중요시해야 한다. 이때 사례관리자가 비공식적 자원의 중요성을 간과하면서 공식적 자원 중심의 기관 네트워크 체계를 구축하게 되면 성과주의와 부합되어 서비스의 파편화 및 단절로 인해 지속성을 담보하기 어렵고 중복 서비스로 인한 클라이언트의 낙인 등 구조적 문제를 양산하는 형식적인 협력체계가 되어 버릴 가능성이 높다. 이러한 문제를 해결하기 위해서는 공급자 중심의 사례관리 틀을 벗어나 클라이언트 중심의 네트워크 구축을 통해 공식적 · 비공식적 자원을 필요에 따라 선택적으로 활용하려는 노력이 필요하다. 또한 사례관리자는 서비스 전달의 통합을 달성하기 위해 노력해야 한다. 네트워크 구축과정에서 사례관리자는 클라이언트뿐 아니라 그들을 둘러싼 환경체계를 재구성하고 역량을 강화함으로써 환경이 환경으로서의 지지적인 기능을 최대한 발휘할 수 있도록 돕는다(권진숙 외, 2011). 사례관리자는 각기 다른 역량과 기능을 가진 기관과 전문가들이 상호 협력할 수 있도록 돕고 자발적인 참여와 역할 수행을 위해 동기부여할 수 있어야 하며, 연계된 다양한 자원들이 서로 중복되지 않고 통합적으로 기능하고 있는지, 불필요한 자원이 연계되어 클라이언트의 자립에 방해가 되지 않는지를 살펴야 한다.

셋째, 사례관리자는 임상적 과정과 기술을 이용한다. 사례관리자는 클라이언트와 환경과의 상호작용 맥락에서 문제가 무엇인지 잘 분석하여 사례의 구조를 뽑아내고 관련된 행동 패턴을 변화시키기 위한 장기적인 개입 활동으로 클라이언트의 긍정적 변화를 도모할 수 있게 된다(이효선, 정푸름, 2012). 따라서 클라이언트의 다양한 문제와 욕구를 파악하고 해결 방법을 모색하여 전략적으로 접근하는 일련의 과정을 수행하기 위해 클라이언트와의 관계를 보호하고 개별화하여야 하며, 개별 사정과 사정의 질을 평가하기 위해 인간관계에 필요한 기술을 사용해야 한다. 즉, 사례관리자가 클라이언트와의 라포 형성에 실패하게 되면 전문적 관계를 유지하는 것은 물론 사례관리 실천에 대한 동의를 얻지 못하게 될 수도 있기 때문에 의사소통과 면접 기술을 효과적으로 활용하면서 사정과 계획 과정을 함께 해야 한다. 또한 사례관리자는 옹호(advocacy)의 기술을 사용해야 한다. 미국사회사업가협회(NASW, 2013a)는 사례관리 기준에서 사례관리자는 클라이언트의 권리, 결정, 강점, 욕구를 옹호한다고 명시하고 있다(최은희 외, 2016). 사례관리에서 상반된 요구 조건을 갖는 클라이언트와 다양한 서비스를 다룰 때에는 클라이언트의 이익을 최우선으로 하는 것이 중요하다. 사례관리자는 기관, 가족, 법률체계, 입법부를 포함하는 많은 체계와 함께 클라이언트를 옹호할 필요가 있고, 클라이언트를 대신해서 기관들과 협상해야 한다(양정남 외, 2011). 옹호를 위해서는 클라이언트에 대한 이해는 물론 접근하고자 하는 체계에 대한 이해도 갖추어야 하고, 각 체계 간의 상호작용 과정에서 일어나는 이해관계 등 복합적인 구조 안에서 발생할 수 있는 다양한 변수에 대해서도 적절하게 대처할 수 있어야 한다. 하지만 옹호의 필요성이나 중요성에 비해 실천 현장에서는 주로 가족, 친구 등 미시체계를 대상으로 이루어지고 있어 중간체계와 거시체계에 대한 접근의 확장을 통해 클라이언트의 옹호에 보다 적극적인 관심과 태도를 가져야 한다.

넷째, 사례관리는 예측 가능(anticipatory)하고 유연(flexible)해야 한다. 사례관리는 과정의 이해, 문제의 예측, 문제를 다루기 위해 이용 가능한 선택의 이해, 그리고 적절한 활동을 취하는 능력이 요구된다. 사례관리자는 각각의 선택에 따라 예측되는 결과를 고려하여 클라이언트에게 최선의 개입을 할 수 있어야 한다. 사례관리와 관련된 이론, 사회역사적 맥락, 정책, 조사와 평가 방법에 대한 지식을 습득하며 사례관리 실천의 질을 보장하는 정보를 이용하는 등 기존의 정책과 정보, 문헌 등의 분석을 통해 일련의 과정을 예측하고 대비할 수 있어야 한다. 또한 사례관리는 유연해야 한다. 예를 들어, 약물중독자에 대한 사례관리는 AIDS나 정신보건 문제, 기관 구조, 특별한 자원의 결핍과 유효성, 사례관리자에게 허용되는 자율성과 권한 정도, 그리고 다른 많은 것들이 원인이 되어 발생하는 변화에 유연하게 적응해야 한다(설진화, 2011). 하지만 이 모든 것은 사례관리자의 전문성을 전제로 하며 사례관리의 본질을 흐리지 않는 범위 내에서 행해져야 한다. 특히 사례관리자는 이론과 실제와의 차이를 수용하고 몇몇 이론을 모든 사례에 동일하게 적용하기보다는 클라이언트의 상황, 그를 둘러싸고 있는 환경, 기관의 특수성, 사례관리자와 클라이언트의 역량 등을 면밀하게 검토하면서 사례에 적합한 이론을 적용해야 한다.

다섯째, 사례관리는 지역사회에 기반(community-based)을 둔다. 사례관리의 궁극적인 목적은 클라이언트의 자존 · 자립으로 클라이언트가 지역사회 내에서 스스로의 힘으로 살아갈 수 있게 하는 것이다. 지역사회를 중심으로 하는 재가서비스의 효과적인 전달체계로서 사례관리는 중요하게 활용되고 있으며 경험적으로도 그 성과를 인정받고 있다(윤주영, 2006; 이주헌, 2004; 정순둘, 고미영, 2003; Kane, 1992; Vinton, 1993; Rodriguez, 1993; Masato, 1996: 김영숙, 정국인, 2008

재인용). 지역사회에 기반을 둔 사례관리는 시설의 한계를 초월하고 사례관리자가 지역사회와 클라이언트의 삶에 더 참여하게 한다. 또한 지역사회는 클라이언트 삶의 터전으로서 클라이언트의 참여가 보장될 때 사례관리의 효과성은 더 커질 수 있다.

여섯째, 사례관리는 문화적으로 민감(culturally sensitive)해야 한다. 사례관리자는 사회복지실천의 문화적 역량에 대한 NASW 기준의 성취 지표에 따라 문화적 · 언어적으로 적절한 서비스에 대한 접근을 제공하고 촉진한다(최은희 외, 2016). 클라이언트의 다양성(diversity), 인종(race), 성(gender), 민족성(ethnicity), 장애(disability), 성적 취향(sexual orientation) 그리고 생애 단계(life stage; 예: 청년기, 노년기) 등에 대한 사례관리자의 적절한 대응은 사례관리의 과정으로 볼 수 있다(양정남 외, 2011). 사례관리자는 클라이언트를 이해하는 데 있어 개인의 주관적인 판단이나 편견이 개입되지 않도록 주의를 기울여야 한다. 하지만 사례관리자 역시 한 인간으로서 개별적인 경험이나 가치관 등의 다양성으로 인해 발생할 수밖에 없는 문화적 역량의 차이가 있고 이로 인해 모든 문화를 있는 그대로 수용하기에는 한계가 있다. 따라서 클라이언트 특성이나 상황에 따라 문화적 상대성을 가지고 적절한 대응을 할 수 있도록 다양한 문화에 대한 생각이나 입장을 이해하는 것이 선행되어야 한다.

4. 사례관리의 효과적인 서비스 개입을 위한 실천요소

Greene(1992)은 사례관리의 실행과정에서 반드시 고려해야 할 것으로 클라이언트 욕구에 대한 민감함, 그리고 개인과 환경 간의 상호 교류와 작용을 분석할 수 있는 능력과 함께 클라이언트에게 필요한 자원 연결을 주장하고 있다. 또한 클라이언트의 권익을 보호하기 위한 적극적 사회 행동과 환경의 변화에 주력해야 하는 사례관리자의 의무도 중요시하고 있다. 좀 더 구체적으로 사례관리의 실천요소를 살펴보면 다음과 같다.

첫째, 사례관리는 클라이언트와 사례관리자 간의 신뢰 관계를 바탕으로 실천된다. 사회복지실천에서의 관계는 클라이언트와 사회복지사 간에 혹은 사회자원들과의 교류를 가능하게 하는 연결 통로로서, 클라이언트와 그를 둘러싸고 있는 환경과의 사이에서 보다 나은 적응을 가져오도록 개인의 능력과 지역사회 자원을 적절히 동원하고 활용할 수 있게 돕는 관계를 의미한다(Biestek, 1957). 전문적 관계는 클라이언트와의 상호작용에 의해 형성 · 유지될 수 있고 언제나 클라이언트의 입장에서 출발해야 하며, 사회복지사는 관계의 전반적인 과정에 대한 전문적인 책임을 지게 된다(엄명용 외, 2011). 사례관리 실천에 있어 클라이언트와의 전문적 관계에서 라포 형성에 실패하게 되면 다음 단계로의 진행 자체가 불가능할 수 있기 때문에 사례관리자는 클라이언트와의 관계를 권위와 권력의 상위 개념보다는 협력적이고 동등한 관계로 이해하고 신뢰감 구축에 초점을 두고 접근하는 것이 바람직하다.

둘째, 사례관리에서는 환경 속의 인간이라는 사회복지의 이중적 관점을 이해해야 한다. 즉, 〈표 4-1〉과 같이 사례관리는 클라이언트와 환경에 대한 상호작용에 초점을 두며, 특히 사회복지실천에서 클라이언트는 위험에 처한 집단이라는 것을 함께 인지해야 한다. 클라이언트를 이해하기 위해서는 클라이언트가 처한 환경에 대한 이해가 병행되어야 하고, 사례관리 실천과정에 있어서도 환경에 대한 사정과 개입이 함께 이루어져야만 클라이언트의 자립이라는 궁극적인 목적을 달성할 수 있다.

| 표 4-1 ◈ 환경 속의 인간(person-in-situation) |

개념	실천적 의미
person-in-situation	클라이언트의 문제는 원칙적으로 개인에게 있는 것으로 사회복지사의 개입은 개인의 변화를 목적으로 한다.
person-in-situation	문제는 상황 속에서 정의되며, 환경과 사회의 변화가 개입의 중심이 된다.
person-in-situation	문제는 개인 안에서 그리고 상황 속에서 정의되며, 전문적 개입 활동은 개인과 상황이라는 두 가지 다른 영역에서 이루어진다.

person-in-situation	문제는 개인과 환경의 교류 안에서 정의되며, 개입전략은 하나의 기능으로 여러 전문 활동을 통해 이루어진다.

출처: Wakefield(1996) 재인용

셋째, 사례관리에서는 복잡하고 다차원적인 문제와 장애를 갖고 있는 클라이언트에게 보호의 지속성을 보장해야 한다. 사례관리는 횡적인 서비스의 지속성과 종적인 서비스의 포괄성을 강조하고 있다. 따라서 사례관리자는 단순한 정보 제공과 중개자 역할, 효율성을 강조하는 기술적인 업무 수행에 그치지 않고 클라이언트의 다양하고 복합적인 욕구를 충족시키기 위해 학제 간, 기관 간 협력체계를 구축하는 다방면의 접근 노력을 해야 한다.

넷째, 클라이언트의 기능 상실과 질병으로 인해 동반되는 정서적 문제를 개선하기 위한 임상적 개입이 이루어져야 한다. NASW는 사회복지 사례관리자의 자격과 관련하여 세 가지 정도의 공식적 내용을 제시하고 있는데, 그 자격을 ① 사회복지학을 전공한 학부 혹은 대학원 졸업생으로, ② 중요한 우선적인 문제(primary concern)를 가진 클라이언트를 위해 일할 수 있는 전문적인 지식과 능력을 갖추고 있어야 하며, ③ 클라이언트와 그의 가족을 위한 직접 서비스 제공을 하거나 혹은 조정하기 위해 개입해야 한다고 했다(권진숙, 2010). 따라서 사례관리자는 장기적이며 다양한 욕구를 가진 클라이언트에게 효과적인 서비스를 제공하기 위해서 인간과 사회에 대한 이론 습득은 물론, 사례(case) 경험을 통한 인간 이해의 노력을 그 무엇보다 선행해야 한다. 사례관리자로서 갖추어야 할 전문적 역량에 대해서는 제3장에서 구체적으로 제시하였다.

다섯째, 사례관리자는 서비스 전달을 위한 경계 잇기 접근(boundary-spanning approach)으로 중개와 옹호의 기술을 사용해야 한다. 클라이언트의 다양하고 복합적인 욕구를 해결하기 위해 다양한 지역 자원의 연계는 불가피하고 경우에 따라서는 클라이언트가 처한 사회 구조적인 변화가 필요할 수도 있다. 사례관리자는 이를 종합적으로 파악하여 각각의 서비스가 통합적으로 제공될 수 있도록 해야 한다.

여섯째, 사례관리에서는 경제적 · 의료적 · 사회적 · 개인적 보호를 포함한 지역사회 기반의 장기적 서비스를 요하는 사람을 대상으로 한다. 그 기준은 지역적 특성이나 기관의 특수성, 사례관리자의 역량 등을 고려하여 각 실천 현장에서 보다 구체적으로 수립하여 적용할 수 있다.

일곱째, 사례관리는 개인의 안녕과 건강한 삶을 영위하는 데 제한적인 환경에 처해 있는 경우 서비스를 제공한다. 사회복지실천의 개별적 접근은 자기 스스로 해결하기 곤란한 문제를 가진 개인을 대상으로 하지만, 사례관리는 사회적 기능상의 심각한 문제를 지닌 복합적 욕구를 가진 사람을 대상으로 하고 있다. 따라서 개별적인 사회복지실천으로 접근할 수 없을 만큼 복잡하고 다양하기 때문에 인적 자원을 비롯한 다양한 사회자원의 개발이 이루어져야 할 것이며, 공적인 제도의 뒷받침도 우선적으로 마련되어야 한다(오혜경, 1995).

여덟째, 보호의 수준을 정하기 위해 클라이언트의 기능과 능력, 지지체계에 대한 사정이 이루어져야 한다. 사례관리자는 클라이언트의 목적 · 강점 · 도전을 식별하도록 계속적인 정보 수집과 의사결정 과정에 클라이언트가 관여하도록 하고 서비스 지지의 적절성 및 효과성을 평가하며, 역량을 확보하고 실천을 향상시키는 실천의 지속적 · 공식적 평가에 참여한다(NASW, 2013a: 최은희 외, 2016 재인용). 사례관리자는 인테이크 단계에서 라포 형성을 통해 클라이언트의 일반 정보와 문제 및 욕구를 파악하고 스크리닝 회의에서 서비스 제공자의 등록 여부와 서비스 유형을 구분 · 결정하게 되며, 등록이 결정된 사례에 대해서는 이후 단계인 사정을 실시하게 된다. 자세한 내용은 제5장 사례관리 실천과정의 스크리닝, 사정 단계에서 설명하고 있다.

아홉째, 사회복지의 전통적인 가치인 클라이언트의 자기결정권, 인간 존엄과 가치에 대한 존중이 바탕이 되어야 한다. 클라이언트의 자기결정권은 클라이언트가 모든 의사결정 과정에 참여하여 스스로 선택하고 결정하는 자유를 누리는 것을 뜻한다. 하지만 클라이언트의 지적 능력이나 수용능력이 긍정적이며 바람직한 결정을 할 수 있는지에 따라서 자기결정의 원칙이 제한받을 수 있고, 사회제도나 법률, 윤리적인 규범 그리고 사회복지 기관의 기능 등에 의해서도 제한을 받게 된다(McDermott, 1975). 따라서 사례관리자는 자기결정을 하는 데 도움이 되는 다양한 정보를 제공하고, 그 정보들을 기초로 하여 최종적인 의사결정은 클라이언트가 하도록 하며, 자신의 삶의 방향을 결정지을 권리와 능력을 가지고 자신의 신념을 실행할 수 있도록 돕는 일도 함께 수행해야 한다(엄명용 외, 2011).

제5장

사례관리 실천과정

Moxley(1997)는 모든 분야에서 일반적으로 사례관리가 수행하는 기능을 연속적인 문제해결 모델(sequential problem-solving model of helping)이라는 맥락 속에서 파악해야 하고(민소영, 2012), 대체로 사례관리 실천과정은 사정(assessment), 서비스 계획(service planning), 직접 또는 간접 개입(direct and indirect intervention), 점검(monitoring), 재검토 또는 평가(review and evaluation)

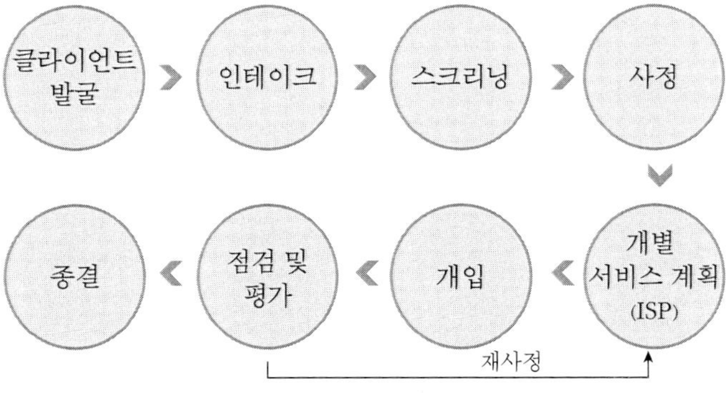

[그림 5-1] 사례관리 실천과정

의 5단계로 이루어지는 것이 일반적이며, 때로는 접수과정을 포함하기도 한다고 제시하였다. 이를 토대로 사례관리 실천과정을 체계적이고 연속적인 과정으로서 설명하면 [그림 5-1]과 같다.

1. 클라이언트 발굴

클라이언트 발굴(discovery)은 인테이크(intake), 스크리닝(screening)과 함께 '접수' 단계에서 소개하는 것이 일반적이다. 하지만 각 단계마다 사례관리자가 이해하고 실천해야 하는 주요 과업이 있기 때문에 클라이언트 발굴 단계부터 구분하여 설명하고자 한다.

사례관리자가 클라이언트 발굴 단계를 수행하기에 앞서 선행해야 할 것은 실천 대상인 클라이언트에 대한 선정 기준을 수립하는 것이다. 기관 차원에서 합의된 기준 없이 클라이언트를 발굴하려면 어떤 대상을 어디에서 어떻게 만나야 할지 방향 수립에서부터 어려움을 겪으며 사례관리자가 큰 혼란에 빠질 수 있기 때문이다. 〈표 5-1〉과 같이 각종 매뉴얼이나 교재에서 클라이언트 선정 기준을 제시하고 있지만 이를 그대로 적용하거나 충분한 평가와 검토과정 없이 선택적으로 수정 · 보완하여 적용한다면 활용도가 낮은 형식적인 기준이 되어 버릴 가능성이 크다. 따라서 지역적 특성과 기관의 특수성, 사례관리자의 역량과 경험 등을 종합적으로 고려하여 점진적으로 구체적이고 명확한 기준을 수립해 가는 것이 중요하다.

표 5-1 사례관리 클라이언트 선정 기준

사례관리 실천 매뉴얼	• 잠재적 사례관리 대상자: 의뢰된 클라이언트 중에서 기관의 스크리닝 기준에 적합하여 인테이크를 통해 사정이 필요한 클라이언트 • 의뢰 대상자: 클라이언트가 가지고 있는 문제에 대해 기관이 가지고 있는 자원이나 시스템으로 개입이 어렵거나, 가지고 있는 문제는 심각하지만 클라이언트의 주변 환경이 문제를 해결할 능력을 보유하고 있을 경우 • 정보 제공 대상자: 클라이언트가 문제 및 욕구를 가지고 이를 해결할 의지와 능력을 가지고 있으나 방법을 잘 알고 있지 못할 경우 • 서비스 제외 대상자: 스크리닝 기준에 적합하지 않거나 적합하더라도 클라이언트가 서비스를 거절할 경우 출처: 서울시복지재단(2009).
사회복지관 사례관리 담당자 교육 자료	• 정보 이용자: 사회복지 관련 정보 부족으로 당면한 문제해결이나 욕구 충족에 어려움을 겪고 있는 클라이언트 • 서비스 이용자: 개인과 가족의 특정 영역의 기능 향상이나 복지수준 향상을 위해 기관의 단위 서비스를 필요로 하는 클라이언트 • 잠재적 사례관리 대상자: 기관의 사례관리 운영지침에 의한 선정 기준에 부합되는 클라이언트 중 개인과 가족의 복지수준 향상을 위해 사례관리의 주요 절차와 업무 수행 방식에 동의하고 필요한 서비스 계약을 수립한 클라이언트 • 위기지원 대상자: 긴급한 사회적 지원이 없다면 개인과 가족의 물리적 안전이나 심리적 · 정서적 안전을 확보하기 어려운 클라이언트 출처: 한국사회복지관협회(2013).
희망복지지원단 통합사례관리 실천 가이드	• 사례관리 가구: 1개월 이상의 중 · 장기적 개입이 필요한 가구로서 다양한 서비스가 집중적으로 제공될 수 있도록 사례회의 등 일반적인 절차를 적용하는 가구 • 서비스 연계 가구: 욕구가 단편적이어서 1개월 미만의 단기적 개입 또는 단순 서비스 연계를 통해 문제해결이 가능한 가구 • 미선정 가구: 통합사례관리 사업이 불필요한 경우, 대상자 연락 두절 및 거부 등으로 기한 내 욕구조사를 수행하지 못한 가구 출처: 희망복지지원단 중앙지원센터(2014).

사례관리자는 수립된 선정 기준을 토대로 〈표 5-2〉와 같이 의뢰, 본인 요청, 아웃리치(out-reach), 주민 조직화 방법을 통해 클라이언트를 발굴할 수 있다. 각각의 방법에 대해 살펴보면 다음과 같다.

| 표 5-2 ◈ 클라이언트 발굴방법 |

의뢰	- 내부: 기관 내 타 부서에서 발견되어 사례관리팀으로 의뢰 - 외부: 공공/민간 기관, 지역 주민 등 외부에서의 의뢰
본인 요청	클라이언트 스스로 유선 연락, 방문을 통해 도움을 요청
아웃 리치	사례관리자가 지역을 방문하여 잠재적 클라이언트 직접 발굴
주민 조직화	지역 주민을 조직화하여 잠재적 클라이언트 발굴

첫째, 의뢰나 본인요청에 의해 잠재적 클라이언트가 발굴된 경우 사례관리자는 주요의뢰 내용이나 클라이언트의 도움 요청 내용 등을 확인하여 기록하고 기관 내 합의된 기준에 따라 인테이크 실시 여부를 결정한다. 그 결과는 공문, 유선 연락 등의 방법을 통해 의뢰자 또는 서비스를 요청한 본인에게 공지[1)]해야 한다.

둘째, 아웃리치를 통해 클라이언트를 발굴하고자 하는 경우에는 잠재적 클라이언트가 가질 수 있는 불안감을 경감시키고 신뢰감 형성에 도움을 주기 위해 자신의 신분을 밝힐 수 있는 신분증이나 기관 소개 자료 등을 지참하고 사례관리에 대한 이해를 도울 수 있는 자료가 있다면 함께 준비하는 것이 좋다.

셋째, 지역사회의 문제나 취약계층을 돕는 데 관심이 있는 지역 주민을 모집하여 '지원단'을 형성하고 교육(기관과 사례관리에 대한 이해, 잠재적 클라이언트에 대한 기준, 지역사회 조직화 등)을 실시하여 클라이언트 발굴과정에 참여하도록 하는 '주민 조직화' 기술을 활용하는 것이다. 이는 본인 신청이나 외부에서의 의뢰에 의존하여 사각지대에 놓인 잠재적 클라이언트를 발견하지 못할 우려가 있는 경우나 기관에 배치되어 있는 사례관리자 수의 절대부족으로 인한 한계에 직면한 경우 이를 보완할 수 있는 발굴방법이기도 하다.

1) 사례관리자는 추후 결과에 대한 논란이 발생하지 않도록 선정 근거와 과정에 대한 내용을 기록하여 내부 문서로 보관하거나 공문으로 회신하는 것이 바람직하다.

클라이언트가 낙인감, 두려움, 자포자기, 무기력, 동기 부족, 좌절감, 무능력, 신체장애, 정신장애 등으로 인하여 외부로 노출되지 않은 상태에서 보다 심각한 위기 상황에 놓이게 되는 등 어려움을 겪고 있는 경우가 지역사회에 상당수 존재하고 있다(최은희 외, 2013). 이에 사례관리자는 상황에 적합한 발굴방법을 선택하여 활용할 수 있어야 하고 효과적이고 효율적인 발굴을 위해서는 지역의 특성과 기관의 특수성, 사례관리자의 역량, 잠재적 클라이언트에 대한 합의된 기준 등을 종합적으로 고려한 전략을 수립할 수 있어야 한다. 또한 발굴과정에서 이름, 연락처, 주소 등 '개인정보 수집 · 활용 동의서'(부록 〈서식 7〉 참조)를 작성하여 추후 개인정보와 관련된 문제 상황이 발생하지 않도록 주의해야 한다.

2. 인테이크

인테이크(intake)는 '초기 상담' 또는 '접수 단계'로 소개되기도 한다. 공통적으로 사례관리 실천에 대한 합의와 정보 파악을 주요 과업으로 제시하고 있으며, 화자에 따라서는 클라이언트 발굴 단계를 접수 단계로 포함하거나, 사례관리자와의 관계 형성을 주요 과업으로 함께 소개하기도 한다(한국사례관리학회, 2014; 한국사회복지관협회, 2012b). 하지만 인테이크 단계에서도 반드시 성취해야 하는 과업이 있는 만큼 이를 강조하기 위해 클라이언트 발굴이나 스크리닝 단계와는 구분하여 설명하고자 한다.

우리나라는 사례관리 실천이 도입된 이후, 20여 년이 지난 현재까지도 학교에서 인테이크 단계의 세부 실천과정을 체계적으로 학습하고 훈련하지 못한 상태에서 사례관리자가 배출되어 구조화된 양식지를 채워 가는 '정보 수집'의 절차적 과업을 수행하고 있다. 〈표 5-3〉과 같은 인테이크 기록지를 머릿속에 그리고 필요한 정보를 수집하기 위해 진행되는 조사식의 면접은 개별적 역량에 상관없이 짧은 시간에 많은 정보를 효율적으로 파악할 수 있다는 장점이 있지만 '누구나' 혹은 '아무나' 할 수 있는 것으로 간주되어 인테이크 단계가 비전문적인 실천 과정으로 평가될 가능성이 높다는 위험성이 있다. 또한 사례관리자가 클라이언트에 대한 기초적이고 일반적인 정보들을 수집하는 과정에서 인테이크 기록지 형식 안에서 '설명'하게 함으로써 조사받는다는 느낌을 받게 하여 라포 형성에 실패할 수 있다. 이 과정에서 클라이언트와 신뢰를 기반으로 협력관계를 구축하지 못한다면 기본적인 정보 파악조차 어렵게 되거나 사례관리 실천에 대한 동의를 구하지 못하여 조기 종결되는 상황이 발생할 수 있다. 따라서 사례관리자는 기본적 원칙에 위배되고 맥락이 제거된 개념의 보편화로 인한 부작용의 결과를 양산하지 않도록 인테이크 단계의 수행 과업을 '정보 수집'이 아니라 클라이언트와의 전문적 관계에서의 '라포 형성'으로 인식해야 한다.

더불어 선입관이나 편견, 짐작, 직감 등이 배제된 상태에서 〈표 5-4〉와 같이 면접(interview)[2] 및 의사소통 기술을 활용하여 클라이언트의 상황과 문제에 대해 명확하게 파악하고 기록할 수 있어야 한다.

2) 이 책에서는 클라이언트의 정보 수집을 위해 양식지를 활용한 조사식의 면접이 아니라 욕구중심의 접근을 위해 라포형성에 초점을 두고 진행되는 과정을 면접이라고 칭한다. 자세한 내용은 제7장 '종합사회복지관의 실제 사례'에서 '인테이크' 단계를 참고하기 바란다.

| 표 5-3 ◈ 인테이크 기록지 |

접수번호		일 시	
면 접 자		장 소	□ 가정 □ 내방 □ 전화 □ 지역사회 기관( )
면접참여자			
면접경로	□ 본인 요청 □ 사례관리자 발굴 □ 내부 의뢰( ) □ 외부 의뢰( ) □ 기타( )		

대상자		주민번호	
주 소		전화번호	
후견인	성명 (관계)	전화번호	
장애유형/급		건강상태	□ 양호 □ 질환( )
보호구분	□ 수급 □ 조건부수급 □ 저소득/차상위 □ 기타( )		
주거상태	□ 자택 □ 전세 □ 월세(월 원) □ 영구임대 □ 기타( )		

가족사항	관계	성명	나이/성별	직업	결혼상태	동거여부	연락처	기타

대상자의 진술 (도움 요청 내용)	
면접자 평가	
	대상판정 □ 대상(긴급/일반) □ 비대상(정보 제공/연계:)

출처: 한국사례관리학회(2014).

| 표 5-4 ◈ 면접 및 의사소통 기술 |

관계의 기술	개별화, 의도적인 감정표현, 통제된 정서관여, 수용, 비심판적 태도, 클라이언트 자기결정, 비밀보장
라포 형성과 관계 형성 기술	일상적인 대화로 면접을 시작하여 클라이언트의 긴장된 마음을 풀어 주고 경직된 분위기 완화 사례관리자의 생각이나 기준을 클라이언트에게 강요하지 않고 생각이 다르다고 해서 비판하지 않는 태도 클라이언트 말에 집중하고 언어적·비언어적 의사소통 기술을 활용해 클라이언트를 이해하기 위해 노력하고 경청하고 있음을 확인시켜 주기
공감 및 동정	클라이언트가 그 상황에서 어떠한 기분이었을지 어떤 것들을 느꼈을지 생각해 보며 그를 이해하고자 노력하기 -공감: 남의 감정, 의견, 주장에 대해 자기도 그렇다고 느끼고 이해함 -동정: 남의 어려운 처지를 자기 일처럼 딱하고 가엾게 여김. 남의 어려운 사정을 이해하고 정신적·물질적으로 도움을 베풂
질문기술	개방형 질문, 폐쇄형 질문, '무엇' 질문하기 -질문에서의 유의 사항: 폐쇄질문, 유도질문, '왜' 질문, 이중·중첩 질문, 모호한 질문 지양
경청기술	클라이언트의 말에 귀 기울이는 것뿐만 아니라 언어적·비언어적 반응을 통해 말을 충분히 주의 깊게 듣고 이해하고 있음을 확인시켜 주는 것
명료화 기술	클라이언트가 말한 내용을 사회복지사가 잘 이해하고 있는가를 확인하기 위한 질문하기
침묵의 활용	클라이언트가 면접 도중 침묵할 때 그 의미를 파악하고 활용하기
환언기술	클라이언트가 한 말 가운데 핵심적인 말을 반복하여 말하기
피드백 주고받기	어떤 사람의 행위, 생각, 진술 등에 대해 의견을 제시하기
요약기술	클라이언트가 한 말의 내용과 그 속에 담겨 전해진 감정들을 전체적으로 묶어 정리하기
의사소통 기술	자신의 생각과 감정을 타인에게 정확히 전달하고 타인이 표현하는 생각과 감정을 정확히 받아들이기 언어적 의사소통: 지지적 언어 반응, 언어의 재구성, 감정에 대한 반응, 인식의 명료화, 강점 강조 비언어적 의사소통: 음성의 고저, 얼굴 표정, 침묵, 신체 자세 등

출처: 엄명용 외(2011); 엄명용 외(2015).

클라이언트와의 라포 형성과 면접 및 의사소통 기술 활용 연습

• 연습 1. 클라이언트와의 라포 형성

4~5명씩 조를 편성하여 어떤 경우에 상대방을 신뢰하게 되는지 각자의 경험을 떠올려 보며 클라이언트와의 라포 형성을 성공적으로 이끌어 낼 수 있는 방안에 대해 논의한다.

• 연습 2. 면접 및 의사소통 기술의 활용

1. 2명씩 짝을 이루어 한 명은 사례관리자, 다른 한 명은 클라이언트가 되어 면접을 진행해 본다. 면접이 끝나면 역할을 바꾸어 한 번 더 진행한다.
2. 클라이언트가 되어 면접을 봤을 때 사례관리자의 의사소통 기술 활용에 따라 자신이 어떤 감정을 느꼈는지 편지로 작성하여 전달한다.
   예: 당신이 나와 눈을 맞추고 내 이야기에 경청해 주는 모습에서 편안함을 느꼈고 이야기를 자연스럽게 이어 갈 수 있었습니다.
3. 사례관리자가 되어 면접을 할 때 면접 및 의사소통 기술을 적절히 활용하였는지 [그림 5-2]의 그림을 채워 보며 스스로 평가해 본다.

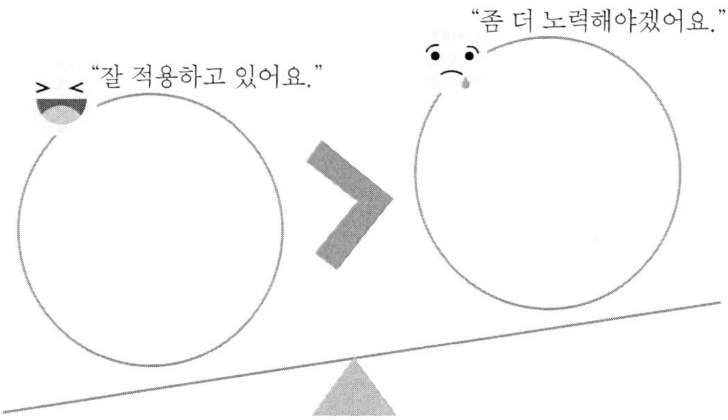

[그림 5-2] 사례관리자 면접 및 의사소통 기술 자가 평가표

인테이크 단계에서는 전문적인 지식과 기술을 활용할 수 있어야 하기 때문에 이론적 지식만을 가지고 실천 현장에 투입된 신입 사례관리자보다 다양한 사례 경험이 풍부한 경력직의 사례관리자가 실시하는 것이 적합하다. 그러나 실

천 현장에서 사례관리팀 구성원을 모두 경력직으로 대체하거나 각자 담당하고 있는 업무의 과중 속에서 사례관리에만 집중할 수 있는 인력을 별도로 배치하는 것이 어려운 실정임을 감안한다면 현재 사례관리를 실천하고 있는 실무자들을 대상으로 사례중심실천(Case-Based Practice: CBP)의 훈련과 경험을 통한 역량을 강화하는 것이 그 무엇보다 중요하다. 특히 사례관리자가 그 필요성과 중요성에 대해서는 충분히 인식하고 있지만 어떻게 해야 할지 방법을 알지 못하거나 어려울 것 같다는 막연한 두려움에 실천하지 못하고 있는 상황이면 〈표 5-5〉와 같이 CBP를 활용한 인테이크 세부 실천과정을 참고하여 단 하나의 사례라도 먼저 시작해 보기를 권장한다.

| 표 5-5 ◈ 면접 방법을 활용한 인테이크 세부 실천과정 |

실천과정	수행방법
면접	• 면접 녹음에 대한 사전 동의 • 면접 실시 ※ 클라이언트 특성과 상황 등에 따라 적합한 면접 방법 선택 (예: 노인-생애사 면접, 아동 · 청소년-이야기식, 문제중심 면접)
풀레코딩	• 면접 내용을 그대로 옮겨 작성(부록 〈서식 3〉 참조) ※ 추후 분석에서 활용할 수 있도록 줄 번호 작성 ※ 면접 당시 상황의 비언어적 메시지도 최대한 작성
인테이크 기록	• 파악된 내용을 토대로 인테이크 기록지 작성 • 가족관계는 가계도를, 자원체계는 생태도를 활용하여 작성 [그림 5-3], [그림 5-4] 참조

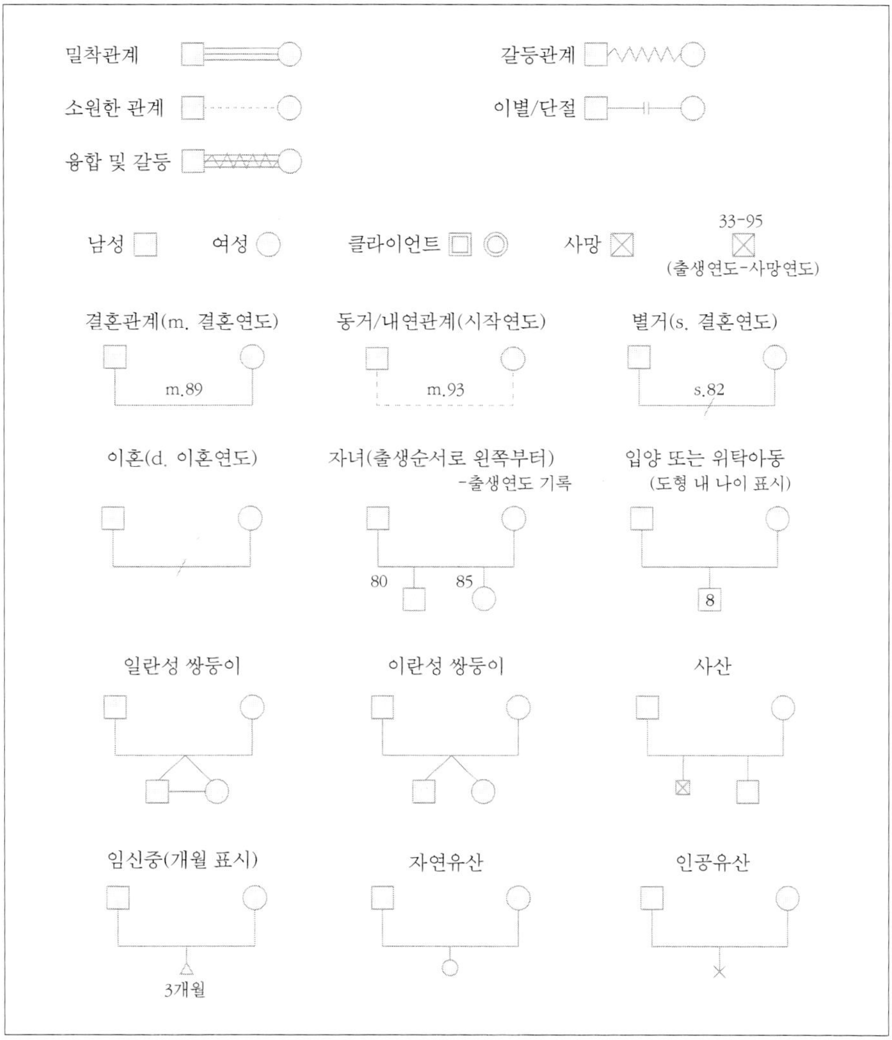

[그림 5-3] 가계도/생태도[3] 기호

출처: 엄명용 외(2015).

3) 가계도: 한 개인이 그가 속한 전체 가족구조에서 차지하고 있는 위치와 특성을 조사함으로써 가족의 일반적 특성을 미리 짐작하여 그리는 것으로, 보통 3세대 이상의 가족에 대한 정보를 도식화하며 한 세대에서 다음 세대로 이어지며 반복되는 가족기능, 가족관계, 가족구조 등의 양상을 파악함. 가족의 속성이 종단·횡단, 종합적·통합적으로 한눈에 파악될 수 있음
생태도: 개인 및 가족의 사회적 맥락과 그들을 둘러싼 사회체계들과의 상호작용 상태를 하나의 그림으로 나타낼 수 있도록 고안된 도구

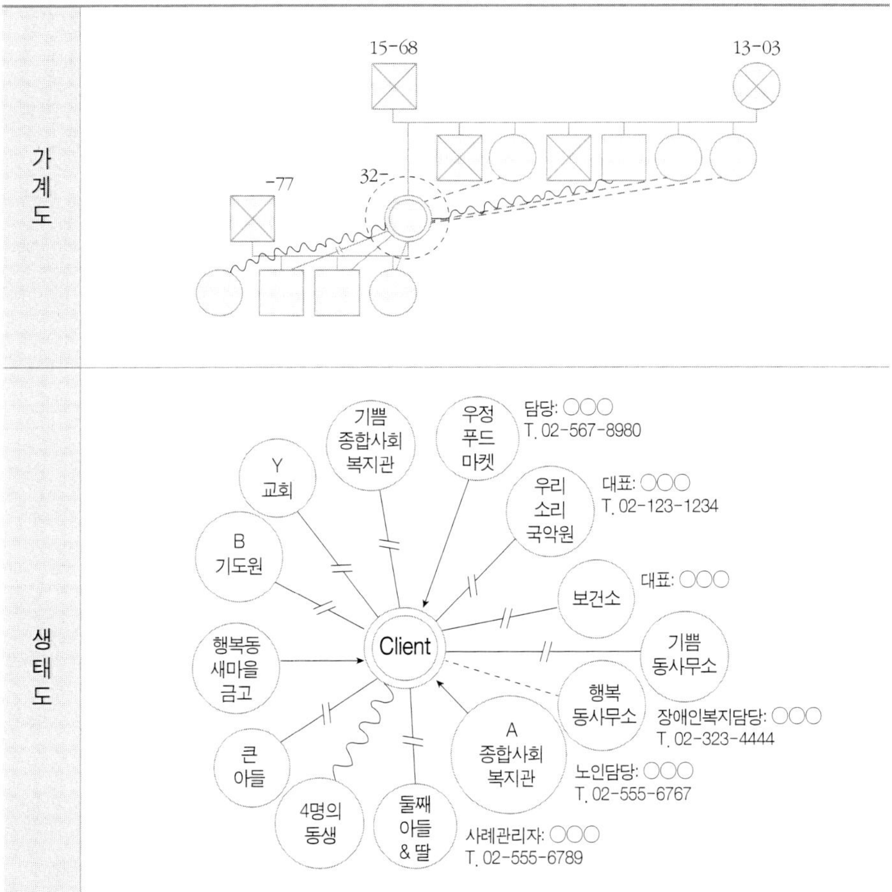

※생태도 작성 시 자원별 연계 내용뿐만 아니라 담당자와 연락처를 함께 기재하여 형식적인 자료가 아니라 실제 사례관리 실천과정에서 활용 가능한 자료로 쓰일 수 있도록 해야 한다.

[그림 5-4] 가계도 · 생태도 작성 예시

〈표 5-5〉의 면접 방법을 활용한 인테이크 세부 실천방법은 다음과 같다. 첫째, 사례관리자는 인테이크 기록지를 바탕으로 정보를 파악하기에 급급하기보다 면접을 통해 클라이언트와의 라포를 형성하며 차후 진행될 스크리닝과 욕구사정 단계에 필요한 일차적인 정보를 수집한다. 사례관리자가 기록지 없이 인테이크를 실시할 경우 필요한 정보를 충분히 파악하지 못하는 것은 아닐까 우려할 수도 있지만 클라이언트와의 라포 형성에 성공했다면 필요한 정보는 추가 면

접을 통해 충분히 파악할 수 있기 때문에 무리하지 않고 관계 형성에 초점을 두고 접근하는 것이 중요하다.[4)]

둘째, 사례관리자는 클라이언트에게 녹취에 대한 동의를 구하고 풀레코딩을 통해 면접 내용을 '원(原)자료'로서의 근거로 확보한다. 사례에 관한 진술은 원자료로부터 출발해야 하고 그것에 기대어 증명해야 한다. 다시 말해서, 실증적 자료가 모든 주장에 대한 출발점이어야 하고 검증의 기준이 되어야 한다(남화수, 2012)는 것이다. 이는 삶의 역사적 실제 속에서 상호작용하며 발달된 자아와 사회적인 경험들이 '이야기(narrative)'를 통해 한 개인의 삶의 과정에서 파생된 사건들에 대한 추론이 가능하며, 개인의 생애 과정뿐 아니라 개인과 사회의 뒤엉킨 구조를 밝힐 수 있다(이효선, 2007)는 점에서 그 필요성과 중요성을 넘어 당위성을 가지게 된다. 사례관리자는 면접 방법을 활용하여 인테이크를 실시하는 것에 대해 너무 많은 시간이 소요된다거나 어렵고 복잡하다고 생각하여 거부감이 들 수도 있다. 하지만 한 개인의 삶을 이해하는 데 있어 획일화된 도구로 파악하고 일률적으로 적용하는 것은 인간을 '설명'하는 그 이상이 될 수 없기 때문에 인간을 '이해'[5)]하기 위해서 끊임없는 노력과 상당한 시간이 소요될 수밖에 없는 것은 지극히 당연한 것으로 받아들여야 한다(이효선, 정푸름, 2012). 또한 사례관리자가 지속적인 교육과 훈련을 통해 사례 경험을 축적하게 되면 인테이크에 소요되는 시간은 점차적으로 감소하게 되고 상대적으로 의미 있는 정보는 더 많이 획득할 수 있게 될 것이다.

셋째, 분석 및 회의 단계에서는 사례관리자의 주관적 짐작과 판단에 얽매이지 않도록 동료 사례관리자, 슈퍼바이저와의 회의를 실시하여 파악 가능한 클라

4) 서울시 소재 G 종합사회복지관에서 3명의 사례관리자가 면접 방법을 활용한 인테이크 실시 결과, 스크리닝에 필요한 정보를 충분히 수집할 수 있었고, 기록지를 바탕으로 진행했을 경우 미처 관심을 갖지 못하고 놓쳐 버릴 수 있는 문제 및 욕구 파악에 도움이 되는 정보 또한 추가로 확인할 수 있었다.

5) 인간의 의지와 선택이 개입되는 사회 · 문화 현상은 자연과학의 논리로 설명하기 어려우며, 그들의 주관적이고 경험적인 세계로 들어가 그것이 의미하는 것에 대한 해석을 토대로 '이해'해야 함을 강조하였다(이효선, 2009).

이언트의 정보, 기타 의미 있는 정보, 상황과 문제 등을 확인하는 것은 물론 사례관리자의 면접 및 의사소통 기술 분석과 평가를 통해 자기반조의 시간을 가져야 한다.

넷째, 마지막으로 세부 실천과정을 통해 파악된 내용을 인테이크 기록지에 요약 · 정리한다.

3. 스크리닝

스크리닝(screening)은 인테이크를 통해 파악한 정보를 근거로 기관에서 클라이언트 등록 여부와 관리 유형을 결정하고 구분하는 단계이다. 실천 현장에서는 매뉴얼이나 지침에서 제시하는 기준을 그대로 인용해서 사용하거나, 특히 〈표 5-6〉의 위기도 조사지[6]와 같은 진단도구를 활용하여 등록 여부와 관리 유형을 결정하기도 한다. 이는 개인의 역량과 상관없이 누구나 쉽게 적용할 수 있고 빠른 시간 내에 결과를 도출할 수 있는 크나큰 장점이 있지만, 클라이언트의 개별적인 특성을 충분히 고려하지 못하고 주어진 기준에 따라 인간을 수치화하는 한계를 가지고 있어 사례관리자는 목적의 정당성을 배제한 방법의 맹목성은 지양해야 한다. 또한 지역 특성과 기관의 특수성이 반영되지 않은 스크리닝 기준은 실제 상황에서의 적용에 어려움이 있어 형식적으로만 존재하고 최종 결정은 사례관리자 개인의 주관적 판단에 의해 이루어질 수 있다. 따라서 각 기관에서는 사례관리에 대한 이해, 지역사회, 기관의 특수성, 사례관리자의 실천 경험을 바탕으로 클라이언트 등록 및 관리 유형에 대한 명확한 기준 수립 및 구분 작업이 필요하다. 또한 사례관리자의 스크리닝 회의 요청이 있을 경우 참석자는 사전에 클라이언트에 대한 기본적인 이해와 기관에서 제공하는 서비스

6) 안전, 건강, 일상생활 유지, 가족관계, 사회적 관계, 경제, 교육, 고용, 생활환경, 법률 및 권익보장 등의 10가지 욕구 영역에 대한 점수를 부여하여 각 욕구별 어느 하나라도 기준 점수에 해당되는 경우 통합사례관리 대상자로 선정하도록 하는 기준표(보건복지부, 2016).

내용의 한계, 정보 제공을 위한 관련 분야의 이론적 · 실천적 지식을 습득(남화수, 2012)한 상태에서 회의에 참석해야 한다. 회의에서는 스크리닝 기준을 토대로 〈표 5-7〉, 〈표 5-8〉과 같이 클라이언트의 등록 여부와 관리 유형에 대해 협의해야 하며, 그 과정과 결과는 〈표 5-9〉와 같이 기록으로 남겨야 한다. 수립된 기준에 따라 결정을 내리기, 어렵거나 이전까지 경험해 보지 못한 새로운 사례가 발견되는 경우 협의하에 결정을 내릴 수 있다. 실무자 간 혹은 기관 내에서 결정하기 어려운 상황이 발생하게 되면 해당 전문가에게 슈퍼비전을 요청하여 스크리닝에 반영할 수 있다. 스크리닝 기준은 한번 수립되었다고 해서 그대로 유지해야 하는 것은 아니며, 새롭게 협의된 내용이 차후 다른 사례에 있어서도 적용 가능하다고 판단될 경우 추가할 수도 있고 필요에 따라 수정 · 보완을 통해 보다 구체적이고 세부적인 스크리닝 기준을 재수립할 수 있다.

스크리닝 기준에 의하여 등록 및 관리 유형이 결정되면 사례관리자는 클라이언트에게 결과를 알리고 사례관리 실천 전반에 대한 동의를 구해야 한다. 이는 개별서비스계획(Individual Service Plan: ISP) 단계에서 실시되는 서비스 동의와는 별개로 사례관리에 대한 클라이언트의 이해를 돕고 사례관리자와 클라이언트의 역할과 책임을 분명히 하며, 개인정보 수집 · 관리에 대한 동의를 구하는 등 사례관리 실천에 있어 필요한 제반 사항에 대한 전반적인 동의를 구하는 과정으로 이해되어야 한다.

표 5-6 위기도 조사지(예시)

욕구 영역별 위기도 평가기준

1. 안전: 가족 구성원 또는 외부인과의 관계에서 야기되는 기초적 신변보호상의 위기 정도(12점)

1. 안전	위기도 문항	0	1	2	3
가족 내 안전 유지	1. 함께 거주하고 있는 가족 구성원이 본인이나 가족을 위협하고 있거나 위협할 것 같다. ① 신체적 폭력 ② 정서적 폭력 ③ 성적 폭력 ④ 방임과 방치 ⑤ 경제적 폭력 0: 해당사항 없음 3: 어느 하나라도 해당 시				
	2. 본인이 가족(비동거 가족 포함)을 위협하고 있거나 위협할 것 같다. ① 신체적 폭력 ② 정서적 폭력 ③ 성적 폭력 ④ 방임과 방치 ⑤ 경제적 폭력 0: 해당사항 없음 3: 어느 하나라도 해당 시				
가족 외부로부터의 안전 유지	3. 비동거 가족, 친척, 친구, 이웃, 사회(학교, 직장 등) 등이 본인이나 가족을 위협하고 있거나 위협할 것 같다. ① 신체적 폭력 ② 정서적 폭력 ③ 성적 폭력 ④ 방임과 방치 ⑤ 경제적 폭력 0: 해당사항 없음 3: 어느 하나라도 해당 시				
	4. 응급 상황이 발생할 경우 도움을 받는 데 어려움이 있다. 0: 어려움이 없다/해당사항 없음 1: 도움을 요청할 지원체계는 있으나, 충분하지 않다. 2: 응급 시 도움을 요청할 지원체계는 있으나, 원만한 관계가 아니다. 3: 도움을 요청할 지원체계가 전혀 없다/응급 상황을 인지하지 못한다. ⋮				

■ 사례관리 대상자 선정 기준표

번호	욕구 영역	총점	사례관리 여부 기준표	해당여부
1	안전		어느 한 문항이라도 3점인 경우	□ 해당 □ 비해당
2	건강		어느 한 문항이라도 3점인 경우	□ 해당 □ 비해당
			6번 문항이 2점 이상인 경우	□ 해당 □ 비해당
3	일상생활 유지		1번 문항이 3점인 경우	□ 해당 □ 비해당
4	가족관계		3번 문항이 2점 이상인 경우	□ 해당 □ 비해당
5	사회적 관계		어느 한 문장이라도 3점인 경우	□ 해당 □ 비해당
6	경제		1번 문항이 3점인 경우	□ 해당 □ 비해당
			3번 문항이 2점 이상인 경우	□ 해당 □ 비해당
7	교육		2번 문항이 2점 이상인 경우	□ 해당 □ 비해당
			3번 문항이 3점인 경우	□ 해당 □ 비해당
8	고용		2번 문항이 3점인 경우	□ 해당 □ 비해당
9	생활환경		1~3번 문항의 총점이 4점 이상인 경우	□ 해당 □ 비해당
			4번 문항이 3점인 경우	□ 해당 □ 비해당
10	법률 및 권익보장		2번 문항이 2점 이상인 경우	□ 해당 □ 비해당
총점				
(잠재적) 통합사례관리 대상자 선정 여부			각 욕구 영역별로 어느 하나라도 '해당'에 표시(☑)된 경우는 통합사례관리 대상자로 선정함	□ 선정 □ 미선정

※ 위기도 조사 활용 방법은「통합사례관리 위기도 사정도구 활용 매뉴얼」참고

출처: 보건복지부(2017).

| 표 5-7 ◈ 스크리닝 기준 예시 1 |

구분	내용
미등록	• 사례관리자의 개입 없이 자존 · 자립이 가능한 경우 • 타 기관에서의 관리가 더 적합하다고 판단되는 경우 • 정보 제공만을 통해 문제 및 욕구 해결이 가능한 경우 • 사례관리 진행에 동의하지 않거나 변화 의지가 없는 경우 (단, 사례관리에 대한 충분한 정보 제공 필요) • 개입을 통해서도 해결이 불가능한 문제인 경우 (필요에 따라 슈퍼비전 요청)
일반	• 단기간(6개월~1년) 서비스 제공 및 연계 위주의 개입으로 문제해결이 가능한 경우 • 문제에 대한 개입과 지속적인 점검이 필요한 경우
집중	• 문제의 근원을 분석하여 문제보다 본질에 초점을 둔 깊이 있는 개입이 필요한 경우(문제 중심의 접근으로는 욕구 해결이 불가능한 경우) • 기간 내 집중적 개입으로 문제 및 욕구 해결이 가능한 경우 • 심각한 문제 상황을 발생시킬 수 있는 잠재된 위험 요소로 인해 잦은 점검이 필요한 경우
긴급	• 클라이언트의 생명이 위협받는 경우 • 일정 기한 내에 긴급한 문제 및 욕구 해결이 필요한 경우

출처: 서울시 G 종합사회복지관.

| 표 5-8 ◆ 스크리닝 기준 예시 2 |

○○ 종합사회복지관 사례관리센터 스크리닝 기준

본 기준은 우리 복지관 사례관리센터의 사례관리 서비스를 받기 위해 방문 또는 의뢰된 클라이언트가 대상자로 적합한지를 담당 사례관리자가 판단하는 것으로 다음과 같이 구분한다.

1. 잠재적 사례관리 대상자(인테이크가 필요한 대상자)
   ① 경제적 위기에 처해 있는 자(가구)
   ② 질병 및 외적 요인에 의한 가족 구성원의 역할 상실이 진행되고 있는 자(가구)
   ③ 자녀 양육이 방치되어 있는 자(가구)
   ④ 문제해결을 위해 적극적으로 노력하고 참여하는 자(가구)
   ⑤ 기타 외부의 지원 없이 생계가 곤란한 자(가구)
   ⑥ 구청 및 동주민센터에서 의뢰된 자(가구)로(수급권자 또는 결식아동) 서비스를 제공받기 원하는 자(가구)

2. 의뢰 대상자
   ① 클라이언트의 문제가 우리 기관의 자원과 시스템의 범위를 벗어날 경우
   ② 클라이언트의 주변 환경(경제력 및 문제해결 능력)의 여건이 성숙되어 있으나 문제해결의 방법을 잘 알지 못하거나 적절한 기관을 찾지 못한 경우
   ③ 잠재적 사례관리 대상자에 포함이 되지만 지역적으로 우리 기관을 이용하기 어려운 지역에 거주할 경우(클라이언트 거주지의 인근 사회복지기관에 의뢰함)
   ④ 기타 의뢰가 필요한 경우

3. 정보 제공 대상자
   ① 현재 우리 기관의 자원 및 시스템과 관련이 없는 문제에 대해 의뢰할 경우
   ② 클라이언트의 문제해결을 위해 다양한 정보를 파악하고 있을 경우
   ③ 기타 정보 제공만으로 문제해결이 가능한 경우

4. 서비스 제외 대상자
   ① 의뢰된 클라이언트가 수혜거부, 가정방문 거부, 상담거부 등의 이유로 인테이크가 불가능할 경우
   ② 의뢰된 클라이언트가 복지관과의 연결을 꺼리는 경우
   ③ 의뢰된 클라이언트가 잠재적 사례관리 대상자로 적합하지 않은 경우
   ④ 기타 서비스를 거절하는 경우

출처: 서울시 G 종합사회복지관.

| 표 5-9 ◈ 스크리닝 회의록 예시 |

<table>
<tr><td>일 자</td><td>10월 4일 (금)</td><td>작성자</td><td>사례관리자 ○○○</td></tr>
<tr><td>참석자</td><td colspan="3">사례관리센터장 ○○○, 사례관리자 ○○○, ○○○, ○○○</td></tr>
<tr><td colspan="4">회의 내용</td></tr>
<tr><td>주요 내용</td><td colspan="3">
• 참석자 의견 및 논의결과
<table>
<tr><th>구분</th><th>미등록</th><th>일반</th><th>집중</th><th>긴급</th></tr>
<tr><td>센터장</td><td></td><td>✓</td><td></td><td></td></tr>
<tr><td>사례관리자 A</td><td></td><td></td><td>✓</td><td></td></tr>
<tr><td>사례관리자 B</td><td></td><td></td><td>✓</td><td></td></tr>
<tr><td>사례관리자 C</td><td></td><td>✓</td><td></td><td></td></tr>
<tr><td>논의결과</td><td></td><td></td><td>집중</td><td></td></tr>
</table>

• 고정 수입 없이 생계유지가 가능한가?
- 의료 기관을 신뢰하지 않아 이용을 거의 하지 않음. 스스로 약재를 구입해 달여 먹는 데 필요한 비용 발생
- 거실 겸 주방, 방1, 화장실1 구조의 작은 평수에 거주. 전등을 거의 켜지 않고 전기장판을 사용하는 등의 검소한 생활 습관을 보임
- 식사량이 많지 않고 교회에서 식사를 하기도 하여 생활비 지출이 크지 않음
- 기존에 보유하고 있던 재산으로 최소한의 생계유지를 하는 것에는 어려움이 없지만 연령, 건강 상태 등을 고려했을 때 영양섭취나 생활 습관에 있어 개선 필요성이 보임
→ 스스로 검소한 생활을 하고 있어 생계에 위협을 느낄 정도는 아니지만 연령과 건강 상태를 고려했을 때 영양적으로 보다 균형 잡힌 식사를 할 필요가 있다는 데 전원 합의

• 건강 문제에 대한 우려
- 스스로 건강관리를 하고 있다고 하지만 시력 저하, 고혈압, 신경성 위염 등 신체적 문제가 지속되고 있음
- 건강 문제에 대해 '공포증'이라고 표현할 정도임
- 스스로 문제를 해결하려는 노력은 강점으로 작용될 수 있지만 자신의 지식과 종교에 대한 맹목적인 믿음이 오히려 건강에 해가 되는 것은 아닌지 우려된다는 의견
→ 현재의 건강관리 방법에 위험성이 감지된다며, 건강관리를 위한 다른 방안의 모색이 필요하겠다는 동일한 의견 제시
</td></tr>
</table>

	• 욕구 파악 및 개입의 필요성 - 가족들이 돈에 집착한다고 생각 - 그 생각이 너무 지배적이어서 가족들에 대해 부정적인 시각을 갖게 된 것은 아닌지 우려된다는 의견 - 클라이언트의 신앙심이 가족관계에서도 악영향을 미치는 것으로 보인다는 의견 - 한국 사회와 한국인에 대한 부정적인 편견으로 대인관계 전반에서 깊은 관계를 맺고 오래 교류하지 못함 - 위 상황과 관련된 욕구가 있을 것이라는 의견 → 클라이언트 스스로 관계를 단절시키는 경향이 나타남. 현 상황이 지속되면 고독사 등 위험에 노출될 우려가 높음. 욕구를 파악하고 개입할 필요가 있음
결과	• 집중 사례 등록 • 차후 계획 - 필요한 추가정보를 파악하여 2차 면접 실시 - 문제 및 욕구사정, 그에 따른 계획 수립 및 개입 실시

출처: 서울시 G 종합사회복지관.

4. 사정[7)]

사정(assessment)은 전문적 사례관리 실천을 위한 핵심 과업으로 중요하게 강조되고 있다. 그러나 실천 현장에서 활용되고 있는 매뉴얼은 사정 단계에 대해 구체적인 실천 방법을 제시하기보다 생태체계적 사정, 강점관점 사정, 종합적이고 포괄적인 사정 등으로 소개하고 있다. 또한 개념에서는 클라이언트의 이해를 강조하지만, 실천방법에서는 〈표 5-10〉과 같이 사정표나 척도를 활용하는

7) 일반적으로 욕구뿐만 아니라 클라이언트의 강점, 자원, 장애 요인에 대한 사정까지 주요 과업으로 소개하지만 이는 인테이크 단계나 2차 면접에서도 확인할 수 있는 내용이다. 따라서 이 책에서는 욕구의 개념과 욕구사정도를 중심으로 소개하고자 한다. 또한 생태도를 사정도구로 소개하는 경우도 있는데 실제 인테이크 단계에서 수집된 정보를 정리하기 위해 활용하는 것이 더욱 효과적이고, 이후 추가 확인되는 내용들은 처음 작성된 내용을 점차 수정 · 보완해 나가는 것이 바람직하기 때문에 인테이크 단계에서 소개하였다.

방법을 소개하는 등 클라이언트의 복합적인 욕구 파악 과정과 사례관리자의 역할에 초점을 두기보다 기술적인 업무 수행에 초점을 두고 있다.[8]

이러한 매뉴얼의 적용은 사례관리자가 매뉴얼에 구성되어 있는 실천 과업만 진행하고, 구성 내용 이외의 실천 과업에 대해서는 추진할 이유가 없는 것으로도 해석할 수 있다. 결국 전문적 역량에서 제시한 것처럼 한정된 지식과 기술만을 추구하게 되는 숙련가를 지향하게 하면서 사례관리자의 역량을 강화시키는 것이 아니라 오히려 전문성을 저해하는 요인으로 작용하게 된다.

사정은 클라이언트를 총체적인 인간으로 바라보고 개인의 다양한 문제 및 욕구를 확인하는 체계적인 과정(최은희 외, 2013)이다. 이 과정은 사례관리자가 활용 가능한 자원인 개인적 · 환경적 측면에서의 강점을 찾고 더욱 발휘하기 위해 필요한 자원을 탐색하는 과정으로 뒤따르는 단계인 계획과 실행을 성공적으로 수행하기 위한 기반이 된다(한국사회복지관협회, 2012a). 더 나아가 최근에는 클라이언트의 삶을 종합적으로 이해하는 가운데 전 과정에서 클라이언트의 적극적 참여를 기반으로 협력적 · 상호 의존적 관계하에서 이루어지고 있다. 이를 객관화하고 분석적으로 종합 · 정리하기 위해 사례관리자의 전문성에 기초한 독립적 · 성찰적 반성(reflection)이 필요(한국사례관리학회, 2014)한 과정으로 여겨지고 있다. 또한 사정은 ① 계속되는 과정, ② 클라이언트와 그를 둘러싼 환경 그리고 클라이언트와 환경 체계 간의 상호작용을 동시에 이해해야 하는 이중 초점, ③ 클라이언트와 사회복지사와의 상호과정, ④ 사고의 전개과정이 있으며, 이론적 지식을 기반으로 ⑤ 수평적 · 수직적 탐색이 이루어지며, ⑥ 개별적이라는 특성을 가지고 있다(엄명용 외, 2011). 사정 단계는 개인의 상태를 종합적 · 객

8) 한국사회복지관협회(2012b)가 발간한 『사회복지관 사례관리 매뉴얼』의 사정 단계에서의 실천 과업 내용을 살펴보면 다음과 같다. 첫째, 클라이언트가 해결하기 원하는 욕구를 확인한다. 이 과정을 실천하기 위하여 '클라이언트에게 중요한 것에서 시작하기' '클라이언트 참여 우선하기' '척도 질문 사용하기' '표준화 척도 사용하기'를 제시하고 있다. 둘째, 클라이언트의 강점을 확인한다. 이 과정에서 '강점에 초점 맞추기' '환경 속의 인간 적용하기' '클라이언트가 자신의 강점 발견하고 인정하기'를 제시하고 있다. 셋째, 기록 관리를 통한 서류화 작업을 한다. 이 과정에서 기초 현황 기록지, 사정기록지 등의 양식을 제시하며, 어떻게 서류화시킬 것인지에 대하여 설명하고 있다.

표 5-10 ◈ 사례관리 사정표

관리번호		대상자		사례관리자	
사정일시		유형	□ 신규 □ 재사정	정보제공자	

유형	우선순위	제시된 욕구	이용 가능한 자원(강점)	내적/외적 장애물
개인수준의 욕구				
가족수준의 욕구				
기관 및 조직 수준의 욕구				
지역사회 및 정책 수준의 욕구				
기타 의미 있는 욕구				

	척도 종류	사정결과
척도를 이용한 사정		
사례관리 수준판정		

종합의견

출처: 한국사례관리학회(2014).

관적으로 판단하여 사례 계획을 구성한 후 서비스로 연계하는 중요한 과정(김영숙, 임효연, 신소라, 2009 재인용)으로 객관적인 사정도구의 필요성과 그 요구는 전문성을 담보하는 데 있어 매우 당연한 것으로 여겨진다. 하지만 우리나라에 도입된 실천 현장의 사정도구는 클라이언트의 상황 및 다양한 변수와 관련된 적합성 여부에 대한 검증의 과정 없이 활용되고 있어 클라이언트의 도구화를 양산할 개연성이 높다. 더욱 심각한 것은 사례관리자들이 이러한 상황을 인식하고 있음에도 적용 가능성이 희박한 척도를 비판적 사고와 이해 없이 활용하고 있다는 것이다.

이 장에서는 인간에 대한 이해적 패러다임에 기초한 대안적 사정방법으로 개인의 다각적인 측면을 살펴본 후 각각의 상태를 조합하여 클라이언트의 욕구를 찾는 것을 의미하는 욕구중심의 사정 관점(Needs Assessment Perspective; Jordan & Franklin, 1995: 김영숙, 2008 재인용), 즉 [그림 5-5]와 같이 클라이언트의 문제 이해를 증진시키는 노력으로 클라이언트와 그들이 갖고 있는 문제에 대한 가설을 세우고 추론을 이끌기 위해 계속적으로 진행되는 과정(Dean & Proove, 2008; Germain & Gitterman, 1996: 이효선, 정푸름, 2012 재인용)을 통해 사례관리자 자신이 전문적 실천의 도구로서 개입하고, 보완적 수단으로서 이론적 · 실증적 근거를 기반으로 객관성을 확보해 가는 과정을 〈표 5-11〉과 같이 제시하고자 한다.

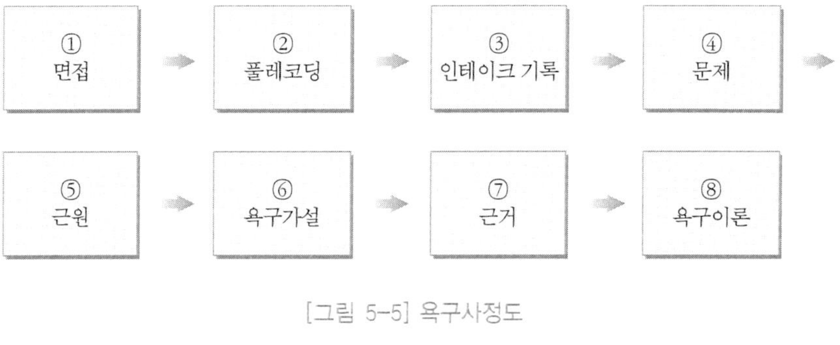

[그림 5-5] 욕구사정도

| 표 5-11 ◈ 욕구중심 사례관리 사정표 |

클라이언트		사례관리자	
사정일시		정보제공자	

1. 문제

문제	텍스트 근거	주요 내용	

2. 욕구

욕구가설	
근거	
욕구이론	
욕구사정 다이어그램	

[그림 5-5]의 과정 중 인테이크 단계에서 진행된 ① 면접에서 ③ 인테이크 기록까지의 내용을 토대로 진행되는 ④ 문제부터 ⑧ 욕구이론까지의 과정이 욕구사정 단계에 해당된다.

각각의 내용을 살펴보면, ④ 문제는 클라이언트와 면접을 하는 과정 또는 면접 내용을 분석하는 과정에서 사례관리자가 관심을 갖게 된 클라이언트의 문제와 관련한 중요한 사실 또는 드러나지 않은 새로운 사실을 의미한다. ⑤ 근원은 발견된 사실에 대해 '왜?'라는 질문을 반복하며 그 근본적인 원인을 찾아가는 과정으로 해답을 더 이상 찾을 수 없을 때까지 반복한다. '왜?'에 대한 답은 사례관리자가 임의로 짐작하거나 추측하는 것이 아니라 클라이언트와의 면접 내용(text) 안에서 파악할 수 있어야 하며, 개인의 주관적 판단이 개입되는 것을 최소화하기 위해 팀 접근을 하는 것이 바람직하다. 사례관리자는 클라이언트의 문제와 관련된 드러나지 않은 새로운 사실을 발견하고 그 근원을 찾아가는 ④~⑤의 과정에서 파악된 내용을 토대로 ⑥ 욕구가설[9]을 수립하게 되고, 가설의 타당성을 검증하기 위해 ⑦ 근거를 확보하게 된다. 사례관리자가 확보할 수 있는 근거[10]는 크게 세 가지로 클라이언트와의 면접 내용에서 확보한 '텍스트 근거', 관련된 문헌 자료 등을 통해 확인된 '이론적 근거', 척도 검사를 통해 확인한 '실증적 근거'가 이에 해당된다. 가설을 뒷받침할 충분한 근거가 확보되었다면 최종적으로 확인된 내용을 클라이언트의 ⑧ 욕구이론으로 정리할 수 있다.

지금까지 제시한 욕구사정의 과정이 복잡하고 어렵게 느껴질 수 있다. 하지만 사정은 클라이언트를 이해하는 과정으로서 한 사람을 이해하는 데 시간의 효율성보다 중요한 사람, 즉 클라이언트가 우선(이효선, 정푸름, 2012) 되어야 한다. 사례관리자는 주요 개념에 대한 명확한 이해와 실천과정에서의 경험을 통해 전문가로서의 역량을 지속적으로 강화시켜 나가야 한다.

9) 이 단계에서 파악된 내용을 욕구(needs)라고 하지 않는 이유는 클라이언트와의 면접 내용을 토대로 파악한 내용이지만 보다 객관적인 검증과정을 필요로 하기 때문이다.

10) 사례마다 세 가지 근거를 모두 사용해야 하는 것은 아니며, 필요에 따라 적절한 근거를 활용할 수 있다.

5. 개별 서비스 계획

개별 서비스 계획(Individual Service Plan: ISP)은 클라이언트의 문제 및 욕구를 해결하기 위해 사정까지의 실천 내용을 바탕으로 클라이언트와 함께 변화에 대한 목표를 설정하고 이를 달성하기 위한 계획을 수립하는 단계로 사례관리 실천에 있어 구체적 내용을 통해 실제적 수행과정의 밑그림 혹은 설계도로서의 기능을 한다(한국사례관리학회, 2014).

사례관리자는 계획 수립에 앞서 변화에 대한 목표[11]를 설정해야 한다. 이때 자신의 기대를 클라이언트에게 강요하거나 일방적으로 설정한 목표에 대한 동의와 서명만 받는 형태로 진행하는 것이 아니라 클라이언트가 사례관리 실천과정에 책임감을 갖고 함께 참여할 수 있도록 문제와 욕구 해결을 위해 변화되기 바라는 점과 스스로 노력할 수 있는 부분에 대해 함께 고민하고 논의하여 합의된 목표를 수립해야 한다. 목표가 수립되면 이를 달성하기 위한 계획을 수립한다. 계획된 내용에 따라 클라이언트에게 서비스가 제공되기 때문에 사례관리자는 신중을 기해야 하며 '개별화의 원칙'에 따라 클라이언트의 욕구에 기반을 둔 계획을 수립할 수 있어야 한다. 실천과정에서 클라이언트나 주변 환경에 변화가 생기거나 이로 인해 문제와 욕구에 변화가 발생할 수 있다. 그러므로 사례관리자는 개입뿐만 아니라 점검과 평가에 대한 계획을 함께 수립하여 실천과정에서 발생할 수 있는 변화에 민감하고 신속하게 반응하고 대처할 수 있어야 한다.

실천 현장에서는 실적 중심의 평가체계를 반영하여 내용보다는 양을 중시하는 서비스 연계 위주의 계획이 수립되기도 하고, 클라이언트와의 합의를 구하지 못해 사례관리자가 일방적인 계획을 수립하거나 클라이언트를 돕고 싶은 마

11) SMART 목표 설정 방법(김홍식 역, 2014)을 고려하여 구체적이고(Specific), 측정 가능하고(Measurable), 달성 가능하며(Attainable), 직무에 적합하고(Relevant), 추진일정이 명확하게(Time-based) 목표를 설정하면 보다 실효성 있는 계획을 수립할 수 있다.

음에 실현 가능성이 낮은 이상적인 계획을 수립하기도 한다. 이러한 경우 실천 과정에서 점검과 평가가 제때 이루어지지 못하거나 클라이언트의 변화를 반영하지 못해 실효성 없는 개입이 이루어지기도 한다. 사례중심실천(Case-Based-Practice: CBP)의 개별 서비스 계획 수립을 위해서는 클라이언트의 욕구에 초점을 두고 다양한 관점에서 생각을 이끌어 내면서 어느 한 사람의 일방적인 결정이 아닌 합의된 결과를 도출해 낼 수 있어야 한다. 이 장에서는 계획 수립 과정에서 활용할 수 있는 방법의 하나로 〈표 5-12〉, 〈표 5-13〉, [그림 5-6]과 같이 '퍼실리테이션(facilitation)'[12]을 소개하고자 한다.

12) 집단 구성원들이 효과적인 기법과 절차에 따라 적극적으로 참여하고, 상호작용을 촉진하여 목적을 달성하도록 돕는 활동(한국퍼실리테이터협회, http://www.facilitator.or.kr)

표 5-12 아이디어 창출을 위한 퍼실리테이션

구분	내용
활용	• 문제에 대해 존재 가능한 근본 원인을 모두 찾으려 할 때 • 문제의 해결책을 찾으려 할 때 • 어떤 개선 활동을 해야 할지를 결정할 때 • 프로젝트의 각 단계에 대한 계획을 세울 때 • 팀의 창조성을 촉진시키려 할 때 • 공정이나 제품, 서비스에 대한 개선방안을 찾으려 할 때 • 팀의 참여를 통해 공정, 제품 그리고 서비스에서의 혁신을 시작하려 할 때
과정	1단계 6~12명의 구성원으로 이루어지는 집단 선발 ↓ 2단계 리더와 기록원 선발 ↓ 3단계 퍼실리테이터가 구성원들과 함께 문제를 정의 ↓ 4단계 퍼실리테이터는 브레인스토밍에 대한 개략적인 설명을 하고 중요한 규칙들(비판 금지, 자유분방, 수량 추구, 결합 개선)을 설명 ↓ 5단계 집단 구성원들은 문제에 대한 해결책을 제시 ↓ 6단계 기록자는 아이디어가 나오는 즉시 플립 차트에 기록 ↓ 7단계 아이디어에 대한 평가

출처: 한국퍼실리테이터협회(http://www.facilitator.or.kr).

| 표 5-13 ◆ 퍼실리테이션을 활용한 개별 서비스 계획 수립과정 |

단계	내용
1단계	• 퍼실리테이션 참여자 선발: 사례관리 팀원, 슈퍼바이저, 유관기관 실무자, 클라이언트 등 상황에 따라 선정
2단계	• 리더 및 기록자 지정(리더: 사례관리자[13], 기록자: 임의 지정)
3단계	• 클라이언트 욕구 정의: 사정 결과에 대한 간략한 브리핑
4단계	• 퍼실리테이션 진행방법과 중요 규칙 설명
5단계	• 3단계에서 정의된 욕구를 해결하기 위한 다양한 의견 제시
6단계	• 참여자들은 더 이상 새로운 의견이 나오지 않을 때까지 의견을 제시하고, 제시되는 의견은 기록자가 메모지에 적어 참여자들이 함께 볼 수 있도록 부착
7단계	• 주제와 관련 없다고 합의되는 내용의 메모지 제외 • 남겨진 의견을 함께 살펴보며 비슷한 내용끼리 분류 • 분류된 내용 안에서 인과관계나 상하 개념으로 정리될 수 있는 것이 있는지 살펴보고 참여자 간 합의를 거쳐 상하, 좌우로 메모지를 정렬하여 정리

〈역할 분담, 주요 규칙 안내〉

〈의견 제시 및 기록〉

〈상호 합의를 거쳐 내용 분류 · 정리〉

〈분류 · 정리되어 부착된 메모지〉

[그림 5-6] 퍼실리테이션 활동 사진

출처: 서울 G 종합사회복지관.

사례관리자가 퍼실리테이션을 활용하게 되면 하나의 주제에 대해 구성원들이 일정한 틀에 얽매이지 않고 자유롭게 의견을 제시할 수 있다. 양식지를 토대로 한 개별 서비스 계획 수립에 비해 클라이언트의 욕구를 다양한 관점에서 바라보고 깊이 있게 탐색할 수 있으며 머릿속에 떠오르는 생각을 자유롭게 꺼내어 놓고 정리하는 과정을 통해 논의되어야 하는 주요 내용 중 누락되어 있는 것은 없는지, 주제(클라이언트 욕구 중심의 사례관리 실천 목표)에 벗어난 논의가 없는지를 수시로 점검하면서 초점을 유지할 수 있기 때문에 더욱 효과적이라고 할 수 있다.

개별 서비스 계획 수립에 필요한 내용들이 정리되었다면 사례관리자는 전문가로서 개인의 주관적 판단에 의존하지 않고, 실천과정에서 중요하게 생각해야 할 가치와 적용 가능한 이론적 근거를 기반으로 개별 서비스 계획을 수립한다. 마지막으로 사례관리자는 클라이언트와 함께 개별 서비스 계획 내용을 검토하고 최종 합의된 사항에 따라 동의서를 작성, 각각 1부씩 보관함으로써 클라이언트가 자신에게 주어진 역할을 스스로 수행할 수 있도록 동기부여하고 계획에 따른 실천이 이루어지고 있는지 점검할 수 있도록 해야 한다.

6. 개입

개입(intervention)은 개별 서비스 계획에서 수립된 내용에 따라 합의한 변화 목표에 도달하기 위한 클라이언트, 사례관리자, 그 밖에 협력 자원의 구체적인 노력의 과정(한국사회복지관협회, 2012a)이다. 각자 주어진 역할을 수행하게 되는 단계인 만큼 사례관리자의 역할은 직접적 실천뿐만 아니라 자원의 개발 및

13) 사례관리자는 퍼실리테이션 과정에서 참여자들이 초점을 벗어나지 않도록 방향을 잡아 줄 수 있어야 하고, 어느 한 가지 주제에 대해 비슷한 내용들이 반복되거나 다양한 관점에서 의견이 제시되지 않을 경우 사고의 장을 확장시켜 주는 역할을 수행한다(예: 개입에 대한 의견만 제시될 경우 '개입 내용이 잘 지켜지고 있는지 확인하기 위한 계획을 수립한다면 어떤 내용이 포함될 수 있을까요?'라고 질문을 던져 주는 등의 역할 수행).

연계, 자원 간 관계 형성 및 유지, 관리 등의 간접적 실천까지도 포함된다. 실천 현장에서는 한정된 자원으로 클라이언트의 복합적인 문제 및 욕구를 해결하기 위해 자원 개발 및 연계에 대한 중요성이 강조되고 있다. 그러나 직접적 실천과 간접적 실천 중에서 어느 것이 더 중요하고 우선시되어야 한다고 평가할 수는 없으며, 사례관리 실천과정의 연속성을 반영한 통합적인 서비스 과정으로 이해되어야 한다.

1) 직접적 실천

직접적 실천은 앞서 소개한 인테이크, 스크리닝, 욕구사정, 개별 서비스 계획 수립을 통한 대면 서비스의 제공이다. 사례관리자는 무엇보다 클라이언트와의 라포를 형성하고 유지하며[14] 변화를 이끌어 낼 수 있도록 면접 및 의사소통 기술[15]을 적절하게 활용할 수 있어야 한다.

2) 간접적 실천[16]

클라이언트의 욕구는 복합적이지만 사례관리 실천기관의 자원은 한정적이기 때문에 사례관리자는 클라이언트의 문제와 욕구를 기반으로 자원을 개발 · 연계 · 관리하는 간접적 실천가로서의 역할도 수행할 수 있어야 한다.

(1) 자원 개발

사례관리자는 클라이언트의 문제 및 욕구에 기반하여 필요한 자원을 개발하

14) 클라이언트와의 라포는 초기 단계에서만 형성되어야 하는 것이 아니라 실천과정 전반에 걸쳐 지속적으로 관리되어야 한다. 초기 단계에서 라포 형성이 잘 되었다고 생각해서 이후 단계에서 관리하지 않는다면 그 관계가 약해지거나 깨질 수 있다.

15) 〈표 5-4〉 면접 및 의사소통 기술 참조

16) 간접적 실천 내용은 필자가 집필과정에 참여하였던 『NCS(국가직무능력표준) 사회복지사례관리 간접실천』(한국산업인력공단, 2015) 내용을 토대로 재구성하였다.

되 그 과정에서 접근성을 고려할 수 있어야 하며([그림 5-7] 참조), 공공기관이나 사회복지시설 등 공문서 수 · 발신이 가능한 공식적 자원뿐만 아니라 가족이나 친구, 이웃 등 그 외 모든 자원체계들의 비공식적 자원까지도 전반적으로 탐색할 수 있어야 한다(〈표 5-14〉 참조).

또한 사례관리자는 유선 연락, 인터넷 검색, 지역 방문 등 온 · 오프라인을 통해 발굴된 지역 내 다양한 인적 · 물적 자원에 대한 정보를 자료화하고(〈표 5-15〉 참조), 서비스 연계 여부 및 추후 연계 가능성, 활용 가능한 자원현황 등 관련 정보를 정기적으로 업데이트하여 자원 관리에 있어 효과성과 효율성을 도모할 수 있어야 한다.

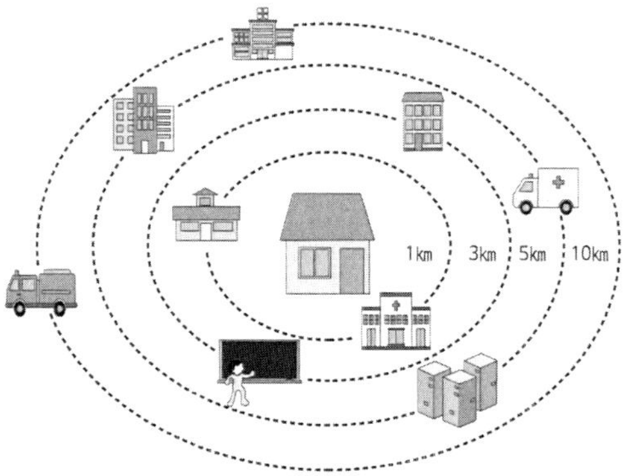

[그림 5-7] 클라이언트와 자원의 접근성을 고려한 자원 탐색

| 표 5-14 ◈ 공식적 · 비공식적 자원 및 연계 가능 서비스 |

자원	종류	연계 가능 서비스
공식적 자원	구청	공공사례관리, 통합사례관리, 독거노인 장례비 지원 등, 각종 바우처 사업
	자원	정부미 지급, 각종 증빙 서류 발급, 각종 수급비 지급 (기초생활수급자, 한부모가정 등)
	학교	학교 내 사회복지실 상담 · 프로그램, 방과 후 교실
	국민건강보험공단	노인 장기요양보험 등급 판정, 보험 급여 수급
	보건소	건강 검진, 예방 접종, 의료비 지원 등
	한국토지주택공사	주거복지 사업(행복주택, 공공주택)
	치매지원센터	치매 조기 검진, 치매 환자 · 가족 대상의 프로그램 · 상담
공식적 자원	건강가정지원센터	가족 상담 · 교육, 가족역량 강화사업, 아이 돌봄 서비스
	어르신 돌봄통합센터	돌봄 서비스
	푸드마켓(뱅크)	식료품 지원
	지역아동센터	학습 지원, 정서 지원, 식생활 지원 등
	고용지원센터	일자리 연계, 직업 · 진로상담
비공식적 자원	가족	생계비 지원, 정서 지원, 일상생활(식사, 빨래, 청소 등) 지원, 외출 동행
	이웃	정서 지원, 외출 동행, 안부 확인
	민간 봉사단체	정서 지원, 일상생활 지원, 여가활동 지원, 교육 지원

| 표 5-15 ◈ 자원 목록표(예시) |

연번	기본정보					기관특성		비고
	기관명	담당자	주소	연락처	홈페이지	주요사업	교환가능자원	
1	○○○ 내과	○○○	△△동 123-4	123-4567	www. dana-a.com	진료 및 처방	저소득 노인 의료비 지원	월 1회
2	○○○ 마켓	○○○	△△동 123-5	123-6789	www. dapara.com	판매	생필품 지원	월 30,000원
3	○○○ 약국	○○○	△△동 123-6	123-5678	-	의약품 판매	의약품 지원	분기 1회

(2) 자원 연계

클라이언트의 문제 및 욕구에 기반하여 자원을 개발하고 파악된 내용을 자료화하였다면 이를 바탕으로 실제 서비스가 제공될 수 있도록 자원을 연계해야 한다. 사례관리자는 문제 및 욕구 우선순위와 자원의 특성을 고려하여 자원에 서비스 연계를 제안하고 참여 의사를 확인해야 한다. 이때 제안서나 영상 등을 활용하면 제안하고자 하는 내용을 효과적으로 전달할 수 있고 기관 소개와 더불어 신뢰성 제고를 위해 네트워크 활동 보고서 및 사례집, 홍보 자료, 리플릿 등을 활용할 수도 있다([그림 5-9]~[그림 5-13] 참조).

서비스 연계 가능성을 높이기 위해 사전에 준비하고 점검해야 할 사항은 다음과 같다. 첫째, 본인이 소속되어 있는 기관에 대해 명확하게 이해하고 있어야 한다. 제안을 위해 자원에 연락을 취하거나 방문을 하게 되면 자원은 사례관리자가 어디에 소속된 누구인지 궁금증을 갖게 될 것이며 그 궁금증이 해결되었을 때 전달하고자 하는 메시지에 관심을 갖게 된다. 하지만 사례관리자가 "잘 모르겠어요."라고 답변하거나 우물쭈물하며 분명한 태도를 보이지 못한다면 기관에 대한 신뢰도는 크게 저해될 것이고 자원의 참여를 이끌어 내지 못할 가능성이 높다. 둘째, 전문가로서의 태도를 갖추는 것으로 복장이나 말투, 행동에 있어서도 기본적인 예의를 갖추되 제안하고 싶은 사항을 사전에 충분히 숙지하여 당당하고 자신 있는 태도로 준비한 메시지를 분명하게 전달할 수 있어야 한다. 셋째,

방문 지원의 특성에 대해 이해하고 있어야 한다. 자원에 따라 자료를 지참하여 직접 방문하는 것이 효과적일 수도 있고 전화나 메일을 통해 담당자에게 방문 가능 여부를 확인한 후 방문하거나 제안 자료를 먼저 송부하고 회신 내용에 따라 연계과정을 진행할 수도 있다. 사전 준비과정에서 자원의 특성을 파악하여 접근하는 것은 자원에 대한 관심을 표현하는 방법의 하나로 기관에 대한 긍정적인 인식을 갖게 하여 연계 성사 가능성을 높일 수 있다.

사전 준비와 점검을 마쳤다면 실제 자원을 방문한다. 사례관리자는 가장 먼저 본인의 신분을 밝히고 소개한 뒤 담당자를 만나 클라이언트의 욕구 해결을 위한 자원 발굴과 연계를 목적으로 방문하였음을 알리고 준비된 제안 자료 등을 활용하여 구체적으로 제시할 수 있어야 한다. 방문을 마친 뒤에는 과정과 결과에 대해 기록하고 기관 내에서 공유하도록 한다. 동일한 자원에 다른 사례관리자가 재방문하여 유사한 제안을 한다거나 고민할 시간이 필요하여 재방문해 줄 것을 요청했던 자원에 대한 사후관리가 진행되지 않아 연계가 성사되지 않을 수도 있기 때문이다. 사례관리자는 기관에 대한 신뢰를 훼손시키는 상황을 예방하고 자원 개발・연계 활동을 보다 효과적으로 수행할 수 있도록 해야 한다.

한 가족의 생명줄이 되어주세요.

[사례]

- 김○○ 씨(61세)는 현재 알코올중독자인 배우자와 별거중이며 장기요양 3등급을 판정받은 자신의 어머니를 모시고 있고, 장녀의 배우자가 백혈병으로 사망한 뒤 장녀의 출가로 인해 중학생과 초등학생 두 명의 손자녀를 홀로 부양하고 있습니다. 또한 자신의 어머니와 남은 손자녀들을 돌보며 자신의 여가생활 없이 하루하루 빠듯한 생활을 보내며 허리가 굽어 가고 있습니다.

- 기억력 감퇴로 사람들과 대화를 할 때 수첩을 항상 가지고 다녀야 함으로써 상당한 불편함을 호소하고 있습니다. 클라이언트의 어머니 또한 귀가 어두워져 당장 보청기를 마련해야 할 상황이지만 당뇨와 혈압 그리고 퇴행성 관절염으로 부업조차 시도하지 못해 큰 경제적 어려움 속에서 힘든 나날을 보내며 몸과 마음이 지쳐 가고 있습니다.

자신의 몸도 감당하기 힘든 상황에서 할머니가 위태롭게 지켜 가던 가정이 할머니의 건강악화로 인해 무너질 위기에 처해 있습니다.
여러분의 작은 도움 하나가 할머니 가족의 **생명줄**이 될 수 있습니다.

당뇨, 혈압 병원비 지원
⇨ 당뇨약값 7만원, 혈압약값 4만원(한 달분)
퇴행성 관절염 보조기구 지원 및 병원비 지원
⇨ 수술비 300만 원, 보조기구 11만 원
⇨ 약물치료, 침구치료, 퇴행방지 통증치료
보청기 기부 및 지원 ⇨ 50만 원

372만원
〈지원 or 기부〉

○○종합사회복지관 T. 123-4567 F. 987-6543 담당: ○○○

[그림 5-8] 소규모 자원 연계 시 활용 가능 제안서(예시)

출처: 서울시 G 종합사회복지관.

[그림 5-9] 대기업 공유가치창출(Creating Shared Value: CSV) 제안 시 활용 가능 제안서(예시)

출처: 서울시 G 종합사회복지관.

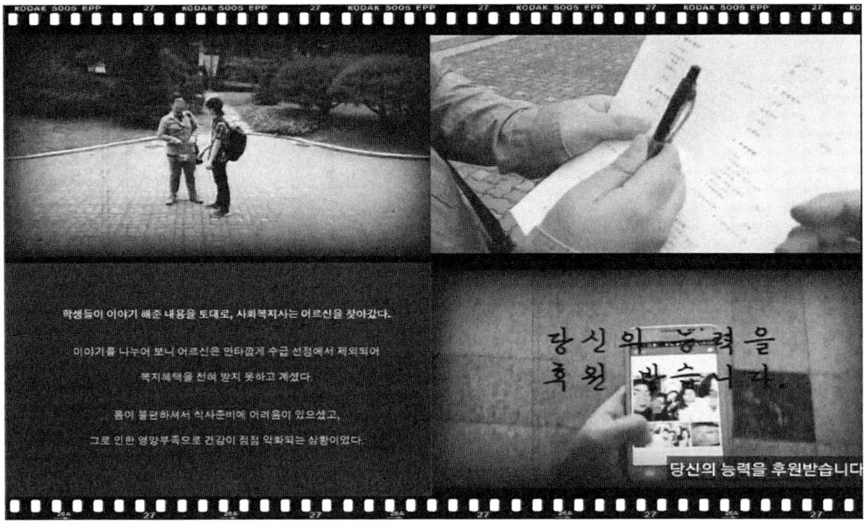

[그림 5-10] 제안 영상(예시)

출처: 서울시 G 종합사회복지관.

소식지

리플릿

기관 봉투

[그림 5-11] 기관 소개 및 홍보 자료

출처: 서울시 G 종합사회복지관.

스토리 구성

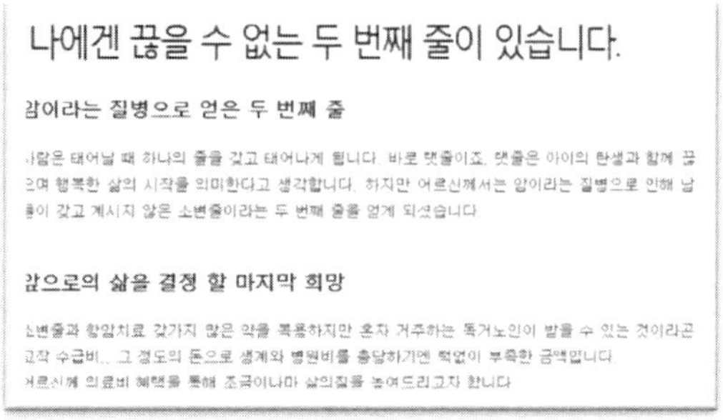

사례 등록

SNS, 기관 홈페이지 등을 활용한 다양한 홍보

[그림 5-12] 온라인 후원제안서(예시)

출처: 서울시 G 종합사회복지관.

(3) 협약 체결

제안을 통해 긍정적인 반응을 이끌어 냈다면 협력관계를 유지하고 실천과정에서 발생할 수 있는 갈등을 최소화하기 위해 자원과 클라이언트, 사례관리 기관의 협의 내용을 토대로 협약을 체결하는 것이 좋다([그림 5-13] 참조).

자원과의 관계는 어느 한 쪽의 일방향이 아닌 쌍방향의 관계로 사례관리자는 클라이언트에게 필요한 자원을 제공받는 것에만 초점을 맞추지 말고 자원과의 관계를 형성하고 유지하는 것에 초점을 맞춰야 한다. 긍정적인 관계는 단기간에 만들어지기는 어렵기 때문에 시간을 가지고 존중과 상호보완적 관계를 만들어가는 노력이 필요하다(서울시복지재단, 2010). 협약 내용을 구성하는 데 있어서도 사례관리자가 독단적으로 내용을 구성하기보다는 자원과 클라이언트와의 충분한 소통을 통해 협약 체결 목적에 대해 합의하고 목적 달성을 위해 각자 수행해야 하는 역할과 상호 숙지·유의해야 하는 사항을 정리하여 구성할 수 있어야 한다. 협약의 유효 기간은 주로 해지 의사가 없는 경우 자동 연장하는 것으로 작성되는 경우가 많지만 일정 주기를 정하고 협약 체결 이후 상호 역할을 충실히 이행하였는지, 협력 관계가 잘 유지되고 있는지 점검하고 평가하는 과정을 거쳐야 한다. 그 뒤의 결과에 따라 협약 기간을 연장하거나 당시 실정에 맞도록 협약 내용을 재구성하는 것이 더 효과적이다.

보건 · 복지 유관기관 협력을 위한 MOU 체결

'○○병원'과 '△△복지관'은 지역주민의 건강증진을 위하여 다음과 같이
보건 · 복지 유관기관 협력을 위한 MOU를 체결한다.

제1조(합의정신)
본 협약을 통해 '○○병원'과 '△△복지관'은 지역주민의 건강증진을 위하여 상호 협력하며, 이에 상대방 각 기관의 제 규정을 존중하고 상호 신의와 성실로써 협력한다.

제2조(공동협약사항)
1. 건강서비스의 질 높은 관리를 위한 협력 네트워크 체계를 구축한다.
2. 지역주민의 건강관련 서비스에 관한 정보를 공유한다.
3. 취약계층의 건강관련 위기상황 해결을 위해 상호 적극 협조한다.
4. 상호 서비스 연계 시 진행 과정 및 결과에 대해 공유한다.
5. 기타 주민 건강과 관련하여 상호 필요하다고 인정하는 사업에 대해 상호 협력한다.

제3조(비밀의 보호 및 개인정보 보호)
각각 상대방의 비밀보호 방침을 존중하며 업무 협력과정에서 상호 알게 된 비밀과 업무 내용에 대하여는 상대방의 승낙 없이 이를 임의로 외부에 발표 또는 제공하여서는 아니 되며, 공동 협력 사업을 취득하게 된 개인 정보 등을 취급함에 있어「공공기관의 개인정보보호에 관한 법률」을 준수한다.

제4조(발효 및 유효 기간)
협약 체결일로부터 협약 내용에 대해 효력을 발효하며, 쌍방 간 상호 역할 충실 이행 여부에 따라 재계약 여부를 결정하여 연장한다.

년 월 일

○○병원	△△복지관
원 장 ○○○ (인)	관 장 △ △ △ (인)

[그림 5-13] 자원 연계를 위한 MOU 체결 협약서(예시)

출처: 서울시 G 종합사회복지관.

(4) 자원 관리

자원을 발굴하고 연계하는 것은 물론 관계를 지속적으로 유지하고 발전시켜 나가는 것 또한 매우 중요하다. 사례관리 실천기관, 클라이언트, 자원이 상호 신뢰를 안정적으로 유지하여 자원의 지속적인 참여를 이끌어 낸다면 서비스의 연속성을 확보할 수 있고, 지역의 자생력이 높아져 개입의 효과성도 함께 높아질 수 있기 때문이다.

자원의 관심과 적극적인 참여를 독려하기 위해 사례관리자는 클라이언트의 근황과 자원 연계로 인한 변화 사항, 감사 편지 등 클라이언트에 대한 정보를 제공할 수 있다([그림 5-14], 〈표 5-16〉 참조). 자원의 참여에 대한 긍정적 이미지 형성 · 확산을 위해 언론 보도, 기관 홈페이지에 관련 자료 게시, SNS를 통한 자원의 활동 안내 등의 홍보 활동, 서비스 연계에 대한 후원 영수증 발행 등 보상 차원의 활동을 실시할 수도 있다. 더 나아가 위치, 서비스 유형, 운영 형태가 모두 제각각인 자원의 요구 사항을 일일이 확인하고 연계과정에서 발생하는 변수에 즉각 대응하는 것은 한계가 있기 때문에 자원 간 협력체계를 구축할 필요가 있다. 사례관리자가 초기 단계에서 자원과 안정적인 신뢰감을 구축하고 이후 지속적인 관리로 클라이언트와 지역의 문제 및 욕구를 해결하기 위해 자발적 참여의지와 사회적 책임을 가지고 상호 협력하도록 동기부여를 할 수 있다면 자원 스스로 서비스 연계과정에서 발생할 수 있는 문제를 사전에 예방하거나 발생한 문제를 해결하기 위한 대안을 마련하는 등의 활동을 할 수 있을 것이다.

"제 키다리아저씨가 나타난 것 같았어요."

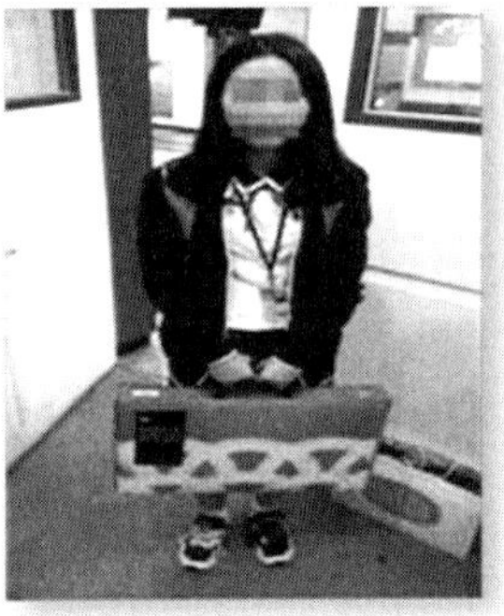

제 꿈은 사회복지사입니다. 아버지도 계시지 않고 저까지 포함해 3명의 형제와 엄마와 함께 살고 있어 형편이 넉넉하지도 않지만, 많은 분께서 이러한 사정을 아시고 도움을 주고 계셔서 정말 감사하게 생각하고 있습니다. 형편이 좋지 못한 비슷한 처지에 있는 친구 중에는 어려운 생활로 방황하는 친구들이 종종 있지만, 저 같은 경우에는 바르게, 그리고 제 꿈을 위해 도움을 주시는 분들을 실망시켜 드리지 않기 위해, 제 꿈을 이뤄 행복한 삶을 살기 위해 오늘도 감사한 마음으로 꿈을 향해 한 걸음 한 걸음 내딛고 있습니다.

제가 받은 만큼 사회복지사라는 꿈을 이뤄 저보다 어려운 환경에 처해 있는 분들에게 꿈과 희망을 주는 것이 제 꿈입니다. 오늘도 지원해 주시는 감사한 마음을 잘 받아 먼 훗날 멋진 모습으로 성장해서 베풀며 살아가겠습니다. 감사합니다.

"할아버지가 돌아가시고 나니까 생활이 더 어려웠어요."

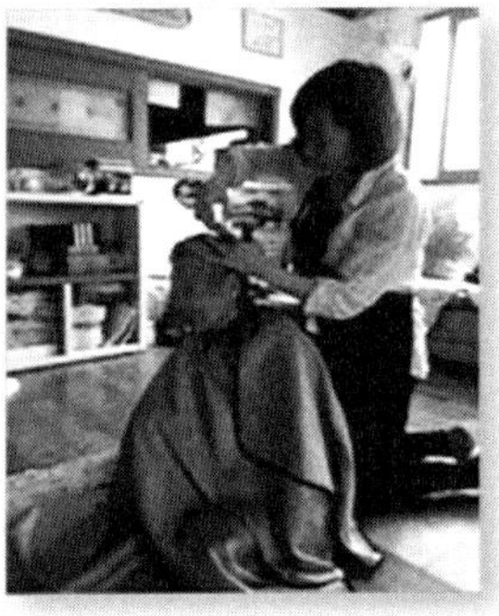

할아버지가 돌아가신 지 이제 거의 10년이 다 되어 가는 것 같습니다. 슬하에 2명의 자녀가 있었지만 이 아이들마저도 사고로 잃고 이 세상에 혼자가 되었지요. 생전에 무슨 죄를 그리 지었는지……. 그래서 너무 외롭고 무서웠어요. 그러다 보니 우울증이란 게 찾아와서 나도 세상을 뜨려고 했었지요. 생활이 너무 힘든 거예요. 정부에서 조금씩 돈이 나오긴 하지만, 세금 나가고 뭐 나가고 그러다 보면 남는 게 하나도 없고, 그러다 보니 먹는 게 부족하고, 참 힘들어요.

요즘 찾아오는 사람이라고는 복지관에서 오는 사회복지사뿐입니다. 그 양반이 내가 외롭고 힘들다니까 복지관에 가서 노인들도 만나게 해 주고, 먹을 것도 가져다주고, 봉사하시는 양반들 불러서 머리도 잘라 주고 그러더라고요. 참말로 감사합니다.

[그림 5-14] 후원품 연계에 따른 감사 인사(예시)

출처: 서울시 G 종합사회복지관.

표 5-16 서비스 연계 이후 자원에 제공한 피드백 자료(예시)

기관명	G종합사회복지관	담당자 (사례관리자)	사례관리자 ○○○
일반 사항	김○○(82세) / 여성 / 독거		
협약 내용	• 주요 내용 - ○○병원은 G종합사회복지관의 사례관리 실천과정에 있어 필요한 경우 의료 자문을 지원한다. - 자문은 유선 및 방문, 이메일을 통해 실시할 수 있으며, 그 방법은 당시 상호 상황에 따라 결정한다. - 자문은 최대 월 2회 요청할 수 있으며, 회신은 1주 이내로 줄 수 있도록 한다.		
서비스 연계 내역	의료 자문 지원		
클라이언트 문제 및 욕구	• 건강 악화에 대한 공포감 해소 • 고혈압, 무릎 관절, 시력 저하, 신경성 위염 등 만성적 · 복합적 건강 문제에 대한 관리 미흡		
클라이언트 근황	• 문제 및 욕구 관련 변화 사항 - 현재 혈압 관리 상태에 문제가 있음을 스스로 인식하고 체계적이고 지속적인 관리가 필요하다는 것을 깨달음 - 스스로 혈압 관리를 하는 것에 한계가 있음을 인식 • 그 외 주요 변화 사항 및 근황 - 관내 무료 진료 서비스를 제공 받음: 혈액검사 등 기본검진 외 시력 검사 실시 - 의료기관 이용에 대해 무조건적으로 반대하는 입장이었으나 최근 '생각해 보겠다'는 태도를 보이고 있음		

출처: 서울시 G 종합사회복지관.

7. 점검[17)]

점검(monitoring)은 합의된 목표를 달성하기 위한 실행이 개별 서비스 계획에

17) 필자가 집필과정에 참여하였던 『NCS(국가직무능력표준) 사회복지 사례관리 간접실천』(한국산업인력공단, 2015)의 점검 단계 내용을 토대로 재구성하였다.

따라 잘 이루어지고 있는지, 사례관리자 · 클라이언트 · 자원 등 각자가 주어진 역할을 충실히 수행하고 있는지, 클라이언트와 주변 환경에 어떤 변화가 일어나고 있는지 등 전반적인 사항들을 확인하고 점검하는 과정이다. 개별 서비스 계획 단계에서 수립해 두었던 점검 계획에 따라 정기적으로 실시하는 것 외에도 필요에 따라 추가로 실시할 수도 있다.

점검 과정에서 개별 서비스 계획에 따른 실행이 잘 이루어지지 않고 있거나 개입의 효과가 나타나지 않는 등 특이사항이 발생된 것을 확인한 경우 사례관리자는 그 원인을 파악해야 한다. 필요한 경우 클라이언트, 자원과의 합의를 통해 서비스 계약 및 협약 내용을 조정하여 문제 및 욕구에 기반한 개입이 유지되어 사례관리 목표를 달성할 수 있도록 해야 하며, 재사정, 개별 서비스 계획 조정 및 재수립, 평가 단계 수행 여부를 결정할 수 있어야 한다(〈표 5-17〉 참조). 이때 사례관리자는 자의적 판단에 따라 결정을 내려서는 안 되며, 수행과정의 기록에 근거하여 클라이언트와의 합의를 통해 결정하거나 혼자 해결하기 어려운 상황이 발생하였거나 그 판단조차 어렵다고 생각되는 때에는 지체하지 않고 슈퍼비전이나 팀 회의를 요청할 수 있어야 한다. 사례관리 실천과정에서 클라이언트나 주변 환경의 변화 등 예기치 못한 변수의 발생은 불가피하기 때문에 그 상황을 어떻게 해결해 나가느냐가 중요하다. 따라서 사례관리 실천기관에서는 사례관리자의 성급한 판단과 적절한 대응시기를 놓쳐 버리는 악화된 상황이 발생하지 않도록 팀 접근(team approach)이 가능한 체계를 구축해 두는 것이 필요한 것이다.

표 5-17 ◆ 점검 결과에 따른 이후 진행과정

재사정	클라이언트의 문제 및 욕구가 변화한 경우
개별 서비스 계획 조정	클라이언트나 환경의 변화로 인해 더 이상의 개입이 불가피하게 된 경우
평가 및 종결	개입에 의해 클라이언트의 문제 및 욕구가 해결되었다고 판단되는 경우 또는 더 이상 해당 개별 서비스 계획에 대한 개입이 도저히 불가능하다고 판단되는 경우

사례관리가 시작됨과 동시에 클라이언트에게 제공되는 모든 직간접적 서비스에 대한 내용과 관련된 자료에 대한 정보를 시간 흐름에 따라 과정기록지에 기록해 둔다면 점검 단계뿐만 아니라 평가 단계에서도 매우 효과적인 근거 자료로 활용할 수 있다.

이 단계에서 사례관리자가 특히 주의해야 할 사항은 클라이언트뿐만 아니라 자원에 대한 점검도 함께 이루어져야 한다는 것이다. 서비스 제공과정에 있어 불편하거나 어려운 사항은 없는지, 클라이언트의 변화에 민감하게 반응하고 있는지, 사례관리 실천과정에 참여하면서 느끼게 된 점은 무엇인지 확인하고 자원의 특성과 상황에 적합한 피드백이 제공될 때 클라이언트에 대한 관심과 자발적이고 지속적인 참여를 이끌어 낼 수 있기 때문이다.

8. 평가

평가(evaluation)는 조사(inquiry)와 판정(judgement) 방법으로 질을 절대적 혹은 상대적으로 판정할 수 있는 기준을 결정하고, 관련 자료를 수집하며, 기준을 평가대상의 가치(value), 질(quality), 활용성(utility), 효과성(effectiveness), 중요성(significance) 등을 결정할 수 있도록 적용하는 과정이다(이민홍 외, 2015).

사례관리 실천과정에서 평가는 개별 서비스 계획에 근거하여 목표에 따른 개입의 효과성을 확인하는 단계로 그 결과에 따라 재사정 또는 종결 여부를 결정하게 된다. 개입과정에서 발생한 각종 결과 자료[18]들은 이 단계에서 평가를 위한 근거 자료로 활용할 수 있다. 평가방법은 주로 양적 평가와 질적 평가 두 가지로 제시되고 있다.

양적 평가에서는 대표적인 평가방법에 대해 간략히 소개하고, 사례관리 실천원칙을 고려하여 클라이언트의 개별 특성에 따라 적용할 수 있는 개별화된 척도

18) 과정기록 및 면접 기록지, 풀레코딩, 클라이언트의 문제 및 욕구 변화를 측정할 수 있는 각종 척도 등

에 대해 중점적으로 다루고자 한다. 질적 평가에서는 질적 연구방법 중 재구성적 방법인 Schütze의 생애사 분석방법과 Oevermann의 객관적 해석학 방법에 대해 소개하고자 한다.

1) 양적 평가

양적 평가는 평가를 위해서 수집되는 자료가 주로 계량화되어 실험조사와 같은 설계를 통해 객관적 자료가 연역적 방법으로 분석되는 것을 강조하는 평가방법이다(황성철, 2013). 일반화가 가능하고 표본을 선택해서 대표적인 특성을 파악하려고 하며 특정 변수의 효과를 수적으로 표현하려고 한다는 것과 평가 내용을 믿을 수 있도록 하는 객관화된 신뢰도를 중요시한다는 것, 일반화를 고려하기 때문에 표준화하고자 하는 노력이 진행된다는 것을 특징으로 한다(김미자 외, 2014).

클라이언트 변화에 대한 양적 평가에는 대표적으로 표준화된 척도, 과제 달성 척도, 목표 달성 척도, 기능수준 척도, 단일사례 설계, 만족도, 개별화된 척도 등의 방법이 활용된다. 표준화된 척도는 개입 전과 후의 점수 차이를 통해 클라이언트의 변화를 제시하는 방법이다. 신뢰성 있는 측정 결과를 제시할 수 있는 반면, 인간의 복잡하고 미묘한 심리와 정서·행동양식들을 모두 측정할 수 있도록 개발되어 있지 않다는 단점이 있다. 과제 달성 척도는 클라이언트의 목적 및 목표를 위한 작업을 몇 개의 과제로 세분하여 어느 정도 달성하였는지를 평가하는 것이다. 사회복지사에 의해 일방적으로 구성되는 것이 아니라 클라이언트와 사회복지사의 의사결정과 협력 활동에 의하여 구성되는 반면, 서비스가 간결하고 활동이 구체적일 때 적용 가능하다는 한계를 가지고 있다. 목표 달성 척도는 클라이언트의 변화 또는 표적체계의 변화를 측정하는 데 유용한 평가도구이고, 기능수준 척도는 클라이언트의 여러 기능 중 하나의 측면이나 범주와 관련된 척도로 대상자의 연령이나 특성을 모두 고려하여 개발하지 못하는 표준화된 척도의 한계를 보완할 수 있으며 다양하고 복합적인 측면을 사정할 때 유용한 평가도구이다. 단일사례 설계는 특정 기간 동안 클라이언트의 행동, 감정, 태도의 변화를 평가하는 것으로 시간에 따라 여러 차례 측정이 가능한 상황을 선택하여 표적이 되는 행동 · 태도 · 심리 상태에 대한 측정 방법을 결정, 필요한 자료를 수집 및 해석하는 방법이다. 만족도는 품질성과 측정에 활용될 수 있을 뿐 아니라 결과성과 측정으로도 활용될 수 있는 평가방법이지만 만족도를 곧 효과성이라고 섣불리 판단해서는 안 된다. 클라이언트 만족도는 어디까지나 보완적 의미의 평가방법이기 때문이다.

마지막으로 개별화된 척도는 클라이언트의 행동과 감정에 대한 측정방법으로 클라이언트의 독특한 상황에 맞추어 개발하여 적용하는 것이다. 척도가 성과에 대한 클라이언트 자신의 묘사를 반영한다면 척도의 액면타당도가 높아지고, 반복측정에서 상대적으로 클라이언트 경험의 정확한 지표가 될 수 있다. 또한 클라이언트는 추상적 감정이나 관심사의 변화 정도가 구체적인 진술로 묘사된 척도를 통해 자신의 상황을 더 명확하게 파악 할 수 있어(김상곤 외, 2015) 클라이언트가 개발과정에 참여한 척도는 특히 유용하다고 할 수 있다.

사례관리 실천에 있어 클라이언트의 독특한 상황을 반영하기에 기존 개발된 척도를 활용하는 데 한계가 있거나 적합하지 않다고 판단되는 경우 개별화된 척도를 활용할 수 있다. 평가 대상인 클라이언트에 대해 가장 잘 알고 있는 사람은 본인이기 때문에 표준화된 평가도구로는 파악할 수 없는 부분까지 평가할 수 있고, 성찰의 기회를 가짐으로써 스스로 부족한 부분을 발견하고 발전 계획을 수립하는 등 동기부여의 계기로 삼을 수 있다는 점에서 효과적이다. 사례관리자는 개별화된 척도를 활용한 평가를 통해 클라이언트가 자신의 삶의 주체임을 인식할 수 있도록 돕고 참여를 이끌어 낼 수 있을 뿐만 아니라 개별화된 특성을 반영한 평가를 실시할 수 있다는 점에서 중요한 의미를 갖는다.

이 책에서는 원 척도를 활용하여 아동부터 노인까지 다양한 연령층에 적용할 수 있음을 확인한 자가 평가 방법에 대해 소개하고자 한다. 자가 평가는 사례관리자가 평가를 준비하고 실시하는 과정에서 클라이언트와 지속적인 논의와 합의를 거치며 실천과정의 점검 기회를 가질 수 있고 클라이언트의 변화에 즉각적으로 반응할 수 있다는 이점이 있다. 보다 자세한 내용은 제7장 '종합사회복지관에서의 사례관리 실제'에서 다루고 있으며, 원 척도를 활용한 자가 평가 수행 방법은 다음과 같다.

1단계	클라이언트와 합의하여 평가를 통해 변화를 측정하고자 하는 것이 무엇인지 결정한다.

⇩

2단계	측정하고자 하는 것의 변화를 알 수 있는 하위 항목을 선행연구 검토와 클라이언트와의 합의를 통해 결정한다.

⇩

3단계	2단계에서 결정한 하위 항목의 개수를 고려하여 원 그래프를 그리고 측정 항목을 기재한다([그림 5-15] 참조).

⇩

4단계	클라이언트는 각 항목별로 0~10점 범위 내에서 현재 상태를 평가하여 점수를 부여한다(변화 전 상태를 0점, 최상의 변화 상태를 10점으로 평가).

⇩

5단계	개입 전 사전 검사를 실시하고 이후에는 ISP의 평가 계획에 따라 측정을 실시한다.

⇩

6단계	측정 시 사례관리자는 클라이언트가 각 항목에 해당 점수를 부여한 이유에 대해 확인하고 관련 내용을 측정 결과와 함께 기록한다.

⇩

7단계	사전 검사 결과부터 최종 평가 결과까지 모든 측정 결과를 그래프 등 도표로 나타내면 개입의 효과를 한눈에 쉽게 파악할 수 있다([그림 5-16] 참조).

건강에 대한 불안감 자가 측정 예시

측정 항목

① 건강에 대한 불안감 감소를 위한 자가 노력
② 불안감 감소를 돕기 위한 사례관리자의 노력
③ 의료기관에서 처방받은 혈압약 복용
④ 일 2회 이상 3찬 이상의 식단으로 식사
⑤ 전문의 검진과 진단을 통한 건강 문제 원인 파악

측정 결과

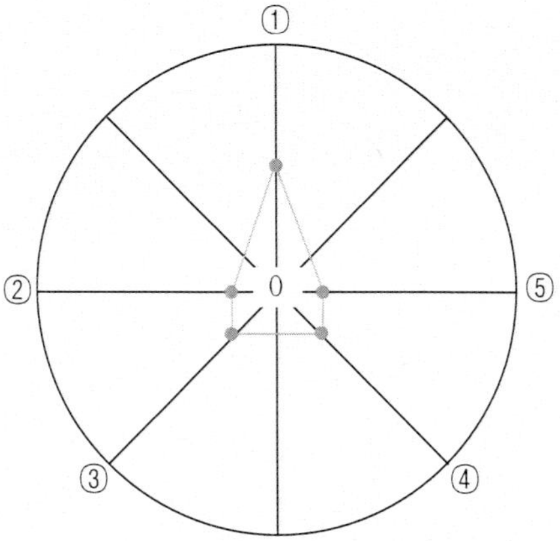

평가일: 2016년 ㅇㅇ월 ㅇㅇ일

①	②	③	④	⑤
5점	1점	1점	1점	1점

평가 내용
• 개별 서비스 계획에 따른 개입 전 사전 검사를 위한 측정 • 건강관리를 위해 스스로 노력하고 있는 것에 대해 자부심을 드러내며 5점 부여 • ②~⑤항목은 개입 전 상황임을 고려하여 동일하게 1점 부여

[그림 5-15] 원 그래프를 활용한 자가 평가 예시

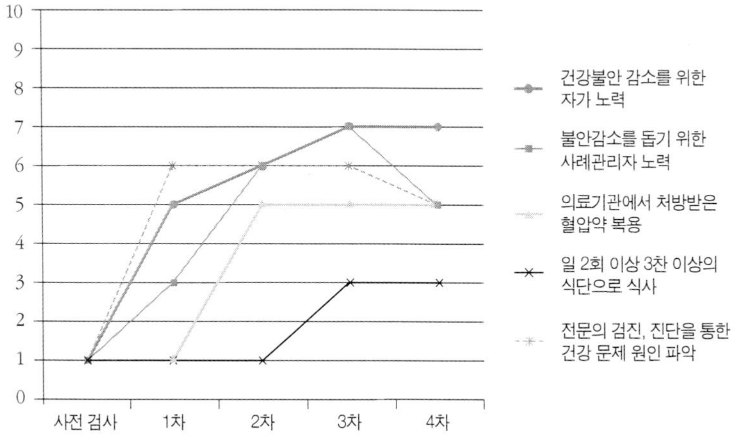

[그림 5-16] 클라이언트의 자가 평가 결과 그래프 예시

지금까지 양적 평가방법에 대해 살펴보았다. 실천 현장에서는 개입 전후 측정 결과로 비교적 쉽게 클라이언트의 변화를 파악할 수 있다는 점에서 표준화된 척도를 활용한 평가가 가장 널리 활용되고 있다. 사례관리자는 각각의 장단점을 가진 다양한 평가방법에 대해 이해하고 사례에 적합한 평가방법을 활용할 수 있어야 한다.

마지막으로 평가 단계에서 사례관리자가 주의해야 할 세 가지 사항을 제시하고자 한다. 첫째, 실천 현장에서는 종종 인터넷 검색으로 척도를 찾아 활용하기도 한다. 하지만 각각의 척도는 평가 내용이나 대상 등을 고려하여 개발된 것이기 때문에 클라이언트에게 적용하기에 적합한 것인지 사전 검토하는 과정을 반드시 거쳐야 한다. 둘째, 클라이언트의 상황은 고정적이지 않고 계속해서 변화하기 때문에 사례관리 실천과정에서 다양한 변수가 발생할 수 있고 예측하지 못한 결과가 나타날 수 있다. 이때 사례관리자는 평가에 대한 과도한 부담으로 인해 긍정적인 평가를 유도하는 잘못된 판단을 하지 않도록 주의해야 하며, 왜 그러한 결과를 얻게 되었는지에 대해서도 함께 평가할 수 있어야 한다. 셋째, 사례관리는 클라이언트와 함께 협력하는 과정으로 평가 결과 수치상 큰 변화는 보이지 못했을지라도 클라이언트에게는 충분히 의미 있는 변화가 발생하게 될 수 있다. 따라서 사례관리자는 민감성을 가지고 클라이언트의 크고 작은 변화들을 파악하여 평가에 반영할 수 있어야 한다.

벡 우울척도(Beck Depression Inventory: BDI)

• 지난 2주일 동안의 당신의 기분과 상태를 생각해 보고 이를 가장 잘 설명하는 문항의 번호에 동그라미 하시오.

01. 0) 나는 슬프지 않다.
1) 나는 슬프다.
2) 나는 항상 슬퍼서 그것을 떨쳐 버릴 수 없다.
3) 나는 너무나 슬프고 불행해서 도저히 견딜 수 없다.

02. 0) 나는 앞날에 대해서 별로 낙심하지 않는다.
1) 나는 앞날에 대해서 비관적인 느낌이 든다.
2) 나는 앞날에 대해 기대할 것이 아무것도 없다고 느낀다.
3) 나의 앞날은 아주 절망적이고 나아질 가망이 없다고 느낀다.

03. 0) 나는 실패자라고 느끼지 않는다.
1) 나는 보통 사람들보다 더 많이 실패한 것 같다.
2) 내가 살아온 과거를 뒤돌아보면, 생각나는 것은 실패뿐이다.
3) 나는 인간으로서 완전한 실패자인 것 같다.

04. 0) 나는 전과 같이 일상생활에 만족하고 있다.
1) 나의 일상생활은 전처럼 즐겁지 않다.
2) 나는 더 이상 어떤 것에서도 참된 만족을 알지 못한다.
3) 나는 모든 것이 다 불만스럽고 지겹다.

05. 0) 나는 특별히 죄책감을 느끼지 않는다.
1) 나는 죄책감을 느낄 때가 많다.
2) 나는 거의 언제나 죄책감을 느꼈다.
3) 나는 항상 언제나 죄책감을 느꼈다.

06. 0) 나는 벌을 받고 있다고 느끼지 않는다.
1) 나는 이미 벌을 받은 것 같다.
2) 나는 벌을 받아야 한다고 느낀다.
3) 나는 지금 벌을 받고 있다고 느낀다.

07. 0) 나는 나 자신에게 실망하지 않는다.
1) 나는 나 자신에게 실망하고 있다.
2) 나는 나 자신이 혐오스럽다.
3) 나는 나 자신을 증오한다.

08. 0) 나는 다른 사람보다 못한 것 같지는 않다.
1) 나는 나의 약점이나 실수에 대해서 나 자신을 탓한다.
2) 내가 한 일이 잘못되었을 때는 언제나 나를 탓한다.
3) 일어나는 모든 나쁜 일들은 다 내 탓이다.

09. 0) 나는 자살 같은 것을 생각하지 않는다.
1) 나는 자살할 생각을 하고 있으나, 실제로 하지는 않을 것이다.
2) 나는 자살하고 싶다.
3) 나는 기회만 있으면 자살하겠다.

10. 0) 나는 평소보다 더 울지는 않는다.
1) 나는 전보다 더 많이 운다.
2) 나는 요즈음 항상 운다.
3) 나는 전에는 울고 싶을 때 울 수 있었지만, 요즘은 울 기력조차 없다.

11. 0) 나는 평소보다 더 짜증을 내는 편은 아니다.
1) 나는 전보다 더 짜증이 나고 귀찮아진다.

2) 나는 요즘 항상 짜증스럽다.
3) 전에는 짜증스럽던 일에 요즘은 너무 지쳐서 짜증조차 나지 않는다.

12. 0) 나는 다른 사람들에 대한 관심을 잃지 않고 있다.
1) 나는 전보다 다른 사람들에 대한 관심이 줄었다.
2) 나는 다른 사람들에 대한 관심이 거의 없어졌다.
3) 나는 다른 사람들에 대한 관심이 없어졌다.

13. 0) 나는 평소처럼 결정을 잘 내린다.
1) 나는 결정을 미루는 때가 전보다 더 많다.
2) 나는 전에 비해 결정을 내리는 데에 더 큰 어려움을 느낀다.
3) 나는 더 이상 아무 결정도 내릴 수가 없다.

14. 0) 나는 전보다 내 모습이 더 나빠졌다고 느끼지 않는다.
1) 나는 나이 들어 보이거나 매력 없어 보일까 봐 걱정한다.
2) 나는 내 모습이 매력 없게 변해 버렸다고 느낀다.
3) 나는 내가 추하게 보인다고 믿는다.

15. 0) 나는 전처럼 일을 할 수 있다.
1) 어떤 일을 시작하려면 특별히 더 많은 노력이 든다.
2) 무슨 일이든 하려면 나 자신을 매우 심하게 채찍질해야만 한다.
3) 나는 전혀 아무 일도 할 수가 없다.

16. 0) 나는 평소처럼 잠을 잘 수 있다.
1) 나는 전처럼 잠을 자지 못한다.
2) 나는 전보다 한두 시간 일찍 깨고 다시 잠들기 어렵다.
3) 나는 평소보다 몇 시간이나 일찍 깨고 다시 잠들 수 있다.

17. 0) 나는 평소보다 더 피곤하지는 않다.
1) 나는 전보다 더 쉽게 피곤해진다.
2) 나는 무엇을 해도 언제나 피곤해진다.
3) 나는 너무나 피곤해서 아무 일도 할 수 없다.

18. 0) 내 식욕은 평소와 다름없다.
1) 나는 요즈음 전보다 식욕이 좋지 않다.
2) 나는 요즈음 식욕이 많이 떨어졌다.
3) 요즈음에는 전혀 식욕이 없다.

19. 0) 요즘 체중이 별로 줄지 않았다.
1) 전보다 몸무게가 2kg가량 줄었다.
2) 전보다 몸무게가 5kg가량 줄었다.
3) 전보다 몸무게가 7kg가량 줄었다.

20. 0) 나는 건강에 대해 전보다 더 염려하고 있지는 않다.
1) 나는 여러 가지 통증, 소화불량, 변비 등과 같은 신체적 문제로 걱정하고 있다.
2) 나는 건강이 매우 염려되어 다른 일을 생각하기 힘들다.
3) 나는 건강이 너무 염려되어 다른 일은 아무것도 생각할 수 없다.

21. 0) 나는 요즘 성(sex)에 대한 관심이 별다른 변화가 있는 것 같지는 않다.
1) 나는 전보다 성(sex)에 대한 관심이 줄었다
2) 나는 전보다 성(sex)에 대한 관심이 상당히 줄었다.
3) 나는 성(sex)에 대한 관심을 완전히 잃었다.

※ 나는 현재 음식 조절로 체중을 줄이고 있는 중이다 (예, 아니요)

[그림 5-17] 표준화된 척도 예시(BDI)

2) 질적 평가

(1) 질적 평가의 일반적 이해

양적 평가가 클라이언트의 행동과 생각 그리고 감정을 연산화하여 객관화시키는 것을 목적으로 한다면, 질적 평가는 클라이언트의 주관적 경험을 포착하기 위해 면접과 관찰을 통하여 자료를 수집하고 클라이언트의 문제를 보편성에 맞춰 서술한 다음, 다시 그 문제를 특수화(개별화)해서 해석(재구성)하는 평가방법이다. 구체적으로 살펴보면, 사회복지사와 클라이언트가 가진 초기 평가 면접(initial assessment interview)은 반구조적이거나 비구조적인 개방 면접(open-ended interview)으로 실시하여 클라이언트의 문제점을 본인 스스로 구성하는 이야기식 면접을 통해서(narrative interview) 자료 수집을 한다. 이런 면접은 클라이언트의 초기 평가에 매우 귀중한 요소로서 사회복지사의 클라이언트에 대한 개입 계획과 실행을 안내할 정보를 제공하게 되고, 클라이언트로부터의 피드백은 사례관리자가 개입을 지속 · 수정 · 종결해야 할 것인지 결정하는 데 중요한 안내 역할을 한다. 질적 평가는 또한 사례관리자가 평가 정보를 요약하고 구체화하여 사실을 발견함은 물론 추론까지 해야 하기 때문에 다양하게 사고하고 창의성을 계발할 수 있는 기회를 제공한다고 볼 수 있다.

질적 평가는 사례 자체를 정보의 제1의 자원으로 보며 사례의 언어 이면에 숨겨진 의미구조를 밝혀 이해하는 평가 작업이다. 질적 평가에서 과학적 주장은 다른 사람도 이해할 수 있는 주관과 주관 사이의 이해가 가능한 상호 주관적 이해성(intersubjektive Verständlichkeit)과, 주장의 검증도 다른 사람에 의해 가능한 상호 주관적 검증성(intersubjektive Nachprüfbarkeit)을 말한다. 이와 동시에 단순한 주장이 아니라 합리적인 추론(rationale Argumente)에 근거를 두어야 한다는 과학성을 요구한다. 질적 평가는 면접 대상자가 자신의 언어로 표현한 내용을 중심으로 체계적으로 재진술하는 '구성'과정과, 이를 바탕으로 클라이언트가 인식하지 못하는 것을 사회복지사가 인식하여 의미를 발견하는 '재구성'과정으로 이루어진다. 재구성은 과학의 작업으로 이미 알려진 사실(fact)을 반복해서

재생산하는 것이 아니라 이전의 과학 작업으로 어떠한 사실이 이미 알려져 있지만 아직 인식되지 않은 것(noch nicht erkannt)을 파악하는 일이다. 그래서 질적 평가는 비표준화된 임상연구의 조사방법과 연관이 있고, 재구성적 평가와 관계가 있다(Oevermann, 2002). 질적 평가는 평가 시 슈퍼비전이 포함된 점검이 무엇보다도 중요하고, 사례관리자의 관점에서 클라이언트의 문제를 규명하는 것이 아니라 클라이언트 자신이 본 현실에 대한 관점을 점검하는 것이다. Jordan과 Franklin(1995)은 질적 평가의 신뢰도와 타당성을 확고히 하기 위해 사례관리자가 다음과 같은 질문 내용을 고려해야 한다고 제안하고 있다.

- 클라이언트로부터 얻은 정보가 타당한가?
- 중요한 세부 사항이 빠지진 않았는가?
- 클라이언트가 제공한 정보 속에 모순은 없는가?
- 체계화하고 해석함에 있어서 사회복지사가 클라이언트와 협력했는가?
- 클라이언트가 쓰는 언어가 사용되었는가?
- 제공된 정보가 다른 자료와 대조할 때 똑같은 결론을 내리게 하는가?

이와 같은 질문에 대한 답변이 계획되어 실천하게 되는 상황에서만 중요한 질적 정보를 제공할 수 있기 때문이다.

(2) 사회복지실천에서 재구성적 질적 평가의 필요성

사회복지실천은 전문적 가치와 지식에 기초한 서비스를 통해 개인과 집단의 사회적 기능을 강화시키는 과정으로, 사정(assessment)은 클라이언트의 문제를 확인하고 그들이 가지고 있는 자원을 파악하여 문제해결을 위한 개입 계획을 세우는 데 기본이 되고 있다. 그러나 사회복지실천에서 사정이 '환경 속의 인간'이라는 사회복지 기본 관점이 무시된 채 단순히 클라이언트의 문제 행동에만 초점을 두고 있어 클라이언트를 이해하는 데 있어서 보다 큰 체계의 영향력을 간과하고 있다(Mataini & Kirk, 1991). 또한 정신보건사회복지에서 사용하고 있는『정신질환 진단 및 통계 편람(the Diagnostic and Statistical manual of Mental disorders: DSM)』은 탁월한 진단적 사정도구로 평가받고 있지만, 클라이언트와 그들 환경 간의 상호 영향력을 고려하지 않은 채 인간의 행동에만 초점을 두고 있어 사회복지와 그에 관련된 전문가들로부터 많은 비판을 받고 있다(김혜련 외, 2002). 이에 대한 보완책으로 등장한 생태체계관점의 사정은 클라이언트와 그 주변의 다양한 체계들의 영향력을 중시함으로써 개인과 환경 간의 총체적인 이해를 가능하게 하였으나, 그것을 어떻게 분석하고 평가할 것인가에 대한 방법이 언급되지 않아 추상적이라는 문제를 안고 있다(김승재, 1989). 따라서 사회복지 실천에서는 클라이언트와 그를 둘러싼 환경체계를 총체적으로 이해하고 보다 과학적인 분석과 평가방법을 통해 클라이언트에게 접근하기 위한 평가도구가 필요하다.

이러한 요구에 따라 사례관리자는 클라이언트의 문제를 규명하기까지 많은 자료를 읽고, 사정기록지에 옮기거나 요약하며 클라이언트와 주변인들이 증언한 그들의 생각과 주관을 사회복지실천의 사정 영역으로 옮기게 된다. 이렇게 수집된 정보를 재배열하고 기록하는 것은 문제 규명을 위한 기초 작업일 수는 있지만 그것 자체가 평가라고 말할 수는 없다. 예를 들어, 문제 평가도구로 널리 알려져 있는 가계도, 생태도, 사회도 등은 실상 평가도구가 아니라 자료 배열 도구로서 클라이언트의 가족 관계를 있는 그대로 보여 주는 사실이지 분석의 결과라 볼 수 없기 때문이다.

평가는 수집된 자료를 클라이언트와 환경이란 체계 속에서 분석하고 해석하는 것을 의미한다. 때문에 클라이언트와 관련된 삶의 사건과 관계들을 구성하는 것은 평가의 시작이며, 그것을 해석하는 작업이 사실상 평가의 본과정이라고 할 수 있다. 사실을 분석하고 해석하는 것은 클라이언트의 입장에서 그들을 이해하고 또한 그 입장으로부터 분리되어 제3의 눈으로 사례를 바라보며 적절한 분석 절차와 판단과정을 거쳐 결과를 도출해야 한다. 이러한 평가방법에 대한 갈증은 검증 가능한 것, 증명할 수 있는 것을 기반으로 한 실증주의와 경험주의적 방법이다. '객관성'과 '정확성'을 바탕으로 하는 것으로 누가 평가하더라도 같은 결과가 나올 수 있으며 변화의 정도는 측정할 수 있는 것을 의미한다. 그러나 이 방법은 문제의 진위를 증명하고 밝히는 과정에서 클라이언트의 행동양식을 정량화시켜 개입의 효과성을 입증하기 편리한 것으로 전환시켰을 뿐이다.

인간을 다루는 학문과 실천 영역에서 필요한 것은 대상의 보편적인 것, 일반화시킬 수 있는 것에 대한 가능성과 함께 사례가 지니는 특수한 구조를 풀어 낼 수 있는 방법이어야 한다. 이러한 접근은 인간을 투입과 산출에 반응하는 수동적 존재로서 이해하는 것 대신 환경과 상호작용 속에서 활동하는 유기적 존재로 인식할 수 있도록 도울 것이다. 그래서 사회복지실천의 평가방법으로 인간의 상호주관성(intersubjectivity)을 바탕으로 한 사례중심실천(Case-Based Practice: CBP)에 주목할 필요가 있다. 사례중심실천은 말 그대로 사례가 중심이 되어 개인의 고유성과 개별성이 강조되는 실천이다. 그렇지만 이것은 '클라이언트가 원하는 것' '클라이언트가 말한 것' '클라이언트가 문제라고 하는 것'을 그대로 옮기는 방법은 아니다. 사례중심실천의 핵심은 사례의 재구성(reconstruction)이다. 먼저 사례가 무엇인지를 밝히는 것은 사례중심실천의 첫 단계이며, 일반 문제 사정과정에서 이루어지는 정보 수집이나 정보 기록과 큰 차이가 없다. 그러나 현재까지의 평가가 수집된 정보를 기록하고 기록된 정보를 구성하는 차원의 문제 규명을 했다면, 사례중심실천에서는 기록된 것, 정보가 의미하는 것을 해석해 주는 작업이 더해지는 것이다. 이 해석의 과정은 클라이언트, 즉 사례가 가지고 있는 숨겨진 의미구조를 찾아내는 것을 핵심으로 한다. 사례의 숨겨진 의미구조는 상황과 장소가 변해도 변하지 않는 클라이언트의 행동 패턴 혹은 구조라고 설명될 수 있다. 위기의 내용은 변해도 그 위기에 대처하는 클라이언트의 구조는 쉽게 변하지 않는다. 예를 들어, 위기는 가난, 학교 중퇴, 실업, 이혼 등과 같이 그 내용이 변할 수 있다. 그렇지만 그 위기들에 대처하는 클라이언트는 자신의 삶 속에서 발전시켜 온 독특한 행동 패턴과 구조로 상황이 변하더라도 비슷하게 대처하게 된다. 사례의 숨겨진 의미구조를 찾는 것은 마치 빙산의 일각에 현혹되지 않고 물 밑에 가려진 빙산의 기저를 탐구하는 것과 같다. 이 탐구과정은 재구성 연구라고도 불리는 질적 연구방법을 통해 이루어질 수 있다. 사회복지실천 현장에서 클라이언트의 이해는 가장 기본적인 가치이며 원칙이다. 그러나 그 이해의 방법이 클라이언트의 상황을 설명하는 것에 그친다면 이는 클라이언트를 이해한 것이 아니라 이해를 위한 준비에 머물게 된다. 상호작용론, 환경 속의 인간, 생태체계이론의 관점은 클라이언트와 환경의 유기적 상호작용 과정과 교류에 초점을 두고 클라이언트를 역사적 · 문화적 · 사회적 · 제도적 체계 속에서 이해할 수 있도록 돕는다.

클라이언트 이해와 사회복지 전문성을 높이기 위한 대안적 사정방법으로서의 사례중심실천은 앞에서 설명한 것처럼 인간에 대한 이해적 패러다임에 기초한다. 그리고 그 이해의 방법은 사례의 재구성을 통해 가능하다고 보고 있다. 재구성은 보이는 사실만을 나열하거나 입증하는 것이 아니며 주관에 의해 구성된 것의 잠재된 의미를 탐구하는 작업이다. 이것은 과학적 논거 없이 권한으로 주장하는 의견 중심의 판단이 아니며, 그렇다고 표면에 놓여 있는 몇몇의 증거에 중점을 두는 것도 아니다. 재구성은 해석을 통해 이루어지는 것으로 주관과 주관이 부딪혀 공통의 주관을 이해하는 상호 주관적 관점이 깊이 녹아 있다고 하겠다. 사정은 클라이언트의 문제 이해를 증진시키려는 노력으로, 클라이언트와 그들이 갖고 있는 문제에 대한 가설을 세우고 추론을 이끌기 위해 계속적으로 진행되는 과정이다. 클라이언트의 문제는 이미 설정된 틀에 의해 평가되는 것이 아니라 클라이언트로부터 도출되어야 하는 상향식(bottom-up)의 귀납적 출발을 가져야 한다. 이렇게 평가된 문제는 하나의 가설로 그 추론과정을 통해 검증되는 연역의 방법이 필요하게 된다. 즉, 인간의 문제를 평가하고 풀기 위해선 귀납과 연역 중 한쪽 방향이 아니라 귀추법을 통해 사례로부터 출발해서 사례의 특수성과 보편성의 문제를 논리적으로 풀어 낼 수 있는 접근이 중요할 것이다.

(3) 질적 평가도구로서의 객관적 해석학과 생애사 연구

사례 재구성 방법은 질적 연구방법을 이용할 수 있는데, 특히 Oevermann의 객관적 해석학과 Schütze의 생애사 연구는 사례의 숨겨진 의미구조를 찾아내기 위한 좋은 평가도구로 활용될 수 있다. 객관적 해석학은 인간이 만든 모든 것을 해석할 수 있다고 보았으며, 여기에는 사진, 비디오, 음악, 면접, 문서, 건물, 그림 등 다양한 자료를 대상으로 한다. 이는 클라이언트의 면접뿐만 아니라 사례관리자의 사례관리 일지, 정보 수집지, 면접 기록지 및 다양한 형태의 자료를 분석할 수 있다는 장점을 가지고 있다. 또한 Schütze의 생애사 분석은 클라이언트의 생애 이야기를 차분히 정리하고 구성하며 또한 생애 사건과 클라이언트의 대처방법이 갖는 의미를 분석할 수 있다. Schütze의 방법은 특히 다른 집단에 비해 풍부한 생애사를 갖고 있는 성인과 노인들을 대상으로 활용하기에 적절하며, 클라이언트의 문제를 체계적으로 바라볼 수 있는 시각을 제공해 준다. 이를 위해 객관적 해석학과 생애사 연구를 살펴보면 다음과 같다.

① 객관적 해석학

객관적 해석학(Objective Hermeneutics)은 독일의 사회학자인 Ulich Oevermann에 의해 발전되었으며, 사회학 및 사회과학 분야가 측정 가능한 것에만 몰두하는 미국의 양적 연구에 대한 비판과 대안으로 제시된 질적 연구방법이다. 연구방법(research method)으로 자료 분석과 해석의 절차를 발전시킨 객관적 해석학은 인간 경험의 의미를 이해하기 위해 주체의 행위와 상호작용 규칙에 의해 형성된 의미구조에 관심을 두었다(이효선, 2005). Mead의 언어이론(theory of language), Searle의 규칙개념(concept of rules)과 Peirce의 귀추법(Abductive research logic)을 바탕으로 발전되어 온 객관적 해석학은 특히 독일어권 나라에서 전문직 연구를 비롯한 종교, 미디어, 교육학, 사회복지학 등 많은 영역에서 분석도구로 활용되고 있다.

객관적 해석학을 인식론적 관점에서 보면 방법론적 사실주의라고 할 수 있다. 이것은 과학적 분석이 유일하게 '현존하는', 또 인간에 의해 만들어지고 기록된 대상들과 관련될 수 있다는 사실에서 출발하므로 설명되지 못하는 꿈이나 잊어버린 대화 내용처럼 (사회적으로) 구체화되지 않은 일과 사건들은 과학적으로 연구할 수 없는 것으로 간주한다. 반면 사회적인 기록물들은 무엇이든 연구의 대상이 될 수 있다는 것으로 모든 인간 상호작용의 결과는 해석학적 평가에 사용된다는 것이다. 그리고 정신과학 및 고전 해석학 연구의 활자화된 형태뿐만이 아니라 나아가 그림, 사진, 현수막, 건물 같은 대상들, 또 음악이나 건축물 등은 객관적 해석학 연구의 출발점이 될 수 있다.

객관적 해석학에서는 인간은 의사결정을 하고자 하는 욕구와 그 의사결정을 정당화시키기 위한 노력을 하는데, 그 이유는 규칙에 의해 지배된 사회적 행동을 함의하는 언어(language)를 가지고 있기 때문이라는 것에 주목하였다(Jindra et al., 1999). 객관적 해석학은 행위자가 생각하고 원하고 믿는 주관적 의도(intention)가 중요한 것이 아니라 언어학적 그리고 상호작용적 공동체 안에서의 자료의 객관적 의미구조가 중요하다(Reichertz, 2004). 여기에서의 객관성은 진실을 발견하는 것의 단정이 아니며 재구성하는 것 혹은 밝혀내는 것의 목적을 위한 자료의 객관적인 의미구조이다(Reichertz, 1997: Mann et al., 2009 재인용).

인간의 행동은 사회적 규칙으로부터 영향을 받고 있지만 그 행동은 늘 위기 상황에서 각 개인에 의해 선택되기 때문에 특정 패턴을 갖게 된다. 즉, 개인의 행동은 개인의 고유성과 특수성이 담겨 있는 그들의 특정 패턴을 갖고 있기 때문에 이것을 밝히는 것이 중요하다. 특정 패턴을 이해하기 위해 객관적 해석학에서 가장 중요한 작업은 숨겨진 의미구조(latente Sinnstrukturen)를 발견하는 것이다(Oevermann et al., 1987: Jindra & Jindra, 1999 재인용). 모든 인간의 행동은 사회적 구조에 기반을 둠을 전제하는 객관적 해석학에서 구조는 쉽게 겉으로 드러나거나 눈에 띄는 것이 아니며 숨겨져 있는 그 구조의 의미를 찾기 위해 재구성하는 것이 핵심이다(Steiner & Pichler, 2009). 인간의 행동 속에 담겨진 주관적 의도와 그 너머에 존재하는 객관적 의미구조를 찾아내는 것을 목적으로 하는 객관적 해석학은 다음과 같은 해석의 원칙이 고수되어야 한다. 그 원칙으로는 문맥으로부터의 자유, 연속성, 절약성이다.

1. 문맥으로부터 자유로워야 한다는 것은 연구자의 순수성과도 연결되는 개념이다. 객관적 해석학에서의 분석은 문자, 단어, 문장, 심지어 부호 하나까지 아주 세세하고 조심스럽게 다뤄져야 한다. 때문에 분석과정은 방향을 정해 놓고 작은 단위로 쪼개어 심도 있는 토론 속에 진행된다. 이 과정에서 분석하고 있는 부호, 단어, 문장에만 집중하지 않고 성급하게 문맥을 고려하거나 사례의 기본적 지식이 선행되어 분석을 진행한다면 사례에 대한 편견과 선입견으로 해석의 확장을 막을 것이다.
2. 연속성은 객관적 해석학의 핵심적 원칙 중 하나로 해석을 진행하는 데 절차의 엄격성과 단계적 접근을 가능하게 하는 것이다. 이는 문맥으로부터 자유로움을 유지하며 사례가 갖고 있는 규칙, 구조를 발견하기 위해 치열한 논쟁 속에서 사례의 구조가설이 구체화될 때까지 단계를 진행시킨다.
3. 절약성이란 해석을 경제적이게 하며 영원히 끝나지 않는 논쟁이 아닌 사례의 구조에 보다 집중하게 만드는 역할을 한다. 포괄성을 강조하기 위해 연속분석 속에서 끊임없이 새로운 가설을 만들어 낸다면 이 또한 사례의 구조를 파악하는 데 실패했다고 할 수 있다(Garz, 1997).

이와 같이 원칙을 준수하며 분석하려면 다음과 같은 절차를 밟는다.

1. 연구 관심사에 따른 연구질문 결정: 첫 번째 단계는 연구 관심사에 따른 연구질문 결정으로 이 단계에서 연구자는 텍스트를 통해 어떠한 연구 관심사를 갖고, 무엇을 보고자 하는지 결정을 하게 된다. 예를 들어, 사람들의 정체성 조사 또는 사례관리자와 클라이언트 사이의 전문적 경로조사 등이다.
2. 텍스트 유형의 확정: 연구자는 본격적으로 텍스트를 해석하기 이전에 주어진 텍스트의 유형이 우리의 생활세계 속에서 어떠한 의미를 지니고 있는지 확인한다. 파악된 텍스트 유형의 의미를 기반으로 연구자는 다른 텍스트의 유형 속에서 발생할 수 있는 수많은 의미 가능성들을 배제하고 본격적인 텍스트 해석을 진행한다.
3. 연속분석: 세 번째 단계는 연속분석으로 연속성을 원칙으로 하여 텍스트를 해석하며, 하나의 단어와 단어 또는 문장과 문장을 분절하여 각 분절마다 읽기 방법(Lesarten)을 형성한다.
4. 확장적 의미해석: 네 번째 단계는 확장된 의미해석의 단계로 연구자는 이전 단계에서 발생한 읽기 방법을 토대로 상호 간 토론을 통해 하나의 결론을 내기 위한 시도를 하며 동시에 자료를 통해 텍스트가 갖고 있는 의미를 심도 있게 파악한다.

5. 구조가설: 연구자는 확장적 의미해석 단계를 통해 형성하게 된 사례의 구조에 대해 가설을 설정하고 이후의 텍스트를 통해 구조가설을 검증한다.

② 생애사 연구

사회복지실천에서 질적 연구방법에 대한 인식이 높아지기 시작하면서 사정단계에서 클라이언트의 상호작용적이고 주관적인 경험에 대한 연구와 분석이 중시되고 있다. 이는 클라이언트가 직접 체험한 경험을 듣고, 그들이 사회적 실재를 어떻게 구성하는지에 초점을 두며, 클라이언트의 시각에서 그들의 인생에 대한 관점과 현실의 주관적인 세계를 이해하려는 시도에서 비롯된 것이다. 특별히 클라이언트 자신의 선택에 의해 의미를 두는 경험을 중심으로 삶을 이야기하는 '생애사 연구'가 그러하다. 이것은 클라이언트의 삶의 전략과 생활맥락을 이해하게 함은 물론 그들에게 도움을 줄 수 있는 근거를 마련하기 때문에 사회복지실천에서 사정도구로서 중요한 역할을 한다.

개인의 생애사 속에는 오랜 경험과정을 통해 축적된 개인의 삶의 전략과 행위 선택 규칙이 포함되어 있으며 그 개인이 살아온 사회가 존재한다. Campbell (2001)은 개인의 생애 이야기에는 클라이언트의 상징과 중심사상 그리고 종교적・철학적 원형이 함유되어 있으며 한 개인을 넘어서 그들이 속해 있는 집단의 모습까지도 반영된다고 하였다. 이로 인해 한 개인의 생애 이야기는 클라이언트와 그들을 둘러싼 주변 환경 및 사회를 엿볼 수 있는 이해의 통로가 될 수 있으며 피면접자로 하여금 자기성찰의 시간을 갖게 한다. 더욱이 클라이언트의 현재로부터 일상의 존재와 영혼의 부분까지도 다룰 수 있기 때문에 삶의 양적인 면뿐만 아니라 그것의 깊이 있는 질적인 부분까지도 살펴볼 수 있다(Atkinson, 1998).

'생애사 연구'가 단순히 개인의 생애사 회고로부터 시작되어 하나의 과학적인 연구방법으로 발전하기까지 독일의 언어사회학자 Schütze와 그의 제자들은 매우 중요한 역할을 하고 있다. 그들은 각 사람들이 자신의 삶에 대하여 어떤 의미를 부여하는가를 밝혀내는 것이 사회과학의 본질이라고 하였으며, '생애사 연구'를 이야기식 면접이라는 조사도구를 통하여 사회과학 분야에서 사례분석의 기술로 개발하였다(Schütze, 1994). 이것은 연구자가 중심이 아닌 그 문제를 직접 경험한 클라이언트가 중심이 되어 그들의 시각에서 그들이 선호하는 언어와 속도(pace)로 진행된다. 이 과정에서 연구자가 이야기의 주제와 중심사상을 제한하지 않기 때문에 클라이언트는 자신의 생애 이야기를 의미 있는 경험과 감정 중심으로 보다 자유롭게 선택할 수 있다. Cohler(1988)는 '생애사 연구'에서는 클라이언트가 말하려는 주제와 문제가 무엇이든 고려되기 때문에, 주관적인 관점을 통해 얻을 수 있는 가장 유용하고 용이한 조사방법이 될 수 있다고 하였다. 뿐만 아니라 '생애사 연구'는 끊임없이 변화하는 사회에서 개인이 선택하는 삶의 전략과 행위 결정방법들을 통해 그들의 생애를 살펴보고 이를 재구성하여 그것의 의미를 찾아가는 데 관심을 가진다. 또한 개인의 개성에 전면적인 초점을 두는 동시에 구조화된 관점에 빠져들지 않고 사회성을 일별해 낸다는 장점을 가지고 있다. 따라서 생애사 연구는 개인과 사회의 이중성을 뛰어넘을 수 있게 해주며, 생애사적 단초를 가지고 사회복지실천에서 요구하는 주관과 구조 관점의 연관을 풀어 갈 수 있도록 돕는다(Schweppe, 2004). 이는 일반적으로 사회적 현실의 여러 표현 형식이 생성되는 과정과 구조를 이해하고자 하는 것으로, 역사적이고 문화적으로 각각 상이한 규칙을 '이해'하여 인간 행위에 대한 의미의 틀을 형성하고 그것을 재구성하는 것을 기본으로 한다. 즉, '생애사 연구'는 클라이언트의 생애를 통해 그들의 삶에 대한 관점, 가치, 태도를 재구성하는 것을 목적으로 하기 때문에 그들이 표현한 것을 넘어서 그 이면에 숨겨진 의미를 찾는 데 집중한다. 이는 연구자로 하여금 단지 클라이언트가 체험한 삶의 사실적 정보를 확인하는 것 이상의 그에 대한 근원적인 이해를 가능하게 하며, 그에 따른 적절한 개입을 계획할 수 있게 한다. 따라서 이러한 조사도구와 분석방법을 갖춘 '생애사 연구'는 학교 현장에서 미래의 사례관리자를 꿈꾸는 예비 사례관리자와 실제 사회복지실천 현장에서 일하고 있는 사례관리자에게 클라이언트와 그들의 환경체계를 전체적이고 통합적으로 이해할 수 있게 하는 사정도구로 기능할 수 있다.

특히 Schütze가 발전시킨 이야기식 면접은 면접자의 간섭을 최소화하고 화자의 말을 있는 그대로 끌어내 화자가 구성한 그들의 세계를 이해할 수 있는 면접 방식이다. 많은 면접들이 자칫 질문자의 의도대로 범위가 좁혀지고 질문이 유도하는 결과를 초래할 수 있다. 그러나 이야기식 면접에서는 이야기의 '즉흥성'을 보장하기 위해 사전에 면접 질문을 작성하지 않고 가급적 가장 개방적인 상태에서 화자가 선택한 시간과 장소로부터 이야기를 시작하게 된다.

이야기식 면접의 분석은 생애사 분석이라고도 불리는 Schütze의 방식이다. Schütze는 형식적 본문 분석, 구조적 기술, 분석적 추론과 비교분석의 4단계 분석방법을 고안하여 면접 자료를 분석하였다. 그리고 분석적 추론 이후 비교분석 과정에서는 사례중심실천의 핵심인 재구성이 이루어지는 단계로 면접 자료가 갖는 의미가 무엇인지를 심도 있게 파악하게 된다. Schütze의 4단계 분석 절차를 설명하면 다음과 같다.

1. 형식적 본문 분석: 형식적 요소와 구획 표시를 구분하는, 즉 자료를 세분화하는 과정이다. 구획을 나누고 주제에 따라 자료를 나누는 것과 함께 전체적인 면접 요약도 함께 이루어진다. 이 단계에서는 먼저 자료를 잘 이해하기 위해 세심하고 꼼꼼하게 읽으며 전체 자료의 요약을 실행한다. 그런 다음 단어와 단어, 문장과 문장을 읽으며 이야기의 시간, 장소, 인물 등의 변화를 고려하며 주제와 사건이 바뀌는 것에 따라 문단을 나누게 된다. 형식적 본문 분석은 자료를 세세하게 자르고 다시 그 자료를 커다란 그림으로 그려 보는 작업을 반복하며 자료가 담고 있는 사실들을 알아내는 단계라 할 수 있다.
2. 구조적 기술: 화자의 사회화 과정을 시간별로 혹은 대표적인 사건을 중심으로 구성하는 작업이 이루어진다. 화자는 자신의 생애를 현재 시점부터 과거 시점으로 혹은 연대기적 순서나 사건별로 설명할 수 있으며, 때에 따라 순서 없이 현재와 과거 시점을 교차하며 이야기를 풀어 나갈 수도 있다. 분석자는 이러한 화자의 이야기를 시간 혹은 사건별로 순서를 정해 가급적 화자의 언어에 가깝게 다시 서술해 준다. 구조적 기술의 작업은 화자가 사용한 단어나 어휘를 그대로 사용하는 것도, 그렇다고 화자의 언어와 아주 동떨어진 표현 형식으로 서술하는 것도 아니다 . 이 단계에서 중요한 것은 화자를 잘 이해한 분석가가 화자의 언어와 가장 가까운 방법으로 연구자가 이해한

화자를 다시 풀어 주는 것이다.

3. 분석적 추론: 구조적 기술에서부터 시작된다. 구조적 기술에서 화자의 생애를 잘 이해하는 작업을 이어 분석적 추론에서는 보다 심층적으로 자료가 갖는 의미들을 탐구하게 된다. 구조적 기술이 철저하게 자료에만 집중하는 단계라면 분석적 추론은 자료가 갖고 있는 의미가 무엇인지 추론을 시작할 수 있는 단계이다. 이 추론을 위해 분석자는 최초로 외부의 문헌과 자료를 활용해 자료를 이해할 수 있다.
4. 비교분석: 하나 이상의 사례를 분석할 때 사례들 간의 최소 · 최대 비교를 할 수 있다. 각각의 고유하고 독특한 개인의 생애는 분석자가 처음 갖고 있었던 연구목적에 따라 그리고 자료들이 보여 주는 결과에 의해 특징들을 최대 · 최소 비교의 개념으로 분석할 수 있다. 만약 단일사례의 경우 비교분석이 이루어질 수는 없지만 사례 간의 비교분석 대신 자료를 재구성하는 작업이 수행되어야 한다.

9. 종결

종결(ending)은 실천과정을 통해 클라이언트에게 제공되는 서비스가 충족되었거나 서비스가 불필요한 경우 등 더 이상 사례관리 과정을 진행하지 않아도 될 때 서비스 제공을 중단하는 과정(최은희 외, 2013)으로 사례관리자는 종결 사유에 따라 필요한 준비와 대처를 할 수 있어야 한다. 종결은 다양한 사유로 인하여 일어날 수 있다(다음의 '종결 사유' 참조). 매뉴얼 등 기존 자료에 제시된 내용을 그대로 적용하기보다 사례관리자의 경험적 근거를 토대로 기관 내 합의과정을 통해 사유에 따른 종결 및 사후관리(follow-up) 방법에 대한 기준(〈표 5-18〉 참조)을 수립하여 적용하면서 점차 구체화 · 세분화시켜 가는 것이 좋다.

실천 현장에서는 클라이언트가 동의하지 않거나 사전에 종결에 대한 계획을 수립하지 못했다는 등의 사유로 계획에 따른 종결이 이루어지지 못하고 클라이언트의 사망, 타 시 · 도 이주 등 더 이상 개입이 어려워질 때까지 사례관리가 지속적으로 이루어지거나 사후관리라는 명분하에 서비스가 지속되는 경우가 있다. 물론 반드시 필요한 경우라면 그 시기가 연장되거나 관내 타 서비스 이용 대상으로 등록하여 지속적인 사후관리를 실시할 수 있지만 대다수의 클라이언트에 대한 종결이 이와 같이 이루어지고 있다면 종결에 대한 기관 차원의 점검이 필요할 것이다.

종결은 특히 어느 한쪽의 일방적인 결정, 개인의 주관적인 판단에 의해 결정되지 않도록 주의해야 하며 종결 사유 발생 시 사후관리 계획을 수립하여 실행할 수 있어야 한다. 이때 사례관리자는 클라이언트뿐만 아니라 연계된 자원에 대한 조치 등 전반적인 상황을 고려할 수 있어야 한다. 사후관리가 실행되면 사례관리자는 그 과정과 결과를 꼼꼼하게 기록하여 추후 재개입이 필요하거나 외부 기관에 사례를 의뢰하는 경우, 외부 기관에서 클라이언트의 자료를 요청하는 경우 등의 필요한 상황에 활용할 수 있어야 한다.

종결 사유

- 클라이언트 스스로 종결하고자 하는 경우
- 주요한 서비스 제공자가 종결을 권고하는 경우
- 사례관리의 목표가 달성된 경우
- 서비스 제공자 중 한 사람이 서비스 책임을 전적으로 맡은 경우
- 시설에 입소하거나 사망한 경우
- 타 지역으로 이주한 경우
- 사례관리자의 서비스 계획을 클라이언트가 거부한 경우
- 클라이언트가 다른 방법으로 자원을 소비한 경우
- 클라이언트가 기관의 신뢰성과 책임성을 위협할 정도로 비협조적인 경우
- 클라이언트의 욕구가 충족되고, 클라이언트 또는 가족 스스로 서비스의 확보와 조정 등을 수행할 수 있다고 판단할 경우

출처: 최은희 외(2013).

표 5-18 종결 사유에 따른 사후관리(예시)

목표 달성	• 목표 달성 상태가 유지되는지 점검하기 위한 사후관리 계획 수립, 점검 실시 • 사례관리 종결 이후에도 지속적으로 연계되어야 하는 서비스가 있다면 서비스 관리 대상으로 관련 부서 또는 기관에 의뢰
타 지역 이주	• 클라이언트의 동의하에 인근 기관으로 사례 의뢰
거절/포기	• 거절 및 포기 의사를 밝힌 사유를 확인한 뒤 종결
연락두절	• 주민센터 등 공공기관을 통해 보호자와의 연락 시도 • 이웃 및 사례관리에 참여했던 타기관 등을 통한 정보 파악 및 연락 시도 • 이와 같은 노력에도 연락이 닿지 않는 경우 공공기관에 해당 사실을 알린 후 종결
참여 불성실	• 클라이언트 참여 없이는 사례관리가 진행되기 어려움을 안내 • 사례관리 여부를 결정할 수 있도록 충분한 정보를 제공하고 스스로 결정을 내릴 수 있도록 생각할 수 있는 시간을 줌 • 이후에도 계속 같은 상황이라면 반드시 필요한 서비스들은 제공해 주되, 사례관리는 종결 후 서비스 대상으로서 관리하며 점검

출처: 서울시 G 종합사회복지관.

10. 기록

기록(recording)의 기능과 관리의 중요성은 시대에 따라 변화하였는데, 독일의 경우 19세기 중반 이래 담론의 주류를 형성해 온 아카이브(archive)의 학문적 기능과 행정활동을 체험할 수 있게 하는 기능이 기록 관리의 새로운 목표로 제시되었다. 즉, 18세기 이전의 기록 관리는 정치적 지식의 조직기능을 강조했다면, 바이마르 시대에는 행정의 투명성을 위하여 기록을 중시하였고 현대에는 자유로운 출처주의와 사회적 표상을 목적으로 기록을 관리하고 있다(김현진, 2006).

오늘날 기록은 특히 전문 직업군에서 책무의 기능으로 발전되어 유용되고 있는데 그 대표적인 것이 병원에서 이뤄지는 의사와 간호사의 기록일 것이다. 간호학에서 간호기록(charting or documentation)이란 환자 돌봄을 완벽하게 문서화하는 과정이며, 일차적인 목적은 치료의 연속성을 유지하는 것이다. 간호사를 보호하기 위한 법적 근거와 교육보조, 기관의 신임을 얻기 위한 도구로서 기록이 중요하며 보험 상황 요청과 돌봄의 질 향상 등은 전문적 책임의 확립 등에 이용된다. 때로는 과실에 대한 소송이 기록을 근거로 결정되기 때문에 간호기록은 의료분쟁이 발생될 경우 적절한 업무 수행 여부를 객관적으로 판단할 수 있는 가장 중요한 근거가 된다. 그래서 환자상태의 변화 등 전반적인 의료행위에 대하여 상세하게 기록을 해 두어야 하며, 간호사가 필요한 주의의무를 다하였다는 사실을 입증하는 방법 역시 간호기록이므로 자신을 보호하기 위해서도 매우 중요하다(김영미, 2013). 또한 기록의 엄격성이 요구되는 회계학 분야의 기록인 감사문서는 외부정보이용자에게는 감사품질제고를 위한 결정적인 통제수단이며, 감사인에게는 자신의 성실한 감사를 수행했음을 입증하는 유일한 자료일 것이다(김성은, 2007).

물론 이러한 직업들과 그 업무들에서 기록의 속성은 논의 영역이 다르기는 하지만, 그래도 이를 통해서 유추할 수 있는 점은 기록을 통해서 문서화되는 것이 상당 부분에 있어서는 유사한 기능과 속성을 갖고 있다는 점이다. 사회복지실천의 연속적인 실천과정 또한 기록을 통한 문서화 작업을 통해서 자료화할 수 있다. 기록을 통해서 문서화된다는 것은 이러한 논의들에서 본 것 같이, 기록의 대상과 기록주체의 역동에 대한 과정을 서술하는 것뿐만 아니라 그 과정에 대한 투명성과 책임성 또한 내포되어 있음을 알 수 있다. 특별히 간호기록의 경우는 환자의 생명과 직결되는 의료 행위이기 때문에 그 중요성이 더 강조되는 것 같다. 간호학에서의 기록의 기능과 속성들이 사회복지에서도 유사하게 적용될 수 있는 점들이 있다. 사회복지의 실천과정 또한 클라이언트에 대한 사례관리자와 클라이언트의 역동을 포함하는 것뿐만 아니라 사례관리자의 개입방법과 계획들의 적절성에 대한 평가 그리고 그 책무성에 대한 평가, 그 과정의 투명성, 또한 다른 사회복지사에게로 인수인계를 위한 목적, 슈퍼비전, 교육적 자료로의 활용, 이론과 모델의 개발을 위한 근거 자료 등으로 활용할 수 있기 때문이다. 후자의 경우들은 기록학에서 기록이 갖는 가치 있는 자료로서의 의미와 유사하다.

사례관리에서 기록은 사례분석뿐만 아니라 전 과정에 대한 프로세스를 담고 있기 때문에 그 책무성을 보증할 수 있는 중요한 문서 자료가 된다. 또한 사회복지실천에서 클라이언트와의 면담이나 상담이 중요한 과정인 만큼, 이러한 의사소통 과정, 즉 구술을 자료화(구술의 기록화)한다는 점에서 기록의 의미가 또 있다. 그러나 정작 현장에서는 사례관리자 한 명이 담당하는 사례 수가 많거나 다른 업무를 병행하다 보니 기록이 일종의 행정 업무로 취급되며 실천을 방해하는 요인으로 평가되기도 한다. 그 대안으로 획일화된 양식의 개발과 보급의 필요성이 제기되기도 하는데 이러한 인식은 사례관리의 전문성을 저해시킬 우려가 있다. 기록은 과정에 있어 있는 그대로의 기록이기도 하지만, 사례관리의 효과성과 사례관리자의 전문성을 평가하는 근거 자료로 활용하거나 전문가 간 의사소통(사례회의, 서비스 의뢰 등)을 위한 정보로 쓰일 수 있다. 따라서 사례관리자는 '기록'을 별도의 행정 업무가 아닌 실천과정의 일부이자 본연의 업무로 인식해야 한다. 하지만 현장에서는 업무적으로 바쁘다는 이유로 기록을 미뤘다가 한 번에 하는 일이 빈번하게 발생하고 있다. 기억은 시간이 지남에 따라 잊혀지거나 왜곡될 수 있는 우려가 크기 때문에 되도록 실천과 동시에 기록을 하고, 필요한 경우에는 동의를 얻어 녹음을 하는 등 정확한 사실을 기록하도록 해야 한다. 또한 기존 양식에 지나치게 의존하게 되면 양식 이외의 내용에는 소홀하게 되어 중요한 사실을 놓칠 수 있어 과정기록지를 활용하는 등의 노력을 기울여야 한다. 번거로운 일처럼 느껴질 수 있지만 클라이언트를 중심으로 사례관리 실천과정에서 일어나는 모든 일들을 꼼꼼하게 기록해 두면 당시에는 미처 파악하지 못했지만 추후 중요한 변수가 될 수 있는 요인을 발견하게 되거나, 미세하지만 의미 있는 클라이언트의 변화를 파악하게 될 수 있다. 또한 기록을 통해 사례관리자는 각 실천 단계에서 필요한 지식과 기술을 적절하게 활용하고 있는지, 과정에 있어 반드시 지켜야 할 가치를 잊지 않고 적용하고 있는지 스스로 점검하고 평가할 수 있다.

제2부

사례관리의 실제

제6장

질적 연구방법을 활용한 사회복지시설에서의 사례관리 실제

- 클라이언트를 위한, 클라이언트에 의한, 클라이언트의 사례관리 -

이 장에 제시한 사례분석들은 저자(이효선)가 2012년 11월부터 2014년 10월 그리고 2016년 7월부터 그해 11월까지 Y시에 위치한 여성노숙인 요양시설에서 근무하는 사례관리자를 대상으로 '질적 재구성 연구방법이 사례관리를 하는 데 있어 효과적인가'의 가능성을 알아보기 위해 실행되었다. 이를 위해 초반에는 사례관리를 위한 사회복지와 질적 연구의 기초 이론 교육을 실시하였으며, 후반에는 사례분석을 위해 2주에 한 번 4시간씩 슈퍼비전을 제공하며 네 차례의 사례관리를 진행하였다. 그리고 완성된 4개의 사례관리를 바탕으로 사례관리 실제의 내용이 작성되었다. 즉, '클라이언트가 있는 곳에서 시작하라.'는 신조를 가지고 질적 재구성 연구방법을 사례관리의 과학적 분석도구로 활용하기 전에, 먼저 그들의 클라이언트와 관련된 주제로 '인간과 문화 I, II' '한국여성노인과 장애인'이라는 강의를 진행하며 현재 그들 앞에 서 있는 클라이언트의 실체를 이해시키기 위해 노력하였다. 이어서 '면접기법'과 '질적 재구성 방법의 이해'라는 강의를 통해 사례관리자들이 사례이해 방법을 습득할 수 있도록 도왔다.

이렇게 사례관리의 이해를 위한 지식을 교육한 후에는 사회적으로 이슈가 되었던 사례 동영상을 보며 내용 파악(사실 발견)을 위한 전문적 글쓰기를 하였다. 또한 클라이언트의 문제 사정을 위해 기존에 사용했던 사정기록지를 사회심리학적 측면에서 재검토하고, 현재 거주하고 있는 클라이언트에 맞는 적합한 항목과 문항을 구축한 사정기록지를 새롭게 만들었다. 이후 실시된 사례관리 교육에서는 질적 재구성 연구방법을 활용한 과학적 사례관리를 위해 해석하는 방법을 연습하였으며, 사례에 대한 분석은 슈퍼비전과 모니터링을 하며 연속적으로 진행되었다. 최종적으로 저자와 사례관리자들은 여성노숙인 요양시설의 고유한 사례관리의 개념과 목적을 정의하는 작업을 실시하였다.

사례중심실천(Case-Based Practice)에서 가장 중요한 것은 클라이언트의 문제에 대한 사실을 규명하고, 그 사실 속에 숨겨져 있는 의미구조를 발견해 내는 일이다. 이처럼 과학적으로 사례를 분석하기 위해서는 사실을 발견하는 것에 많은 노력을 기울여야 한다. 즉, 사례관리자는 클라이언트의 문제를 제대로 볼 수 있도록 명확한 사실을 발견하기 위한 과학적 지식을 습득하고, 나아가 사실 뒤에 숨어 있는 '숨겨진 의미'를 해석할 수 있는 힘을 키우기 위해 끊임없이 고뇌하며 성찰해야 한다. 그때야 비로소 클라이언트의 진정한 문제를 발견할 수 있을 뿐 아니라, 그에 따른 적합한 서비스를 제공하게 되어 그들의 행위 변화를 도모할 수 있다.

클라이언트 중심의 사례관리가 되기 위해 중요한 점은 기관마다 사례관리에 대한 재정립이 필요하다는 것이다. 사례는 이 세상에 단 하나뿐인 특수한 것이므로 표준화된 사례관리란 존재할 수 없으며, 각 기관에 맞는 클라이언트의 문제를 재구성하여 그들에게 적합한 개입 및 관리가 이루어져야 한다. 다시 말해, 사례관리자들은 그들의 클라이언트에 대한 깊은 이해를 바탕으로, 기관에서 진행되는 사례관리의 목적과 개념을 재정립할 필요가 있다.

여기서는 저자와 Y시 여성노숙인 요양시설의 사례관리자들이 그 기관의 클라이언트에 맞게 논의한 사례관리의 정의와 새롭게 구상한 사정기록지, 실제 사례관리를 진행했던 사례들을 제시하고자 한다. 독자의 이해를 돕기 위해 첫 번째 사례에서는 박스 안의 내용에 사정기록지 각 항목의 이론적 배경에 대해 설명하였다. 두 번째 사례부터는 이론적인 설명 없이 사례관리 진행과정이 전개된다. 클라이언트 중심의 사례관리를 위해 고뇌하고 노력한 결과물들이 독자 여러분에게 많은 도움이 되기를 바란다.

▶ 우리 기관만의 고유한 사례관리를 위하여

저자와 Y시 여성노숙인 요양시설 사례관리자들이 기관의 클라이언트를 고려하여 정의한 사례관리의 개념은 다음과 같다.

> **여성노숙인 요양시설의 사례관리 정의**
>
> '정신 · 지적 · 신체 등의 장애와 질환으로 사회복귀가 어려운 생활인들의 만성적이고 지속적인 문제와 손상된 사회심리기능을 생활인 스스로 자기주도적 변화과정을 통해 회복하도록 지원하는 일련의 사회복지실천 과정' 을 말한다.

사정기록지

기본 정보

이름		생년월일		서비스 시작일	
진단명 및 장애상태 정도					
가족정보			결혼상태		
주보호자 및 후견인			경제상황		
사정일자			사정자의 이름 및 직위		

1. 초기 면접 요약

2. 신체적 · 정서적 · 사회적 특징

3. 강점 및 약점

4. 문제-개입-목표

[그림 6-1] 클라이언트의 기본 정보에 대한 문항

사례 1. 지적·정신장애를 가진 여성노숙인의 또래관계망 확대를 위한 접근

1) 사례관리

(1) 인테이크

사회복지실천의 전문적 원조과정에서 탐색은 개입의 실행을 위한 기초 작업으로, 잠재적 클라이언트의 인테이크(intake)로부터 시작된다. 이 인테이크는 클라이언트 본인, 주변인 혹은 다른 기관에 의한 의뢰로 이루어진다. 사례관리자는 의뢰된 잠재적 클라이언트가 기관의 정책과 목적, 서비스 자격 요건과 부합하는지를 파악해야 하며, 이 과정에서 잠재적 클라이언트에 대한 포괄적 정보를 수집해야 한다. 잠재적 클라이언트의 인구학적 특성, 본인의 문제에 대한 인식, 가족과 주변인과의 관계, 민족적 · 문화적 특성, 동기, 사회복지서비스에 대한 기대 등은 클라이언트의 문제를 확인하는 데 중요한 기반이 된다.

- 클라이언트의 인적 사항

| 표 6-1 | 클라이언트의 인적 사항 |

성명	나이	서비스 시작일	진단명 및 장애상태
김○○	57세	1999. 3. 24. (거주 18년, 입소 시 연령: 40세)	양극성장애-조증 삽화 (정신장애 3급) 경도 지적장애(IQ 51)

클라이언트의 인적 사항에서 클라이언트의 이름과 연령의 기록은 대상자를 일컫는 기본적 정보이지만 특별히 진단명과 장애상태는 이 시설에 거주하는 클라이언트의 개인자원을 살펴볼 수 있는 항목이다. 그중 인지 영역에서는 클라이언트의 지적기능, 판단, 현실성 시험, 일관성, 인식의 유연성, 자아개념, 사고장애—지적장애, 정신장애, 치매 등—를 평가하고 사정할 수 있다.

클라이언트는 57세의 지적 및 정신 장애인으로 1999년 3월 24일 본 기관에 입소하여 18년 동안 거주하였다. 클라이언트는 부모로부터 버림받아 3세부터 54년 동안 시설생활을 하였으며, 여러 시설을 거쳐 본 기관에 입소하게 되었다.

지적 수준은 IQ 51로 경도 지적장애에 해당된다. 경도 지적장애는 일상 대화를 나눌 정도의 언어 이해와 구사, 간단한 집안일이나 교통수단 이용, 일상 용품 구매, 소액의 용돈 관리 등의 일상적 활동 수행이 가능하다.

클라이언트는 양극성장애로 정신장애 3급 진단을 받았으며, 정신장애 3급의 정도는 양극성 정동장애(조울병)로 기분, 의욕, 행동 및 사고장애 증상이 현저하지는 아니하지만 증상기가 지속되거나 자주 반복되는 경우이다.

객관적 자료의 의미

인간을 다루는 학문과 실천 영역에서 필요한 것은 대상의 보편적인 것, 일반화시킬 수 있는 것에 대한 가능성과 함께 사례가 지니는 특수한 구조를 풀어 낼 수 있는 방법이다. 사례중심실천(Case-Based Practice: CBP)이란 사례가 중심이 되어 개인의 고유성과 개별성이 강조되는 실천이며, 핵심은 사례를 재구성(reconstruction)하는 것, 즉 사례가 가지고 있는 숨겨진 의미구조를 찾아내는 것이다. 따라서 먼저 사례가 무엇인지를 밝히는 것은 CBP의 첫 단계이다. 현재까지의 문제 사정이 수집된 정보를 기록하고 기록된 정보를 구성하는 차원이었다면, CBP에서는 기록된 것, 정보가 의미하는 것을 해석해 주는 작업이 더해진다.

객관적 자료의 의미

1. 시설생활 54년
   - 일반적 이해: 개인보다 사회적 정체감이 우선되며, 공동생활 문화에 익숙하다.
   - 특수성: 클라이언트는 3세부터 시설생활을 하였으며, 한 시설에 정착하지 못하고 다른 시설로 이전하며, 새로운 환경에 적응해야 했던 상황에 처하였다.

2. 경도 지적장애(IQ 51)
   - 일반적 이해: 지능지수가 50~55 이상 70 이하인 사람으로 교육을 통해 간단한 일

상적 수행과 사회적 · 직업적 재활이 가능하다.

- 특수성: 일상생활에서 상황에 맞는 적절한 인사말을 건넬 수 있으며, 과거 기억력과 자신이 경험했던 일과 상황을 설명하는 언어구사력이 타 지적장애인에 비해 뛰어나다.

3. 정신장애 3급 (양극성장애-조증 삽화)
   - 일반적 이해: 양극성 정동장애(조울병)로 기분, 의욕, 행동 및 사고장애 증상이 현저하지는 아니하지만 증상기가 지속되거나 자주 반복되는 경우이다.
   - 특수성: 자신이 과거 생활했던 시설, 경험했던 일에 대한 이야기를 하고 싶은 욕구를 지속적으로 표현하고 있다.

사례 선정의 이유

클라이언트를 사례관리 대상자로 선정한 이유에 대하여 서술한다. 사례 선정의 이유에서는 사례관리자가 생각하는 사례관리의 목적과 개입 방향을 엿볼 수 있다.

클라이언트는 경도 지적장애인 및 정신장애인으로 최근 자신의 과거 기억에 대해 이야기하고 싶은 욕구를 지속적으로 표현하고 있으나 이를 진심으로 들어주는 친구나 의미 있는 타인이 존재하지 않는다. 클라이언트는 시설 직원들과 신부님, 자원봉사자들에게 밝은 표정으로 인사를 건네며 친근하게 대하고, 하루 2회 이상 사례관리자를 찾아와 자신의 과거 시절에 대한 이야기를 꺼내며 사례관리자의 관심을 받고 싶어 한다. 하지만 함께 생활하는 동료 생활인들에게는 그러한 모습을 보이지 않으며, 그들을 고려하지 않은 채 직원들에게 관심과 인정을 받으려는 언행을 함으로써 동료들의 미움을 받기도 한다. 이러한 상황은 클라이언트가 생활공간에서 동료 생활인들과의 관계를 형성하고 교류하는 것을 어렵게 하는 장애요인으로 작용하고 있다. 이에 따라 클라이언트가 동료 생활인들과 함께 어울릴 수 있는 기회를 마련하고, 그들과 교류하는 삶을 살 수 있도록 돕고자 사례대상자로 선정하였다.

라포 형성의 전략

1. 자신의 경험 전문가로서 클라이언트 인정하기: 클라이언트는 자신의 상황과 문제에 대해서만큼은 최고의 전문가이며, 이에 대해 가장 많은 것을 알고 있는 중요한 자원이다.

2. 클라이언트의 관점에서 이해하기: 클라이언트의 입장에서 그가 처한 상황을 이해하고 공감하며, 그의 견해를 존중한다.

3. 분명하고 명확한 언어 사용하기: 클라이언트가 이해할 수 있도록 분명하고 명확한 언어를 사용한다.

4. 비언어적 메시지 전달: 눈 맞춤과 고개 끄덕임 등 경청하는 자세로 클라이언트의 표현을 격려한다.

● 면접 요약

면접 내용을 요약하는 것은 사례를 분석하기 전, 클라이언트를 이해하는 첫 번째 작업이라 할 수 있다. 면접 요약 단계에서 사례관리자는 클라이언트에 대한 감정이입을 통하여 그가 처한 상황을 이해할 수 있으며, 문제 규명 작업을 통해 사실을 발견할 수 있다.

클라이언트는 3세부터 어머니와 분리되어 A영아원에서 생활하였다. 어머니에 대한 유일한 기억으로는 어머니가 자신을 영아원 침대에 눕혔고, 어린 클라이언트가 울자 가지 않는다며 자장가를 불러 주었던 것을 떠올렸다. 7세가 된 클라이언트는 B보육원으로 전원되었으며, K국민학교를 다니다 3학년 때 L국민학교로 전학을 가게 되었다. 6학년 때는 앞자리에 앉은 학우의 머릿니를 잡아주다 그 학우에게 연필 깎는 칼로 오른팔을 찔려 열두 바늘을 꿰매는 치료를 받았다. 그 후 다친 팔, 귀 등이 아파 학교를 잘 나가지 못하였으며, 출석 횟수가 적어 1년 더 학교를 다닌 뒤 졸업하였다.

22세가 된 클라이언트는 D시설(지적장애인 생활시설)로 전원되었으며, 직원들을 도와 주방일과 청소를 하면서 그들의 관심과 인정을 받으며 생활하였다. 클라이언트는 특별히 재봉실에서 일하던 재봉 아줌마를 '엄마'라고 부르며 잘 따랐으나, 그녀가 갑작스러운 오토바이 사고로 사망하게 되어 큰 슬픔과 충격을 받았다. 얼마 후 새로 일하게 된 두 번째 재봉 아줌마가 자신의 집에서 집안일을 도와줄 것을 제안하였고, 클라이언트는 두 번째 재봉 아줌마의 차를 타고 시설을 나와 그녀의 집에서 고된 식모살이를 하였다. 이후 클라이언트는 그 집 식구들에 의해 도둑으로 몰려 온몸에 멍이 들 정도로 심한 구타를 당하였으며, 너무 아픈 나머지 무작정 파출소를 찾아가 경찰에 의해 E보호소에 입소하였다. 클라이언트는 E보호소 직원을 통해 D시설과 두 차례 연락을 취하였으며, 당시 전화를 받은 D시설의 직원들에게 자신을 데리러 와 달라고 말하지 못한 것을 "내가 멍청해서 데리러 오라 말하지 못했다."며 후회하고 있다.

그 후 시설이동 정책으로 인해 클라이언트는 E보호소에서 본 시설로 입소하여 구역 봉사자로서 할머니들의 식사와 목욕을 돕는 일을 하였고, 보고 싶은 시설 직원들과 학교 선생님, 보육원과 시설 및 학교에서 경험했던 일들 등을 그림으로 그리며 지냈다. 본 시설에서는 직원들과 함께 캠프를 가서 맛있는 음식을 만들어 먹고 놀았던 일 등이 인상적인 기억으로 남아 있다.

● 클라이언트 면접의 특징

| 표 6-2 ◈ 클라이언트 면접의 특징 |

대상	면접 내용
어머니	"아무리 나를 버려도 엄마가 좋아요."
자신을 칼로 찔렀던 동급생	"걔는 퇴학당했고 엄마가 울면서 학교를 나왔으니까…."
두 번째 재봉 아줌마	"다시 만나면 내가 (집을) 나와서 미안하다고 말하고 싶어요." "(왜냐하면) 예수님께서 미워하지 말라고 하셨으니까…."

자신에게 잘못한 이들에 대한 너그러움

클라이언트는 과거 어머니, 자신을 칼로 찔렀던 동급생, 두 번째 재봉 아줌마부터 현재에 이르기까지 자신에게 잘못한 이들에 대한 너그러움을 보이며, 자신의 잘못이 아닌 일도 자기 탓으로 돌리는 모습을 보인다. 이를 살펴보면, 클라이언트는 스트레스 및 불안의 위협에서 자신을 보호하기 위해 부정(엄연히 존재하는 위험이나 불쾌한 현실을 부정함으로써 그로 인한 불안을 회피해서 편안한 상태를 유지하려는 것)과 자신의 감정 및 욕구에 대한 억압(의식에서 용납하기 힘든 생각, 욕망, 충동들을 억누르는 것)의 방어기제를 사용하는 것을 볼 수 있다.

클라이언트는 '착하거나 말 잘 듣는 것은 좋은 것, 착하지 않거나 말 안 듣는 것은 나쁜 것'으로 규정하면서, 스스로 다른 생활인들과 다투지 않고 직원들에게 칭찬을 받는 '착한 사람'이기를 희망한다. 일례로, 클라이언트는 다른 사람들과 다투는 것을 '나쁜 행동'이라 여기며, 이러한 경우 직원들로부터 긍정적 반응을 얻는 것이 어려우므로 다른 생활인들과의 갈등 상황을 회피하는 경향이 있다. 또한 자신을 부당하게 대하는 생활인들에게 화를 내거나 반박하기보다 순응하는 경향이 있으며, 오히려 그들을 미워하는 마음이 들 때 죄책감을 느끼고 있다. 이처럼 클라이언트는 타인을 의식하며 그들의 시선이나 대응에 민감한 반면, 자신의 내면의 욕구나 소망, 감정을 표현하는 데는 인색한 모습을 보인다(이상심리-착한 사람 증후군).

(2) 사정

클라이언트를 이해하는 작업의 총체라고 할 수 있는 사정 단계에서는 클라이언트 개인에 대한 탐구와 클라이언트를 둘러싼 환경에 대한 평가가 함께 이루어져야 한다. 실제적으로 클라이언트가 겪는 문제는 개인내적, 대인관계 및 환경체계들 간의 상호작용에서 발생한다. 이 중 하나의 체계가 불균형하게 기능할 경우 이것이 나머지 다른 체계들에 영향을 주므로 클라이언트의 어려움이 하나의 체계에 국한되는 경우는 거의 없다. 따라서 상호작용하여 문제를 야기하는 요인을 적절히 사정하기 위해 사례관리자는 전형적으로 문제를 일으킬 수 있는 중요 체계들, 특히 신체적・정서적・사회적 영역에 대해 숙지해야 한다.

- 사정 단계는 ① 문제 규정과 ② 계획과 목표 설정으로 나눠진다. 사정에서 가장 먼저 이루어져야 하는 작업은 클라이언트에 대한 자료 수집으로, 이는 문제를 규정하기 위해 반드시 필요하다. 정보 수집을 위해 사례관리자는 클라이언트 본인의 진술, 비언어적 행동, 가족과 주변인의 보고, 가정방문, 클라이언트와 관련된 기록, 관찰 등을 활용할 수 있다. 문제 규정을 위한 첫 단계가 정보 수집이라면, 그다음 단계는 그 정보를 재배열하고 기록하는 것이다. 앞서 수집된 정보를 바탕으로 클라이언트의 신체적 · 정서적 · 사회적 특징을 객관적인 표현으로 기록해야 한다. 이를 통해 클라이언트가 가지고 있는 개인적 · 환경적 자원을 파악할 수 있으며, 클라이언트의 문제를 규명하고 분석하는 데 필요한 단서를 제공받을 수 있다.

● 신체적 특징

- 클라이언트의 신체적 기능을 사정하기 위해 고려해야 할 측면들은 다음과 같다. 신체적 특징들과 표현, 신체적 건강, 장애 및 질환, 의약품, 알코올 및 약물의 사용과 남용 등의 정보가 포함된다.
- 사례관리자는 클라이언트의 사회적 작용에 영향을 미칠 수 있는 뚜렷한 신체적 특징에 주목하는 것이 중요하다. 신체적 매력이 높은 평가를 받는 사회에서 매력적이지 않은 사람들은 그들의 채용 기회, 결혼 가능성, 사회적 바람직함 등에서 불리하게 고려되기 때문이다. 주목을 끄는 특정 요소들에는 체격, 자세(태도), 얼굴의 특징, 걸음걸이, 자아 이미지를 왜곡하거나 사회적 골치로 작용할 수 있는 것을 포함한다. 클라이언트가 스스로 표현하는 방식에도 주의할 필요가 있다. 천천히 걷거나, 등을 구부린 자세를 취하거나, 생기 없이 말하거나, 자발성이 없거나, 얼굴 표정의 변화가 거의 없는 클라이언트는 우울한 상태일 수가 있다. 외모를 사정하는 기준은 일반적으로 옷이 상황에 적절한지 여부를 따지는 것이다. 옷과 복장은 개인의 사기(의욕), 가치, 그리고 생활수준에 대해 많은 것을 보여 줄 수 있다. 또한 외모와 연관된 다른 중요한 요소들은 손 떨림, 얼굴 경련, 경직되거나 자주 움직이는 자세, 얼굴이나 손이나 팔의 긴장된 근육 등을 포함한다. 때때로 이 특징들은 질병이나 신체적 문제를 반영하거나, 높은 수준의 긴장이나 걱정을 보여 주는 것으로 사례관리자에 의한 탐구가 요구된다.
- 신체적 영역에서는 클라이언트의 건강 상태를 고려하는 것이 중요하다. 먼저 사례관리자는 클라이언트가 의료적인 치료를 받고 있는지 파악해야 하며, 치료를 받고 있지 않다면 언제 마지막으로 의료검사를 받았는지 확인해야 한다. 사례관리자는 클라이언트의 문제를 심리사회적 요소들로 규정하기 전에, 클라이언트에 대한 신체적 사

정을 촉진함으로써 의학적 원인에 의한 어려움들을 배제해야 한다. 건강 사정은 클라이언트 가족의 건강에 대한 정보를 수집하는 것을 수반한다. 이는 유전적으로 연관된 장애와 관련된 상담의 필요를 규명할 수 있다. 의약품, 알코올과 다른 약물의 남용 문제는 다양한 정신적·육체적 건강의 문제들을 수반하기 때문에 정확한 사정이 필요하며, 적절한 치료 계획을 위해 중요하다. 우선 클라이언트가 처방전이 필요한 약과 처방전 없이 살 수 있는 약을 복용하고 있는지, 처방된 대로 약을 복용하고 있는지, 그 약이 의도하는 효과가 있는지, 약의 부작용을 경험하고 있는지를 파악하는 것이 중요하다.

클라이언트는 평소 눈과 입이 휘어지도록 밝게 웃는 표정을 짓는다. 146cm의 키에 50kg의 몸무게로 과체중이며, 등과 허리가 굽어 있다. 최근 잦은 허리 통증을 호소하여 과도한 활동을 자제하고 1일 1회 물리치료를 받고 있다. 클라이언트는 양극성장애(조증 삽화)로 장애 3급을 판정받았으며, 아침 식사 후 인데놀 20mg(고혈압 증상 완화), 저녁 식사 후 벤즈트로핀 2mg(향정신병약 투여로 인한 파킨슨병 완화, 부작용 방지약), 리튬 300mg(조증, 조울증의 예방과 치료), 바렙톨서방정 2mg(양극성장애와 관련된 조증의 치료), 리스페리돈 2mg(정동장애—우울증, 죄책감, 불안—의 완화)을 복용하며, 월 1회 정신과 정기검진을 받고 있다. 2013년 6월부터 고혈압으로 확인되어 혈압약을 복용하다가, 2015년 9월 혈압이 낮게 측정되어 약을 중단하고 현재는 관찰자로 매월 혈압 측정만 실시하고 있다. 또한 치아가 얼마 없어 위아래 틀니를 착용하고 있다.

- 정서적 특징

정서적 특징에서는 클라이언트의 정서 및 감정적 기능을 사정하게 되며, 클라이언트가 정서적 영역에 대해 어떠한 자원(능력)을 가지고 있는지 파악해야 한다. 감정은 인식에 의해서 영향을 받고, 행동에 강력한 영향을 미치는 요인으로서 중요한 의미를 지닌다. 정서적 영역에서 고려해야 할 부분은 정서적 반응의 적절함, 감정 통제, 감정의 범위와 영향의 적절성, 감정 과잉이나 감정적인 둔화, 정서적 장애 평가(조울증, 중증 우울장애, 자살 위험, 아동·청소년의 우울증과 자살 위험) 등을 포함한다.

- 클라이언트의 정서적 특징을 파악하기 위해 사례관리자는 클라이언트가 직면하는 다양한 상황들에 걸맞은 감정들을 경험하고 표현하는 능력에 주목해야 한다. 감정적으로 건강한 사람들은 상황에 적절하게 감정을 경험하고 표현한다. 웃거나 울거나, 기쁨이 나 아픔, 낙담, 분노를 표시하는 능력은 그 시기의 기분과 일치할 때 장점이 된다. 일반적으로 걱정과 우려를 일으킬 수 있는 상황에서 느긋해하고 자유롭다고 표현하는 클라이언트는 문제를 부정하거나 문제해결과정에 참여할 동기부여가 부족함을 나타낼 수 있다.
- 감정 과잉인 사람들은 통제를 잃고 약간의 자극에도 격렬히 반응할 수 있다. 감정 과잉을 사정하기 위해서는 자극에 대한 반응이 적절하고 균형이 잡혀 있는지 여부를 확인해야 한다. 반면, 감정적인 둔화는 행복, 절망, 분노 등 더 강한 반응을 불러일으키는 것에 대해 억제되거나 무관심하게 반응하는 상태이다. 예를 들어, 감정적으로 둔화된 클라이언트는 객관적이고(냉정하고) 사무적인 태도로 궁핍, 신체적 또는 성적 학대 등과 같은 정신적 외상(트라우마)적인 인생의 사건들을 말할 수 있다. 부적절한 정서적 반응은 고통스러운 사건을 논의하는 중 웃기나 논의되는 내용에 상관없이 계속해서 미소짓기 등과 같은 형태로 나타날 수 있다. 개인의 생활 조건과 맞지 않는 의기양양함이나 희열은 지속적이고 급격한 주제의 이동(생각의 비행)이나 화를 잘 냄, 과대망상적인 생각, 계속되는 움직임과 결합되며, 조증을 암시할 수 있다.

클라이언트는 평상시 활짝 웃는 표정을 지으면서 반가움과 기쁨을 표현하며, 감정이 고양된 모습을 보인다. 클라이언트는 과거 캠프를 갔던 일, 나들이를 갔던 일 등을 떠올리며 "재미있었고, 다음에 또 가고 싶다."고 이야기하면서 지나간 일을 즐겁게 추억할 수 있다. 또한 직원들에게 자신의 작업물(스킬 자수, 일기, 편지 등)을 보여 주고 인정받을 때 기쁘고 뿌듯함을 느낀다.

반면, TV에서 사람들이 울거나 죽었을 때 슬픔을 느끼며, 과거 함께 지냈던 시설 직원들에 대한 그리움을 가지고 있다. 한편, 다른 생활인들과 갈등이 발생하거나 자신이 남을 미워할 때에는 본인이 잘못한 일이 아님에도 죄책감과 미안함을 느낀다. 기쁘거나 즐거운 감정을 표현할 때와 달리 이러한 부정적인 감정(분노, 미움, 서운함 등)에 대해서는 별다른 표현을 하지 않고, 그러한 감정이 들더라도 참는 경향이 있다.

● 사회적 특징

- 사회적 특징에서는 클라이언트의 대인관계적 측면에 대해 어떠한 자원(능력)을 가지고 있는지 파악해야 한다. 사회적 특징에는 클라이언트의 가족 및 친구 관계, 사회적 지지체계, 신앙 공동체와의 연대 등 다른 체계들과 상호작용하며 의사소통하는 방식 등의 정보가 포함된다. 사례관리자는 클라이언트의 개인적인 습관이나 특성들과 더불어 클라이언트의 사회적이고 의사소통적인 형태들을 관찰할 수 있다. 특히 집단 활동에서 클라이언트가 보이는 행동양상과 그 행동이 다른 사람들에게 미치는 영향들에 주목해야 한다. 무엇보다도 클라이언트가 다른 사람과 협력할 수 있는 힘이 있는가, 타인에게 관심이 있고 공감할 수 있는가, 타인과 더불어 지내는 것이 즐거운가에 대해 파악하는 것이 중요하다.
- 사회복지실천에서 변화를 위한 노력은 주로 클라이언트의 사회적 기능을 증진시키는 행동 형태를 목표로 한다. 행동의 변화는 사회복지 개입의 핵심이기 때문에, 사회복지사는 행동의 역기능적/기능적 형태들을 식별하고 사정하는 기술을 갖추어야 한다.

| 표 6-3 ◈ 행동의 유형 |

행동 자원	역기능적 행동	기능적 행동
능력/통제	독재적, 고압적, 공격적, 요구가 많은, 지배적, 통제적, 소극적, 순종적, 의사결정과정에서 타인을 배제함	민주적, 협조적, 적극적, 의사결정에 타인 참여 유도, 자신의 권리 옹호
도움/원조	자아중심적, 비판적, 거절, 보류적, 모욕적, 방관적, 가혹, 비난적, 이기적, 타인에 대해 무감각하거나 무관심함	배려하는, 인정하는, 베푸는, 감정이입, 격려, 참을성 있음, 관대함, 이타적, 따뜻한 성격, 솔직함, 도와줌, 타인에 관심
책임감	의지하기 힘듦, 불규칙, 책임 회피, 책임보다 쾌락 우선시, 문제에 대한 책임 외부로 전가, 개인 재산 유지 어려움	의지할 만함, 안정적, 지속적, 신뢰 가능, 시작한 일은 다 끝냄, 책임 수용, 문제의 일부 수용, 개인 재산 유지
사교 기술	거칠고 신랄함, 변덕스러움, 무신경(둔감), 무관심(냉담), 은둔적, 빈정댐, 짜증냄, 내성적, 남의 시선 의식, 사회적 섬세함 부족	외향적, 침착함, 매력적, 말이 유순, 사교적, 위트, 공손, 참여적, 협조적, 자발적, 다른 사람 존중, 다른 사람의 감정에 민감, 예절 바름
대처 유형	완고, 충동적, 반항적, 문제 직시 회피, 스트레스 받을 때 알코올이나 약물 이용, 전전긍긍함, 다른 사람 공격, 샐쭉해짐	유연함, 문제 직시, 대안 고려, 결과 예상, 평형 유지, 성장 추구, 제안을 위해 타인과 상담, 협상과 타협

개인적 습관들	비조직적, 미적거림, 기만적, 부정직, 강제적, 지나치게 세심, 충동적, 지저분한 개인위생, 소비 과잉, 짜증 잘 냄	계획능력 있음, 조직적, 깨끗함, 효율적, 인내심 있음, 자기절제적, 외모가 잘 다듬어짐, 정직, 개방적, 진지, 온화, 사려, 공평, 시간 엄수
의사소통	웅얼거림, 지나치게 불평, 잔소리, 지나친 수다, 다른 사람 방해, 더듬거림, 화날 때 소리 지름, 의사표현 유보, 방어적, 논쟁적, 무뚝뚝, 심한 욕설	주의 깊게 들음, 온화하게 말함, 의견표현, 느낌 공유, 피드백 이용, 자발적인 자기표현, 타인의 관점 인정, 들을 수 있고 견딜 만한 한도에서 이야기
성취	동기미약, 목적 없음, 비생산적, 쉽게 낙담, 능력 이하의 성적, 진취성 부족, 일중독, 거의 끝까지 노력하지 않음	야심적, 근면, 스스로 시작, 독립적, 계획적, 인내심 강함, 성공적으로 노력, 상황을 발전시키고 개선하려 노력
정서적	비호감적, 속마음을 감춤, 거리를 둠	따뜻한 성격, 사랑스러움, 호감, 애정을 숨기지 않음

행동 및 사회적 행동을 사정할 때는 실질적인 문제 행동을 명시하는 것이 중요하다. 예를 들어, 클라이언트의 행동을 '거친'이라고 표현하는 것보다, 그런 결론을 이끈 행동들—클라이언트는 계속해서 자신의 동료들을 방해한다, 그들이 잘못된 정보를 갖고 있다고 말한다, 자신의 지식과 성취를 뽐낸다—을 묘사할 수 있을 것이다. 이처럼 구체적인 행동을 명시함으로써 행동을 변화시키려는 노력에 초점을 맞추는 것이 문제를 해결하는 데 수월할 것이다. 또한 사회복지사는 행동의 선행사건들—언제, 어디서, 얼마나 자주 발생했는지—을 판명하고 그 행동의 결과들을 명확히 해야 한다. 더 나아가 그 행동과 연관된 감정의 성격 및 강도와 더불어, 그 행동에 선행하고 동반되고 따르는 생각들을 조사할 필요가 있다.

클라이언트는 평소 친밀하게 지내는 친구 혹은 의미 있는 타인이 없으며, 대부분의 시간을 혼자 TV를 시청하며 보내고 있다. 클라이언트는 기관 직원들을 볼 때마다 반갑게 웃으며 "선생님 안녕하세요." "건강하고 행복하세요." "수고하세요." "안녕히 가세요." 등의 적절한 때와 장소에 맞는 인사말을 건네며 친근감을 표현하지만, 자신에게 별다른 반응을 보이지 않는 동료 생활인들에게는 그러한 모습을 보이지 않는다. 또한 종종 다른 생활인들을 고려하지 않은 채 직원, 신부님, 자원봉사자에게 관심과 인정을 받으려는 언행을 함으로써 동료들의

미움을 받기도 한다. 다른 생활인과의 갈등이 발생한 경우에는 먼저 직원을 찾아와 "선생님 제가 잘못했어요."라고 이야기를 꺼내며 직원의 관심을 받고자 한다. 동료 생활인들에 대해서는 '내가 선생님들과 이야기를 하면 나를 질투하는 사람들'이라 여기고 있다.

- 문제

> 다양한 정보를 수집하고 나면 사례관리자는 무엇이 유용한 정보인지 평가하고 판단하게 된다. 사례관리자의 평가와 판단은 정보를 수집하고 문제를 규정하는 전 과정에서 이루어지며, 이 판단의 과정에는 문제 중심이 아닌 클라이언트 중심, 클라이언트 이해라는 가치와 관점이 녹아 있어야 한다. 만약 사례관리자의 평가가 단순히 문제를 찾아내기 위한 활동에 그친다면, 클라이언트 소외라는 부작용을 불러올 수 있을 것이다. 클라이언트의 문제는 복합적인 체계 속에서 한 개인을 이해해야만 찾을 수 있으며, 사례에 대한 깊은 이해가 바탕이 될 때 개입과 실행의 효과를 높일 수 있다. 즉, 문제와 평가, 판단이라는 속성의 기저에는 클라이언트에 대한 이해가 전제되며, 이를 바탕으로 사례관리자는 클라이언트와 관련된 정보, 사회복지 지식과 이론을 활용하여 문제를 규정해야 한다.
>
> 문제 규명에 있어 클라이언트가 생각하는 문제(욕구)와 사례관리자가 생각하는 문제가 다를 수 있다. 그러나 클라이언트가 원하는 것을 모두 들어주는 것이 옳은 개입이 아닐 뿐만 아니라, 사례관리자는 전문가로서 계약과정 안에서 클라이언트의 문제를 규명하고, 그의 어떤 사회적 기능을 강화시키는 변화를 도모해야 한다. 문제를 규명한 후에는 사례관리자가 바라보는 문제에 의해 사회복지서비스가 제공되고 변화에 대한 점검 모니터링이 이루어진다.
>
> 클라이언트의 다양한 체계의 정보를 고려한 문제 규명을 통해 클라이언트에 대한 중요한 사실을 발견하게 되며, 이러한 사실의 규명은 사례를 재구성함에 있어 매우 중요한 단서가 된다.

- 클라이언트의 욕구
- 허리가 아프지 않았으면 좋겠다.
- 신아원에 방문하고 싶고, 그 시절 만났던 직원들이 보고 싶다.
- 돈을 벌어서 시장에 가고 싶고, 화장품과 예쁜 옷, 라디오를 사고 싶다.

• 사례관리자가 보는 문제
- 과거의 기억에 고착되어 있다.
- 인정받고자 하는 욕구가 있으나 현재 생활관 내에서의 역할이 없다.
- 주체적인 체험을 하고 싶은 욕구가 있으나 체험의 기회가 부족하다.

● 슈퍼비전 및 점검(1차)

문제가 규정되었다고 하더라도 사례관리자는 클라이언트에 대한 관찰과 평가를 중단하지 않아야 하며, 인간에 대한 지식과 이론을 겸비한 예리함과 민감함으로 클라이언트를 점검해야 한다. 이때에는 숙련된 슈퍼바이저의 슈퍼비전 및 점검을 필요로 한다. 인간은 주변과의 상호작용과 역동 속에서 늘 변화 가능한 존재이며, 변화의 방향성은 긍정적 혹은 부정적일 수도 있다. 이러한 모니터링을 통해 클라이언트의 변화를 민감하게 인지하고 문제 규정과 개입전략을 수정하는 것이 필요하다.

표 6-4 ◆ 사정기록지에 관한 1차 슈퍼비전 내용

구분	내용
제목 및 문제 규명	'있는 그대로의 클라이언트에서 출발하는 것인가?'(here and now) '클라이언트가 소외된 사례관리' • 초기 제목: '과거에 고착된 여성노숙인의 주체적 삶의 태도를 위한 접근' - 클라이언트가 과거에 고착된 것은 겉으로 보이는 현상이며, 이를 섣불리 문제로 규정해서는 안 된다. 과거 기억을 지속적으로 이야기하는 것은 정신질환으로 인한 증상일 수 있으며, 이것이 증상일 시 사례관리자가 규명해야 할 문제가 될 수 없다. - 사례관리자는 클라이언트가 현재 가지고 있는 자원과 질환에 대해 이해하면서, 여러 방면에서 클라이언트가 왜 그 내용을 선택하여 이야기하려 하는가를 고민해야 한다. - 과거의 일을 되새기는 것이 클라이언트의 유일한 삶의 의미이며 목적일 수 있다. 있는 그대로의 클라이언트를 이해하며, 진정한 문제가 무엇인지를 고민해야 한다. - 주체적 삶의 태도를 가지는 것은 지적장애,정신장애를 가지고 있는 클라이언트에 해당되지 않는 부분이다. 모든 사람이 주체적인 삶을 사는 것 또한 아니며, 일반인의 기준이 아닌 클라이언트의 수준과 능

	력에 맞는 목표 설정이 필요하다.
신체적 · 정서적 · 사회적 특징	• 신체적 · 정서적 · 사회적 특징은 객관적으로 기록해야 하며, 주관적인 표현들을 수정하여야 한다. • 정서적 · 사회적 특징에서는 클라이언트가 어떤 자원을 가지고 있는지를 서술해야 하나 이를 이해하지 못하고 눈에 보이는 현상만을 적어 놓았다.

이러한 슈퍼비전을 받고 그동안의 서비스 목표와 계획, 개입이 클라이언트를 고려하지 않은 채 세워진 것을 반성하였다.

● 수정된 사례관리자가 보는 문제

클라이언트는 타인과 친교를 나누고 싶은 욕구가 있으나 클라이언트와 대화 및 일상을 함께 나눌 수 있는 친구가 존재하지 않는다. 클라이언트는 함께 생활하는 동료 생활인들보다 시설 직원들과 신부님, 자원봉사자에게 관심이 집중되어 있으며, 자신의 욕구나 감정을 표현하기보다 직원들의 인정을 받기 위한 행위를 하려 한다. 이러한 상황은 직원에게 의존하는 생활양식을 강화시키고, 클라이언트가 생활공간에서 동료 생활인들과 관계를 형성하며 교류하는 것을 어렵게 한다.

(3) 목표 및 개입 계획

목표 설정은 클라이언트의 동기화 정도와 능력, 활용할 수 있는 자원, 다른 체계와의 관계 등을 고려해서 실현 가능한 것으로 책정되어야 한다. 목표를 설정할 시에는 구체성(specific), 측정 가능성(measurable), 성취 가능성(achievable), 현실성(realistic), 시기적절성(timely)을 고려할 필요가 있다. 클라이언트 개인이 가지고 있는 자원과 강점을 활용하는 것은 클라이언트에게 변화할 수 있는 원동력이 되며, 이는 클라이언트의 성장과 발달에 지속적인 동기를 제공할 것이다.

● 수정된 목표 설정

표 6-5 ◈ 수정된 목표 설정 및 개입 계획 내용 1

장기목표: 사회관계망의 확대를 통해 동료들과 건강한 관계를 형성하고 교류한다.			
단기목표	과거 이야기에 대한 지지	희망 물품 구입	사회관계망 확대와 사회기술의 강화
개입 계획	• 월 2회 정기적인 면담을 통해 과거 이야기를 하고 싶은 욕구 및 과거 시절의 그리움을 완화한다. • 클라이언트에게 가장 행복한 시절로 기억되고 있는 곳인 D시설을 방문한다.	• 평소 구입을 희망하던 소형 라디오, 의류 등을 구입하여 생활의 활력을 증진한다.	• 집단 프로그램 '수다방'에 참여하여 동료들과 건강한 관계를 형성하고 교류할 수 있도록 지원한다.

● 진행과정

목표 달성을 위한 실행 단계에서는 실질적인 사회복지서비스가 이루어지며, 사례관리자는 클라이언트의 문제를 완화하고 해결하기 위해 개인, 집단 및 거시적 체계를 활용하는 서비스를 제공하게 된다. 실행을 위해 사례관리자는 변화시켜야 하는 표적체계에 개입하며 변화과정에서의 역동, 균형과 불균형을 조율하며 그들의 사회적 기능을 향상시키는 역할을 하게 된다. 클라이언트 개인과 체계에 개입하는 사례관리자는 상담자, 중개자, 조력가, 중재자, 교육가, 옹호자 등의 역할을 때로는 하나 대부분은 둘 이상을 수행할 수 있어야 한다. 목표실행 단계 시 사례관리자는 클라이언트의 자기효능감 향상, 역량 강화와 회복탄력성을 가질 수 있도록 조력해야 하며, 장애 요인을 파악하고 개입과정의 많은 변수에 대해 예민하게 대처해야 한다.

| 표 6-6 ◈ 사례관리 진행과정 1 |

회기	수행과정	관찰	변화
1회기	• 최근 허리 통증을 자주 호소하는 클라이언트의 상태를 의무실에 알리고, 만성 허리 통증의 원인과 치료를 위해 척추센터 진료를 받음. - 검사 결과 3, 4번 디스크가 터져 있으며, 4, 5번 디스크가 협착 상태로, 주치의에 허리 디스크 수술 권유받음	• 오랜만에 병원에 왔다고 하며 과거 다리를 다쳐 병원에서 치료를 받았던 이야기를 함 • 수술하는 것에 대한 두려움을 표현함	• 허리 디스크 수술을 하는 것에는 두려움을 표현하였으나 신체건강을 위해 필요한 일이라는 것에 약간 수긍함
2회기	• 면담을 통해 클라이언트의 과거 이야기를 경청하고 지지함. • 클라이언트가 처했던 상황에 공감하고 감정에 반응함 • D시설을 방문하여 과거 함께 생활했던 동료 생활인들과 담소를 나누고 사진을 촬영함.	• 출발 전 D시설 방문에 대한 기대를 표하며, 과거 함께 생활하였던 직원들과 동료들의 이름, D시설 주변 환경에 대해 이야기함 • 당시 동료 생활인들과 만나 반갑게 인사를 나누고 상기된 모습을 보임 • D시설 직원들에게 예전 이야기를 차분하게 설명함	• 과거 보육원 생활 시절에 대한 그리운 마음이 다소 누그러짐. • 앞으로는 "돈도 벌고 싶고, 라디오와 화장품, 예쁜 옷을 구입하고 싶다."고 하며 앞으로의 삶에 대한 기대를 표현함
3회기	• 평소 희망하던 소형 라디오를 인터넷으로 구입함.	• 소형 라디오가 잘 작동되는지 버튼을 눌러 봄 • 예전부터 소형 라디오를 갖고 싶었는데 갖게 되어 기쁘다 표현함	• 호실 생활인들과 함께 호실에서 라디오를 들음
4회기	• 면담을 통해 과거 힘들었던 기억, 평소 가지고 있던 의문점에 대한 이야기를 나누며 자기 이해를 도모함.	• 국민학교 1학년 때 또래 친구들이 보육원 출신이라는 이유로 자신을 무시하고 돌을 던졌던 기억, 보육원 생활 당시 원장 딸의 집에서 하루 종일 집안일을 하여 힘들었던 기억에 대해 이야기를 꺼냄 • 예전에는 약을 2알만 먹었으나 지금은 5알을 먹고 있다며	• 사례관리자에게 과거 즐거웠던 기억에 대해 이야기하던 전과 달리, 미처 말하지 못했던 과거의 일, 평소 가지고 있던 의문점에 대한 이야기를 꺼내며 자신을 성찰하는 모습이 관찰됨

		정신과 약을 복용하지 않았으면 좋겠다고 함 - 클라이언트가 약을 복용해야 하는 이유(약을 복용하는 것은 이상한 일이 아니라 일상생활에 도움을 주는 것, 기분이 너무 들뜨지 않게 조정하는 것)에 대해 설명 및 정보 제공함. 이에 일정 부분 수긍하는 모습 보임	
5회기	• 허리 디스크 수술 후 현재 상태 및 기분과 감정에 대해 이야기하며, 수술과 치료과정을 견뎌 낸 것에 격려와 지지함.	• 수술 후 얼굴 및 복부에 부기가 있는 모습임 • 아직도 허리는 아프지만 직원들이 병문안을 와서 기뻤으며, 동료 생활인들도 면회를 왔으면 좋겠다고 표현함	• 평소 직원에게만 관심을 보이던 클라이언트가 입원 시 동료 생활인들이 면회 오는 것을 바라며, 그들을 그리워하는 모습이 관찰됨 • 퇴원한 지 얼마 되지 않았을 때에는 "병원 직원들이 자신을 잘 돌봐 주었다."는 것을 이야기하였으나 얼마 후 다시 근황에 대해 물어보았을 때 "병원이 지겹고, 이제는 가고 싶지 않다."며 보다 솔직하게 자신의 의사를 표현하는 모습을 보임

슈퍼비전 및 점검(2차)

사례관리자는 개입전략과 실행의 효과에 대해 평가해야 한다. 서비스 개입이 가져온 결과와 기대했던 결과가 일치하는지, 클라이언트가 결과에 만족하는지, 문제가 해결되었는지 등 실행과 목표 달성이 어떻게 작용하였는지 꼼꼼히 관찰해야 한다. 만약 목표가 달성되었다면 성공적 개입이 진행된 것이며, 그렇지 않을 경우에도 무엇이 목표 달성을 방해했는지 실패 요인에 대해 평가하고 개선의 방향을 제시할 수 있어야 한다.

| 표 6-7 ◈ 사정기록지에 관한 2차 슈퍼비전 내용 |

구분	내용
제목 및 문제 규명	수정된 제목: 지적 정신장애를 가진 여성노숙인의 사회관계망 확대를 위한 접근 - 클라이언트에게 왜 사회관계망이 중요하며, 이에 대한 개입을 해야 하는지에 대한 정당성을 규명해야 한다. - 단순히 직원과의 관계만을 맺는 것은 문제가 되지 않으며, 왜 동료생활인들과의 관계 형성이 중요한지에 대한 정당성이 필요하다.
사실 발견	- 인간관계 유형 중 수평 관계를 맺지 못하고 수직 관계를 맺는 사람의 속성에 대해 근거 자료를 찾아볼 필요가 있다.
개입 방향	- 클라이언트의 능력과 수준에 맞는 자율성을 증진시킬 수 있어야 하며, 그 방안에 대해 고민해야 한다. - 타인과 관계를 맺기 위해서는 자기자신을 알 수 있어야 하며, 이에 따라 클라이언트가 자신을 보다 잘 인식할 수 있는 방법을 모색할 필요가 있다.

(4) 재구성

앞서 언급했던 것처럼, 사례중심실천(CBP)의 핵심은 사례의 재구성이다. CBP에서는 기록된 것에서 정보가 의미하는 것을 해석해 주는 작업이 더해진다. 이 해석의 과정은 기존의 증거기반실천(Evidence-Based Practice: EBP)에서 사용되는 양화된 증거로 증명하는 방법 대신 클라이언트, 즉 사례가 가지고 있는 숨겨진 의미구조를 찾아내는 것을 핵심으로 한다. 재구성은 개별적인 사태를 현상적으로 그대로 묘사하는 것이 아니라 그 현상 뒤에서 작용하고 있는 역동적인 구조를 발견해 일반화하는 것으로, 이 일반화는 사태 자체에 내재해 있는 내적인 법칙성이 있기에 가능하다. 재구성의 방법은 '새로운 것을 어떻게 찾아낼 것인가' 하는 발견의 문제가 아니라 '새로운 것을 어떻게 설명해 낼 것인가' 하는 설명의 문제라는 점에 주의해야 한다. 그래서 연구자는 그 감추어진 의미구조(die latente Sinnstruktur)를 드러내는 일에 몰두해야 한다. 즉, 연구자는 연구대상자가 '왜 그렇게 행위했는가'가 아니라 '그렇게 행위하는 데 어떤 규칙이 배후에서 작용했는가'를 분석해야 하는 것이다.

• 왜 수직 관계를 선호하며, 수평 관계를 맺으려 하지 않는 것일까?

W: ◯◯ 님은 어떤 사람이에요?
C: 옛날에는 예뻤어요, 귀엽고. 원장님한테 칭찬받았어요. 사랑받았어요. 원장어머니랑 총무님… 거기 있는 사람한테 칭찬받고 예쁨받고 그랬어. 거기 있는 오빠들한테도 예쁨받고 그랬어.

클라이언트는 자신이 어떤 사람이냐는 질문에 다른 사람들로부터 칭찬과 인정을 받았던 것을 언급하고 있다. 특별히 클라이언트가 인정받았던 대상은 과거 거주했던 D시설의 원장과 원장의 어머니, 총무로 대변되는 시설 '직원들'과 '오빠들'이다. 앞선 면접에서도 D시설뿐만 아니라 클라이언트가 머물렀던 각 시설 직원들과 학교 선생님에 대한 이야기, 그들에게 자신이 칭찬받고 인정받았다는 내용이 공통적이고 반복적으로 나타난다. 반면, 친구들과의 일화나 상호작용에 대해서는 별다른 언급을 하지 않고, 자신이 기억하는 친구들의 이름을 나열하는 정도이다. 이것은 현재 클라이언트가 사례관리자와 신부님, 프로그램을 진행하는 자원봉사자들에게는 많은 관심을 보이며 그들의 인정을 받으려 하나, 정작 함께 생활하는 동료들에게는 그러한 모습을 보이지 않는 것과 같은 양상을 보인다. 그렇다면 클라이언트가 대인관계에 있어 또래와의 수평 관계가 아닌, 직원이나 교사와의 수직 관계를 선호하는 것의 이면에는 어떤 속성이 있을까?

또래관계는 서로가 대등한 수평 관계이므로 친구들과 잘 지내기 위해서는 상대의 입장이나 생각을 고려할 수도 있어야 하고, 때로는 협상이나 양보와 같은 고도의 사회적 기술이 필요하다(장유경, 2015). 그러나 지적장애인의 경우 지적 능력의 한계와 적응행동의 문제로 인해 또래와 긍정적인 관계를 맺고 유지하는 사회적 유능성이 떨어지며, 이로 인해 또래로부터 거부를 당하거나 놀림의 대상이 되는 등 사회적 관계에서 어려움을 가진다(김향지, 1996; 이미아 외, 2007; 조용태, 1996; Guralnick, 1999; Guralnick et al., 1985). 반면, 수평적인 또래관계에 비해 나이 든 형들이나 어른들과는 수직 관계가 형성되며, 형이나 어른들은 아동을 보호해 주고 이해해 주는 대신 아동은 그들의 지시를 따르기만 하면 되는 수동적인 입장에 놓인다.

클라이언트의 경우 지적 능력의 한계와 환경에 적응하는 기술의 부족으로 잦은 갈등과 다툼이 일어나는 또래와의 관계보다 자신에게 도움을 주거나 긍정적인 반응을 보이는 직원들과의 관계를 선호하였다. 성장과정에서 제한된 또래와의 경험은 시설 직원에게 의존하는 생활습관으로 이어졌고, 클라이언트가 자신의 의사에 따른 결정이나 선호하는 일을 하는 것이 아닌 시설 직원들의 기준을 만족시키려는 타율적 삶을 살아가는 것을 볼 수 있다. 타율적 삶이란 외부적인 요인에 의해 당사자의 의지와 욕구에 부합하지 못하며 개인의 선택권과 자기결정권이 위협받는 것을 의미한다(이경준, 2005). 이러한 사실 발견에 따라 본 사례에서는 클라이언트의 자기결정권이 확보되지 않은 삶에 대해 재구성하였으며, 이에 사례관리자는 클라이언트의 제한된 또래관계망을 확대하여 그가 동료들과의 상호 의존적인 관계를 형성하고, 자기결정의 범위와 기회가 확장된 삶을 살 수 있도록 지원하고자 한다.

• 왜 또래관계망의 확대가 필요한가?

자기결정이란 불필요한 외부의 억압이나 강요 없이 본인의 의지에 따라 독립적으로 선택하고 결정하는 것으로, 자신이 행동의 결정주체로서 기능하는 것을 말한다(이복실 외, 2012; Deci et al., 1985). 자기결정권의 보장은 대표적인 사회복지의 실천원칙으로, 장애인복지에서도 중요한 가치로 강조되고 있다. 일반적으로 환경적 지지를 받고 생활하거나 환경적 지지를 위한 개인적 능력을 가진 사람은 높은 자기결정 수준을 수행할 가능성이 높고, 이들은 상호 의존적인 인간관계를 형성함으로써 그들의 삶에서 바라는 것을 수행하고 통제할 수 있는 잠재력을 갖게 된다(황성혜, 2011; Abery et al., 2003). 개인에게 환경적 지지를 제공하는 대표적인 인간관계인 또래관계는 대등한 입장의 사람과 사회적 상호작용의 기술을 학습하고 연습하는 기회를 제공하여 사회인지적 발달을 촉진하고, 동료애와 사회적 지지를 제공하며, 위기와 스트레스에 대한 정서적 완충 역할을 한

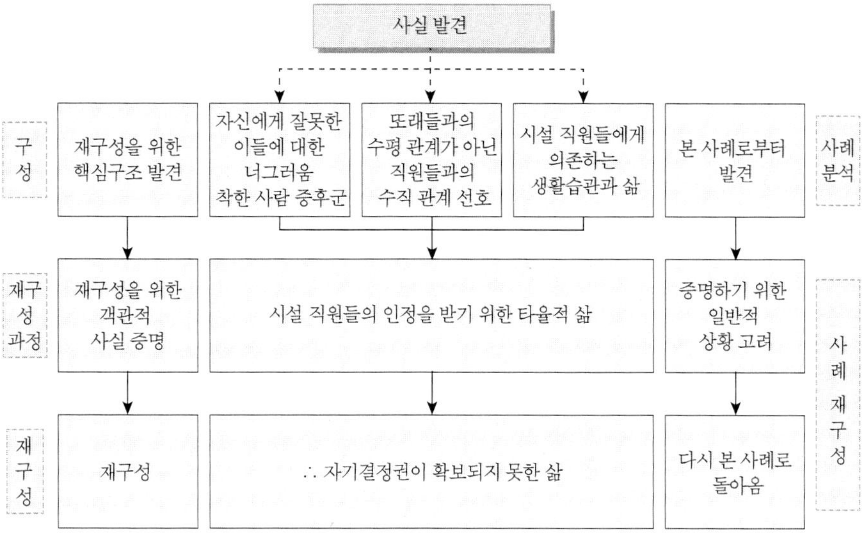

[그림 6-2] 사례 재구성 과정

다(송영혜, 2012; Erwin, 1998). 이에 따라 이 사례에서는 클라이언트의 자기결정 능력을 증진시키기 위해 또래와의 관계를 증진시키고, 관계망을 확대하고자 하였다.

● 슈퍼비전 및 점검(3차)

| 표 6-8 ◈ 사정기록지에 관한 3차 슈퍼비전 내용 |

구분	내용
문제 규명	• 집단 프로그램을 진행한 후, 문제로 규명한 부분이 맞았는지 모니터링할 필요가 있다.
지역사회 자원 활용	• 사례관리는 집단에 대한 개입 및 지역사회 자원을 활용하는 것까지 고려해야 하며, 이러한 방안에 대해 생각해야 한다. • 지역사회 자원을 활용한 개입을 고려할 때는 클라이언트의 강점과 능력을 고려해야 한다.

(5) 수정된 목표

표 6-9 수정된 목표 설정 및 개입 계획 내용 2

장기목표: 또래관계망 확대를 통해 또래와의 상호 의존적인 관계를 형성하고, 자기결정의 기회와 폭을 확대한다.			
단기목표	자기표현력의 향상	또래관계망 확대 및 사회기술의 강화	지역사회 자원을 이용하며 성취감 획득
개입 계획	• 월 1회 정기적인 면담으로 클라이언트의 욕구를 파악하고, 감정표현과 자기표현을 격려한다.	• 송년잔치 장기자랑 시 다른 생활인들과 함께 참여하여 그들과 어울리며 협력하는 기회를 마련한다. • 집단 프로그램 '수다방'에 참여하여 또래 생활인들과의 친목을 도모한다.	• 허리 통증으로 오랜 시간 외출이 힘든 클라이언트를 위해 기관 내에서 자원봉사자를 활용하고자 한다. • 지역사회 자원봉사자들이 진행하는 노래교실 프로그램에 참여한다. 음악 감상과 노래 부르기, 노래 발표회를 진행하여 노래부르기에 대한 욕구와 인정욕구를 충족시킨다.

- 진행과정

표 6-10 사례관리 진행과정 2

회기	수행 내용	관찰 내용	변화 내용
6회기	• 송년잔치 시 하고 싶은 장기자랑에 대해 이야기를 나누고 계획함	• 클라이언트는 혼자서 '고요한 밤, 거룩한 밤' 노래를 부르며 율동하는 것(작년에 했음)을 희망하며, 다른 생활인들과 함께하는 활동에 소극적인 모습을 보임	• 사례관리자의 제안과 격려로 다른 생활인들과의 캐롤메들리 합창을 시도해보기로 함
7~10회기		• 클라이언트는 곡 선정 논의 시 이러한 캐롤도 있다며 적극적으로 의견을 냄	• 소감으로 "혼자서 노래를 부르는 것보다 여러 사람이 같이 하는 것이 더 재미있다."고 표현하며, 다른

	• 송년잔치 장기자랑으로 동료 생활인들과의 합창, 율동 연습을 통해 또래와 어울리며 협력하는 기회를 마련한다.	• '고요한 밤, 거룩한 밤'의 율동 시범을 보이며 이를 다른 생활인들에게 알려 줌 • 연습 시간보다 일찍 와서 대기하고 있으며, 연습에 적극적으로 참여함. 노래와 율동 모두 숙지하고 있음	사람들과 함께하는 활동에 즐거움을 느낌 • 연습 전후로 김○○ 생활인과 이야기를 나누거나 함께 TV를 시청하는 모습이 관찰됨 • 합창 후 소감으로 동료 생활인들과 함께한 활동들이 즐거웠고, 다음해 장기자랑은 무엇을 할지 미리 생각하고 기대하는 모습을 보임
11~14 회기	• 소규모 집단 프로그램 '수다방'에 참여하여 동료 생활인들과의 친목을 도모함. - 참여자들은 클라이언트와 긍정적 상호작용을 나눌 수 있는 대상자들로 구성함 - 참여자들은 서로의 근황과 정해진 주제에 대해 이야기를 나누며, 자신을 표현하고 다른 사람들의 이야기를 경청함. 이야기가 끝난 후에는 참여자들 간 격려와 지지함	• 과거 보육원, 생활시설에 대한 이야기가 아닌 최근의 일에 대해 이야기함(수술 및 입원, D시설 방문, 장기자랑 등) • 클라이언트가 이야기의 주제와 진행 방향을 알고, 상황에 적절한 대답을 할 수 있으며, 다른 사람의 이야기를 듣고 격려할 수 있는 능력이 있는 것이 관찰됨 • 자신이 좋아하는 것에 대해 이야기하면서 다른 사람들과의 공감대를 형성한 것에 대해 기뻐하며 만족감을 느낌	• 다른 생활인들이 똘똘하게 말을 잘하는 것 같다고 표현하며, 자신과 다른 생활인들을 비교하는 모습을 보임 • "올해에는 (작년과) 다르게 남을 도와주면서 행복하게 살고 싶다."고 하며 타인에게 도움을 주고 싶다는 바람을 표현함 • 이야기를 하고 듣는 것이 좋고, 이러한 시간이 자주 있었으면 좋겠다며 프로그램에 대한 만족감을 표현함 • 14회기 시 간식 비용에 자신을 용돈을 보태고 싶다는 바람을 표현함 • 함께 프로그램에 참여하는 김○○생활인과 같은 호실에서 살고 싶다고 하며 친밀감을 표현함

(6) 변화

표 6-11 ◈ 클라이언트의 변화 내용

구분	개입 전	개입 후
나	예전 시설 직원들에게 예쁨받고 인정받았던 사람	소중한 사람, 현재의 시설 직원들에게 인정받는 사람
다른 생활인	나를 질투하고 시기하는 사람들	괜찮고, 믿음직하고, 사랑스러운 사람들
본 기관	- 웃으며 대답 회피함 - D시설에 대한 이야기만 함	D시설만큼은 아니지만 집이라고 생각함

개입 후의 가장 두드러진 변화는 클라이언트가 다른 생활인들과의 장기자랑과 '수다방' 프로그램 참여를 통해 그들과 함께하는 활동에 즐거움을 느끼며, 원만히 지내는 것에 대해 관심을 가지게 되었다는 것이다. 이에 따라 혼자서 TV를 시청하거나 사례관리자를 찾아와 과거 시절에 대한 이야기를 하는 횟수가 일 1~2회에서 월 3~4회로 줄어들었다. 특별히 함께 장기자랑 및 집단 프로그램에 참여하였던 김○○ 생활인을 '언니'라 부르며, 그의 방에서 함께 TV를 보거나 대화를 나누는 모습이 자주 관찰된다. 또한 20여 년 전의 과거 시절에 대한 이야기 외에는 별다른 표현을 하지 않던 클라이언트가 최근의 일과 자신의 근황에 대해 이야기하면서 보다 현실감을 가지고 자신을 표현하며, 희망하는 물품 구입을 요청하며 자신의 욕구를 표현하는 모습을 보인다.

사례관리자의 개입 전과 개입 후의 자기 자신과 동료 생활인, 기관에 대한 클라이언트의 인식의 변화를 살펴보면 다음과 같다. 클라이언트는 개입 전 자신은 '예전 시설 직원들에게 예쁨받고 인정받았던 사람'이었으나 현재는 그렇지 않다는 생각을 가지고 있었다. 하지만 사례관리자의 개입 후 자신을 '소중한 사람'이라 표현하며 보다 자기를 존중하고, 담당 사례관리자를 포함한 현 시설의 직원들과의 관계에 안정감을 느끼고 있는 것을 파악할 수 있다. 다른 생활인들에 대해서는 개입 전 '자신을 시기하고 질투하는 사람들'이라고 여겼으나 개입 후에는 자신을 생각해 주고 지지해 주는 이들에게 고마움을 느끼며, '괜찮고 믿음직하고 사랑스러운 사람들'이라 표현하고 있다. 본 기관에 대해서는 'D시설만큼은 아니지만 집이라고 생각'하고 있으며, 이는 개입 전 기관에 대한 대답을 회피한 것보다 나아진 결과이나, 거주한 지 18년이 되었음에도 과거 생활했던 시설보다 편하게 느껴지지 않는다는 점에서 아직까지 기관의 과제로 남아 있다.

2) 사례를 통한 제언

- 클라이언트의 삶에 대한 이해
- 생활시설에서 교류하는 삶의 중요성
- 시설 생활인들에게 자율성(자기결정) 증진의 의미

● 사례관리의 원칙

사회복지실천에서 사례관리는 서비스의 연속적 도움과정(sequential helping process)으로, 협의적으로는 임상적이고 미시적인 접근으로 볼 수 있지만 클라이언트의 권익을 위한 옹호 활동을 포함한 미시적 접근과 거시적 접근 모두를 아우르는 통합적 방법이다. 이에 따라 사례관리자는 사례관리 실천원칙인 통합성과 연속성을 고려하여, 클라이언트의 문제를 해결하고 그들의 삶의 질을 향상시키기 위한 개인, 집단, 지역사회의 세 가지 차원을 아우르는 통합적 접근을 해야 한다.

| 표 6-12 ◆ 사례관리 개입의 세 가지 차원 |

구분	미시적 차원	중시적 차원	거시적 차원
실천 범위	개인 자원 활용	집단 활용	지역사회 자원 활용
개입 내용	• 면접 및 정서 지지 • 자기표현 격려 • 개별 물품 구입 • 병원 진료 의뢰	• 집단 프로그램 '수다방' 진행 • 동료와 함께하는 장기자랑 진행	• 지역사회 자원봉사자를 활용한 노래교실 조직 및 참여 연계

사례 2. 경계선급 지적장애 여성노숙인의 고립된 생활태도 개선을 위한 접근

- 선택적 고립이 전하는 삶의 의미 -

1) 사례 선정

이 사례는 정신 및 지적장애를 가진 75명의 생활인들 가운데 경계선 지능을 가진 클라이언트의 고립된 생활태도에 대한 것으로, 클라이언트의 의식 속에 구조화되어 있는 의미를 전생애적 즉흥 이야기식 인터뷰를 통해 의미를 해석하고 재구성하여 클라이언트의 '의미 너머의 삶'을 이해하고 고립된 생활태도에 대한 개선을 위해 접근하고자 한다.

2) 사례관리

(1) 인테이크

● 클라이언트의 인적 사항

| 표 6-13 ◈ 클라이언트의 인적 사항 |

성명	나이	서비스 시작일	진단명 및 장애상태
김○○	57세	1985. 8. 1. (거주 29년)	당뇨, 혈압, 소아마비, 경계선 지능(IQ 71)

클라이언트는 1977년 A부녀보호소에서 9년의 생활을 하다가 1985년 8월 본 시설로 이동하였다. 본 시설 입소 후 클라이언트가 알려 준 가족에 대한 정보와 지문을 통해 연고자를 추적하였으나(3회) 실패하였다. 이에 클라이언트는 2008년 호적정리를 하게 되면서 지금의 주민번호를 발급받게 되었다.

객관적 자료의 의미

1. 57세(장년기)
   - 일반적 이해: 다양한 삶의 경험을 통해 지혜를 터득하고 사회적 · 가정적으로 중요한 역할(에릭슨 생산성)을 수행하는 시기이다.
   - 특수성: 클라이언트는 다양한 삶의 경험이나 체험이 부족하며 삶의 순간을 결정하거나 주도적으로 이끌어 가는 데 부족하나 맡겨진 역할을 잘 수행한다.

2. 시설생활 38년(본 기관 29년, 여성쉼터 9년)
   - 일반적 이해: 개인보다 사회적 정체감이 우선, 몰개인화(사회심리학)
   - 특수성: 클라이언트는 성인기(19세)에 접어들 무렵 생활시설에 입소하였고, 이전 청소년기에 가정, 거리, 시설 등으로부터 분리, 불신, 상실감 등을 경험했고, 이로 인해 불안과 긴장의 위축된 삶을 살았음을 볼 수 있다.

3. 경계선 지능(IQ 71)
   - 일반적 이해: 지능지수가 70 이상 85 이하인 사람으로 '지적장애'에는 속하지 않으나, 일상생활에 지장을 주며 사회성이 떨어지고 학습능력은 초등학교 5~6학년 수준까지 가능하다.
   - 특수성: 클라이언트는 오랜 입소생활로 개인적인 학습능력을 끌어올리기 위한 교육과 경험의 기회가 적어 인지의 발달과 사회성 기능이 약화되었다.

● 사례 선정의 이유

장애인들과 함께 생활하고 있는 경계선 지능의 클라이언트는 언어적 · 비언어적 표현의 부재 및 긴장감을 드러내고 있다. 호실장인 클라이언트는 평소 대화를 나눌 때 "괜찮다." 등의 짧은 말로 일관하는 등 늘 한결같은 표정(무표정)과 부자연스러운 몸짓으로 시선을 피하거나 살짝 곁눈으로 바라본다. 또한 시설 내 프로그램에 전혀 참여하고 있지 않으며, 특히 대인관계에 있어 특정인(정○○)을 제외한 다른 생활인들과도 관계를 맺고 있지 않는 상태이다. 오랜 기간 이곳에서 생활하면서 클라이언트는 지금의 특정인을 만나기 전에 또 다른 특정인과 관계를 맺어 오다가 그 생활인의 사망으로 인해 클라이언트가 큰 슬픔과 충격을 받았으며, 다시 일상으로 돌아오는 데 많은 시간이 소요되기도 했었다. 또한 자기표현의 부재로 인해 다른 생활인에 비해 클라이언트가 아무 일 없는 무관심 대상자로 전락할 가능성이 있다. 이에 클라이언트가 좀 더 관계의 폭을 넓히고 자연스런 자기표현을 통해 당당하고 개성 있는 한 사람으로 변화될 것을 기대하며 사례로 선정하였다.

라포 형성의 전략

1. 보조 맞추기: 클라이언트 말의 속도, 크기, 억양, 단어 등
2. 따라 하기: 거울처럼, 무관심, 방관 등
3. 추적하기: 순차(핵심), 요약 등
4. 관찰하기: 자세, 움직임, 표정 등
5. 자연스럽고 편안한 시간과 장소 선택 등

● 면접 요약(문제 중심 면접, 1차)

클라이언트는 1985년 본 시설로 입소하여 현재 29년째 생활하고 있다. 미국의 작은 시골 마을에서 태어났으며 지금도 부모님이 미국에 살고 있다고 한다. 아버지 이○○ 씨와 어머니 박○○ 씨 사이에 오빠가 몇 명 더 있다고 한다. 또한 결혼하여 2남 1녀를 두었으나 이혼하면서 모두 시어머니가 데려간 이후 한 번도 자녀들을 만난 적이 없다고 한다.

클라이언트는 집이 가난하여 초등학교 3학년까지 학교를 다녔으며, 어릴 적 꿈은 박사가 되는 것이고, 대학에 다니던 긴 생머리에 피아노를 치는 사촌동생이 부러웠다고 한다. 아버지와 클라이언트의 성이 다른 이유에 대하여는 아무런 대답이 없지만 아버지와 둘이 영화를 보고 저녁을 먹는 친밀한 관계를 가졌던 사람으로, 어머니는 이런 행동들에 대해 화를 내며 나를 '시기질투' 하는 사람, 하나님만 아는 사람으로 생각하고 있다. 클라이언트는 몸 건강하게 잘 지내다가, 지금은 말고 나중에 좀 더 이곳에서 생활하고 있다가 집으로 돌아갈 것이라 한다. 집으로 돌아가고 싶은 이유로는 예전에 못한 공부를 계속 하고 싶어서라고 한다.

(2) 사정

● 신체적 특징

짧은 머리와 깔끔한 모습, 다부진 체구의 클라이언트는 어릴 때부터 소아마비로 인해 양쪽 다리 길이가 다르며 한쪽 발이 약간 틀어져 있다. 또한 고혈압(2002년, 스피로자이드 복용)과 당뇨병(2008년, 메리콜 복용) 그리고 비만(2014년 건강검진 시 진단)으로 식이조절과 운동을 병행하고 있다.

● 정서적 특징

클라이언트는 상담 중 "뭐 그렇죠~"라는 다소 소극적이면서도 방어적인 중성적 단어를 반복적으로 사용하며, 호실장임에도 호실에 대하여 어떠한 표현도 하지 않는 소극적인 모습을 보이는 반면, 자신의 부모에 대하여는 적극적으로 표현하는 모습을 보였다. 특히 아버지에 대해서는 굉장한 친밀감과 긍정적인 표현을, 어머니에 대해서는 부정적인 표현을 사용하고 있다. 평소 고개는 숙이지 않고 눈은 아래로 향하고 있으며 곁눈으로 상대를 바라본다.

● 사회적 특징

대인관계에 있어 소극적이고 편협함(특정 1인)을 가지고 있으며, 특정인과의 관계에서도 돌봄이라는 불균형의 관계를 나타내고 있다. 또한 시선은 늘 아래로 향해 있고 누군가를 볼 때는 곁눈으로만 바라본다. 본인의 생각이나 타인에 대하여도 전혀 드러내지 않는 모습이다. 하지만 클라이언트는 호실장으로서 맡겨진 역할(청소, 빨래, 간식 분배 등)에 대한 책임을 잘 수행하고 있다.

문제 규명

1. 비현실적인 인식: 고향이 미국이고 현재도 그곳에 부모님이 거주하고 계시다고 함
2. 모호한 표현으로 자신의 의견을 반복적으로 피력함
   - "뭐 그렇죠~" 등의 언어로 자신에 대하여 소극적으로 방어적인 모습
3. 부모에 대한 균형 잡히지 않은 차별화된 감정 표현을 함
   - 아버지: 좋은 사람, 나에게 친절한 사람(미소), 보고 싶은 사람
   - 어머니: 시기질투하는 사람, 하나님만 찾는 사람, 보고 싶지 않은 사람

● 문제

• 클라이언트가 보는 문제(욕구)

클라이언트는 몸 건강하게 잘 있다가 지금은 말고 나중에 집으로 돌아가고 싶다고 한다. 집에 돌아가고 싶은 이유로는 예전에 못 다한 공부를 더 하고 싶다는 것이다.

• 사례관리자가 보는 문제

클라이언트가 가족에게 가지고 있는 정서적 느낌이나 자신에 대한 표현의 부재, 생활 속의 긴장감 등에 대한 정서적인 부분과 약 30년 동안의 시설생활에서 집으로 돌아가고 싶어 하는 클라이언트의 소속과 안전에 대한 욕구이다.

(3) 목표 및 개입 계획

● 목표 설정

표 6-14 ◈ 목표 설정 및 개입 계획 내용

<table>
<tr><th colspan="3">단기목표</th><th colspan="4">장기목표</th></tr>
<tr><td colspan="3">- 피아노 레슨을 통해 배움에 대한 기회를 제공한다.
- 힐링뮤직 프로그램 제공으로 생활에 자신감과 활기를 찾아 준다.
- 지속적인 운동 및 물리치료를 통해 신체적 건강을 유지한다.</td><td colspan="4">- 클라이언트의 건강한 신체와 꿈에 대한 도전으로 지금보다 더 즐겁고 행복한 노후가 되도록 한다.</td></tr>
<tr><th colspan="2">욕구 영역</th><th>개입 계획</th><th>서비스 시작 일자</th><th>서비스 종료 일자</th><th>횟수 (회)</th><th>담당자</th></tr>
<tr><td rowspan="2">정서</td><td>힐링뮤직</td><td>힐링뮤직 프로그램에 참여하여 나를 찾아가는 과정을 통해 일상생활에 보다 활력이 넘치는 삶을 영위토록 한다.</td><td>2014. 9.</td><td>2014. 11.</td><td>8</td><td>오○○</td></tr>
<tr><td>피아노 레슨</td><td>어릴 적 부러움의 대상(피아노)에 대한 도전의 기회를 제공함으로써 꿈을 이뤄 가는 즐거움을 느낄 수 있도록 한다.</td><td>2014. 8.</td><td>2014. 12.</td><td>20</td><td>진○○</td></tr>
<tr><td rowspan="2">신체</td><td>걷기 운동</td><td>걷기 운동을 통해 혈압, 당뇨, 비만으로부터 동반되는 부정적인 신체적 요소를 감소시킨다.</td><td>2014. 7.</td><td>2014. 12.</td><td>매일</td><td>진○○</td></tr>
<tr><td>물리 치료</td><td>지속적인 물리치료를 통해 다리 근육의 이완과 원활한 혈액순환으로 통증의 감소와 신체적 건강함을 유지시킨다.</td><td>2014. 8.</td><td>2014. 12.</td><td>20</td><td>김○○</td></tr>
</table>

● 슈퍼비전 및 점검(1차)

문제가 규정되었다고 하더라도 사례관리자는 클라이언트에 대한 관찰과 평가를 중단하지 않아야 하며, 인간에 대한 지식과 이론을 겸비한 예리함과 민감함으로 클라이언트를 점검해야 한다. 이때 숙련된 슈퍼바이저의 슈퍼비전 및 점검을 필요로 한다. 인간은 주변과의 상호작용과 역동 속에서 늘 변화 가능한 존재이며, 변화의 방향성은 긍정적 혹은 부정적일 수도 있다. 이러한 점검을 통해 클라이언트의 변화를 민감하게 인지하고 문제 규정과 개입전략을 수정하는 것이 필요하다.

표 6-15 사정기록지에 관한 1차 슈퍼비전 내용

구분	내용
일반 사항	• 클라이언트가 말하는 것을 사실로 인정하고 기록할 것 • 재구성할 때 분석할 것 • 가지고 있는 상처로 인해 클라이언트가 만들어 놓은 이야기일 가능성 고려 • 클라이언트가 만들어 놓은 이야기를 강화시키기보다는 직면의 질문이 필요함
자료 분석	• 클라이언트는 엘렉트라 콤플렉스를 갖고 있는 구조를 볼 수 있음 - 여자는 적이고, 남자는 내 편이다, 클라이언트는 희생양이다, 아버지와는 좋은 친밀감, 엄마나 시어머니는 못된 사람 등 • 해석하지 않고 나열하였음. 또한 그 정당성을 기재할 필요가 있음 - 달관한 듯, 부끄러운 듯, 관심 없는 듯 • 사정 시 평가하지 말 것 - 질투한다는 잘못된 인식 등의 표현 • 강점 - 강점의 이유와 이론적 근거를 기술할 것, 서비스와 연결할 것 • 목표 설정의 모호함 - 누구를 위한 목표인가, 57세의 나이에 왜 피아노 레슨인가 등 - 클라이언트의, 클라이언트를 위한, 클라이언트를 위한 목표가 되어야 함 • 클라이언트가 전하고자 하는 말과 그 너머의 의미를 해석하도록 할 것
면접 내용	• "뭐 그렇죠~" (반복적 사용) - 중성적 답변이며 부정적 의미가 담겨 있음 - 상호작용을 할 수 있는 클라이언트가 덤덤하게 말하는 습관에는 의미가 있다고 봄 • "사람들이 시기하고 질투하고 그래요." - 클라이언트는 자신이 다른 사람과 다르다고 과시하는 동시에 희생자라고 생각함

	• "아버지가 영화도 보여 주고 맛있는 것도 사 주셨어요." – 아버지를 이성으로 여김, 직면의 질문이 불충분함 • "뭐 이렇게 생활 잘하다가 집으로 갔으면 좋겠어요." – 언젠가는 여기를 떠나야 할 곳으로 생각하고 있음 → 기관의 목표가 되어야 함 • 아버지와 클라이언트가 성이 다르냐는 질문에 말이 없음 – 자신이 만들어 놓은 이야기에 '양심'이 작용하는 부분이 발생하기도 함

● 고민(우선순위)

- 선행되어야 할 과제가 무엇인가?
- 클라이언트와 사례관리자와의 라포가 형성되었는가?
- 클라이언트의 과거로부터/지금 있는 그대로의 존재로부터
- 클라이언트의 욕구, 동경했던 것, 접근이 가능한 것은 무엇인가?

● 사정을 위한 라포 형성

목표로 세웠던 피아노를 매개체로 하여 사례관리자의 레슨을 통해 관계를 형성하고 그 과정을 통해 관계의 폭을 점차 확장시키도록 한다.

● 진행과정

표 6-16 ◈ 사례관리 진행과정

회기	수행과정	관찰	변화
1회기	• 피아노를 바라보고 만져 보고 느껴 본다. • 그 앞에 앉아 있는 자신의 모습을 상상한다. • 직접 피아노 앞에 앉아 본다. • 자유로이 건반을 두드려 본다.	• 피아노 곁으로 성큼 다가선다. • 피아노를 바라보며 미소를 보인다. • 사촌동생이 피아노를 잘 쳤다고 말한다.	• 얼굴표정이 밝아진다(표정 변화).

2회기	• 피아노 앞에 앉아 자유롭게 두드린다. • 자신의 모습을 거울에 비춰 본다.	• 거울에 비친 자신의 모습을 살짝 곁눈으로 바라본다(자신과 직면). • 얼굴빛이 붉어지며 부끄러운 듯 미소를 보인다.	• 음료수를 준다.
3회기	• 피아노를 자유롭게 두드린다. • 음계를 배운다 • 호실에서 할 수 있도록 종이 피아노를 제공한다.	• 더디지만 음계를 따라한다. • 양손으로 음을 두드린다. • 종이 피아노를 좋아한다.	• 눈을 마주친다. • 손인사를 한다. • 종이 피아노로 연습한다.
4회기	• 피아노를 자유롭게 두드린다. • 음계를 익힌다.	• 음계 익히는 것에 부담감이 있다.	• 호실에서 장난을 친다(긴장감 완화).
5회기	• 피아노를 자유롭게 두드린다. • '똑같아요' 곡을 먼저 불러본다. • 곡을 피아노로 쳐 본다.	• 글과 악보 보는 것이 서툴다. • 곡으로의 접근에 만족해한다. • 피아노 앞에서는 미소만 짓는다.	• 호실에 대한 자신의 의사를 표시한다. • 자신을 위한 10만 원짜리 신발 구입을 희망한다.

- 4회차 진행 중 클라이언트는 피아노 레슨에 대해 포기 의사를 밝혀 왔다.
- 클라이언트는 음계라는 한계에 부딪혔고, 그 한계를 인정하기 싫었음을 알 수 있었다.
- 프로그램 5회차 진행 후에 다른 생활인이 피아노를 치는 것을 보려고 스스로 다가왔다.

클라이언트의 변화 시작

- 시각의 확대(관심 표현)
  - 호실 생활의 이야기 및 다른 생활인에게 관심을 보임
- 자아존중감의 향상

  - 자신을 소중하게 생각하기 시작함
- 관계의 시작
  - 자신의 의견이나 생각을 이야기하고 다른 생활인의 모습을 지켜봄
  - 눈을 마주치고, 미소를 짓고, 손인사를 건넴

→ 클라이언트의 변화로 인한 재사정 필요

(4) 재사정

● 면접 요약(전생애적 즉흥 이야기식 면접, 2차)

클라이언트는 어릴 적 충청도에서 태어났으며, 집이 바닷가 근처여서 바다나물을 뜯고 다녔으나 수영은 못하였다고 한다. 아버지는 어머니에게 홀딱 넘어간 사람이며, 성격이 굉장히 깔끔해서 청소를 깨끗이 해야 했고 그 일로 아버지에게 맞기도 했다고 한다. 어머니는 여우같아서 아버지한테 혼나지 않았으며, 자기를 시기질투하는 사람이라고 한다. 클라이언트는 아버지는 보고 싶지만 엄마는 보고 싶지 않다고 한다.

클라이언트가 10세 무렵 집이 너무도 가난하여 큰집으로 보내졌다고 한다. 그곳에서 공부를 하게 될 줄 알았는데 공부는 시키지 않고 일만 시켰으며, 가족들도 도와주지 않았다고 한다. 그 집에 사촌동생이 있었는데 피아노를 잘 쳤다고 한다. 그러던 중 엄마가 죽었다며 집으로 가 보라고 자기를 큰집에서 내보냈고, 아버지가 클라이언트를 찾아오지 않아 슬펐다고 한다. 그리고 엄마가 죽었다는 것은 거짓말이었다고 한다.

클라이언트는 군인인 남편을 만나 아이들을 낳고 지냈으나 이혼하면서 아이들을 보지 못했다고 한다. 현재 아이들은 박사가 되어 있을 것이라고 생각하고 있다.

나중에 집으로 돌아가 공부를 계속 하고 싶다는 클라이언트는 이곳의 생활인들과는 잘 안 맞는 것 같다며, 이곳은 불안하고 편안하지 않다고 한다. 이유는 물건이 없어지고 이상한 사람들도 있고 밥도 적게 먹으라고 하는 것들이 싫다며, 작은 소리로 "잘 났니 못 났니 해도 영감이 제일이고 영감한테 가야지." 라고 하였다.

● 슈퍼비전 및 점검(2차)

| 표 6-17 ◈ 사정기록지에 관한 2차 슈퍼비전 내용 |

구분	내용
라포 형성과 질문법	이야기가 좀 더 구체적이고 사실적으로 표현함
양면성	열등감이 우월감으로 나타남
콤플렉스	남성에 대한 성고착 및 이상심리(스톡홀름 증후군) 현상, 여성에 대한 경쟁구도(엘렉트라 콤플렉스) 등에 대한 접근방법
구조화된 삶의 의미	• 내용은 바뀔 수 있으나 클라이언트가 선택한 구조의 의미에 집중할 것 • 그 구조를 정확히 발견하고 파악하는 것이 재해석의 포인트임
목표 설정	클라이언트가 선택한 구조화된 삶의 의미와 욕구를 동반한 목표를 설정

● 면접에 따른 달라진 내용

| 표 6-18 ◈ 면접에 따른 달라진 내용 |

구분	1차 문제 중심 면접	2차 전생애적 즉흥 이야기식 면접
고향	미국	충청도 바닷가 앞
아버지	보고 싶은 사람	깔끔한 사람, 때린 사람, 보고 싶은 사람
어머니	보고 싶지 않은 사람	여우 같은 사람, 아버지를 홀딱 넘어가게 한 사람, 보고 싶지 않은 사람
남편	좋은 사람	군인
아들	한 번도 보지 못함	박사들이 되어 있을 것
집안 형편	가난	가난, 큰집으로 가게 된 클라이언트
욕구(이유)	집으로 가고 싶음(공부)	집으로 가고 싶음(공부, 영감)
동경	사촌동생 (대학, 피아노, 긴 생머리)	사촌동생
언어 사용	중성적 언어 "뭐 그렇죠"	사용 안 함
생활인	-	차별화 ("난 이 사람들과 달라.")

현재 생활하고 있는 시설	-	편안하지 않음(이상한 사람들, 없어지는 물건)

※ 　　　는 1, 2차 상담 시 달라지지 않은 내용임.

(5) 해석의 과정

● 어린 시절

가족이나 사회로부터 지지해 주는 세력은 없었던 것으로 나타나는 클라이언트는 자신의 노동(경제활동)이나 움직임이 타인에게 도움이 된다는 것을 아는 것으로 나타난다.

"수영은 못하고 바닷가에서 나물만 뜯었는데… 제일 행복했어요."

클라이언트는 자신을 때린 아버지에 대한 정당성을 부여하며 위계에 대해 거부하지 못했으며, 부모나 부부상에 있어 불공평함과 불균형의 감정을 가지고 있는 것으로 나타난다.

"아버지는 깔끔한 성격이라서 나를 때렸으며… 보고 싶은 사람.
엄마는 아버지를 홀딱 넘어가게 한 여우같은 사람이며, 보고 싶지 않은 사람."

클라이언트는 가난 때문에 부모로부터 큰집으로 분리(10세, 1차 충격)가 이루어진다.

● 청소년 시절

부자인 큰집에서 공부를 계속 할 줄 알았던 클라이언트는 집안일만 하게 되면서 사촌동생을 동경하게 되었는데, 클라이언트는 당시 17세 이전으로 사촌동생은 대학생이 아니었을 가능성이 있으며, 이는 클라이언트가 누군가와 오버랩되었거나 구조화된 기억으로 나타나는 것으로 생각된다.

"긴 생머리에 피아노를 치며 대학 다니는 사촌동생이 부러웠어요."

클라이언트는 아버지(폭행)에 대한 애착과 그리운 남편이 군인인 것을 통해 강한 남성상을 그리워하는 모습(이상심리-스톡홀름 증후군)을 보인다.

"아버지가 날 찾으러 오지 않아 섭섭했어요… 지금도 보고 싶어요.
남편은 군인(미소)이고 아들들은 박사가 돼 있을 거예요."

엄마의 죽음으로 큰 집에서 나오게 되었고 그때가 클라이언트가 거리로 나오게 되는 시발이 되었다는 것을 알 수 있으며, 클라이언트는 엄마(시어머니)에 대한 강한 경쟁구도(엘렉트라 콤플렉스-성고착 현상)를 드러내고 있다.

"엄마가 죽었다고 하여 나왔는데 알고 보니 죽지 않았어요. 엄마는 보고 싶지 않아요."

● 시설생활

대학에 다니는 사촌동생을 동경하는 경계선 지능의 클라이언트는 정신 및 지적장애를 가진 생활인들 속에서 '이 사람들과는 다른 나'를 만들어 스스로 고립의 생활을 선택하여 행동하는 구조를 가지고 있는 것으로 나타났다.

"난 이 사람들과 안 맞는 것 같아."

나중에 집으로 돌아가 못 다한 공부를 마치고 싶은 마음도 있지만 동시에 클라이언트는 아버지든 남편이든 '남자'에 대해 그리워하고 있음을 볼 수 있다.

"잘났니 못났니 해도 역시 영감이 제일 좋다. 영감한테 가야지."

클라이언트는 거리에서의 생활(2년)에 대하여는 전혀 언급하지 않았으며, 이 시기가 기억하고 싶지 않은 충격의 시기였을 가능성이 있다. 결혼한 시기와 이야기에 대하여는 어릴 적 자신을 그냥 업어 갔고 그 당시 나이는 알 수 없다고 하였다.

(6) 재구성

클라이언트는 어려서부터 개인적 · 사회적으로 지지해 주거나 보호해 주는 지지기반이 없었으며, 두 차례에 걸쳐 가족이나 친족으로부터 충격적인 분리와 거절을 경험하였고, 어떠한 거부도 행사하지 못한 채 시설에서의 생활이 시작되었다. 또한 부모나 부모상에 불균형이나 불공평함을 갖고 있으며, 엘렉트라 콤플렉스나 강한 남성(군인)에 대한 그리움을 보이는 이상심리(스톡홀름 증후군)도 나타난다. 이에 따라 집으로 돌아가 공부를 하고 싶다는 클라이언트는 동시에 남자(남편, 아버지)에 대한 그리움도 드러내고 있다.

경계선 지능을 가진 클라이언트는 이곳의 생활인(약 90%가 장애)들과 다른 나를 만들어 그들과의 차별화를 가지고 있는 동시에 완벽한 역할 수행에 대한 한

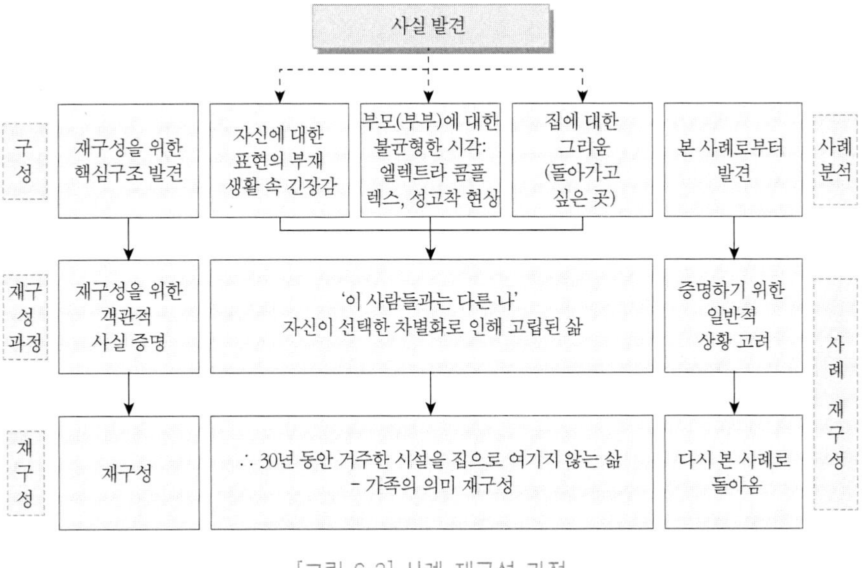

[그림 6-3] 사례 재구성 과정

계와 이를 인정하는 데에 두려움을 가지고 있다. 결국 클라이언트는 자신이 선택한 차별화로 인해 이곳에서의 고립된 생활을 선택하였으며, 30년 동안 거주한 시설을 잠시 머무르는 곳이라 생각하며 집으로 여기지 않는 삶을 살고 있다. 이러한 사실 발견에 따라 본 사례에서는 클라이언트가 생각하는 '집'과 '가족'의 의미에 대해 재구성하였으며, 이에 사례관리자는 클라이언트가 가지고 있는 차별화와 콤플렉스에 대한 정서적 지지를 제공하며, 시설에서의 삶이 보다 편안하고 안정감을 느낄 수 있도록 지원하고자 한다.

(7) 수정된 목표

표 6-19 ◈ 수정된 목표 설정 및 개입 계획 내용

구분	프로그램명	내용
단기목표	1. 고향 방문(충청도)	1. 제일 행복했었던 어린 시절의 그리움 해소
	2. 피아노 학원(지역사회 연계)	2. 배움에 대한 욕구 충족
장기목표	1. 사회성 기술 강화(동아리 구성)	1. '차별화'에 대한 지지(뮤직 & 뷰티)
	2. 정서적 지지(콤플렉스)	2. 인지치료적 접근으로 건강한 정서 지원

3) 사례를 통한 제언

● 입소 경로

- 우리 생활인들이 어떤 경로로 이곳까지 오게 되었는지 깊이 생각하게 된 사례임
- 개인적, 사회적 자원으로부터 보호받지 못한 나약한 사람(소속, 안전, 사람, 가정 등)
- 개인의 존엄이나 가치는 전혀 보이지 않는 충격적인 분리, 거부
- 이유에 대한 설명 없이 선택될 수밖에 없는 상황(거리)으로의 내몰림
- 가족에 대한 끝도 없는 기다림과 그리움

• 이런 이야기를 가진 우리 생활인들에게 어떻게 접근하고 개입해야 하는가에 대하여 고민하지 않을 수 없음

● 기관의 고민 (목표)

"편하지가 않아요."

• '왜! 우리 시설이 집이 아닌, 잠시 머무는 곳인가?!'
• 질적 연구를 통해 개인의 욕구뿐 아니라 그 과정을 통해 클라이언트가 속한 기관이 나아갈 방향까지도 알 수 있음

사례 3. 청각장애 여성노숙인의 자기 주도적 일상생활영위 지원을 위한 지역사회 통합전략

- 선천적 청각장애를 가진 여성이 살아가는 '같은' 또는 '다른' 삶 -

1) 사례 선정

우리가 이 세상에 태어날 때 어떤 환경에서 태어나는가는 우리의 의지나 취향과 상관없으며 또한 스스로 선택할 수도 없는 것이다. 마찬가지로 장애도 태어날 때부터 안 보이는 삶, 안 들리는 삶을 선택하는 사람은 아무도 없다. 그들의 의지와 상관없이 선천적으로 장애를 가지고 태어난 사람들이 있다. 장애여성이 우리 사회에서 살아가는 모습은 일반적으로 우리가 예상하고 예측할 수 있는 부분들(경제적 불평등, 사회적 고립, 차별 등)이 틀림없이 존재한다. 그러나 앞서 제시한 제목처럼 '또는'의 부분에 어떤 변수들이 작용하는가에 따라 그들의 삶은 우리가 예측하거나 상상할 수 없는 전혀 다른 모습의 삶으로 변할 가능성이 크다. 부모의 지위, 경제적 상황, 그를 둘러싼 환경, 장애에 대한 인식 정도에 따라 천차만

별의 삶이 존재할 것이다. 이러한 관점에서 여기서 다루고자 하는 클라이언트에게 '또는'의 의미는 사례관리자들의 개입의 필요성을 설명하기에 충분하다.

2) 사례관리

(1) 인테이크

● 클라이언트의 인적 사항

표 6-20 클라이언트의 인적 사항

성명	나이	서비스 시작일	진단명 및 장애상태
박○○	73세	1985. 8. 1. (거주 29년)	조현병, 정신장애 3급, 청각 및 언어 장애

클라이언트는 청각 및 언어 장애인으로 현재 우리 기관에 1985년 8월 1일에 입소하여 거주 29년이 된 73세의 노령 생활인이다. 조현병으로 인해 2011년 12월 정신장애 3급 진단을 받았으며, 2013년 12월 재진단 영구 제외로 사망 시까지 장애등급이 지속된다. 조현병으로 인한 장애 3급의 정도는 망상, 환청, 사고장애, 기괴한 행동 등의 양성 증상이 있으나 인격 변화나 퇴행은 심하지 않은 경우이다.

객관적 자료의 의미

1. 73세 (노년기)
   - 일반적 이해: 자신의 삶을 통합하고 점검하는 시기(Erikson의 자아통합 대 절망)이며 가족, 건강, 종교가 노년기 삶의 행복을 결정하는 중요한 요인이 된다.
   - 특수성: 가족지원망이 없는 클라이언트에게 이웃, 친구 등 애정과 친밀감을 줄 수 있는 사회적 지지망이 존재하지 않는다.

2. 거주 29년
   - 일반적 이해: 개원 초기 생활인 1,000명과 직원 70명이 있었고, 직원 중 일반직은 40여 명으로 이 중 12명이 경비직이었으며 사회복지 종사자는 없었다. 현재와 같은

방에서 2배 이상의 인원이 생활하며 개별화 없이 집단으로 의식주를 해결하는 수준이었다. 이러한 환경에서의 거주 29년은 외부의 새로운 환경과 접촉하는 힘이 감소되었으며, 따라서 사회적 기능이 약화되었음을 의미한다.

- 특수성: 입소 당시 44세로 일반적인 성인 중기까지의 삶을 살아온 클라이언트는 결혼과 임신, 출산 그리고 양육의 경험이 존재한다. 이러한 경험이 현재 클라이언트의 행동양식, 즉 청소, 주방의 배식 도우미, 자기 물건의 정리정돈 등을 결정한다.

3. 청각 및 언어 장애 그리고 조현병
- 일반적 이해: 청각장애인들은 정서적으로 불안정하거나 내향적이며 순종적이다. 또한 자극에 민감하여 충동성, 자아중심성, 열등감이 있고 사회성이 낮은 편이다.
- 특수성: 입소 당시 정신장애가 없던 클라이언트가 대규모 시설에서 청각 및 언어 장애인으로 살아온 삶에 대해 생각해 볼 필요가 있다.

● 사례 선정의 이유

클라이언트는 청각 및 언어 장애인이나 여러 가지 이유에서 정식 수화 학습의 기회에서 배제되었고, 이로 인해 타인과 의사소통에 곤란함을 겪고 있다. 이러한 상황은 타인에게 자신의 감정을 설명하지 못해 거친 행동으로 표현되기도 한다. 그러나 손으로 작업하는 것을 좋아하여 늘 혼자 무언가를 하고 있고, 클라이언트를 둘러싼 타인과 주변 상황에 민감하다. 다시 말해, 클라이언트는 청각장애로 인해 소통에 어려움이 있으며, 타인과 유기적 관계 형성이 가능하나 대부분의 시간을 교류 없이 혼자 보내고 있다.

이렇듯 수많은 관계를 형성하고 소통하며 살아가는 우리 사회에서 장애인이라고, 시설에서 생활한다고 고립되어 소외된 삶을 살아가는 클라이언트에게 타인과 어울리며 소통하는 삶을 살도록 지원하고자 사례관리를 시작하게 되었다. 이러한 사례관리의 시작은 클라이언트가 처해 있는 상황이 아무리 한계점에 도달해 있거나 폐쇄적인 상황에 있더라도, 변화하고 성장할 가능성이 있다는 신념에서 출발한다.

라포 형성의 전략

1. 클라이언트를 있는 그대로 인정하기
   자신의 경험에 관한 한 클라이언트를 전문가로 인정한다. 이는 사회복지실천에서의 관계의 원칙 중 비심판적인 태도에 해당하며, 클라이언트의 출산과 양육, 가출에서 비롯된 현재의 습관을 있는 그대로 이해하고 인정한다.

2. 신뢰 구축하기
   뜨개질을 좋아하는 클라이언트에게 관심을 표현한다. 이는 관계의 원칙 중 의도적인 감정표현에 해당한다.

3. 파트너십 형성하기
   변화의 주체로 클라이언트를 존중한다.

● **면접 요약**

고향은 기차 타고 가는 시골이라고 하며, 부모님, 남편, 딸 2명이 함께 살았다. 남편이 사망한 후 가출하였다. 결혼 이전의 생활과 결혼 그리고 가출 이후 생활에 대한 질문을 클라이언트가 이해하지 못해 설명하지 못하였다. 남편 혹은 자녀 중에 청각장애인이 있었다고 하나 누구인지 정확하게 표현하지 못하였다.

인터뷰 과정에서 수화가 가능한 직원이 질문한 내용에 답하지 못하는 것으로 보아 정식의 수화를 사용하지 못한다는 것을 알 수 있었다. 일상의 소리에는 반응하지 않으나 큰 소리로 5~6회 반복하여 부르면 돌아보고 이를 확인하니 오른쪽이 아주 약하게 들린다고 하였다.

본인의 이름은 쓸 수 있으나 그 외 글자는 의미를 알지 못하고 따라 쓰기만 가능하다.

(2) 사정

● **신체적 특징**

클라이언트는 1997년 각막이식 수술을 받았으나 시력이 회복되지 않아 현재 좌측 시력이 상실된 상태이다. 일상생활에는 무리가 없으나 계단 오르내리기 및 차량 승하차 시 도움이 필요하다. 2007년 5월 당뇨로 진단받아 약을 복용하고 있으며, 걷기운동에 자발적으로 참여하고 있다. 현재 혈당수치는 6개월 평균 식전 137mg/dl, 식후 170mg/dl이다.

클라이언트는 2001년 조현병으로 진단받아 현재 클로로프로마진을 저녁에만 복용 중이다. 2006년 이후 양성 증상이 약화되어 약을 세 차례 중단하였으나 약 중단 후 3~4개월 뒤 다시 증상이 나타나 재투약하기를 반복하였다. 클로로프로마진은 신경억제약 중 하나이고, 작용은 불안, 긴장, 흥분의 억제가 주이다.

● 정서적 특징

클라이언트는 평소 예쁘고 아름다운 것을 좋아하여 잡지의 예쁜 사진 등을 오려 본인의 옷장에 붙이고 장식하여 두거나 봄이면 야외에 피어 있는 꽃을 꺾어 와서 방에 꽂아 두기도 하는 등 아름다운 것을 느끼고 즐길 줄 안다. 본인의 흰 머리를 염색하는 등 자신을 꾸미는 것은 물론 타인의 머리도 예쁘게 땋아 주고 만족해하기도 한다. 반면, 본인의 장애를 가지고 놀리거나 조롱하는 경우 과격한 몸싸움을 하기도 하고, 야간에 잠을 자지 못하고 창문을 세게 여닫거나 머리를 벽에 부딪치는 등 답답함을 표현하기도 한다. 이는 상담을 통해 행동의 이유에 대해 질문을 했을 때 가슴이 답답함을 표현하였다. 그러나 대부분의 시간에는 혼자 있기를 즐기고 주로 방에서 동화책을 필사하거나 뜨개질을 한다. 타인과 어울리기보다는 혼자 산책을 하거나 자연을 관찰하는 것을 즐긴다.

● 사회적 특징

클라이언트는 한쪽 팔에 마비가 있는 동료의 이부자리를 자진해서 펴고 개는 것을 도와주는 등 보살핌에 익숙하며, 구역의 청소 등을 하며 자신의 역할을 찾아낸다. 간식 시 병뚜껑을 열어 주거나 흘린 음료수를 닦는 등 주변 상황에 대한 이해가 빠르고 이에 적절히 대처한다.

개별적으로 걷기운동을 하거나 주방에 도움을 주는 등 필요한 자리에서 타인의 눈치를 보지 않고 자신의 역할을 수행하는 등 타인의 행동에 영향을 받지 않고 본인의 일상을 주도적으로 운영한다.

문제 규명

1. 클라이언트와의 면접을 통해 드러난 점
   - 수화를 사용한 질문을 이해하지 못하고 따라 하는 행동을 보아 지적 수준을 판단할 수 있다.
   - 본인의 장애를 인식하고 있으므로 동료가 장애에 대해 조롱하거나 놀릴 때 화를 낸다.
   - 격한 감정이 표현되는데 클라이언트는 이때 가슴이 답답하다고 표현한다.
   - 어깨와 다리의 통증을 호소하며 물리치료를 받기 원한다.

2. 주변 자원과의 면접을 통해 드러난 점
   - 정신과 증상에 유효한 약이 있는 것으로 보아 조현병으로 판단된다. (정신과 전문의)
   - 클라이언트의 장점: 착하고 잘 돌보아 준다. (동료)
   - 클라이언트의 단점: 수면 시간에 소란하게 한다. (동료)

3. 관찰을 통해 드러난 점
   - 식용 풀의 구분과 섭취 요령 등을 알고 있는 것으로 보아 시골에서 출생 · 성장하였다.
   - 결혼생활의 경험으로 물건의 정리 정돈, 주방에서의 역할 등이 가능하다.
   - 본인 나름의 윤리적 판단기준이 있어 동료 청각장애인들의 잘못된 행동에 동조하지 않는다.
   - 뜨개질, 그림 색칠하기, 동화책 필사 등 손으로 하는 작업에 흥미가 있다.

4. 객관적 자료를 통해 드러난 점
   - 노년의 시기에 정서적 안정을 줄 수 있는 사회적 지지망이 없다.
   - 장기간의 시설생활로 의사표현이 거의 없다.
   - 시설생활 이전에 결혼과 양육의 경험으로 돌봄에 익숙하다.

● 문제

• 클라이언트가 보는 문제(욕구)

본인을 가꾸고자 하는 욕구가 큰데 자원에 접근이 용이하지 않다. 예를 들어, 화장품, 염색약, 털실 등을 원하는 때에 구입하기에 어려움이 있다. 본인이 전달하고자 하는 내용을 상대방이 알아듣지 못해 답답한 경우가 있다. 또한 노령의 나이로 어깨와 다리 등에 통증이 있다.

• 사례관리자가 보는 문제

클라이언트는 본인이 원하는 바를 원활하게 전달하지 못하므로 답답함을 느끼고 이로 인해 간혹 격한 감정을 표현하기도 한다. 또한 대부분의 여가 시간을 구체적인 활동 없이 혼자 방에서 지낸다. 타인에게 도움을 주는 행동을 하고 있으나 그 외 별다른 사회적 관계가 없다.

● 슈퍼비전 및 점검(1, 2차)

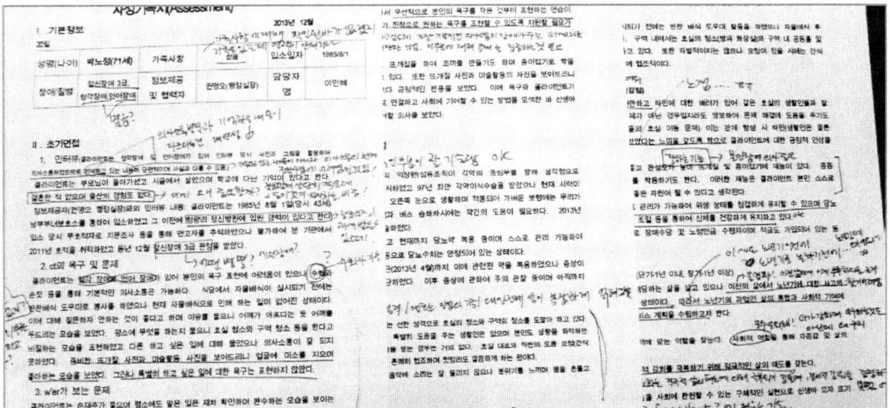
사정기록지(Assessment)

- 문제사정과 목표에 대한 논리적 설명이 부족함
- 정서적 특징을 명확하게 파악하지 못함
- 의무팀 연계서비스는 사회복지의 목표가 아님

[그림 6-4] 사정기록지에 관한 1차 슈퍼비전 내용

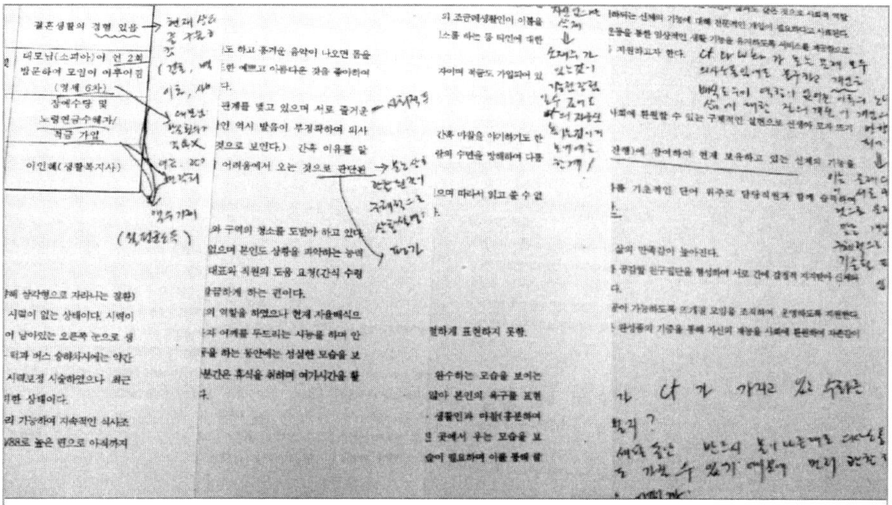

- 클라이언트와 사례관리자가 규정한 문제와 개입이 모순됨
  → 문제에 맞는 개입 방안이 필요
- 모든 문제의 사정은 클라이언트가 말한 것을 기초로 해야 하며, 사례관리자가 규정 지을 때는 구체적으로 기술할 것

[그림 6-5] 사정기록지에 관한 2차 슈퍼비전 내용

(3) 목표 및 개입 계획

| 표 6-21 ◈ 목표 설정 및 개입 계획 내용 |

장기목표: 타인과 소통하는 삶			
단기목표	의사소통의 어려움을 해소하기 위한 수화 학습	여가 활용을 위한 뜨개질 모임을 조직하고 참여기회 제공	신체의 불편함을 완화하기 위한 물리치료 연계
수행내용	- 우리 기관에서 사용하는 비공식 수화를 사례관리자와 함께 습득한다.	- 뜨개질 모임을 만들고 참여한다. - 뜨개질 활동에 필요한 재료 구입을 위한 외출을 실시한다.	- 통증 완화를 위해 물리치료실에 의뢰한다.
슈퍼비전	- 클라이언트를 이해하고 역량 강화를 주기 위한 가장 기본적이고 중요한 것으로 평가된다.	- 클라이언트를 관찰하고 좋아하는 것을 찾아내어 연계하는 방식이 긍정적이다.	- 사회복지서비스의 가장 기본 중의 하나인 의뢰서비스로 적절하다.

● 진행과정

| 표 6-22 ◈ 사례관리 진행과정 1 |

회기	서비스 목표	수행과정	변화 내용
1회기	서비스 계획에 대해 설명한다.	- 수화 학습과 물리치료에 관한 서비스 제공을 설명함 - 뜨개 활동 모임의 참여 의사를 확인함	- 뜨개 활동에 대해 흥미를 나타내며 활짝 웃는 모습을 보임
2회기	뜨개 활동 구성원들과 사회적 관계 형성을 돕는다.	- 뜨개 활동에 참여할 구성원들과 모여 운영에 관한 의견을 나눔	- 모임 동안 시종 즐거운 표정이며 목소리의 톤도 높아지는 등 상기된 모습을 보임
3회기	털실 구입을 위한 시장보기를 실시하여 구성원 간의 친밀감을 형성한다.	- 털실을 구입할 때 본인의 결정에 따라 종류 및 색상을 선택함 - 털실 외에 염색약 구입 욕구를 표현함	- 출발 전부터 일찍 준비를 마치고 기다리는 등 외출을 기대하는 모습을 보임 - 함께 외출한 동료를 돌보는 모습이 관찰됨
4회기	수화를 사용하여 의사소통을 시도하며 클라이언트와 사례관리자의 관계를 발전시킨다.	- 그림을 보고 클라이언트가 표현하는 대로 사례관리자가 따라 하며, 클라이언트가 사용하는 비공식 수화를 일치시킴	- 흥미를 보이며, 준비한 그림 외에 다른 것은 없는지 찾는 모습을 보임
5회기	클라이언트가 욕구를 표현하고 이를 해결하도록 지원한다.	- 뜨개질 교재를 보고 원하는 작품을 선택함 - 조끼를 뜨고자 하여 이를 위한 재료 구입을 지원함	- 털실 구입 후 공동홀 소파에 앉아 뜨개질을 하고 있음 - 최근 공동홀에 나와 시간을 보내는 모습이 자주 관찰됨

● 변화

사례관리를 위해 개별적인 관심이 급격히 증가하고 사례관리자와 함께 보내는 시간이 늘어나자 정서적인 안정을 찾는 모습을 확인할 수 있었다. 그동안 야간에 잠을 자지 못하고 소란스러운 행동을 하는 횟수도 감소하고, 점차 타인과의 접촉이 증가하였다. 그러나 어느 순간 서비스의 제공을 거부하는 모습을 보였다. 이러한 경우는 사례관리의 성패를 떠나 진행 전반에 대한 슈퍼비전과 점검이 새삼 필요한 시점이었다.

(4) 실행과정 평가

5회의 개입이 진행되는 동안 공동홀에 나와 뜨개질을 하는 모습이 관찰되는 등 타인과 함께 지내는 시간이 증가하였으나, 어느 순간 서비스 제공을 거부하는 모습을 보였다. 이러한 결과는 기대했던 결과와 일치하지 않았으며, 따라서 장애 요인을 파악하여 개선의 방향을 제시하게 되었다.

● 장애 요인 파악하기

• 클라이언트의 내적 갈등

사례관리로 관심이 집중되다가 정체되자 실망감이 표현되었고, 이는 서비스 거부로 이어졌다. 이로 인해 사례관리자는 클라이언트와의 지속적인 신뢰관계를 점검하게 되었다.

• 변화와 삶의 안정 사이에 충돌

서비스 거부 이후 클라이언트의 일상생활에 대해 보다 면밀한 관찰이 이루어졌는데, 이때 클라이언트가 본인의 일상을 스스로 주도적으로 영위하고자 하는 욕구가 많음을 발견하였다. 따라서 변화로 인해 본인의 삶의 안정 또는 패턴이 깨지는 것에 두려움이 있음을 알 수 있다.

또한 클라이언트는 사례관리자가 주도하는 개입의 속도에 적응하지 못하였고, 이는 사례관리자와 클라이언트의 역량 강화적 관계 형성과 클라이언트의 자기결정권 향상에 관해 점검하는 계기가 되었다.

(5) 슈퍼비전 및 점검(3차)

- 과연 클라이언트는 비장애인 속에서의 불편함을 감수해야 하는가?
- 73세의 클라이언트가 타인이 기대하는 역할을 수행해야만 하는가?
- 스스로 자신의 일상을 주도적으로 운영하는 클라이언트에게 자기결정권이 축소된 개입이 진정한 사회복지의 실천인가?

이러한 슈퍼비전을 받고 지적과 고민 속에서 그동안의 서비스 계획과 개입이 진정 클라이언트가 원하는 것인가에 대한 깊은 고려는 배제된 채 변화의 주체가 클라이언트임을 간과하고 사례관리자의 속도에 맞추어 진행한 것은 아닌지 반성하게 되었다.

(6) 재구성

청각장애를 가지고 있는 클라이언트는 평소 본인의 일상을 주도적으로 영위할 수 있는 능력이 있으나, 사례관리자가 클라이언트의 잠재능력을 제대로 파악하지 않은 채 그의 자기결정권을 미리 제한함으로 인해 변화에 대한 두려움을

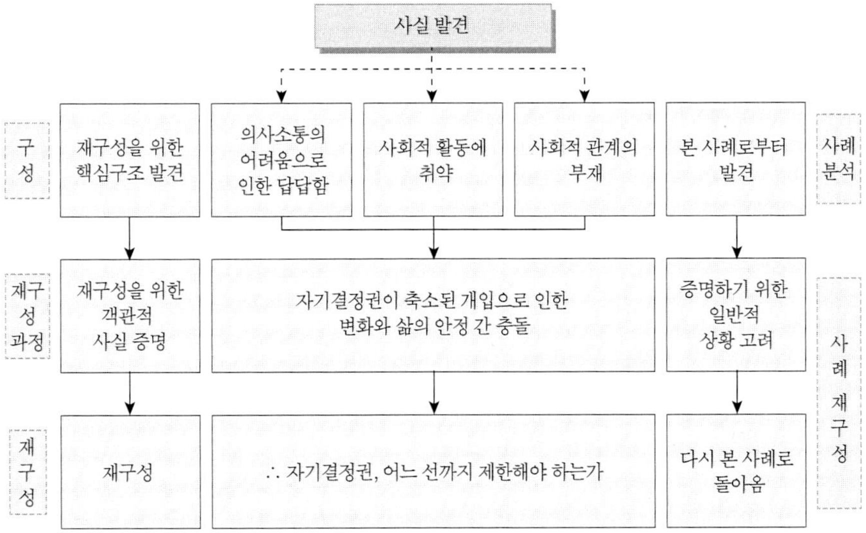

[그림 6-6] 사례 재구성 과정

느끼게 되었다. 이러한 사실 발견에 따라 본 사례에서는 클라이언트의 자기결정권을 어느 선까지 제한할 것인가에 대해 재구성하였으며, 이에 사례관리자는 클라이언트의 잠재능력을 끌어내어 손상된 사회적 기능이 향상되도록 돕고자 한다.

(7) 문제의 재사정

• 클라이언트가 보는 문제(욕구)

본인을 가꾸고자 하는 욕구가 큰데 자원에 접근이 용이하지 않다. 예를 들어, 화장품, 염색약, 털실 등을 원하는 때에 구입하기에 어려움이 있다. 본인이 전달하고자 하는 내용을 상대방이 알아듣지 못해 답답한 경우가 있다. 또한 노령의 나이로 어깨와 다리 등에 통증이 있다.

• 사례관리자가 보는 문제

운동, 산책, 청소, 목욕, 뜨개질, 동화책 필사 등 일상의 소소한 행위들을 본인의 일과에 따라 운영하고 있으나 제한된 공간이라는 한계로 인해 삶의 영역이 확장되지 못하고 있다. 또한 장기간의 시설생활로 인한 사회적 활동에 취약하며 주변에 의미 있는 타인이 존재하지 않는다.

● 재사정을 통한 개선 방향

클라이언트는 본인 스스로는 타인을 돌보는 일에 익숙하여 여러 형태로 도움을 주고 있다. 그러나 클라이언트에게는 비장애인 사이에서 소수자로서 클라이언트의 입장을 공감하고 이해해 줄 의미 있는 타인이 존재하지 않는다. 그럼에도 불구하고 클라이언트는 일상생활을 자율적으로 영위하고자 하는 욕구가 있으며, 본인의 시간표대로 일과를 운영하는 힘이 있다. 이에 사례관리자는 클라이언트의 잠재능력을 끌어내어 손상된 사회적 기능이 향상되도록 돕고자 한다. 돕는 과정에서 이용 가능한 자원망과 이 자원을 이용할 수 있는 클라이언트의 자신감을 중시한다.

(8) 수정된 목표 및 개입 계획

| 표 6-23 ◈ 수정된 목표 설정 및 개입 계획 내용 |

장기목표: 지역사회 통합을 통한 자기주도적 일상생활 영위			
단기목표	사회적 관계망 형성	자기 주도적 일상생활의 영위	지역사회 자원을 활용한 사회통합
수행 내용	- 의미 있는 타인과의 교류를 지원한다.	- 스스로 여가활동을 운영하기 위한 사회적응 훈련을 한다. - 식용 풀의 올바른 채집, 건조 등의 정보를 제공하여 위생적으로 관리하도록 지원한다.	- 클라이언트가 참여 가능한 지역사회 자원을 개발하고 연계한다. - 연계된 자원과 지속적인 관계를 유지하도록 지원한다.
슈퍼비전	- 지역사회와의 통합의 과정에서 클라이언트가 지역사회에서 본인이 원하는 역할을 수행할 수 있도록 지원하는 것은 의미가 있다. 더 나아가 지역사회가 우리 주변에 모여 마을을 형성하도록 노력하는 것도 의미가 있겠다.		

● 진행과정

| 표 6-24 ◈ 사례관리 진행과정 2 |

회기	서비스 목표	수행과정	변화 내용
6회기	서비스 거부에 대한 감정을 공감하고 새로운 목표에 대해 합의한다.	- 클라이언트의 현재 감정에 대해 표현하도록 지원 - 클라이언트가 원하는 활동에 대해 확인	- 새로운 옷장이 방에 비치되어 스스로 정리하고자 하였으며, 이러한 상황에 대해 만족감을 표현함
7회기	의미 있는 타인과의 친밀감을 형성한다.	- 같은 장애를 가진 동료와 관계 확장 - 함께하는 활동 지원	- 비장애인 사이에서 소수자로 같은 장애를 가진 동료와 감정을 교류하는 모습이 보임
8회기	스스로 외출이 가능하도록 버스 승하차 방법 및 장보기 요령을 습득한다.	- 동료와 함께 버스를 이용하여 외출함 - 필요한 물품을 구입하도록 지원함	- 외출과 사물에 대한 관심이 증가함 - 여러 물품 중에서 스스로 원하는 것을 선택하는 과정에서 흥얼거리며 매우 만족한 모습을 보임

● 사회복지실천 기술

| 표 6-25 ◆ 사례관리 진행 시 적용된 사회복지실천의 범위와 기술 |

구분	물리치료 수화 학습	면접 사회적응 훈련	뜨개질 모임 조직	지역사회 연계
실천 범위	-	미시적 차원	중범위 차원	거시적 차원
개입 기술	의뢰	직접 개입	간접 개입	중개 활동
사례관리자의 역할(Moxley, 1989)	연결자	교육자, 안내자, 이행자	사회적 망 수립자	자원연계자, 옹호자

사례관리 개입과정 전반부에서 사례관리자로서 자신감과 역할의 정체성이 확립되지 못했을 때는 의뢰를 통한 개입 기술이 많은 부분을 차지하였다. 그러나 사례관리가 진행되면서 사례에 대한 깊은 고민과 애정 그리고 슈퍼비전을 통해 점차 직접 및 간접 개입의 비중이 증가하게 되었다.

● 변화

본 사례관리에서 사례관리자는 나와 다름없는 클라이언트의 삶을 위한 변화를 기대하며 진행형으로 천천히 한걸음씩 나아가고자 한다.

3) 사례를 통한 제언

장애를 가진 클라이언트의 자기결정권 제한에 대한 논의(자기결정권을 어느 선까지 제한해야 하는가?)

사례 4. 중도지체장애 여성노숙인의 신체손상으로 인한 상실감 완화를 위한 접근

1) 사례관리

(1) 인테이크

● 클라이언트의 인적 사항

| 표 6-26 ◈ 클라이언트의 인적 사항 |

성명	나이	서비스 시작일	진단명 및 장애상태
서○○	60세	1991. 10. 24. (거주 26년)	뇌전증, 지체장애 4급

클라이언트는 뇌전증을 앓고 있으며 지체장애 4급을 진단받은 장애 여성으로, 1991년 10월 24일에 본 시설에 입소하여 거주한 지 약 26년이 되었다. 시설 입소 전 화재 사고로 인하여 왼쪽 다리에 화상을 입었으며, 발목 구축 현상으로 인하여 지체장애 4급 진단을 받았다.

객관적 자료의 의미

1. 지체장애 4급

- 일반적 이해: 지체장애인들은 자신의 장애로 인하여 위축되거나 자존감이 낮아지고 열등감을 느끼게 되는데, 특히 질환이나 사고와 같은 원인으로 후천적인 지체장애를 가지게 되는 사람은 과거에 가졌던 신체능력과 생활방식에 대한 상실감이 크기 때문에 자아존중감 저하와 우울감이 나타날 수 있다.
- 특수성: 클라이언트는 화상으로 인하여 보행 및 왼손 사용이 원활하지 못하게 되었다. 그로 인하여 낙상으로 인한 골절의 경험이 있어 클라이언트의 수행 및 활동이 가능한 영역이 제한되었고, 스스로 '나는 쓸모없는 사람이다.' 라는 표현을 하게 되었다.

2. 사시
- 일반적 이해: 사시란 두 눈이 똑바로 정렬되어 있지 않은 상태를 말한다. 사시는 눈 피곤증, 시력 저하, 흐려 보임, 떨림 보기 등의 증상이나 두통, 구토, 마비증상 등을 동반할 수 있다.
- 특수성: 클라이언트는 내사시로, 우안이 안쪽으로 몰린 상태이다. 2016년 안과검진 시 좌안의 시력이 0.5 정도 되나 눈이 안쪽으로 몰려 있는 우안은 시력이 아예 없는 것으로 나타났다.

3. 뇌전증(간질)
- 일반적 이해: 뇌전증이란 뇌에서 생기는 질환으로 뇌 신경세포가 일시적 이상을 일으켜 과도한 흥분 상태를 나타냄으로써 의식의 소실이나 발작, 행동의 변화 등 뇌기능이 일시적 마비 증상을 나타내는 상태를 말한다. 이러한 경련이 만성적 · 반복적으로 나타날 때 이를 뇌전증이라고 칭한다.
- 특수성: 클라이언트는 현재 정신과 진료를 받고 있으며, 뇌전증에 관한 약물만 복용하고 있다. 2014년 12월 정신과 진료 전까지 리페리돈을 복용하였으나 조현병으로 인하여 복용한 것이 아닌 다른 생활인과의 잦은 다툼으로 인하여 복용하였던 것으로 확인되었다.

사례 선정의 이유

클라이언트는 신체적으로 불편함을 갖고 있음에도 불구하고 항상 누군가에게 도움이 되려고 한다. 하지만 도움을 주는 행동이 클라이언트의 주변 생활인들에게는 '클라이언트는 하면 안 되는 것'으로 생각되고 있어 하지 못하게 하고 있다. 이로 인해 클라이언트는 스스로를 아무것도 못하는 '쓸모없는 사람'이라고 생각하고 있다. 또한 클라이언트는 다른 생활인들과 친해지고 싶어 하면서도 누군가에게 잘못을 지적받거나, 하고자 하는 일에 다른 생활인이 조금이라도 방해가 되면 욕설을 하거나 화를 내는 등 방어적인 태도로 인하여 마찰이 빈번하고, 항상 방 안에서 혼자 지내는 시간이 많다. 클라이언트에게 나타나는 이러한 모습들이 왜 그리고 어떻게 나타나게 된 것인지 파악하고 이에 맞는 서비스를 지원하고자 사례관리가 시작되었다.

라포 형성의 전략

1. 공감하기
클라이언트의 입장에서 생각하고 여러 상황에서 느꼈던 클라이언트의 감정들을 이해한다.

2. 신뢰 구축하기
클라이언트에게 먼저 인사를 건네고, 일상 속에서 느끼는 작은 어려움들을 해결할 수 있는 실마리를 마련해 주며, 클라이언트에게 관심이 있다는 것을 표현한다.

● 면접 내용 요약

클라이언트의 고향은 서울이며 원 가족으로는 부모님, 남동생이 있다. 클라이언트는 어머니의 가출로 인하여 고아원에서 생활하였고, 고아원에서 생활하던 중 외할머니와 외삼촌이 찾아와 외삼촌의 집에서 살게 되었다. 외삼촌 집에서는 설거지, 반찬 만들기 등 집안일을 하면서 지냈고, 집안일을 잘 하지 못한다며 꾸지람을 받기도 하였다.

16세가 되던 해에는 세탁공장에 들어가 바느질을 하였다. 그러다 세탁공장에 있던 어떤 아주머니가 남자를 소개시켜 주어 그 남자와 10여 년간 동거생활을 하였으며 네 명의 자녀를 두었다. 동거했던 남성은 나무꾼이었고, 그가 나무를 하러 나간 어느 날 클라이언트는 쌀을 씻으러 가던 중 부엌에서 불이 나 팔과 다리에 화상을 입게 되었다. 하지만 그곳은 외딴 시골이어서 병원에 가기 어려워 화상치료를 받지 못했고, 화상 입은 피부가 붙지 않도록 계속 문지르며 지내는 것이 클라이언트가 할 수 있는 전부였다.

그렇게 치료를 받지 못한 채 지내던 어느 날, 연락이 닿은 남동생을 통해 아버지가 돌아가셨다는 소식을 듣고 무작정 서울로 올라왔다. 하지만 클라이언트는 서울역에서 집을 찾아가지 못했고, 대방동으로 가면 된다는 어느 아저씨의 말을 듣고 대방동에 있는 부녀보호소를 거쳐 본 시설에 입소하게 되었다.

클라이언트는 본 시설에 입소하여 봉투작업을 하였으며, 구역에서 여러 도움을 받으며 지냈다. 2012년 피부이식 수술을 받아 보행이 조금 원활해진 상태이지만, 수술 이후 낙상으로 인한 골절 경험이 있어 구역 내에서 여러 도움을 주는 활동에서 배제된 삶을 살고 있다. 이로 인해 클라이언트는 스스로를 쓸모없는 사람으로 여기며, 창피해서 밖으로 나가지 못한다고 표현하고 있다.

(2) 사정

● 신체적 특징

한 달에 한 번 정신과 정기검진을 받고 있으며, 정신과 약(라모스탈, 비오라민, 바렙톨서방정)을 매일 아침, 저녁마다 복용하고 있다. 키는 153cm로 작은 편에 속하며 단발머리에 얼굴은 계란형이며 볼살이 조금 있다. 우측 눈은 약간 사시이지만 생활에 불편함을 호소하진 않는다. 마르지 않은 체형이고, 좌측 정강이와 손에 화상 흔적이 남아 있다. 화상 부위 피부 이식 수술 후 손가락의 움직임이나 보행이 개선되었지만 안정적이지 못하며 휘청거릴 때가 많다. 실제로 넘어져 골절된 경험이 있어 스스로도 평상시에 조심하는 편이다.

● 정서적 특징

가족에 대한 이야기나 자신에 대한 이야기를 할 때 자꾸 눈물이 나려고 한다고 말하면서 울상을 짓기도 한다. 가족 중 특히 어머니에 대한 얘기를 할 때 눈물이 난다고 표현하며, 어렸을 때 클라이언트 자신을 떼놓고 가출한 것에 대해 원망하듯이 표현한다. 평소 다른 생활인과 교류를 많이 하고 있지는 않지만 본 시설이 3개의 시설로 분리되면서 다른 시설에서 생활하게 된 다른 생활인을 그리워하기도 한다. 또한 화상 사고로 인해 자신의 피부에 남아 있는 화상 흉터로 인하여 자신을 창피하게 생각하며 위축되어 있다. 평소에는 아무런 표정 없이 있다가도 다가가서 클라이언트의 이야기를 들어 주거나 위로되는 말을 해 줄 때 치아가 훤히 보이는 미소를 짓기도 한다. 반면에 조그만 지적에도 예민하게 반응하여 큰 소리를 내거나 분노를 표출한다.

● 사회적 특징

평소에는 혼자 또는 구역 내에 중증 장애인 생활인과 함께 구역 내를 돌아다니고 조용하게 지내는 편이나 화상 흉터로 인해 타인이 자신을 무시한다는 생각을 갖고 있어 타인이 클라이언트를 나무랄 때 욕설을 하는 행동을 하여 사소한 다툼이 잘 일어나는 편이다. 특별히 친하게 지내는 생활인은 많이 없고 혼자 지내는 시간이 많으며, 화상 흉터로 인하여 다른 사람들이 자신을 싫어하지 않을까 하는 생각으로 인하여 사람에게 쉽게 다가가지 못하고 친해지고 싶은 생활인이 있어도 표현을 하지 못하고 다가가기 두려워한다.

● 문제

• 클라이언트의 욕구

- 피부에 남아 있는 화상 흉터가 창피하며 흉터로 인하여 다른 사람들이 나를 무시하지 않았으면 좋겠다.
- 같은 구역 생활인들과 친해지고 싶다.
- 구역에서 청소도 하고, 빨래 널기 등 도움이 되는 일을 하고 싶다.

• 사례관리자가 보는 문제

생활관 안에서 클라이언트만의 역할을 갖고 싶어 하나 신체적 결함으로 인해 여러 역할에서 배제되었다. 이로 인하여 클라이언트가 스스로를 쓸모없는 사람이라고 생각하고 있다. 또한 타인과 어울리고 싶어 하는 욕구가 있지만 자기 표현력이 부족하다.

(3) 목표 및 개입 계획

| 표 6-27 ◆ 목표 설정 및 개입 계획 내용 |

장기목표: 타인과의 교류 증가와 능력에 맞는 역할 수행을 통해 소속감을 느끼고 소외되지 않은 삶을 산다.			
단기목표	감정표현 및 타인과의 대화방법에 대한 학습을 지원한다.	구역 내 타 생활인과의 교류 기회를 제공하여 친밀감을 형성한다.	잔존능력에 맞는 역할을 부여한다.
수행내용	여러 가지 감정 카드를 이용하여 감정을 익히고, 여러 감정을 표현하도록 한다.	친해지기 어려워하는 다른 생활인과의 교류 시간을 만들어 친밀감을 형성한다.	클라이언트가 갖고 있는 능력에 알맞은 역할을 부여하여 역할을 갖고 싶어 하는 욕구를 충족한다.

● 진행과정

| 표 6-28 ◈ 사례관리 진행과정 1 |

회기	서비스 목표	수행과정	변화 내용
1회기	클라이언트 스스로 구역 내에서 수행 가능한 역할을 찾는다.	- 보행이 불편한 점을 설명하고 위험요소가 적은 역할을 사례관리자와 함께 찾음	- 역할을 부여받은 것에 대해 기쁨을 표현함
2회기	구역 내 다른 생활인들과 산책을 하며 교류할 시간을 가지며 친밀감을 형성한다.	- 구역 내에 계신 다른 생활인과 함께 산책을 계획하고, 원내 운동장에서 산책을 함	- 함께 나온 다른 생활인의 옷매무새를 정리해 주며 챙기는 모습을 보임
3회기	구역 내 공동홀에서 블록놀이를 하며 다른 생활인과 교류 시간을 갖는다.	- 구역 내 쇼파에 앉아 계시는 생활인과 블록놀이를 함께할 것을 제안하고 참여 의사를 확인함 - 블록놀이를 하며 자연스러운 대화를 유도함	- 블록놀이는 다툼 없이 순조롭게 진행되었으나 블록놀이에 집중할 뿐 아무 대화도 하지 않음
4회기	구역 내 다른 생활인과 함께 발 관리를 하며 교류 시간을 갖는다.	- 평소 클라이언트를 싫어한다고 생각하는 어르신과 함께 발관리를 하며 시간을 보낼 것을 제안하고 참여 의사를 확인함 - 어르신의 장점을 칭찬해 드리며 두려움을 해소하고자 하였음	- "좋았어요."라고 표현은 하였으나, 옆에서 어르신이 노래를 부르고 즐거움을 표현하고 있어도 클라이언트는 가만히 보고 있기만 함
5회기	감정 카드를 통해 여러 가지 감정을 익힌다.	- 가상의 상황을 제시하고 그 상황 속에서 느낄 수 있는 감정을 선택해 보도록 함 - 평소에 클라이언트가 처해 있는 상황 속에서 느끼는 감정들을 감정 카드를 이용하여 표현해 보도록 함	- 클라이언트가 직면했던 상황들 속에서 클라이언트가 느꼈던 감정들을 표현하는 데 어려움이 있었으며, 표현하기 겸끄러워하기도 하였음
6회기	클라이언트에게 도움을 준 생활인에게 고마움을 표현한다.	- 클라이언트가 도움을 받고 고마움을 표현하지 못했던 생활인에게 고마움을 표현하기로 함 - 고마움을 표현할 시간을 마련해 드리고 클라이언트가 고마움을 표현할 수 있도록 함	- 쑥스러운 듯 멋쩍은 웃음을 보이기도 하였으나, 먼저 손을 건네고 도움을 받았던 상황에 대해 얘기하며 고맙다는 인사를 전하는 모습을 볼 수 있었음

● 변화

클라이언트는 사례관리자의 개입으로 다른 생활인과의 교류 시간이 늘어났으나 사례관리를 진행하는 그때뿐 그 이후에는 방 안에서 TV를 보거나 혼자 앉아 있는 등 별다른 변화가 없었다. 사례관리의 전반적인 점검이 필요한 시점이었다.

(4) 슈퍼비전 및 점검(1차)

- 사례관리자가 바라본 클라이언트의 모습과 행태를 문제로 판단하지 않아야 한다.
- 클라이언트가 말한 사실에 대해 의심을 가져야 한다. (왜 스스로를 쓸모없다고 표현했는가?)
- 신체적 열등감, 낙인(stigma)이 어떤 영향을 주는지 생각해 볼 필요가 있다.

→ 슈퍼비전을 통해 그동안 진행되었던 사례관리가 클라이언트를 위한 것이 아니었음을 반성하고, 원점으로 돌아가 사례관리자의 기준에서 바라보는 것이 아니라 클라이언트를 있는 그대로 바라보며 클라이언트를 이해하는 것부터 시작하기로 하였다.

(5) 문제의 재사정

- 클라이언트는 왜 다른 생활인의 제약을 받고 있는가?

Goffman(2009)에 따르면 낯선 사람을 대할 때 그가 다른 사람들과는 달리 바람직하지 않은 속성을 보유하고 있다는 사실을 깨달을 때가 있는데 그것은 극단적인 경우 대단히 나쁘거나, 위험하며 나약한 인물임을 의미하는 범주의 속성일 수 있다고 하였다. 이렇게 되면 그는 평범한 인격체에서 더럽혀지고 무시되는 인격체로 전락하게 되는데 이를 낙인이라고 한다. 낙인 찍힌 사람들은 보통 차별과 기회들에 제한받게 되지만, 낙인자들은 내면적으로 자신을 '정상적 인간'이라고 의식하기 때문에 공정한 기회와 정당한 행운을 받을 권리가 있다고 생각한다. 클라이언트의 경우에도 정상 보행자와 달리 화상으로 인하여 가지게 된 지체장애로 인하여 보행이 원활하지 못했고, 이로 인해 발생했던 낙상사고 등이 낙인의 원인이 되었다. 그래서 같은 구역에서 생활하고 있는 다른 생활인의 인식 속에 보행이 불편한 사람, 휘청거리며 잘 넘어져서 위험한 사람으로 낙인 찍혀 구역에 도움이 되는 여러 활동에서 제한받고 있다고 볼 수 있다.

• 클라이언트는 왜 스스로를 쓸모없다고 생각하는가?

한 연구에 따르면 이러한 현상은 비장애인으로서 생활한 경험이 있어 장애를 입게 된 후에도 자신이 장애인이라는 사실을 수용하지 못하고 신체의 부분적 손상 및 기능의 하락으로 인해 가치가 떨어졌다고 보는 것으로 자아존중감을 저하시키는 요인이 된다고 보았다(이상준 외, 2011). 그에 비하여 장애를 수용하게 되면 장애에 수반되는 상실감은 남아 있지만 남은 잔존능력에 대한 가치를 부정적으로 생각하지 않는다(김성희, 2004). 따라서 클라이언트의 신체적 손상에 초점을 두는 것이 아니라 잔존능력에 중점을 두고 신체적 손상으로 인한 상실감을 감소시켜 자신을 긍정적으로 바라볼 수 있도록 접근할 필요성이 있다.

(6) 슈퍼비전 및 점검(2차)

• 클라이언트가 자신의 장애를 받아들이지 못한 것은 아닌가?

사례관리자는 클라이언트의 잠재능력을 발견하는 것도 중요하지만 클라이언트의 한계점이 무엇인지 파악하는 것도 중요하다. 사례관리자가 섣불리 클라이언트의 문제를 판단해서는 안 되며, 많은 증거들을 통해 문제를 밝혀내야 한다.

• 사례 개입 후 점검을 통해 제한점을 인식하고, 그에 대한 수정을 통해 연속성을 지닌 사례관리가 되어야 한다. 사례관리는 지속적인 점검을 통해 연속성을 가져야 하며, 지역사회 자원을 활용하여 클라이언트를 도울 수 있는 방안 또한 고려해야 한다.

(7) 수정된 사례관리자가 보는 문제

클라이언트는 신체의 부분적 손상으로 인한 상실감과 사회적 낙인으로 인해 형성된 부정적인 자아상을 가지고 있다. 클라이언트는 타인에게 도움을 주고 싶은 욕구가 강하지만, 신체의 불편함으로 인해 자신이 수행할 수 없는 일임에도 불구하고 나서서 도와주려 하며, 자신의 장애를 수용하지 못하는 모습을 보인다.

(8) 재구성

클라이언트는 지체장애 및 사시, 간질, 화상 흉터와 같은 신체적 손상과 장애를 가지고 있으며, 겉으로 확연히 드러내는 신체적 특징으로 인해 시설 직원들과 생활인들의 인식 속에 '보행이 불편한 사람' '잘 넘어지는 사람'으로 낙인 찍혀 여러 가지 활동에 있어 기회가 제한되고 자신에 대한 부정적인 자아상을 가지게 되었으며, 대인관계에서도 소극적이고 위축된 삶을 살고 있다. 이러한 사실의 이면에는 중도장애를 가지게 된 클라이언트가 내면적으로는 자신을 비장애인과 다르지 않은 '정상적 인간'으로 의식하고 있어, 자신의 장애를 제대로 수용하지 못하는 것임을 알 수 있다. 이러한 내용은 평소 클라이언트가 자신이 수행하기 어려운 일에도 자발적으로 나서서 도움을 주려 하는 모습에서도 나타난다. 그러나 클라이언트가 장애로 인한 신체적 한계를 인식하지 못한 채 과도하게 남을 도우려는 행위의 동기를 살펴보면, 이는 타인을 위하는 행위가 아니라 결국 자신의 오점(장애)을 가리기 위한 행위이며, 이러한 행위를 뒤집어 보면 자신의 결점을 가릴 필요가 없는 상황이 될 경우 남을 돕는 행위로 이어지지 않을 가능성이 크다는 측면이 있다. 즉, 클라이언트가 타인을 도우려 하는 행위는 진정으로 타인을 고려한 이타주의적인 행위가 아니며, 결국 자신의 결핍을 채우기 위한 이기주의적인 행위이다. 이러한 사실 발견에 따라 본 사례에서는 이타주의적 행위의 근원에 대한 이해에 대해 재구성하였으며, 이에 사례관리자는 클라이언트가 자신의 신체적 한계를 인정하고 장애를 수용할 수 있도록 신체의 손상으로 인한 상실감을 완화시키고, 사회적 낙인을 제거할 수 있도록 지원하고자 한다.

● 사례관리자의 고민

- 클라이언트가 자신의 한계를 인정하고 장애를 수용할 수 있도록 돕기 위해 어떠한 방법으로 접근하는 것이 좋을까?
- 어떤 지역사회 자원 연계가 클라이언트를 위한 것인가?

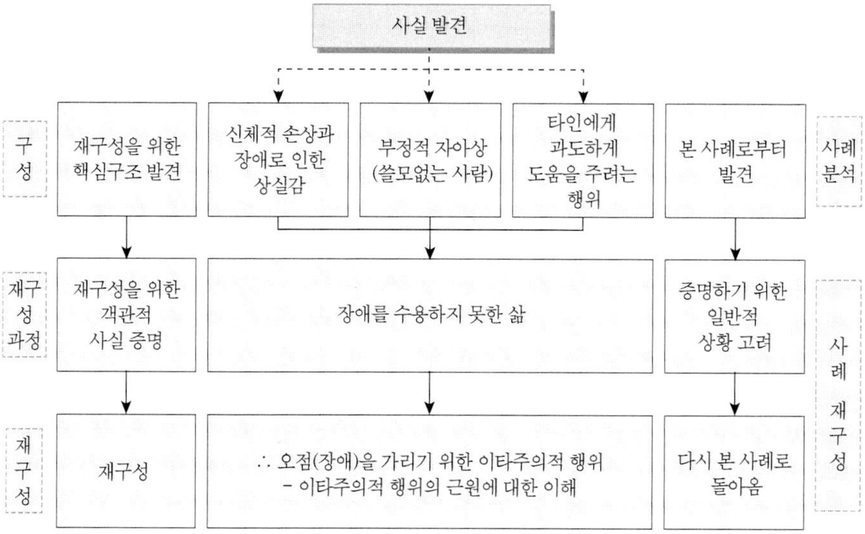

[그림 6-7] 사례 재구성 과정

(9) 수정된 목표 및 개입 계획

| 표 6-29 ◆ 수정된 목표 설정 및 개입 계획 내용 |

장기목표: 신체 손상으로 인한 상실감, 사회적 낙인을 완화하여 긍정적인 자아상을 갖는다.			
목표	클라이언트의 잔존능력에 맞는 역할 부여	클라이언트를 지지해 줄 수 있는 의미 있는 타인 만들기	지역사회 자원을 이용하며 성취감 느끼기
개입 계획	클라이언트의 잔존능력에 대해 설명하고, 그에 따른 역할을 부여하여 '나도 할 수 있다.'는 자신감을 얻어 자기를 긍정적으	우호적 관계를 맺고 있는 생활인과 다과 시간이나 산책 등 여러 가지 주제로 모임을 가져 우정을 나누고 서로의 지지자가	1:1 자원봉사자 연계를 통해 클라이언트에게 지역사회 친구를 만들어 주고, 여러 지역사회 시설(시장, 영화관) 등을 이용

	로 바라볼 수 있도록 지원한다.	되도록 지원한다.	하며, 할 수 있다는 가능성을 경험하게 하여 긍정적 자아를 갖도록 한다.

표 6-30 ◆ 사례관리

회기	서비스 목표	수행과정	변화 내용
7회기	허약자식 나누미 역할 수행	손의 사용이 가능한 클라이언트에게 허약자식으로 나온 계란을 까서 허약자에게 나눠 드리도록 함	- 다른 생활인이 하지 못하게 하는 부분에 대해 언급하며 불안해하였지만, 사례관리자가 함께하니 안정적으로 역할을 수행함
8회기	우호적인 다른 생활인과 다과 시간을 가지며 친밀감 쌓기	클라이언트가 최근 마음을 두고 지내는 다른 생활인들과 빵을 사서 나누어 드시고 싶다고 하여 다과 시간을 갖도록 자리를 마련함	- 다른 생활인과 함께 지내는 시간이 늘어났으며, 상대에 대해 갖고 있는 친해지고 싶은 마음을 표현하려고 함
9회기	다른 생활인과 함께 허약자식 준비하기	사례관리자가 아닌 다른 생활인과 함께 허약자 생활인을 위한 계란을 까도록 유도함	- 지난 회차와 달리 사례관리자 없이 다른 생활인과 둘이서 계란을 까도록 하였지만 불안한 모습을 보이지 않았으며 함께 역할을 잘 수행함
10회기	다른 생활인과 함께 콩 고르기 활동을 하며 친밀감 쌓기	공동 홀에서 콩을 고르며 함께 하는 시간을 마련함	- 고르는 방법을 잘 모르는 생활인에게 하는 방법을 알려주는 모습을 보임 - 이전 구역에서 해 봤던 것이라고 말하며 재밌다고 표현함
11회기	구역 내 다른 생활인과 릴레이 칭찬을 통해 긍정적인 생각을 가진다.	공동홀에서 미술 활동(색칠하기)을 하며 다른 생활인들과 잘한 부분에 대해 서로 칭찬을 할 수 있도록 사례관리자가 먼저 칭찬을 시작하고 대화 속에서 자연스럽게 칭찬이 나올 수 있도록 유도함	- 주변에서 다양한 반응으로 칭찬을 하니 클라이언트도 다른 생활인을 칭찬하기 시작함 - 처음에는 다른 생활인의 칭찬이 어색한 듯 웃었지만, 서로 칭찬을 주고받으며 크게 소리 내어 웃기도 함

12회기	다른 생활인과 함께 콩 고르기 활동을 하며 친밀감 쌓기	클라이언트 스스로 콩 고르기 활동을 준비하고 다른 생활인에게 함께할 것을 제안하도록 유도함	- 처음에는 콩 고르기를 주도하는 데 주저하는 듯한 모습을 보였으나, 점점 콩 고르기를 하려고 모여드는 다른 생활인들을 보며 자신감이 붙은 듯한 모습을 보임 - 콩 고르기 활동 준비 및 정리까지 클라이언트가 리더가 돼서 수행하는 모습을 보임
13회기	다른 생활인과 함께 원내 송년잔치 장기자랑 준비하기	다른 생활인과 함께 장기자랑 준비를 하며 공연을 위해 함께 협력하는 시간을 갖도록 지원함	- 함께하는 것보다 율동을 배우는 것에 두려움을 표현하였으나, 할 수 있다고 자신감을 불어넣어 드리니 몇 번 연습하고 나서 율동을 잘 따라 하는 모습을 보임 - 연습을 좁은 공간에서 진행했음에도 불구하고 서로 부딪히고 안 맞는 부분이 있었어도 다투지 않고 협력하는 모습을 보임

(10) 변화

클라이언트는 사례관리를 진행하면서 다른 생활인과의 마찰이 줄어들었으며 혼자 호실에서 지내는 시간도 줄었고, 친해진 몇몇의 생활인의 방에서 함께 보내는 시간이 늘어남이 관찰되고 있다. 또한 타인을 대하는 말투, 표정 등이 부드러워졌음을 관찰을 통해 느낄 수 있었다. 또한 클라이언트는 몇 번의 집단 활동 경험을 하였으나 아직은 원내 생활인들과의 관계를 형성하는 데 어려움을 느끼고 있어 사례관리자와의 1:1 사례관리보다 집단 활동에 중점을 두고, 생활하고 있는 구역 안에서 잘 적응하며, 자신을 긍정적으로 생각할 수 있도록 지속적인 추후관리가 요구된다.

3) 사례를 통한 제언

- 낙인 찍힌 사람들에 대한 이해
- 장애를 수용하는 것의 중요성 인식
- 이타주의적 행위의 근원에 대한 이해

제7장

종합사회복지관에서의 사례관리 실제

이 장에서는 여성 독거어르신 사례를 소개하고자 한다. 단순 사례로 보일 수 있지만 클라이언트는 건강상태와 주변 환경의 변화로 사회적 이슈인 고독사 위험에 노출되어 있어 팀 회의를 통해 사례관리가 필요하다고 판단하였다. 또한 노인세대에 일반적으로 나타날 수 있는 문제와 욕구를 가지고 있어 사례중심실천(Case-Based Practice: CBP)의 이해를 돕기 위해 이 책에 수록하였다. 사례관리자들이 클라이언트 발굴부터 종결까지 욕구중심 접근의 초점을 유지하도록 슈퍼비전이 제공되었으며 사례관리의 내재적 속성으로 혼란을 겪고 있는 현장에서 사례관리자들의 역량 강화를 위한 실천 매뉴얼로 활용할 수 있도록 구성하였다.

사례관리 실천과정에 따라 다음과 같이 아홉가지 단계로 소개한다.

클라이언트발굴(discovery)

⇩

인테이크(intake)

면접 ▶ 풀레코딩 ▶ 사례관리자 면접 및 의사소통 기술 평가 ▶ 인테이크 기록

⇩

스크리닝(screening)

⇩

사정(assessment)

문제 ▶ 근원 ▶ 욕구가설 ▶ 근거 ▶ 근원 재탐색 ▶ 욕구가설 재수립 ▶ 근거 재탐색 ▶ 욕구이론

⇩

개별 서비스 계획(individual service plan: ISP)

욕구 해결방안 나열화 ▶ 내용 구체화(개입 · 점검 · 평가) ▶ 고려해야 할 가치와 이론 ▶ 클라이언트와 합의 ▶ 개별 서비스 계획 수립

⇩

개입(intervention)

⇩

점검(monitoring)

⇩

평가(evaluation)

⇩

종결(ending)

[그림 7-1] 종합사회복지관에서의 단계별 사례관리 실천과정

1. 클라이언트 발굴

서울시 G종합사회복지관 사례관리자는 밑반찬 지원 서비스 이용이 중단된 클라이언트를 점검하던 중 건강 악화, 사회적 관계 단절 등 개인과 환경의 변화로 인한 위험이 감지되어 가정방문 일정을 수립하였다.

| 표 7-1 ◈ 상담기록지 |

클라이언트	김○○	상담일	9월 27일	담당자	○○○
제 목	밑반찬 지원 사업 이용 종결 대상 모니터링				
내 용	• 밑반찬 지원 사업 이용 종결 대상 모니터링을 위해 유선 연락 • 밑반찬 배달 서비스를 이용하다가 스스로 끼니 해결하는 데 어려움이 없을 것이라 생각하여 중단했었다고 함 • 현재 생활비를 지원해 주던 둘째 아들과의 연락도 단절되고 건강도 더 악화되어 식사 준비 등 일상생활에 어려움을 겪고 있다고 호소 • 클라이언트의 건강상태 악화, 가족 및 사회적 관계 단절과 같은 변화 내용과 현 상황이 지속될 경우 고독사 등 위험에 노출될 수 있다고 판단하여 가정방문 면접 일정 수립				
결 과	10/1(화) 클라이언트 가정을 방문 및 면접 진행 예정				

2. 인테이크

사례중심실천(CBP)을 위해 인테이크 단계에 관련한 슈퍼비전이 실시되었으며, 이를 바탕으로 클라이언트와 라포 형성에 중점을 두고 다음 과정에 따라 인테이크를 실시하였다.

면접 → 풀레코딩 → 사례관리자 면접 및 의사소통기술 평가 → 인테이크 기록

| 표 7-2 ◈ 슈퍼비전 기록지_인테이크 |

슈퍼바이저	○○○	형 태	집단 슈퍼비전
슈퍼바이지	○○○, ○○○, ○○○		
주제	CBP 기반의 사례관리_인테이크		
내용	1. 풀레코딩의 활용 • 클라이언트와의 대화 내용을 기록한 풀레코딩은 원(原)자료로서 사례관리 실천과정에서 텍스트 근거로 활용 가능 • 풀레코딩을 통해 사례관리 실천이 사례관리자 개인의 주관적 판단에 의해 이루어지지 않도록 객관성을 확보할 수 있음 • 클라이언트의 문제와 욕구에 관련된 주요 내용을 파악할 수 있음 • 사례관리자의 면접기술 활용에 대한 평가를 할 수 있음 2. 풀레코딩 작성법 • 인터뷰 내용을 녹음된 그대로 기록 • 화자가 누구인지 명시하여 대화 내용을 이해할 수 있도록 함 (ex. client → c: " " / w'er → w: " ") • 당시 상황을 최대한 구체적으로 기록하기 위해 비언어적 메시지도 고려 • 텍스트 근거로 활용할 수 있도록 각 문장마다 번호를 부여		
향후 계획	• 개인정보 수집 · 활용 동의서 접수 • 풀레코딩 내용을 근거로 인테이크 기록지 작성		

1) 면접

약속된 시간에 클라이언트 가정을 방문하여 면접을 실시하였으며, 클라이언트 동의하에 면접 내용을 녹음하였다.

2) 풀레코딩

당시 상황을 보다 구체적으로 기록하기 위해 비언어적 메시지를 포함한 면접 내용을 작성하고, 텍스트 근거로 활용하기 위한 문장 번호를 부여하였다.

| 표 7-3 ◈ 실천사례 풀레코딩 |

일시	10월 1일 (화) / 16:10~17:40	작성자	○○○
내용	1. (집 앞에 도착하여 클라이언트에게 전화, 자세한 방 위치를 물어 찾아감) (중략) 37. C: 기분 나빠서 안 가고 다른 데로 가요 지금은. 38. W: 왜, 왜 기분이 나쁘셨어요? 39. C: 사람이 지역장이라나 교구장이라나 뭐 여기 담당하는 그 책임 40. 자가… 의리 도덕을 몰라요. 41. W: 음~ 42. C: 여기 저… 동사무소. 43. W: 음, 네. 44. C: 음, 여기 저, 내가 교회에서 쓰는 이름을 다시 지었거든요? 45. W: 음~ 46. C: △△(가명)라 그래서. 남자이름 같으다고 자꾸 흉을 봐요. 47. 사람들이. …… (중략) …… 52. C: 예, 교회 가면 그걸 쓰거든? 그러는데 그 여자가 동사무소 아 53. 는 사람 있어 가지고 저 뒤져 가지고 내 본 이름이 나왔단 말이야 54. ○○○라고? ○○○라고 나오니까 그거를 남의 사생활 다 뒤져 55. 본 거여 그러면서 자기가 나를 뭐 국가에서 뭘 타게 해 준디야? 56. 그래 내가… 아니 그걸 내가 몰라서 못 타는겨? 법에 적합해야 57. 주는 거지 아무나 주는 게 아니다 그것도. 그리고 내가 뭐 이 동 58. 에 일도 젊었을 때 많이 봤고 그랬는데 왜 그러느냐 그래서 얘 59. 기해 줬더니 이름을 ○○○라고 호적 이름을 대줬더니 그걸 다 뒤 60. 져 보고서는 지가 해 준다 그랴? 뭐 뭐 뭐 뭐라도 쌀이라도 타 준 61. 다 그래요? 그랬더니 그게 아니라 오히려 더 방해를 놓는 거…. 62. W: 아~ 63. C: 그래서 기분 나빠 가지고 여기를 안 나가요. …… (중략) …… 84. C: 그래서 와서 그리 내가 무식하다 그랬어 나 무식하단 소리 85. 잘 해요. (웃으며) 예의 벗어나는 사람보고는 무식하다 그러거든 86. 요? 그래 무식하다 그랬더니 어느 대학 나왔느냐고 따지더라구 87. 요. (다소 흥분된 목소리로) 그래 저는 찍 해야 뭐 뭐 저 ○○대학 88. 나왔다고 그러드라고. 그러기에 남의 사생활 무슨 아무 대학 나 89. 왔거니 내가 무슨 아무 대학을 나왔건 무슨 상관이냐고. 저 하 90. 는 행동이 무식한데 벌써 그렇다고 우리 집 오지 말라고. …… (중략) …… 106. C: 나도 그지같이 사는 살림인데 그거 사생활인데 그거 그렇게 107. 뒤집으니까 나 거기 안 간다고. 108. W: 먼저 이렇게 말씀을 드리고 양해를 구하고 했어야 하는데.		

내용	109. 다짜고짜 이렇게 하시니까 기분이 안 좋으셨나 봐요. 110. C: 예. 111. W: 아, 어르신 건강이 좀 안 좋으시다고 들었는데. 112. C: 예, 건강이 안 좋아서 지금도 가만히 드러 눠 있으니께 이거 113. 뭐 오늘 갈라나 내일 갈라나 내가 왜 이렇게 이거 마음이 그렇 114. 게 기냥… 이렇게 하다가 치매나 걸리지 않을까 그것도 걱정이 115. 돼요. 막 허전하고 이제 막 공포증 같은 것도 있고 뭐 그래요. …… (중략) …… 124. C: 근데 뭐 이렇게 내 앞에 기분 나쁘게 하는 사람들이 많아요. 125. 왜 그렇게 내가 그래서 그런 생각을 해요. 내가 그렇게 생각을 126. 하니까 그런가 그랬더니 사람들이 그렇게 늙은이들 같은 사람 127. 들끼리 이렇게 만나도 사람들이 못됐어. 128. W: 음~ 129. C: 말이래도 이렇게 서로 저 뭐 사생활 같은 거는 뭐 파고 물은 130. 뭐 그런 건 아닌 거잖아요. 그러구 아이고 왜 얼굴이 그렇게 못쓰 131. 게 됐어? 132. W: 아~ 그런 말씀을 누가 하셨어요? 133. C: 예! 그러고 별소리 다 해요. 그래서 그래서 내 저 노인정 같은 134. 데도 안 가요. 135. W: 아, 노인정에도 안 나가시고요 136. C: 응, 모두 그런 사람들이 그래요. 뭐 당신 어떻다고 헐뜯기만 해 137. 요 그렇게. …… (중략) …… 155. C: 긍께 이제 내가 모든 것을 이렇게 신경을 쓰니까 156. W: 음~ 157. C: 그래서 청심환도 사다 먹어 보고 고심도 먹어 보고 그렇게 해 158. 요 159. W: 효과가 좀 있는 것 같으세요, 그런 거 드시면요? 160. C: 조금 낫지. 161. W: 혹시 병원 가셔서 그런 말씀해 보신 적은 없으시구요? 162. C: 예. 163. W: 아… 164. C: 그러게 이렇게 자꾸 우울증 같이 그러카다가 치매 같은 거나 165. 오지 않을까 아직까지는 치매가 오지는 않았는데 겁나요 그럴 166. 까 봐. …… (중략) …… 187. C: 그래서 내가… 참 이거 내가 내가 긍게 연구도 하는 거여. 188. 내가 생각적으로 누가 내 거를 사기쳐 가고 응? 나를 속여서 내 189. 것을 뺏으려 하고 그러카는 그런 공포증 같은 거. 190. W: 음~

내용

191. C: 내가 우리 동기간이 친정 동기간이 있는데 5남맨데 내가 부
192. 모님들하고 억척같이 벌어 가지고 그 동기간을 다 가르치고 다
193. 하고 나는 못 배웠어요 정식으로? 그런데 내가 독학을 해서 지
194. 금 대학 이상으로 내가 알 수는 있어요.
195. W: 음~
196. C: 그런데 우리 아버지가 그걸 알고서 내가 그니까 정신적도
197. 그렇고 육체적도 그렇고 내 생활도 그러케서 신학을 갈라 그랬
198. 는데 신학을 못 가게 하고 우리 아버지가 인제 그걸 알고 나중
199. 에 내가 너 너희 남동생들 남자들 재산 많이 주잖아요?
200. W: 네.
201. C: 그니까 남자들보다 남자 동생들보다 너 더 많이 줄게 긍게
202. 나랑 같이 일하자. 그러니까 내가 집안일을 다 했어요.
203. W: 아, 아버님이랑 같이요?
204. C: 예, 그랬는데 그라구선 아버지가 아버지가 일찍 병이 나가지
205. 구 돌아가셨어요 54살에.
206. W: 아, 그럼 당시에 어르신께서는…
207. C: 그때는 나는 인제 저… 저… 젊을 때죠. 그때가 30…40 됐을 걸
208. 요 아마…
209. W: 아, 30대 때 일찍 돌아가셨구나.
210. C: 그랬는데 이제 동생들이 아버지 돌아가시니까 다 지 앞으로
211. 해 논 거여 지금.
212. W: 아 재산을? 유산 남겨 주신 거를요?
213. C: 예, 그래서 그거 가지고도 전~부 신경을 썼어요 속상해서.
214. 나는 내 앞길을 개척하지 못하고 희생해 가면서 즈이들을 고생해
215. 서 가리켰는데 아버지가 그러칸다고 그걸 내가 그짓말로 사기
216. 치느라고 그러는 줄 알고 안 해 주는 거예요. 하나도 안 주는 거죠.
217. 그러니께 그런 것이 머릿속에 들어 가지고 그게… 머릿속에 들
218. 었나 심장 속에 들었나 그래 가지고 그게 병이 된 거여. 그래서 지
219. 금 다른 일도 누가 나한테 사기꾼같이 도적놈같이 그짓말하고
220. 속이면 그 생각이 번쩍 나고 그래 가지고

…… (중략) ……

238. C: 그런데 그때 당시는 눈으로 보고 저기하니까 뭐 말두 저기
239. 나중이면 저기 한다 그러고 그러더니 다들 남자들 앞으로 다
240. 해 놓고서는 주지도 않고 그래서 나는 고생 가운데서 살고 그러
241. 지 않아도 나는 고생 그런 건 어디 가던지 걔들하고 똑같이만
242. 배웠어도 똑같이 대우만 받고 살았어두 응? 그런 생각을 안
243. 할… 돈 같은 거 그렇게 욕심 부리질 않았는데 나를 희생해 가면
244. 서 그럼 내가 이사 가면 어떻게 나 결혼하면 어떻게 그 자식도
245. 내가 저기를 못하잖아. 그런데 지금 그래도 우리 자식들 다 잘
246. 됐어요.

내용	247. W: 아, 지금 자제분들 다 있으시고요? 248. C: 네 지금 외국에 가서 선교사 노릇 하고 249. W: 아~ 250. C: 지금 다 괜찮은데 이것들이 지금 그렇게 해도 나한테 찾아 251. 오는 법도 없이 친절하게 이렇게 옛날같이 지내가 이러카면 뭔 252. 데? 왜 그랴? 그런 식으루 답변을 줘요. 그러니까 더 외롭잖아 253. 요? 254. W: 그러게요. 255. C: 응? 지들이 먹었으면은 옛날같이나 친절하게 지내면은 괜찮 256. 은데 하나님 말씀이 뭐라 그랬느냐 내가 그러죠 화평케 하는 257. 자는 하나님의 아들이라 그랬는데 니들 그따우로 해 가지고 천 258. 국에 간다고 교회 나가느냐? 내가 그러지요 그러면 말도 못하 259. 지만은 돈밖에 몰라요 세상이 왜 이렇게 되는지 모르겄어요. …… (중략) …… 272. C: 아들 둘, 딸 하나. 273. W: 그럼 다 지금 선교사 활동하고 계시는 거예요? 274. C: 하나 여기 있고, 남매는 나가 있고. …… (중략) …… 281. C: 가까우면 뭘 해요 얼굴도 못 보고 사는 걸. …… (중략) …… 299. C: 그니까 (침을 한 번 삼키고) 하이고 왜 이렇게 사기꾼이 많 300. 은지 그때도 그 사기꾼들 땜에 그랬어요. 대전에서 있었는데 쪼 301. 그만 아파트를 인제 저 저… 뭐야 세로 받는 거 있잖아요? 그걸 302. 받았는데 그걸 내가 감당 못해서 이렇게 양도할라 그러는데 사 303. 기쳐 가지고 복덕방에다 열쇠 줬더니 미리 와 살은 거예요. 304. W: 아~ 305. C: 입주해서 살은 거예요. 그래 가지고 가니깐은 댑따 야단을 치고 306. 그래서 실컷 살다가 그냥 나갔잖아요 방세도 안 내고… …… (중략) …… 313. C: 그러니까 가니까 댑때 야단을 해요 아이 세상이 이런 세상 314. 처음 봤어. 이렇게 사람들이 양심도 없고 얼굴도 읍어. 그래 그 315. 래 가지고 그때 쓰러진 거여. 316. W: 아, 그때 혈압이 많이 올라 가셨었나 보네요. 317. C: 예, 혈압이 올라가지구 쓰러져 가지구 지금까지 하여튼 계~속 318. 약 먹는 거죠 약으로 사는 거죠. 319. W: 그때 이후에 또 혹시 쓰러지시거나 하진 않으셨고요? 320. C: 왜 또 쪼금 신경쓰면 쓰러지죠. …… (중략) …… 338. W: 그런 건 없으시구. 음 그러면 건강관리는 평소에 어떻게 하고 339. 계세요?

내용	340. C: (쩝) 건강관리 그렇죠 뭐. 341. W: 혈압 항상 체크하고 계세요? 한 번씩? 342. C: 항상 체크하는 게 아니라 더러… 이제 그런 혈압기 있는데 343. 가면… …… (중략) …… 353. C: 불편하죠 다리가 이렇게 아프니까. 354. W: 다리가 혹시 어떻게 불편하신 거예요? 355. C: 이렇게 디딜라면 힘이 없어가지고 넘어질라 그러죠. …… (중략) …… 364. C: 그런 거 없어요. 그런 것도 돈 주고 사야 하잖아요. 365. W: 아, 그럼 지금 생활하시는 거 생활비 이런 거는 어떻게 충당하 366. 고 계셔요? 367. C: 하아(한숨) 이러고 혼자 하는데 뭐 그니께 먹는 게 뭐 있어요. 368. 그냥… (말끝을 흐림) …… (중략) …… 419. C: 하이고 그래서… 이게 이게 고민이 되네요. 420. W: 어떤 거가요? 421. C: 아픈 게. 422. W: 아픈 게~ 너무 이제 편찮으시니까? 423. C: 이러카다가 그냥 자리 누우면은 자식들도 없이 이걸 어떡하 424. 나 싶어 가지구. 425. (잠시 침묵) 426. C: 그래 그래 이거 나이가 많으니까 죽을 때도 됐잖아요. 427. W: 지금 연세가 어떻게 되시죠? 428. C: 32년생인데. 429. W: 아, 그럼 여든 한둘 정도 되셨네요? 430. C: 둘이요. 431. W: 여든 둘? 432. C: 예, 그러니까 이제 자녀들 하고 함께 살다가 자는 거 같이 가 433. 면은 잊어버린 거 같이 괜찮은데 한번은 전화를 내가 잘 못 써 434. 가지구 전화를 어떻게 눌렀는지 전화가 벨이 안 울린 거여 그래 435. 벨이 안 울려서 전화를 못 받았지유. 그랬는데 아들이 했던 거더 436. 라구요. 다시 하니께 또 안 받고 며느리 눈치 보느라 그러는지… 437. 이렇게 목소리도 못 듣고 살 줄 알았나. 438. W: 며느님이요? 439. C: 집안에 여자가 잘 들어와야 하는디 그게 어디 쉽나요 다들. 440. 어째 그러는지 그저 돈이지요 돈. 그나마 생활비 몇 푼 받아 쓰 441. 던 것도 아들 눈칫밥 먹이는 거 같고 내 마음도 편치 않아서 관 442. 두라고 한 게 이렇게 돼 버렸지. …… (중략) ……

내용	463. C: (말을 끊으며) 어이구 가족이 더 하지 그노무 돈이 원수야. 464. 동지간에도 그래 부모자식 간에도 그래 그게 뭐라고 내가 응? 465. 그저 이렇게 살다 자는 듯이 가는 거지 다 부질없어. 466. (잠시 침묵) …… (중략) …… 479. C: 응? 한국 사람들 그 사람들 성격이 그 사람들 뿐이여(목소 480. 리가 커짐). 481. 왜 남의 일에 참견하고 남더러 지 맘대로 흔들어 놀라 그려. 482. 한국 사람 승질이 그려. 그리고 나이 먹은 사람들 무식해 가지구 483. 더 햐. 484. W: 음. 485. C: 쪼금만 저거 해도 남을 지 맘대로 할라 그랴. 왜 그런지 모르 486. 겄어 응? 그래 내가 무식하다 그래 얼마나 무식하면 남을 가지 487. 고 지 맘대로 햐 지 식구 지 자식도 지 맘대로 못하는데 이리 488. 가라 저리 가라 저렇게 해라 이렇게 해라 그래요. …… (중략) …… 538. C: 아휴 수입이나 뭐나 마음이나 편했으면 좋겠어요. 정신이나 539. 올바르면. 540. W: 마음이 편치 않으셔서. 541. C: 예. 542. (잠시 침묵) 543. W: 어떻게 하면 어르신 마음이 조금 편해지실까요? 544. C: 근디 내 마음 같은 친구가 있어야 되거든. …… (중략) …… 550. C: 그러니까 젊은 사람들 배운 사람들은 그래도 좀 마음이 맞아 551. 유. 그런데 늙은이들 하곤 마음이 안 맞어. 552. W: 아, 오히려 안 맞으셔요? 또래분들 하고는? 553. C: 예, 거 남 속 지르는 소리만 펑펑 하는데 뭘. …… (중략) …… 572. C: 예, 그래서 가니까 저 오리고기 먹으러 갔었는디 승질이 내 573. 가 나뻐서 그런지 거기 가도 마음이 맞는 사람이 없어(목소리 574. 가 커짐) 남자들! 꼭 심술궂어 가지구 난 다리가 여기 아픈데 575. 여기다가 일부러 심술 부리느라고 그러는지 원 누구 희롱하느 576. 라 그러는지 여기다가 이렇게 대고 비벼대고 앉았어 여기다가 577. 남의 다리에다가 578. W: 아 그러니까 어르신 다리랑 다른 어르신 다리랑 이렇게 부딪 579. 힌 거예요 서로? 다른 분 다리 하고? 580. C: 어, 그러니 비벼 이러고 앉았어 여기다가 그래서 아 아픈데… 581. 왜 이러냐고 그러니깐은 뭐 그거 쪼끔 닿는데 그런다고 그러면 582. 서 댑따 지랄을 햐 남자가.

내용

583. W: 어휴, 그런 일이 있으셨구나.
584. C: 그래서 기분 나빠 가지구 꼭 심통 있잖아 남자들 응? 더군다
585. 나 혼자 사는 남자들은 더 지랄이여 응 괜히 저기는 아직 젊으
586. 니까 모르겠지만 늙은이는 젊은 사람한테 그러면 뺨때기 맞을
587. 테니까 늙은이한테 어떻게 눈요기라도 할라고 혼자 하는 사람
588. 들은 그렇게 여자들을 그냥 건드릴라 그랴 젊은 사람들만 아니
589. 라 다 늙어도 하더라구 그래서 기분 나빠서 뭐라 그랬더니 거기
590. 누군가 직원이 그러더라구. 아 이렇게 좋은 날 저기하는데 그러
591. 냐고 그러더라구 좋은 날이나 뭐나 글쎄 제 처신 제가 하지 왜
592. 남한테다 그 지랄을 사람 그 성희롱이여 그건 응 그 따우로들
593. 있어 그래서 그런 데 가기 싫어요 아주 그냥.
…… (중략) ……
614. C: 그리고 이 이 한국 여자들은 그래 내가 무식하단 소리를 왜
615. 하느냐면은 꼭 사람 이렇게 앉아서 이렇게 앉아서 얘기하는 게
616. 아니라 (식탁을 탁탁! 침) 이러는겨 걍.
617. W: 아 이렇게 테이블 같은 데를 탕탕 치면서(말이 끊김)
618. C: 테이블만 치면 다행이게요. 꼭 옆에 앉은 사람을 그냥 이렇
619. 게 가만 놔두지를 못하고 탁탁 치지를 않나 응? 그게 무슨 무
620. 식한 행동이냐 이거야.
621. W: 어르신 몸에 이렇게 손을 함부로 대시니까 그게 싫으셔 가지
622. 구요.
623. C: (큰 소리로) 손 대는 게 아니라 나는 이게 아파요 이게 심장
624. 이 나쁘기 때문에 (다리를 치며) 여기를 때리면 이게 아파요.
625. 이런 게 (두 번 더 치며) 그러게 무식한 사람들하고 상대하기가
626. 싫어요. 아주 그냥 외국에는 사람 옆에 지나가도 여기(왼팔을
627. 쓸어내리며) 닿지도 않아요 응? 많은 데 가도 정신이 그래요 걔
628. 들은. 나 외국에 한 10년간 가 살았어요.
629. W: 아 그러세요?
630. C: 예.
631. W: 아, 언제 외국 나가셨었어요?
632. C: 그러니까 60대 70대 저기 왜 딸이 거기 있거든요.
633. W: 아 호주? 호주에 그럼 어르신도 호주 가셔서 한 10년 정도
634. 살고 오신 거세요?
635. C: 예, 그래 왔다 갔다 하면서 여기도 갔다 거기도 갔다 그렇게
636. 살았는데 거기 사람들은 이렇게 지나 댕길라면 익스큐즈 미 이
637. 러고 지나가지 한국 사람처럼 무지하게 확확 걸리고 지나가지
638. 않아요. 전철에 가도 그러잖아 확 치고 지나다니고 확 하고
639. 그냥 그래서 그냥 한국 사람이 아주 싫어요. 진절머리 나서 예의
640. 바라요. 거기 사람들 쪼끔 저기 하면 아임 쏘리 그러고 지나가지
641. (소리치며) 니가 그랬으니 그러지! 저 밟아 놓고도 지가 잘했다

내용	642. 고 큰소리 치고 야단을 하고 그러니 전철이 가도 내가 다리가 643. 아프니까 저거 작대기를 짚고 천천히 가잖아요. 남의 발 뒤꿈치 644. 를 밟고 그러면 신이 홀딱 벗어지잖아요? 645. W: 네. 646. C: 그러고도 댑때 잘했다고 큰소리 쳐(목소리가 커짐) 이런 647. 인간들이여 그러니 글쎄 그 인간들 속에 살으니 내가 스트레스 648. 안 쌓여? 왜 그렇게 내가 그렇게 무식한 사람이 많으냐 그거야 649. 응 나이들 먹을 대로 다 먹었어 그동안 그거밖에 안 배웠어? 그 650. 래 가지고 아주 그냥 인간들이란 징글 징그러워요 백 명의 하나 651. 도 지대로 된 인간이 있는가 몰라요 (쩝) 그려 어떤 젊은이는 652. 내가 뭐를 가져가면 무겁다고 들어다 주는데 그런 사람들은 배 653. 운 사람들이여 응? 대학이라도 나온 사람들이여. 그래서 늙은이 654. 들 하고는 상대하기도 싫으니까 늙은이들 모이는 데는 안 가죠. 655. 늙은이들 뭐 백 명 이백 명 모여도 제대로 된 사람 하나나 있 656. 나 모르겄어. …… (중략) …… 731. C: 이게 신경을 쓰니까 신경성 위염이 됐어요. 732. W: 아~ 733. C: 그러니 온갖 병을 다 가지구(웃음). …… (중략) …… 747. C: 양파를 사다가 쫑쫑 썰어가 물김치를 담았어요. 748. W: 아, 양파로 물김치를요? 749. C: 예, 그게 시원하고 양파도 좋다 그러기에 그렇게 했죠. 750. W: 아, 그럼 주로 그거 반찬 삼아가지고 식사하시는 거세요? 751. C: 예, 그럼 계란이나 더러 비벼 먹고 그저 뭘 식구가 없으니까 752. 누구 위해서 할 사람이 없으니까 나 혼자니까. 753. W: 아, 어르신 그때그때 드시고 싶은 거 그냥 조금씩 조금씩 754. 드시겠네요. 755. C: 예. 756. W: 반찬을 골고루 잘 챙겨 드셔야 할 텐데요. 757. C: 글쎄 그러면 더 좋지. 그 그 누가 식구가 있으면 위해서 좀 758. 애쓰고 할라고 그러는디 혼자니까 에그 그냥 지나가지 뭐 흐흐 759. 흐, 누구 말대로 때우는 거지. …… (중략) …… 827. C: 옛날에 내가 그렇게 쓰러지구서 저기 할 때 내가 한약을 공 828. 부를 쪼끔 했어요. 그래서 이제 내 몸에 맞는 거 혈압 올라갈 때 829. 좀 내리는 거 속에 화가 있을 때 화를 치는 그런 한약을 몇 가지 830. 를 사다가 놓고서는 되게 그렇게 속이 아플 때는 저렇게 냄비에 831. 다가도 끓여 먹어요. …… (중략) ……

내용

836. C: 나도 젊었을 때는 충청도 연기군에 살았어요. 연기군에 살으
837. 면서 박정희 대통령 적부터 김영삼 대통령부터 노태우 대통령
838. 부터 선거운동 다 내가 했어요. 그래서 당선들 시켰어요.

…… (중략) ……

943. C: (쩝) 그러니까 한심한 생각만 들어가구 외롭고 우울하고 그
944. 저 그려 마음이나 좀 기쁘면 아퍼도 쏘댕기기라도 하면 나을란
945. 데…

…… (중략) ……

1096. C: 정년이 언젠진 몰라도 (잠시 침묵) 아이 세상 따지고 보면
1097. 굉장히 짧아요 내가 한세상 사는 거 별것도 아닌데 벌써 다
1098. 갔으니 말이야. 내가 그래서 돈을 못 벌은 게 젊었을 때는 내
1099. 맘 기쁜 것만 찾아댕기고 내가 나 혼자 독신 생활하면서 교회
1100. 를 잘 다니고 잘 믿을라 그랬는데 그것도 안 되고. 그니까 인저
1101. (큼) 하아 그거 안 되고 저거해서 인제 국악원에를 다녔어요.

…… (중략) ……

1194. W: 어르신 혹시 지금 병원 다니시는 데는 있으세요?
1195. C: 병원… (쩝) 되는 대로 다니는데, 여기 저 사랑동으로 다녔었
1196. 어요
1197. W: 좀 멀지 않으세요?
1198. C: 멀어요, 왜냐면 (쩝) 그 병원이 여기 저 동네에 그… ○○○
1199. 교회라고 있어요. 그 교회 장로거든요? 그래서 그 교회를 나가
1200. 는 바람에 그이들 병원에로 다녔었어요. 그래서 올해도 거기 가
1201. 서 그 뭐야 저 건강진단 그거 하고 혈압약 거기서 먹고. 그러
1202. 다가 요새는 이제 다른 데로 가는 거야.
1203. W: 요새는 그럼 혈압약 어디서 지어 오시나요?
1204. C: 혈압약 지금 뭐 가는, 주는, 주는 데는 많은데.
1205. W: 예.
1206. C: (야쿠르트를 뜯어서 한 모금 마심) 저 ㅇㅇ동에 거기… 절
1207. 있잖아요.
1208. W: ㅇㅇ동에? ㅇㅇ동에 절?
1209. C: 예, ㅇㅇ동에 저기 뭐야 본부잖아요.
1210. W: 아, 네네.
1211. C: 거기 저 거기서 한 달에 한 번씩 주더라구요.
1212. W: 아, 혈압약을요?
1213. C: 예, 그래서 거기를 가 봤어요.
1214. W: 그럼 지금 거기서 타 오신 약을 드시는 거세요?
1215. C: 예, 그래서 좀 약한가 봐요. 그래서 혈압이 높아져요.

…… (중략) ……

1229. C: 글쎄, 그러면 좋은데 사람들이 사람을 일단은 고쳐 놓고 봐야
1230. 하는 건데 돈박에 몰라.

내용

1231. W: 병원에서도?
1232. C: (끄덕끄덕) 그전에는 보건소 다녔거든요? 보건소도 다녔
1233. 는데 보건소 보건소도 저 ㅇㅇ대 하고 저기를 맺었는지 뭐 어
1234. 떡하면 ㅇㅇ대학병원으로 가래.
1235. W: 음, 보건소에서요?
1236. C: 예, 보건소에서 약을 한 번 질라 그랬더니 약이 무지하게 비
1237. 싸더라고요.
1238. W: 아.
1239. C: 저기서 짓는 거 몇 배를 달라. 그래서 이거 같은 약인데 뭐
1240. 이리 비싸게 달라 그러느냐 그래서 기왕 저기 하면 뭐 이따금
1241. 가서 체크해 봐야죠 다니던 데로.

…… (중략) ……

1261. C: 그래서 그전에는 그렇게 저기하믄 B교회 기도원 있잖
1262. 아요? 거기를 자주 갔는디 (야쿠르트를 한 모금 마시고) 거기
1263. 가니께 또 이거여 (손가락으로 동전 모양을 만들어 보이며) 이
1264. 걸 가져가야 돼. 이게 있어야 돼.(쩝) 물론 그것도 이해는 가
1265. 지. 그런데 가면은 모두 돈 드는거지 물도 돈 들고 화장실도
1266. 돈 들고 돈 드는 거지만은 (쩝) 어려운 사람 있고 좀 또 난 사
1267. 람은 많이 내는 사람도 있어요. 그런디 그런 걸 저러게 해야 하
1268. 는디 그게 돈 모여 가지고 지금 저 P교회 싸우잖아요 돈을 니
1269. 가 더 갖니 내가 더 갖니 조 목사님하고 싸운다니께. (쩝) 그
1270. 러카지 말고 정당하게 없는 사람 없는 대로 하나님 일하고 있
1271. 는 사람 있는 사람 감사해서 많이 내는 게 아니라 그러카는 게
1272. 아니라 무조건 다 걷으래. 그래서 한번 내가 나는 가도 돈 많
1273. 이 못 내요 어디 가도 그런데 (쩝) 장로가 그 헌금 위원이 있
1274. 는데 여기 교회 장로들이 거기 와 가지고 저기 하면서 장로들
1275. 이 헌금을 걷더라구 그런디 시간 시간이 걷어요 예배 드릴 때
1276. 마다 그런디 낼 때도 있고 안 낼 때도 있고 그렇잖아? 그죠?
1277. 그런디 (잠시 말을 멈추고 식탁 위의 봉지를 하나 들더니 바
1278. 구니 모양처럼 두 손으로 들어 보임) 내가 저 그때는 안 냈
1279. 어. 그러니께 이러케서 떡 하고 있더라구요 그러니 챙피하잖아
1280. 요? 잉? 거기 안 내는 사람 더러 있음 어때. 그래 가지고 에휴
1281. 내가 양심이 저거해 가지구 에휴 내가 돈도 없으면서 여기 와
1282. 서 저기하나 그런 생각도 들구.

…… (중략) ……

1296. C: 응, 그런데 그렇게 가져갔는데 내가 억울하니까 하나님한테
1297. 호소를 많이 할 거 아니여? 사람한테 해 봤자 통하지도 않고 그
1298. 러니까 하나님이 내 기도를 그렇게 들어 주셔요.
1299. W: 아.
1300. C: 그래서 (큼) 지금 나한테 억울한 사람들이 자기들이 다 해

내용

1301. 를 당했어요. 내가 해 당하라고 하지는 않았는데 하나님께서
1302. 그렇게 갚아 줘요.
1303. W: 음….

…… (중략) ……

1321. C: 예, 그리고 그 전에 내가 빌라가 있었는데, 내가 남한테 뭐
1322. 무단이 나쁘게 하지는 않거든요? 그런데 거기서 관리비를 받
1323. 아 가지고 저이 동 집 사는데 저이 거기만 수리하고 우리 동에
1324. 다른 데는 수리를 안 해 주더라구 원래는 공동수리해야 하는
1325. 거잖아? 그러기에 관리비를 한참 안 냈어요. 한 달에 3만 원씩
1326. 인데 안 냈는데 그러구선 인제 호주 가서 살다 왔어요. 집을 세
1327. 주고서 살다 왔더니 우리 집을 압류해 놨더라구요? 세상에 그
1328. 런 사람들이 다 있어요.
1329. W: 아이구.
1330. C: 그 관리비 쪼끔 안 냈다고 압류해 놔? 그래서 아휴 기분 나
1331. 빠서 이러고 있었더니 갔다 왔더니 그 사람 죽었어.
1332. W: 아, 그 빌라 그 하셨던 분이요?
1333. C: 압류했던 사람이 죽었어. 아이고 (남은 야쿠르트를 마저 마
1334. 심) 그 공동 저긴데 뭘 그렇게 악착같이 압류까지 해 가면서
1335. 동네 사람끼리 그렇게 하는가 싶어서 그랬더니 그렇더라구. 그
1336. 랬지 (쩝) 나한테 그렇게 해를 끼친 사람들이 모두 해를 당하
1337. 는 거여. 그래서 어떨 때는 너무도 무서워서 응 하나님한테 이렇
1338. 게 함부로 저기하지 말아야지 기도를 해도 조심스럽게 해야지
1339. 괜히 응 남한테 해가 가면 저기잖아. 그러니 하나님이 모든 문
1340. 제는 해결하시니…. 하나님이 그런데 대개 보면, 그전에 어떤
1341. 목사님이 나더러 돈 많이 안 낸다고 그 놈의 돈이 뭐여 그래
1342. 돈이 교회 돈 많이 안 낸다고 (큰 소리로) 돈과 함께 망할지어
1343. 다! 그러더라구.
1344. W: 어이구.
1345. C: 그래, 나 그 자리에 엎드려서 어~떻게 내가 가슴이 터지게
1346. 울었는지 어쩌면 내가 돈을 적게 냈다고 이럴 수가 있느냐고
1347. 그러면서 막~ 울었어 내 가슴을 아프게 그러더니 그이가 자기
1348. 가 돈과 함께 망했어요. 나더러 그러던 사람이 자기가 돈 벌어
1349. 놓고 개척하는데 돈 넣었다가 병이 나 가지고 죽었어. 그러니
1350. 자기가 돈과 함께 망한 거잖아요? 그리고 어떤 사람 또 어떤
1351. 목사가 나더러 돈 많이 안 낸다고 그렇게 저주 악담을 하더니
1352. 그 아들이 결혼할 시간이 저 저 뭐야 나이가 됐는데 그 아들
1353. 이 죽은 거야.
1354. W: 아이구.
1355. C: 그러니 내가 겁이 나 가지고 내가 기도를 해도 함부로 못해
1356. 요.

내용	1357. W: 음. 1358. C: 응? 하나님께서 나를 이렇게 지켜 주시는데 입에서 무슨 말 1359. 을 하면 그대로 이루어지는디 무서워 가지구 남한테 해 너무 1360. 끼치면 안 되잖아요. 그래서 그렇게 했는지는 하나님의 뜻이지 1361. 만 나는 모르지만은 그렇게 되니까 내가 보기에 그러니까 내 1362. 가 겁이 나서 기도해도 그렇게 함부로 못해요. …… (중략) …… 1375. 시집에만 갔다 오면 시험엘 당해 가지고 나를 넘어뜨릴라고 귀신 1376. 이 병을 주는 거여. 그래서 내가 기도를 하면은 꿈에라도 하나 1377. 님께서 아르켜 줘요 한번은 심장이 이렇게 아파서(가슴을 쥐 1378. 며) 기도를 하니까 요만한 저기 백지 저런 하얀 백지를 요만 1379. 한 데다가 이이성 오얏 리자 이룰 성자 해서 이름을 적어 주면서 1380. 이 사람한테 가서 약을 지어다 먹어라 그러더라구요. 1381. W: 음. 1382. C: 꿈에 그래 희한해서 그래 가만히 보니까 뒤에 한약장 있잖 1383. 아요? 당귀 천약 뭐 이런 거 써 논 거. 1384. W: 예예. 1385. C: 그런 거 보여져. 그래서 아 한약방이구나. 그런데 집에 뭐 저 1386. 큰 길이여 길갓이여. 그래 나중에 길을 가다 보니까 길갓에 그 1387. 사람 이름이 있더라구. 1388. W: 아이구 허허. 1389. C: 그래 가지구 거기 가서 약 지어다 먹고 심장이 낫었어요. 1390. W: 아, 신기하네요. 1391. C: 신기하죠? 그거보담도 또 내가 그렇게 하나님 앞에 잘못한 1392. 게 많은가 봐요.(쩝) (킁) 시집에 갔는데 그 시험이지 귀신들이 1393. 날 넘어뜨릴라고. …… (중략) …… 1434. C: 그니까 하나님이 이 세상에 있는 걸로 가리켜 가지고 치료하 1435. 지 인간이 미련해서 이 머리가 안 돌아간다구 지금 다 약국에 1436. 약들이 많이 있지만 몰라서 못 먹어 지금 그래 가지고 그거를 1437. 그때는 수입이 없을 때여 지네도 한국제 인제 그거를 몇 단 1438. 사다가 해 먹으니까 싹 없어지구선 살이 찌더라구요. 그래 나 1439. 는 그렇게 (웃으며) 하나님이 나를 보호해 줘요. 그러니까 내 1440. 가 지금도 그래요. 생각하기를 내가 기도가 부족해서 빌빌 하 1441. 는구나 그러는 거여 허허. 1442. W: 어르신 지금 말씀하시면서 눈을 계속 비비시는데 눈이 불편 1443. 하신 거예요? 1444. C: 예, 눈이 어두워요. 1445. W: 어떻게 안 좋으셔요 눈이? 1446. C: 흐려.

내용	1447. W: 이렇게 좀 뿌~연 이런 게 있으세요? 백내장… 혹시 뭐 진단 1448. 받으신 거 있으세요? 1449. C: 안 가봤어요. 겁나서 수술하라고 할까 봐. 1450. W: 아, 요새는 백내장 수술 많이들 하시던데. 1451. C: 그래서 내가 생각하기를 내가 신경을 써서 간이 약해진 거 1452. 같아요. 목석간이라 그랬어 눈이 간에 달렸다 이거지. 코는 폐 1453. 에 달렸고 입은 위에 달렸고. 그러니까 내가 신경을 쓰니까 아 1454. 마 눈이 흐리는가 이렇게 생각하고 있는데 저기서 안과에 가 1455. 보라고 저기를 써 줬는디두 지금 못 가고 있어. …… (중략) …… 1523. W: 어르신, 저 그럼 이만 들어가고 다음에 또 연락드리도록 1524. 하겠습니다. 1525. C: 예, 그래요.

(3) 사례관리자의 면접 및 의사소통 기술 평가

풀레코딩 내용을 토대로 사례관리자가 면접과정에서 필요한 기술들을 적절히 활용하고 있는지 평가해 보았다.

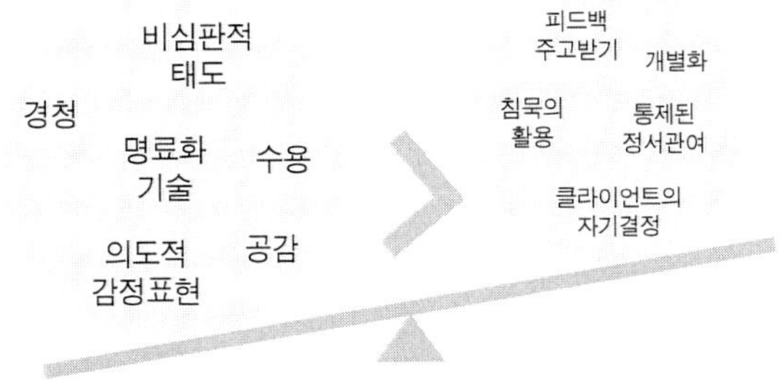

- 클라이언트와 라포 형성을 위해 눈을 맞추고 고개를 끄덕이거나 지지적 언어 반응을 해주며 경청하고 있음을 표현하려고 노력하였다.
- 클라이언트의 이야기에 비심판적인 태도를 유지하고 수용적인 태도를 보이며 편안하게 감정을 표현할 수 있도록 유도하였다.
- 명료화 기술로 클라이언트의 말을 잘 이해하고 있는지 확인하였다.
- 침묵을 활용하지 못하고 화제를 전환하는 등의 모습을 보였다.
- 클라이언트의 개별적인 상황이나 특성 등을 충분히 고려하지 못하였다(예: 연락이 단절되었다는 자녀들에 대해 유사한 질문 반복).
- 클라이언트의 자기결정을 위한 정보를 제공해야 하지만 사례관리자의 자의적 판단으로 제한된 정보를 제공하였다.

(4) 인테이크 기록

풀레코딩 내용을 근거로 다음과 같이 인테이크 기록지를 작성하였다.

| 표 7-4 ◆ 인테이크 기록지 |

<table>
<tr><td>일 자</td><td>10월 1일 (화)</td><td>성 명</td><td>○○○</td></tr>
<tr><td>주 소</td><td>행복동 1004번지 5, 2층</td><td>주민번호</td><td>33○○○○-2○○○○○○ (82세)</td></tr>
<tr><td>전화번호</td><td>전화: 없음
핸드폰: 010-1234-5678</td><td>장애유무</td><td>유 (뇌병변 장애 3급) / 무</td></tr>
<tr><td>보호구분</td><td colspan="3">☐ 수급 ☐ 조건부수급 ☐ 차상위 ☐ 저소득 ☑ 기타 ( )</td></tr>
<tr><td>의료보장</td><td colspan="3">☐ 1종 의료급여 ☐ 2종 의료급여 ☑ 국민건강보험(지역/직장)</td></tr>
<tr><td>세대유형</td><td colspan="3">☐ 부부 ☐ 조손가정 ☐ 부모자녀가정
☐ 한부모(부자/모자) ☑ 독거 ☐ 삼세대가정
☐ 소년소녀가정 ☐ 기타 ( )</td></tr>
<tr><td>직 업</td><td>없음</td><td>종 교</td><td>기독교</td></tr>
<tr><td>비상연락</td><td>성명: (관계:)</td><td>전화번호</td><td>집: 핸드폰:</td></tr>
<tr><td>생활환경
관찰사항</td><td colspan="3">- 대문 옆 철문으로 출입. 가파른 돌계단 위에 방 위치(낙상 위험)
- 부엌, 거실이 대체로 깔끔하게 정돈되지 못한 상태(컵, 가전제품 등 얼룩)
- 식탁과 가스레인지 사이에 의자를 두어 앉아서 조리를 할 수 있도록 배치</td></tr>
<tr><td>도움 요청
내용</td><td colspan="3">• 건강 문제
“예, 건강이 안 좋아서 지금도 가만이 드러 눠 있으니께 이거 뭐 오늘 갈라나 내일 갈라나 내가 왜 이렇게 이거 마음이 그렇게 기냥… 눈도 침침하고… 이렇게 하다가 치매나 걸리지 않을까 그것도 걱정이 돼요. 막 허전하고 이제 막 공포증 같은 것도 있고 뭐 그래요.”
→ 신체 및 정서적 건강 문제로 인한 공포감 호소

• 심리적 불안감
“사람들이(한참 머뭇거림) 어떡하면 남한테 사기쳐 가지고 자기한테 좀 이익을 가져갈까 이런 생각만 하는 거야.”
→ 타인에게 사기를 당할까 불안해함

• 대인관계에서의 스트레스
“글쎄, 그 인간들 속에 살으니 스트레스 안 쌓여? 왜 그렇게 내가 그렇게 무식한 사람이 많으냐 그거야.”
→ 무식한 사람들 사이에 살고 있어 스트레스를 받는다고 호소</td></tr>
</table>

<table>
<tr><th>가계도</th><th>클라이언트</th></tr>
<tr><td>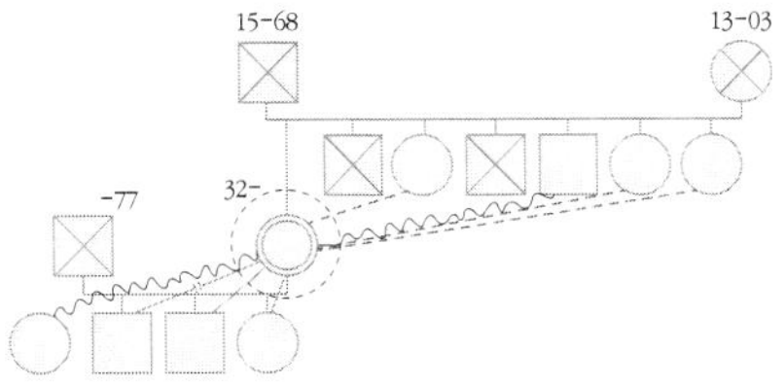
</td><td>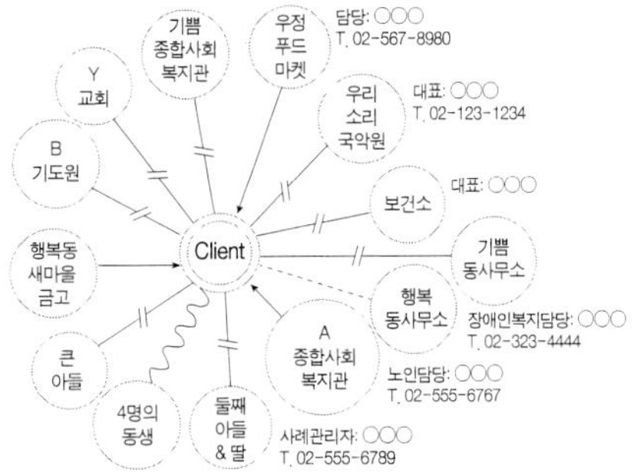
</td></tr>
<tr><td>세부사항</td><td>[개인력]
- 가족을 위해 학업을 포기하고 부친 사업을 도왔지만 약속과는 달리 유산을 상속받지 못하고 가족과 갈등을 겪으며 관계가 단절됨
- 자녀, 며느리들과 재산 문제 등으로 갈등을 겪으며 왕래나 연락이 거의 없게 됨
- 한국인은 예의 없고 무식하다고 생각함
- 많이 배운 사람을 예의 바르다고 평가함
- 돈을 중시하는 사람들의 태도를 강하게 비판함
- 60~70대경 10년 정도 호주 거주, 기본적인 영어 회화가 가능한 것으로 추정
[건강사항]
- 과거 병력: 뇌병변 장애 3급 판정, 현재 지팡이 사용하여 스스로 보행 가능
- 현재 병력: 고혈압, 시력 저하, 신경성 위염</td></tr>
<tr><td>사례관리자 의견</td><td>① 주요 문제
- 고혈압 등 만성질환으로 인한 합병증 위험
- 뇌병변 장애로 인한 신체활동의 제약. 낙상, 화상 등 부상 위험
- 신체적 · 정서적 건강 악화에 대한 공포심
- 사회적 지지체계 취약
② 욕구 관련 파악 내용
- 한국인에 대한 부정적 인식, 사람에 대한 불신, 학업을 잇지 못한 아쉬움
- 10여년 간 호주생활, 사회적 관계망의 자의적 단절 경향
③ 선정 여부 및 관리 유형 선정에 대한 의견
- 현 상황이 지속될 경우 건강 악화, 고립감 증가 등으로 고독사와 같은 더 큰 위기상황에 처할 가능성이 매우 높음
- 집중 사례로 등록, 신뢰감 형성 · 유지에 특히 주의하며 개입할 필요 있음
사례관리자: ○○○ (인)</td></tr>
<tr><td></td><td>☑ 선정 (긴급/<u>집중</u>/일반/보류) ☐ 비선정 (정보 제공/연계)</td></tr>
</table>

3. 스크리닝

인테이크를 토대로 사례관리대상자 선정 여부와 관리 유형을 결정하기 위해 스크리닝 회의를 실시하였다. 회의 참석자에게는 사전에 인테이크 기록을 공유하여 클라이언트 선정에 대한 의견을 정리해 오도록 하였다. 서로 다른 의견이 제시되는 경우 텍스트 근거를 확인하고 논의하는 과정을 거쳤고, 그 결과 해당 사례는 집중 클라이언트로 선정되었다.

| 표 7-5 ◈ 스크리닝 회의 |

<table>
<tr><td>일자</td><td>10월 4일 (금)</td><td>작성자</td><td>사례관리자 ○○○</td></tr>
<tr><td>참석자</td><td colspan="3">사례관리센터장 ○○○, 사례관리자 ○○○, ○○○, ○○○</td></tr>
<tr><td colspan="4">회의 내용</td></tr>
<tr><td>주요 내용</td><td colspan="3">
• 참석자 의견 및 논의결과
<table>
<tr><th>구분</th><th>미등록</th><th>일반</th><th>집중</th><th>긴급</th></tr>
<tr><td>센터장</td><td></td><td>✓</td><td></td><td></td></tr>
<tr><td>사례관리자 A</td><td></td><td></td><td>✓</td><td></td></tr>
<tr><td>사례관리자 B</td><td></td><td></td><td>✓</td><td></td></tr>
<tr><td>사례관리자 C</td><td></td><td>✓</td><td></td><td></td></tr>
<tr><td>논의결과</td><td></td><td></td><td>집중</td><td></td></tr>
</table>
• 고정 수입 없이 생계 유지가 가능한가?
- 의료기관을 불신, 거의 이용하지 않아 약재 구입 비용 정도의 의료비 지출
- 작은 평수에 거주하고 전등을 켜지 않고 생활하거나 동절기 전기장판을 사용하는 등 검소한 생활습관
- 식사량이 적고 반찬 가짓수가 많지 않아 식비 지출 적음
→ 보유한 재산으로 최소한의 생계 유지는 가능하지만, 연령과 건강상태를 고려한다면 영양섭취 및 생활습관 개선 필요
• 건강 문제에 대한 우려
- 자가관리하고 있지만, 시력 · 혈압 · 위염 등 건강 문제가 지속되고 있음
- 건강상태에 '공포증'이라고 표현할 정도의 불안감을 느낌
</td></tr>
</table>

	- 자가관리 및 종교적 신념이 오히려 클라이언트 건강에 해로울 수 있겠다는 의견 제시 → 현재 건강관리 상태에 위험성이 감지되며 올바른 건강관리 방안의 모색이 필요하다는 데 전원 합의 • 욕구 파악 및 개입의 필요성 - 한국 사람은 욕심이 많고 예의가 없다는 생각이 지배적으로 나타남 - 가족에게도 예외 없이 이러한 인식을 갖게 되어 사회적 관계는 물론 가족 관계까지도 단절된 상황 → 클라이언트 스스로 관계를 단절시키는 경향이 있어 현 상황이 지속될 경우 고독사 등의 위험에 노출될 우려가 높음 → 따라서 사례관리 대상자로 등록, 욕구를 파악하고 개입할 필요가 있음 ※ 인테이크 기록지 참조
결과	• 집중 사례 등록 • 차후 계획 - 문제 및 욕구사정 - 추가 정보 파악이 필요한 부분을 파악하여 2차 면접 실시

4. 사정

욕구사정 과정에서 문제 중심의 결과가 도출되어 슈퍼비전을 요청하였고 다음과 같이 문제의 근원을 추적해 가며 욕구사정을 실시하였다.

문제 → 근원 → 욕구가설 → 근거 → 욕구이론

| 표 7-6 ◆ 슈퍼비전 기록지_욕구사정 1 |

슈퍼바이저	○○○	형태	집단 슈퍼비전
슈퍼바이지	○○○, ○○○, ○○○		
주 제	CBP 기반의 사례관리_사정		
내 용	1. 욕구의 개념 이해 • 사정에 대해 사례관리자는 막연하게 '어렵다'는 인식을 갖고 있지만 사례관리의 기본 개념을 명확히 이해하지 못하고 있는 것이 더 큰 장애 요소 • 문제와 욕구 개념의 이해가 선행되어야 함 2. 욕구 파악의 중요성 • 문제와 욕구라는 표현 자체가 혼란을 가중시키는 경향이 있음 • 문제는 클라이언트의 표현, 사례관리자의 관찰 등을 통해 비교적 쉽게 파악 가능 • 욕구는 그 이면에 있는 것으로 파악하기 어려울 수 있음 • 문제에서 시작하여 그 근원을 찾아가는 과정을 통해 욕구를 파악해야 함 3. 욕구사정 다이어그램 제안 • 면접 분석 과정에서 클라이언트 이야기 속 일정한 흐름을 발견함 • 다이어그램을 통해 욕구사정 과정의 흐름을 파악할 수 있게 정리했으면 함		
향후 계획	• 슈퍼비전 내용을 참고하여 욕구사정 및 다이어그램 작성		

1) 문제

풀레코딩(full-recording)에서 사례관리자가 가장 관심 있게 본 문제는 클라이언트가 '사회적 관계망을 자의적으로 단절하는 경향'이었다.

텍스트 근거

- 기분 나쁜 일이 있었다며 다니던 교회에 가지 않게 됨(37, 63)
- 노인들은 무식하다며 노인들이 어울리는 곳에 가지 않음(133~134)
- 기분 상하게 하는 사람들과는 어울리지 않음(479~488)
- 지나친 피해의식으로 인한 관계 단절(591~593)

2) 근원

클라이언트가 사회적 관계망을 자의적으로 단절하는 경향을 보이게 된 원인을 풀레코딩 내용에서 찾아보고자 하였다. 가장 먼저 관심 있게 본 내용은 한국사회와 사람들에 대한 부정적인 인식이었다. 면접이 진행되는 동안 클라이언트는 한국 사회와 한국 사람들, 특히 노인에 대해 부정적인 인식과 감정을 나타내었고 이로 인해 관계를 단절하게 되었음을 직접적으로 언급한 부분도 있었다. 그렇다면 이렇게 한국사회와 사람들에 대해 부정적인 인식을 갖게 된 원인은 무엇일지에 대해 풀레코딩 내용을 다시 한 번 살펴보았다. 면접 중 클라이언트가 호주에서 10여년 간 생활했던 경험을 통해 호주는 노인들이 살기 좋고, 사람들이 친절하며 예의 바른 곳이라고 평가한 내용을 확인할 수 있었다. 이에 사례관리자는 10여년 간의 외국 생활로 인한 클라이언트의 인식 변화가 문제의 근원일 것이라고 판단하였다.

3) 욕구가설[1)]

문제와 근원 단계에서 확인한 내용을 토대로 욕구가설을 수립하였다.

과거 오랜 외국 생활로 인해 한국 사회에 대한 부정적 인식을 갖게 된 노인은 사회적 관계망을 자의적으로 단절하게 되어 사회적 고립감으로 인한 우울 · 불안감을 갖게 된다.

1) 사례관리자가 문제와 근원 단계에서 파악한 내용이 개인의 주관적 판단에 의한 결과물은 아닌지 검토가 이루어지지 않은 상황이므로 '욕구가설'이라고 칭한다.

| 표 7-7 ◆ 슈퍼비전 기록지_욕구사정 2 |

슈퍼바이저	○○○	형태	집단 슈퍼비전
슈퍼바이지	○○○, ○○○, ○○○		
주 제	CBP 기반의 사례관리_욕구사정		
내 용	1. 근거 • 사례관리 실천과정은 사례관리자 개인의 판단으로 수행되는 것이 아닌 전문과정으로 타당성이 검증되어야 함 • 주요 흐름이 파악되었다면 각각의 항목에 판단 근거를 제시해야 함 • 레코딩 자료를 텍스트 근거로 제시할 수 있고 필요에 따라 관련 연구 자료(이론적 근거)나 측정도구(실증적 근거)도 활용 가능함 • 선행연구를 통해 전문적이고 객관적인 근거 자료를 확보해야 함 2. 추가 면접 진행 • 욕구사정 과정에서 추가 정보가 필요한 부분이 발견된 경우 추가 면접을 준비하여 진행할 수 있음 • 추가 면접은 인테이크 단계와 달리 필요한 정보를 파악하기 위한 질문을 사전에 준비하여 의도적으로 접근하는 노력이 필요함(내재적 질문과 외재적 질문)		
향후 계획	• 추가 면접 준비 • 사례관리자의 판단에 객관성과 전문성을 뒷받침하기 위한 근거 자료 확보		

4) 근거

풀레코딩에서 드러난 텍스트 근거와 선행연구자료를 통한 이론적 근거, 측정도구로 제시할 수 있는 실증적 근거를 통해 욕구가설 수립 과정과 결과의 적합성을 검토하였다.

텍스트 근거

• 10여년 간 외국에서의 생활(628, 633~634)
• 호주에 대한 긍정적 인식: 호주 사람들은 친절하고 예의바름 (636~637, 640)

제시된 풀레코딩에서는 생략되었지만 이외에도 늦은 밤 차가 끊겼을 때 집 앞까지 바래다 준 사례, 아름다운 자연 경관 등 노인들이 살기 좋은 것이라며 긍정적으로 평가한 내용이 있었다. 텍스트 근거를 확인하는 과정에서 몇 가지 의문점이 발견되었고, 추가 확인이 필요한 사항들을 정리하여 면접을 실시하였다.

질문 준비 사항

- 호주에 가기 전 한국에 대한 인식은 어떠했는가?
- 호주에 가게 된 특별한 계기가 있는가?
- 현재 경제적 상황은 어떠한가?
- 학벌과 관련하여 경험했던 특별한 사건이 있는가?
- 배우자와의 관계는 어떠했는가?

면접 결과, 호주에 가기 전에도 한국에 대한 인식이 좋은 편은 아니었으며 부동산 사기와 부친 유산 상속과정에서 형제들과의 갈등이 한국과 한국 사람에 대한 클라이언트 인식에 영향을 미쳤던 것으로 보인다. 호주에 가게 된 것에 특별한 계기는 없으며 딸이 거주하고 있어 놀러 갔다가 10여 년 정도 머무르게 되었다고 하였다.

경제 상황에 대해서는 부친에게서 상속받은 부동산이 있으며 현 거주지는 스스로 모은 자금으로 마련한 것임을 확인하였다. 기초 노령 연금 외 고정 수입은 없지만 검소한 생활습관을 갖고 있어 경제적 어려움에 대해서는 직접적인 요청 내용이 없었다.

면접 중 학벌에 대해 예민하게 반응하는 모습이 여러 차례 발견된 것은 클라이언트의 어린 시절 성장과정에서 원인을 유추해 볼 수 있었다. 10대부터 부친의 사업을 돕느라 학업을 포기하였으나 형제들로부터 남자 같다고 놀림을 받았고 노력에 대한 인정이나 보상도 받지 못해 그 과정에서 열등감을 느꼈던 것으로 보인다.

배우자에 대해서는 독신으로 살며 신학 공부를 하고 싶었지만 의지대로 살지 못하였고 일찍이 배우자와 사별하며 힘들었던 기억을 가지고 있다고 하였다. 형제나 자녀들에 비해 상대적으로 강한 감정을 갖고 있지 않아 언급이 적었던 것으로 볼 수 있다.

이론적 근거

- 사회적 관계망과 우울 · 불안감의 관계
- 외국생활이 개인의 인식, 생활모습에 미치는 영향

선행연구 자료를 조사한 결과, 박영란 등(2013)은 사회적 관계망을 통한 원조와 지원의 제공이 노인의 건강과 심리적 복지 향상에 직간접적으로 긍정적 기여를 하고 있음을 보여 주었다. 장영은 등(2015)은 사회적 관계망의 부정적 기능이 노인 자살에 미치는 영향력 검증에서 한발 더 나아가 자살 생각과의 관계에서 우울의 매개 효과를 밝혀냄으로써, 우울이 사회적 관계망의 부정적 기능과 자살 생각 사이를 연결하는 중요한 통로로 작용할 수 있다는 것을 경험적으로 입증하였다.

반면, 호주에서의 생활이 클라이언트의 인식 변화에 영향을 주었을 것이라고 생각했지만 관련된 자료를 찾을 수 없었다.

실증적 근거

- 사회적 관계망(LSNS-18) 척도
- 외로움 척도(Revised UCLA Loneliness Scale) 한글판
- 벡-우울척도(BDI)

욕구가설과 관련하여 적용해 볼 수 있다고 판단되는 측정도구를 찾아보았다. 무분별한 척도 사용은 클라이언트를 '이해'하기보다 '설명'하게 함으로써 라포

형성과 유지를 방해할 수 있기 때문에 개별 서비스 계획 수립 단계에서 필요성을 재검토하여 활용 여부를 결정하기로 하였다.

5) 근원 재탐색

근거 자료를 확인하는 과정에서 면접을 통해 클라이언트는 호주에 가기 전에도 한국이나 한국 사람에 대한 인식이 좋지 않았음을 확인하였고, 외국생활이 개인의 인식 변화에 영향을 준다는 선행연구 자료도 찾지 못하였다.

풀레코딩에서 놓친 것은 없는지 문제에 영향을 주었을 것이라 판단되는 내용을 다시 검토해 보았다. 그 결과, 클라이언트가 자신에게 일어나는 일들에 대해 피해의식을 느끼고 있다는 것과 자신의 능력을 과시하는 표현을 반복적으로 사용하고 있는 것을 발견할 수 있었다. 하지만 과대한 피해의식을 느끼거나 자신의 능력을 과대평가하는 모습 또한 하나의 증상처럼 보였고 이러한 행동양상을 보이게 된 원인이 있을 것이라 판단하여 관련된 내용을 더 찾아보았다.

사례관리자는 클라이언트가 어린 시절 교육의 기회를 박탈당하는 등 형제들과 차별대우를 받은 경험이 있고 이후 성장과정에서도 다른 사람들과의 관계에 있어 상처받는 경험들을 반복해 왔음을 발견할 수 있었다.

이러한 상황들을 종합해 보며 클라이언트는 인정받고자 하는 마음을 강하게 가지고 있다고 판단하였고, 어린 시절부터 가족이나 주변 사람들로부터 이러한 마음이 충족되지 않자 스스로 자신을 인정하고 타인을 비하하면서 자신을 더 돋보이는 존재로 인식해 왔을 것이라고 유추해 볼 수 있었다.

6) 욕구가설 재수립

클라이언트 문제의 근원을 재탐색하여 새롭게 수립한 욕구가설은 다음과 같다.

어린 시절 열등감을 경험한 노인은 타인을 비하하고 스스로를 인정·지지하면서 사회적으로 고립되어 가는 양상을 나타내게 된다.

7) 근거 재탐색

새롭게 수립된 욕구가설에 대한 텍스트 근거를 확인하고 열등감, 피해의식, 자기애를 키워드로 선행연구 자료를 조사해 보았다.

텍스트 근거

① 과도한 피해의식
- 교회 지인의 관심 탓에 지원이 중단되었다고 생각함(52~61)
- 학벌에 대해 민감하게 반응하는 모습(86~90)
- 유난히 자신에게만 좋지 않은 일들이 발생한다고 생각함(124, 136~137, 187~189, 572~593, 647~651)

② 자신의 능력에 대한 자신감, 과대평가
- 젊고 배운 사람들과는 마음이 잘 맞는다고 함(550~551)
- 인터뷰 중 영어표현을 구사(636, 640)
- 한약 공부를 하여 스스로 한약재를 처방하여 달여 먹는다고 함(827~831)
- 선거운동을 하여 역대 대통령들을 당선시켰다고 함(836~838)
- 하나님께서 지켜 주셔서 기도를 잘 들어주신다고 함(1358~1362)

③ 어린 시절의 열등감(191~202, 210~245)

④ 대인관계에서 상처받는 사건의 반복적 경험
- 형제들이 찾아오지도 않고 친절하게 대하지도 않음(250~253)
- 클라이언트 명의의 집에 허락 없이 입주하는 사기를 당해 충격받아 쓰러졌던 일(299~315)
- 여러 군데 교회를 다니며 안 좋은 경험을 하고 성당에도 가 봤지만 마찬가지였다고 함(479~481)
- 기도원에서 돈이 없어 창피했던 일(1278~1282)

이론적 근거

- 열등감이나 피해의식이 개인의 삶에 미치는 영향
- 자기애 관련 연구

Erikson의 심리사회적 발달이론에 따르면 열등감은 학령기의 심리사회적 위기를 극복하지 못한 결과이다. 클라이언트는 노년기 발달단계에 있지만, 각 단계의 발달이 전 단계의 심리사회적 갈등 해결과 통합을 토대로 이루어진다는 점성원칙(최옥재 외, 2015)에 의해 클라이언트가 어린 시절 경험한 열등감이 현재까지 영향을 주고 있는 것으로 이해할 수 있다.

Wink(1991)는 자기애적 성격을 외현적 자기애와 내현적 자기애로 구분하였다. 외현적 자기애(over narcissism)는 지나치게 감정을 억제하고 타인이 자신을 어떻게 지각하는지에 대해 신경을 쓰고 수치심과 굴욕감을 잘 느끼기 때문에(Cooper, 2000) 대인관계 측면에서 부적 정서와 관련된다. 또한 외현적 자기애가 타인에게 과도한 수용과 칭찬을 요구하는 것과는 달리, 내현적 자기애는 외적으로 거만하거나 과시적인 행동을 하지 않고 타인에게 수줍어하는 모습으로 표현되지만 내적으로는 자신에 대한 우월감을 가지는 자기애적 성격 특성을 포함하고 있다(권석만, 2015: 윤희정 외, 2016 재인용).

Kernberg(1975)는 어린아이가 발달과정에서 부모의 충분한 관심과 공감을 받지 못할 경우, 부모가 좋아하는 자신의 요소만을 선택하여 거대한 자기를 만드는 한편, 스스로는 내면으로 철수하여 자신만을 사랑하게 된다고 하였다. 과도하게 스스로에게 몰입하고, 야심이 강하고, 칭찬에 과도하게 의존하며, 평가와 칭찬에 민감하여 외부의 확인을 통해 자기를 유지한다. 반면, 타인에 대한 관심과 공감능력이 부족하고, 스스로에 대해 만성적 불만족감을 느끼며 대인관계에서 타인을 평가절하하거나 착취적인 경향이 있다고 보았다(오하연 외, 2012).

주지영 등(2012)에 의하면 내현적 자기애, 열등감, 부정적 자동사고, 대인관계 문제는 정적 상관을 보였고, 내현적 자기애와 대인관계 문제 간 관계에서 열등감과 부정적 자동사고의 순차적 매개 효과가 유의했다고 한다. 또한 박영주 등

(2013)에 의하면 두 유형 모두 자기애의 핵심 특성이 거대 자기 환상과 특권의식, 자기몰입과 타인에 대한 공감의 결핍, 자만심, 착취적 대인관계를 공유한다고 한다.

실증적 근거

• 자아통합감 척도

새롭게 수립한 욕구가설에 적용하기 더 적합한 측정도구가 있을지 찾아보았다. 피해의식과 자기애는 클라이언트가 평가 결과를 염려하여 솔직하게 답변하지 않을 가능성이 높아 실증적 근거는 제시하지 않았다. 열등감은 주로 아동·청소년을 대상으로 연구되고 있지만, Erikson의 심리사회적 발달이론과 점성원칙에 따라 자아통합감 달성 여부를 확인함으로써 개입의 효과성을 평가하고자 측정도구를 제시하였다.

8) 욕구이론

지금까지의 내용을 종합하여 다음과 같이 클라이언트의 욕구이론을 수립하고 욕구사정지를 작성하였다.

유아동기 형제관계에서 열등감을 경험하고 이후 성장과정에서 가족이나 타인에게 상처받는 경험을 반복하게 되면 노년기 자기애 성향이 발현되어 자의적으로 사회적 관계망을 단절하며 자신을 고립시키게 된다.

표 7-8 욕구사정지

클라이언트	○○○	사정일자	10월 15일(화)

① 문제

문제	텍스트 근거	주요 내용
건강 악화에 대한 공포감	188~189, 1445	시력 저하, 고혈압, 치매 등 건강 문제에 대한 불안, 공포심 호소
고혈압, 무릎 관절, 시력 저하, 신경성 위염 등 만성적·복합적 건강 문제에 대한 관리 미흡	112, 353, 731, 1199~1203, 1445	만성적·복합적 건강 문제를 가지고 있고 이를 인지하고 있음에도 불구하고 정기적으로 이용하고 있는 의료 기관이 없고 출처가 불분명한 약을 복용하는 등 건강관리가 제대로 이루어지지 않고 있음
종교적 신념이나 자신의 지식에 의존하는 건강관리 방법의 위험성에 대한 미인식	1365~1367, 1377~1381, 1416	기도를 하면 병이 낫게 도와주실 것이라는 종교에 대한 맹신
	750	스스로 배운 의학적 지식에 대한 믿음

② 욕구

욕구가설	어린 시절 열등감을 경험한 노인은 타인을 비하하고 스스로를 인정하고 지지하면서 사회적으로 고립되어 가는 양상을 나타내게 된다.
근거	노인의 사회적 고립감은 지역사회에서 흔히 발생하는 일반적인 욕구로 보일 수 있지만 클라이언트는 사회적 관계를 '스스로' 단절하는 경향이 높다는 것에 특히 주목할 필요가 있다. 선행연구에 의하면 사회적 관계망을 통한 원조와 지원의 제공이 노인의 건강과 심리적 복지 향상에 직간접적으로 긍정적 기여를 하고(박영란 외, 2013), 우울은 사회적 관계망의 부정적 기능과 자살 생각 사이를 연결하는 중요한 통로로 작용할 수 있다고 한다(장영은 외, 2015). 클라이언트의 경우 동년배 관계는 물론 가족관계도 점차 단절되어 가고 있으며, 82세 고령의 나이에 만성적·복합적 건강 문제로 인해 활동의 제약이 점차 커지고 있어 상당한 위험성이 내재되어 있음을 알 수 있다. 공적 체계 안에서 기초노령연금 외 추가 지원은 받기 어려운 실정이고, 자녀들과의 관계마저 단절되었다고 볼 수 있는 상태로 현 상황이 유지된다면 '고독사'와 같은 위기상황에 놓이게 될 가능성이 매우 높다. 피해의식, 과민하고 방어적인 행동양식, 자기몰입, 자만심은 '자기애 성향자'에게서 나타나는 대표적인 특성으로, 클라이언트는 상황에 따라 자신에게 이로운 쪽으로 반응하며 외현적 자기애와 내현적 자기애 성향을 모두 나타내고 있다.

	박영주 등(2013)에 의하면 자기상과 자존감이 형성되는 어린 시절에 부모로부터 적절한 양육과 애정을 받지 못하게 될 때 어린아이는 자존감 유지를 위해 여러 가지 노력을 하는 과정에서 '나는 대단한 사람이야.'라는 생각에 과도하게 집착하고, 자존감 유지를 위해 지나치게 과민하고 방어적인 행동양식을 나타낸다고 한다. 클라이언트는 유아동기 성장과정에서 형제들과의 차별적 양육을 경험하고 부모로부터 지나친 책임을 부여받는 과정에서 형성된 자기애가 성장과정에서 강화되며 '자기'와 관련된 비합리적인 사고를 고착화하게 되었을 것이다. 클라이언트의 사회적 관계망 자의적 단절 경향과 이로 인한 고립, 우울, 불안감을 낮춰 주기 위해서는 과거 성장과정에서의 감정적 갈등과 비합리적 사고의 변화를 위한 개입이 필요함을 알 수 있다.
욕구이론	유아동기 형제관계에서 열등감을 경험하고 이후 성장과정에서 가족이나 타인에게 상처받는 경험을 반복하게 되면 노년기 자기애 성향이 발현되어 자의적으로 사회적 관계망을 단절하며 자신을 고립시키게 된다.

클라이언트 문제의 근원을 추적해 가며 욕구사정을 실시한 과정의 이해를 돕기 위해 다이어그램을 작성해 보았다.

문제 | 사회적 관계망을 자의적으로 단절하며 고립감으로 인한 우울 · 불안 호소

사회적 관계망의 자의적 단절
- 기분 나쁜 경험 후 다니던 교회에 가지 않음(37, 63)
- 노인들이 어울리는 곳에 가지 않음(133~134)
- 기분 상하게 하는 사람들과 어울리지 않음(480~487)
- 지나친 피해의식으로 인한 관계 단절(591~593)

우울 · 불안 호소
- 우울감, 치매 발병 불안감(164~166)
- 우울감(943~945)
- 건강 문제로 인한 공포심(112~115)

↓ 근원(why?)

한국(사람)에 대한 부정적 인식

↓

욕구가설 | 과거 오랜 외국 생활로 한국 사회에 부정적 인식을 갖게 된 노인은 사회적 관계망을 자의적으로 단절하게 되며 사회적 고립감과 우울 · 불안감을 느끼게 된다.

외국 생활이 한국 사회에 대한 인식 변화나 자의적 관계 단절 등에 영향을 미친다는 근거 자료를 찾지 못함

↓ 근원(why?): 문제의 영향 요인 재탐색

성장과정에서 형제들과의 차별적 대우

부친 유산 상속과정에서의 가족 간 갈등
- 부친이 클라이언트의 노력을 인정, 유산을 더 물려주겠다고 했으나 실제 그렇지 못함(202~203, 204~205, 210~211)
- 형제들과의 관계가 소원해짐(255~259)

대인관계에서 상처받는 사건의 반복적 경험
- 사람들은 남의 일에 간섭하고 자기주장을 고집함(88~89, 129~130, 481~483)
- 돈을 중시하는 사람들로부터 상처받은 경험(440~442, 1280~1282)
- 상처 주는 말을 하는 노인들(130~131)
- 부동산 사기로 쓰러져 뇌병변 장애를 갖게 됨(299~306, 313~315)

욕구가설 | 어린 시절 열등감을 경험한 노인은 타인을 비하하고 스스로를 인정 · 지지하면서 사회적으로 고립되어 가는 양상을 나타내게 된다.

이론적 근거: 한국노인의 사회적 관계망과 복지: 연구의 동향과 향후 과제. 한국 노인복지학회(박영란, 박경순, 2013).
내현적 자기애가 사회적 상호작용 불안에 미치는 영향: 평가염려 완벽주의의 매개효과. 인간이해(박영주, 정남운, 2013).
대학생의 기질 및 지각된 부모양육행동이 외현적 · 내현적 자기애 성향에 미치는 영향. 한국심리학회(홍영미, 성현란, 2012).

↓

욕구이론 | 유아동기 형제관계에서 열등감을 경험하고 이후 성장과정에서 가족이나 타인에게 상처받은 경험을 반복하게 되면 노년기 자기애 성향이 발현되어 자의적으로 사회적 관계망을 단절하여 자신을 고립시키게 된다.

[그림 7-2] 욕구사정 다이어그램

5. 개별 서비스 계획

클라이언트의 욕구에 기반하여 SMART 요소를 고려한 개별 서비스 계획(Indivisual Service Plan: ISP)을 수립하였지만 그 내용이 클라이언트와 충분한 협의과정을 거치지 못하였고 구체적이지 않은 표현이 많아 실현 가능성이 부족해 보인다고 평가되었다. 욕구에 기반한 계획 수립을 위해 슈퍼비전을 요청하였고 다음과 같은 과정을 거쳐 개별 서비스 계획을 수립하였다.

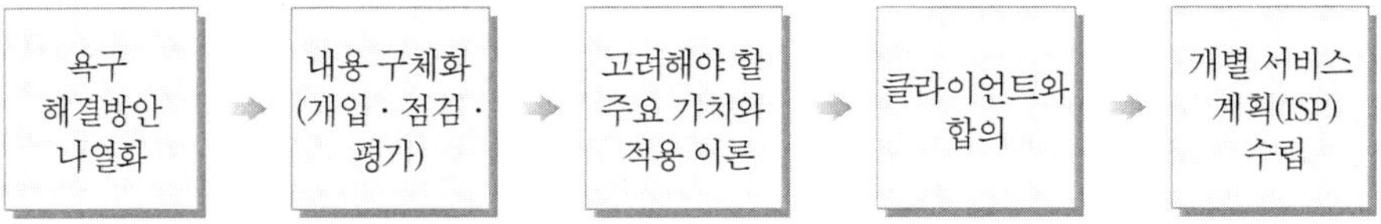

표 7-9 ◆ 슈퍼비전 기록지_개별 서비스 계획 1

슈퍼바이저	○○○	형태	집단 슈퍼비전
슈퍼바이지	○○○, ○○○, ○○○		
주 제	CBP 기반의 사례관리 _ 개별 서비스 계획		
내 용	1. SMART 목표 설정[2] • 구체적인(Specific), 측정 가능한(Measurable), 달성 가능한(Attainable), 직무에 적합한(Relevant), 추진일정이 명확한(Time-based) 목표 설정 2. 구체적인 작성의 기준 • 구체적인 표현이 어려운 경우, '더 이상 쪼개지지 않는' 것으로 이해하면 될 것 • 한번에 하려고 하기보다는 생각나는 대로 작성해 보고 다른 사람이 보았을 때 "이건 어떤 의미죠?"라고 물어볼 표현은 없는지, 더 설명할 수		

2) 김홍식 역(2014). 피터 드러커 리더의 도전: 혁신 기업을 만드는 경영의 기술. 서울: 한국경제신문사.

내용	있는 부분이 없는지 점검해 보고 보완하는 과정을 반복하며 구체화시키면 도움이 될 것 **3. 잘 수립된 계획이란?** • 내가 수립한 계획이 클라이언트의 욕구 해결에 효과적일지에 대해 확인해 보기 위해서는 '역(易)'으로 생각해 보면 도움이 됨 • 계획대로 실행이 이루어지면 어떤 변화들이 일어날지 생각해 보고 클라이언트의 욕구 해결과 어느 정도 연관 있는지 검토해 볼 것 **4. 개입 · 점검 · 평가 계획 수립** • 개별 서비스 계획 단계에서 개입뿐만 아니라 점검 · 평가 계획이 함께 수립되어야 함 • 사례관리 실천의 각 단계는 모두 긴밀하게 연결되어 있고 개별 서비스 계획 단계 이후에는 실제 개입이 이루어지기 때문에 꼼꼼한 점검이 필요함 • 계획이 구체적일수록 실천이 용이함 • 사례관리자가 한 사례만을 담당하는 것이 아니기 때문에 점검과 평가를 언제 어떻게 실시할 것인지에 대해서도 면밀히 계획을 수립해 두어야 사례관리 실천의 연속성을 보장할 수 있음
향후 계획	• 사례관리자가 1차적으로 클라이언트 욕구에 기반한 개별 서비스 계획 초안 작성 • 이후 클라이언트와 논의, 조정 과정을 거쳐 최종 합의된 내용의 개별 서비스 계획 수립

1) 욕구 해결방안 나열화

개별 서비스 계획 수립에 앞서 사정까지의 진행과정에서 논의되었거나 슈퍼비전 받았던 사항과 고민했던 내용들을 토대로 클라이언트의 문제와 욕구 해결에 필요한 것은 무엇이 있을지 나열해 보았다.

- 종교적 신념, 스스로의 지식에 의존하는 건강관리의 위험성을 인식
- 시력 저하의 원인을 알지 못한 채 불안해하거나 치매 발병을 우려하는 등 막연한 불안감을 해소하기 위한 정확한 건강 상태 파악
- 꾸준한 관리가 필요한 만성질환(혈압)은 전문가를 통해 관리받게 함

- 배움에 대한 의지, 글을 읽고 쓸 줄 아는 능력 등 클라이언트의 잔존능력 활용
- 가족에게서 받지 못한 인정을 통해 상처받은 마음을 위로해 줌
- 독거 어르신으로 고독사 등의 위험 요인이 내재되어 있어 장기적으로는 형제 또는 자녀들과의 관계 개선을 위한 개입 필요
- 한국 사회와 한국인, 특히 노인에 대한 인식 변화
- 82세 고령의 나이와 만성적 · 복합적 건강 문제를 고려하여 지역사회 내 돌봄 또는 지지체계 마련
- 상황을 있는 그대로 바라보고, 타인의 입장에서 생각해 볼 수 있는 역량 증진
- 클라이언트와 신뢰관계 유지
- 이웃 주민들과 관계를 맺고 사회의 구성원으로서 노후를 보낼 수 있도록 사회적 지지체계 구축

2) 내용 구체화(개입 · 점검 · 평가)

앞서 사정한 클라이언트의 문제와 욕구를 해결하기 위해 필요하다고 나열한 것을 어떻게 수행하고 점검 · 평가할 것인지 내용을 구체화하였다. 단, 클라이언트의 경우 '사회적 관계망 자의적 단절 경향'으로부터 영향을 받고 있어 문제에 대한 개입은 사회적 자원 연계를 기반으로 이루어질 수 있도록 세부 내용을 구성하였다. 또한 가족 개입이 필요하지만 클라이언트의 특성을 고려하여 가족을 비롯한 타인에게 갖고 있는 부정적인 감정들을 해소하고 노년기 발달과업인 자아통합감 향상을 위한 목표를 우선 수립하였다.

① 문제 1. 건강 악화에 대한 공포감 해소

목표 1	전문 기관에서의 진단과 진단 결과에 따른 조치를 통해 확인되지 않은 건강 상태에 대한 막연한 불안감 해소	
개입	점검	평가
원인이 확인되지 않아 클라이언트의 불안감을 증폭시키고 있는 '시력 저하' 안과 검진 실시	안과 검진 여부 및 진단 결과 확인 ※ 의료기관 이용에 거부감이 강하게 나타날 경우 다른 원	1~10점 불안감 측정 (사전 · 사후 검사)

치매지원센터와 연계하여 치매 조기 검진 실시	인이 있지 않은지 '건강', '의료기관' 등을 주요 키워드로 면접 실시	
	치매지원센터 조기 검진 여부 및 결과 확인	
검진 결과에 따른 조치 사항 이행	이행 여부 확인	

② 문제 2. 고혈압, 무릎 관절, 시력 저하, 신경성 위염 등 만성적·복합적 건강 문제에 대한 관리 미흡

③ 문제 3. 종교적 신념이나 자신의 지식에 의존하는 건강관리 방법의 위험성에 대한 인식[3)]

목표 2	지역사회에 기반한 클라이언트 맞춤형 건강 돌봄 체계 구축(community care system)	
개입	점검	평가
현재 건강관리 상태에 대한 의료 전문가 자문 요청 및 결과 확인(투약 현황, 일상생활습관, 1개월 간 평균 혈압 수치)	주 1회 정보 수집 진행 상황 점검	면접: 건강관리 상태에 대한 위험성 인식 여부 평가
현 상황이 지속될 경우 발생할 수 있는 위험 요인에 대한 정보 제공	정보 제공에 따른 클라이언트 반응 관찰	
지역 내 활용 가능한 인적 자원 탐색	자원목록표 점검	자가 평가: 건강 상태에 적합한 건강 돌봄 체계 구축 여부 및 만족도
연계 가능 서비스 내용, 클라이언트의 접근성 등을 고려하여 자원 연계 제안	자원의 반응 관찰	

3) 문제 3에 대해서는 현재 클라이언트가 위험성이나 문제의식을 전혀 갖지 못하고 있지만 사례관리자의 판단으로는 상당한 위험 요인이 있는 것으로 판단되어 문제 2와 접목시켜 함께 개입하는 방향으로 계획을 수립하였다.

세부 활동 내용에 대한 상호(클라이언트-자원) 합의 및 협약(계약)	세부 활동 내용 합의 과정 점검	
협약(계약) 내용에 따른 서비스 이용	협약 내용에 따른 역할 수행 여부 확인	면접: 클라이언트, 자원의 역할 수행 충실도

④ 욕구. 유아동기 형제관계에서 열등감을 경험하고, 이후 성장과정에서 가족이나 타인에게 상처받는 경험을 반복하게 되면 노년기 자기애 성향이 발현되어 자의적으로 사회적 관계망을 단절하며 자신을 고립시키게 된다.

목표 3	자서전 쓰기 활동을 통한 자아통합감 향상	
개입	점검	평가
사례관리자와 클라이언트가 함께 자서전 활동 계획 수립	클라이언트 참여 여부, 계획 수립 여부 확인	관찰: 계획 수립, 공동 참여자 모집 과정에서의 클라이언트 반응과 태도 관찰 평가
자서전 쓰기 활동 공동 참여자 모집, 선정	클라이언트 동의 여부 모집 상황 점검 ※실행 가능성 확인	
계획에 따른 활동 진행 (주 1회 총 10회기 예정)	회기별 참여 여부 점검	면접: 회기별 소감 면접
		자아통합감 사전 · 사후 평가

3) 고려해야 할 주요 가치와 적용 이론

개입과정에서 중요하게 생각하고 고려해야 할 주요 가치는 무엇인지, 적용 가능한 이론은 무엇이 있을지 각 목표별로 정리해 보았다.

목표 1. 전문 기관에서의 진단과 진단 결과에 따른 조치를 통해 확인되지 않은 건강 상태에 대한 막연한 불안감 해소

주요 가치

- 클라이언트의 변화 및 적응 가능성에 대한 믿음
- 건강에 대한 클라이언트의 사고, 태도에 대해 비난하지 않는 자세

적용 이론

클라이언트는 평소 건강에 대한 관심이 많고 건강 상태에 따라 식단을 조절하거나 한약재를 달여 먹는 등 음식으로 건강을 관리하는 경향이 있으며 지식수준에 대한 자신감을 나타내고 있다. 스스로 불안감의 요인이 되는 건강 문제의 상태를 확인하고 일상생활 속에서 예방 차원의 자가관리 노력을 통해 불안감을 낮추고자 한다. 이에 클라이언트와 함께 문제와 변화되어야 할 사항을 인식하고 해결하기 위한 합의과정을 거쳐 주어진 과제를 수행할 수 있도록 하여 단기에 목표를 달성하고자 한다.

- **회복탄력성**: 위험 요소 속에서 클라이언트의 대처능력을 향상시키는 회복탄력성은 위험에 대처하는 개인의 능력, 위험과 함께 살며 그것을 극복하거나 긍정적으로 대응할 수 있는 힘으로서 회복력이라고도 불리며 사회복지실천에 고무해야 하는 지식과 관점이라 할 수 있다. 즉, 위협적이고 심각한 위험과 역경에 노출되어 있는 개인이 그 위험의 위협에도 불구하고 자신을 보호하고 위험에 대처할 수 있는 힘을 갖는 것으로 개인에게 주어진 상황을 스스로 통제할 수 있다는 자신감을 준다(Rutter, 1987).

국내에서는 탄력성, 회복탄력성, 회복력, 적응유연성 등으로 번역되어 사용되고 있으며 심각한 위험에 노출되었음에도 불구하고 성공적으로 회복하는 능력을 말한다. 회복탄력성은 지역사회의 폭력을 경험한 아동과 청소년의 지역사회의 적응을 설명하는 유용한 개념으로 여러 저서에서 소개되고 있다(Greene, 2001: 서울특별시교육청, 2014 재인용).

● **강점관점**: 강점중심의 실천은 클라이언트의 문제를 사정하고 개입전략을 세우는 데 중요한 관점으로 1980년대 후반과 1990년대 초반부터 Weik, Rapp, Sullivan, 그리고 Kisthardt와 Saleebey 등의 학자들에 의해 활발하게 연구되고 발표되었다. 강점중심의 관점이란 "개인의 부족과 장애에 초점을 맞추었던 병리학적 관점과 대조되는 것으로 클라이언트의 능력과 장점을 규명하고, 발전시키고 강화하는 것"(Leashore, 1995)을 의미한다. 이를 위해 사례관리자는 클라이언트의 잠재력과 가능성을 인식하며 개인이 가지고 있는 내부적 · 외부적 자원을 평가해야 한다. 또한 클라이언트가 처해 있는 문제 상황을 파악하고 그들 스스로 문제를 해결할 수 있는 믿음과 이를 가능하게 할 권한을 클라이언트에게 부여해야 한다(이효선, 정푸름, 2012 재인용).

● **과제중심 모델**: 과제중심 모델(task-centered model)은 1970년대 미국 뉴욕에서 Reid와 Epstein이 발전시킨 사회복지실천의 한 모델이다. 이 접근법은 클라이언트가 정해진 시간 내에 수행해야 할 특정한 행동적 과업을 통해 스스로 문제를 해결한다는 점에서 다른 모델과 구별된다. 긴 개입 기간을 요구하는 심리사회적 접근에 비해 단기간의 체계적이고 종합적이며 효과적인 단기치료 모델이다. 과제중심 모델의 특징은 첫째, 시간 제한적인 단기개입이며, 둘째, 클라이언트와 사례관리자가 계약한 구체적인 문제해결에 개입의 초점을 두는 구조화된 접근이고, 셋째, 클라이언트가 수행에 동의한 과제를 중심으로 조직되며, 넷째, 이론보다는 조사에 근거한 경험적 자료를 중심으로 진행된다는 것이다. 특히 과제 선정에 있어서 클라이언트의 자기결정권의 존중, 환경에 대한 개입, 그리고 개입의 책무성이 강조되는 모델이다(엄명용 외, 2011 재인용).

목표 2. 지역사회에 기반한 클라이언트 맞춤형 건강 돌봄 체계 구축

주요 가치

• 클라이언트의 변화 및 적응 가능성에 대한 믿음
• 비합리적 사고를 비난하지 않는 자세
• 클라이언트의 특성을 고려

적용 이론

클라이언트는 자의적으로 사회적 관계망을 단절해 가는 경향이 있고 82세 고령의 나이로 만성적이고 복합적인 건강 문제를 자가관리하는 것에는 한계가 있을 수밖에 없다. 가족, 친구 등 비공식 지지체계가 특히 취약하지만 가족에 대한 직접적 개입은 현실적으로 어려운 상황으로 지역사회에 기반한 계획을 수립하고자 한다. 이에 앞서 건강관리에 대해 자신의 종교적 신념이나 지식체계를 지나치게 신뢰하는 부분에 있어서는 명확한 자료를 근거로 이성적인 판단을 돕고자 한다.

• 생태체계 이론: 생태체계 이론은 일반체계 이론(general system theory)과 생태학(ecology)의 관점과 요소들을 바탕으로 형성된 이론으로 사회복지가 추구하는 기본 가치를 내포하고 있는 대표적 이론 중 하나이다. 즉, 개인과 환경의 상호연관성과 역동에 관심을 갖고 접근하는 사회복지실천은 체계이론이 제공하는 전체주의적(wholistic) 관점과 생태학에서 중점을 두는 유기체와 외부환경과의 평형상태 유지를 위한 발달과정이란 요소 모두를 중요하게 여긴다. 생태체계 이론은 사회복지실천의 핵심적 가치인 환경 속의 인간(person-in-environment)의 관점과 깊은 연관이 있는 것으로 개인과 환경의 상호작용과 역동에 초점을 둔 실천을 가능하게 했다(이효선, 정푸름, 2012 재인용).

• 인지 · 행동 모델: 인지 · 행동 모델 기법의 기본 전제는 대부분의 사회적 · 행동적 역기능이 자기 자신, 타인 그리고 삶의 상황들에 대해 갖고 있는 잘못된

생각(인지체계)에서 비롯된다는 것으로 개인과 환경 모두에 초점을 두면서 문제에 접근할 수 있는 이론적 틀을 제시하고 있다.

사회복지실천에 이 기법을 적용할 때 사용될 수 있는 인지 재구성 전략은, ① 외부세계에 대해서 갖고 있는 잘못된 개념, 비현실적 기대 및 잘못된 생각들을 변화시킴, ② 자기 자신에 대한 비합리적 서술을 수정, ③ 문제해결 능력 및 의사결정 능력의 배양, ④ 자기통제 및 자기관리 능력의 함양 등(Fisher, 1981)이며 클라이언트의 사고 패턴이 변화하였는지 여부는 클라이언트의 자기 구술, 행동 또는 태도를 관찰함으로써 판단할 수 있다.

사회복지사는 클라이언트와 충분한 라포를 형성하고 어떤 개입전략이 사용될 때마다 클라이언트에게 상세한 설명을 해 주어야 하며 클라이언트의 비이성적 사고에 대해 직설적이고 명확한 '공격'을 함으로써 클라이언트 자신이 처한 상황에 대해 보다 합리적이고 이성적인 생각을 할 수 있도록 해야 한다(Ellis, 1962: 엄명용 외, 2011 재인용).

목표 3. 자서전 쓰기 활동을 통한 자아통합감 향상

주요 가치

- 클라이언트를 있는 그대로 이해하려는 노력
- 클라이언트 경험을 주관적으로 판단, 평가하지 않는 자세

적용 이론

사람과의 관계에서 자신이 타인에게 불쾌감을 주는 것에 대해서는 깨닫지 못하고 과시하는 모습을 볼 때 클라이언트가 자기애 성향을 가지고 있음을 알 수 있다. 이에 자기 자신을 있는 그대로 바라보고 인정하는 과정을 통해 건강한 자기애를 형성할 수 있도록 돕고자 한다.

정승일 등(2012)에 의하면 자서전 쓰기는 회상을 통해 자신의 과거 경험을 반

추하고 평가하는 과정에서 지난날 해결하지 못한 갈등이나 과제를 긍정적으로 재구성하고 더 나은 미래를 계획하는 자아통합을 이루게 하며, 삶에 대한 깊은 회고와 성찰을 거치면서 인생의 의미를 발견하고 자신이 살아온 삶을 그대로 평가 · 통합 · 수용하도록 한다고 한다.

자서전 쓰기를 통한 자아통합감의 향상은 클라이언트의 인지 변화를 가져왔음을 반증하는 결과가 될 것이고, 클라이언트 내면의 변화는 다른 부분에서의 변화 가능성을 의미하기도 하여 욕구의 주요 키워드인 열등감, 상처, 외현적 자기애, 사회적 관계를 모두 아우를 수 있는 '자서전'을 매개로 개입 계획을 수립하고자 한다.

- **인지 · 행동 · 모델**: '목표 2'에 대한 적용 이론에서 소개하였다.

- **심리 · 사회 모델**: 개인의 내부 성격, 개인의 외부 행동, 개인이 속한 가족, 개인의 삶에 영향을 주는 보다 큰 사회체계 중 어느 한 부분을 변화시키면 다른 부분에서도 변화가 일어날 수 있다는 것을 전제로 하며, 개인의 현재 기능은 현재는 물론 과거 사건들의 영향을 받는다는 생각에 기초하고 있다. 즉, 심리체계는 독립적으로 존재하는 것이 아니라 생물학적 체계, 사회적 체계와 끊임없이 상호작용한다고 전제되는 것으로 모든 관련 체계에 관여해야 한다(엄명용 외, 2011).

4) 클라이언트와 합의

사례관리자가 문제 및 욕구사정 결과를 토대로 1차 수립한 목표를 바탕으로 클라이언트와 합의 · 조정 과정을 거쳤다.

사례관리자가 제시한 목표

① 건강 문제의 원인을 정확하게 진단하고 특히 불안감을 증폭시키는 건강

문제에 대한 관리 계획을 수립해 봄으로써 건강 악화에 대한 막연한 공포감 해소

② 지역사회에 기반한 클라이언트 맞춤형 건강 돌봄 체계 구축

③ 자서전 쓰기 활동을 매개로 과거 경험을 반추하고 평가하는 과정을 통해 자아통합감 향상

표 7-10 ◈ 슈퍼비전 기록지_개별 서비스 계획 2

슈퍼바이저	○○○	형태	집단 슈퍼비전
슈퍼바이지	○○○, ○○○, ○○○		
주 제	개별 서비스 계획 수립과정에서 클라이언트와의 합의		
내 용	1. 클라이언트가 이해할 수 있는 계획 수립 • 합의과정을 거치기 위해서는 클라이언트도 계획 내용을 이해할 수 있어야 함 • 클라이언트가 이해할 수 있는 수준에서 작성된 서류를 지참하거나 충분히 설명할 수 있도록 사전 준비 필요 2. 클라이언트 의견과 전문가로서의 판단에 대한 합의 · 조정 • 클라이언트의 의견을 존중하고 합의하는 것이 클라이언트의 의견을 무조건적으로 수용하라는 의미는 아님 • 전문가 판단하에 반드시 필요한 개입이라면 방법에 변화를 주거나 클라이언트가 직접적으로 표현하는 문제에 대한 개입을 우선하며 시기를 조정하는 방법의 변화를 주는 등의 전략적 접근 필요 • 클라이언트와 충분히 논의하여 절충안을 마련하거나 참여를 이끌어 내는 것 또한 사례관리자의 중요한 역할		
향후 계획	클라이언트와의 논의 사항을 반영하여 개별 서비스 계획 수립		

클라이언트와의 합의 · 조정 내용

① 무식한 사람들이 많아 괜히 상처받는 일만 생기는 것은 아닌지, 다양한 지역 자원 연계에 대한 우려감을 나타내었다. 각각의 지역 자원이 하는 역할과 기능에 대한 정보를 제공하여 클라이언트의 이해를 돕고, 인적 자원 연

계 시 기본적인 예의를 갖출 수 있도록 사전에 기본 교육을 실시하기로 하였다.

② '자아통합감'이라는 표현에 대해 공감하지 못하며 의미를 궁금해하였다. 노년기 발달과업으로, 나의 삶을 있는 그대로 수용하고 현재의 삶에 만족하며 성공적인 노화를 맞이하게 되는 것임을 설명하였다.

사례관리자의 설명에도 "그런 건 잘 모르겠고 전문가 선생님이니까 알아서 잘해 주시겠지."라는 반응이었다. 개별 서비스 계획에 대한 합의 · 조정 사항을 정리하면서 사례관리는 클라이언트가 주체가 되어 '함께'하는 과정임을 상기시켜 주었고, 특히 관심을 보였던 자서전 활동에 대해 사례관리자 역시 기대된다며 클라이언트의 활동에 대한 관심과 참여를 유도하였다.

5) 개별 서비스 계획(ISP)[4] 수립

| 표 7-11 ◆ 노인사례 개별 서비스 계획 기록지 |

목표 1. 전문 기관에서의 진단과 진단 결과에 따른 조치를 통해 확인되지 않은 건강 상태에 대한 막연한 불안감 해소

개입		점검	평가	실천자	비고
1.	원인이 확인되지 않아 클라이언트의 불안감을 증폭시키고 있는 '시력 저하' 안과 검진 실시[5]	안과 검진 여부 및 진단 결과 확인 ※ 의료기관 이용에 대한 거부감이 강하게 나타날 경우 파악하지 못한 또 다른 원인이 있지는 않은지 '건강' '의료기관' 등을 주요 키워드로 면접 실시	'확인되지 않은 건강 상태에 대한 막연한 불안감 정도' 1~10점 불안감 측정(사전 · 사후 검사)	클라이언트, 안과의사	
2.	치매지원센터와 연계하여 치매 조기 검진 실시	치매지원센터 조기 검진 여부 및 결과 확인		클라이언트, 치매지원센터 담당자, 사례관리자	
3.	검진 결과에 따른 조치 사항 이행	조치 사항 이행 여부 확인		클라이언트	

※ 주요 가치: 클라이언트의 변화 및 적응 가능성에 대한 믿음, 건강에 대한 클라이언트의 사고와 태도에 대해 비난하지 않는 자세

※ 적용 이론 · 모델: 회복탄력성, 강점관점, 과제중심 모델

4) 보편적으로 활용하고 있는 양식과 시각적 효과를 위한 그림을 함께 제시하였다.

5) 클라이언트가 의료기관 이용에 대한 거부감을 나타내고 있는 점을 고려하여 과거 이용 경험이 있는 의료기관을 연계하거나 사례관리자와의 신뢰감 형성을 통해 본 기관에서 실시하고 있는 무료 진료 서비스를 연계하고자 한다.

목표 2. 지역사회에 기반한 클라이언트 맞춤형 건강 돌봄 체계 구축

	개입	점검	평가	실천자	비고
1.	현재 건강관리 상태에 대한 의료 전문가 자문 요청 및 결과 확인(투약 현황, 일상생활습관, 1개월간 평균 혈압 수치)	2개월 이내 개입을 목표로 격주 1회 정보 수집 진행 상황 점검	면접: 건강관리 상태에 대한 위험성 인식 여부 평가	클라이언트, 의료전문가, 사례관리자	
2.	현 상황이 지속될 경우 발생할 수 있는 위험 요인에 대한 정보 제공	정보 제공에 따른 클라이언트 반응 관찰		사례관리자	
3.	지역 내 활용 가능한 인적 · 물적 자원 탐색	자원의 반응 관찰	자가 평가: 건강 상태에 적합한 건강 돌봄 체계 구축 여부 및 만족도	클라이언트, 사례관리자	
4.	연계 가능 서비스, 클라이언트의 접근성 등을 고려하여 자원 연계 제안			사례관리자	
5.	세부 활동 내용에 대한 상호(클라이언트-자원) 합의 및 협약(계약)	세부 활동 내용 합의과정 점검		클라이언트, 자원, 사례관리자	
6.	협약(계약) 내용에 따른 서비스 이용	협약 내용에 따른 역할 수행 여부 확인	면접: 클라이언트, 자원의 역할 수행 충실도	클라이언트, 자원	

※ 주요 가치: 클라이언트의 변화 및 적응 가능성에 대한 믿음, 비합리적 사고에 비난하지 않는 자세, 클라이언트 특성 고려

※ 적용 이론 · 모델: 생태체계 이론, 인지 · 행동 모델

목표 3. 자서전 쓰기 활동을 통한 자아통합감 향상

	개입	점검	평가	실천자	비고
1.	사례관리자와 클라이언트가 함께 자서전 쓰기 활동 계획 수립	클라이언트 참여 여부, 계획 수립 여부 확인	관찰: 계획 수립, 공동 참여자 모집 과정에서의 클라이언트 반응과 태도 관찰 평가	클라이언트, 사례관리자	
2.	자서전 쓰기 활동 공동 참여자 모집, 선정	클라이언트 동의 여부, 모집 상황 점검 ※실행 가능성 확인		클라이언트, 사례관리자	
3.	계획에 따른 활동 진행 (주 1회, 총 12회기)	회기별 참여 여부 점검	면접: 회기별 참여 소감 면접, 자아통합감 사전 · 사후 평가	클라이언트, 공동작업자, 사례관리자	

※ 주요 가치: 클라이언트를 있는 그대로 이해하려는 노력, 클라이언트 경험을 주관적으로 판단 · 평가하지 않는 자세

※ 적용 이론 · 모델: 인지 · 행동 모델, 심리 · 사회 모델

- ○○○은(는) 상기와 같은 서비스 계획에 동의하며, 서울 G종합사회복지관과 함께 적극적으로 변화의 노력에 동참할 것을 약속합니다. 또한 더 나은 생활 지원을 위해 협력하는 기관들과 본인 및 가족의 기초 정보 및 서비스 진행과정에 대한 정보를 공유하는 것에 대해 동의합니다.
- ○○○은(는) 상기 목표를 달성하기 위해 최선을 다하겠습니다.
- 본 서울 G종합사회복지관은 ○○○의 사회복지 욕구를 해결하기 위해 최선의 사례관리 실천과정을 수행하도록 노력하겠습니다.

20 년 월 일

클라이언트 ○○○ (인) 사례관리자 ○○○ (인)

목표1. 전문 기관에서의 진단과 진단 결과에 따른 조치를 통해 확인되지 않은 건강 상태에 대한 막연한 불안감 해소

계획	개입	① 원인이 확인되지 않아 클라이언트의 불안감을 증폭시키고 있는 시력 저하. 안과 검진 실시 ② 치매지원센터와 연계, 치매 조기 검진 실시 ③ 검진 결과에 따른 조치 사항 이행
	점검	① 안과 검진 여부 및 진단 결과 확인 ② 치매지원센터 조기 검진 여부 및 결과 확인 ③ 조치 사항 이행 여부 확인
	평가	확인되지 않은 건강 상태에 대한 막연한 불안감 정도 사전 · 사후 검사(1~10점)
적용 이론		- 회복탄력성, 강점관점, 과제중심 모델
주요 가치		- 클라이언트의 변화 및 적응 가능성에 대한 믿음 - 건강에 대한 클라이언트의 사고 · 태도에 대해 비난하지 않는 자세

목표 2. 지역사회에 기반한 클라이언트 맞춤형 건강 돌봄 체계 구축

계획	개입	① 현재 건강 관리 상태에 대한 의료 전문가 자문 요청, 결과 확인 ② 현 상황이 지속될 경우 발생할 수 있는 위험 요인 정보 제공 ③ 지역 내 활용 가능한 인적 · 물적 자원 탐색 ④ 연계 가능 서비스, 접근성 등 고려하여 자원 연계 제안 ⑤ 세부 활동 내용에 대한 합의 및 협약(계약) ⑥ 협약(계약) 내용에 따른 서비스 이용
	점검	① 2개월 이내 개입을 목표로 격주 1회 정보 수집 상황 점검 ② 정보 제공에 따른 클라이언트 반응 관찰 ③ 자원의 반응 관찰 ④ 세부 활동 내용 합의과정 점검 ⑤ 협약 내용에 따른 역할 수행 여부 확인
	평가	① 면접: 건강관리 상태에 대한 위험성 인식 여부 평가 ② 자가 평가: 건강 상태에 적합한 건강 돌봄 체계 구축 여부, 만족도 ③ 면접: 클라이언트, 자원의 역할 수행 충실도
적용 이론		- 생태체계 이론, 인지 · 행동 모델
주요 가치		- 클라이언트의 변화 및 적응 가능성에 대한 믿음 - 비합리적 사고에 비난하지 않는 자세 - 클라이언트 특성 고려

목표 3. 자서전 쓰기 활동을 통한 자아통합감 향상

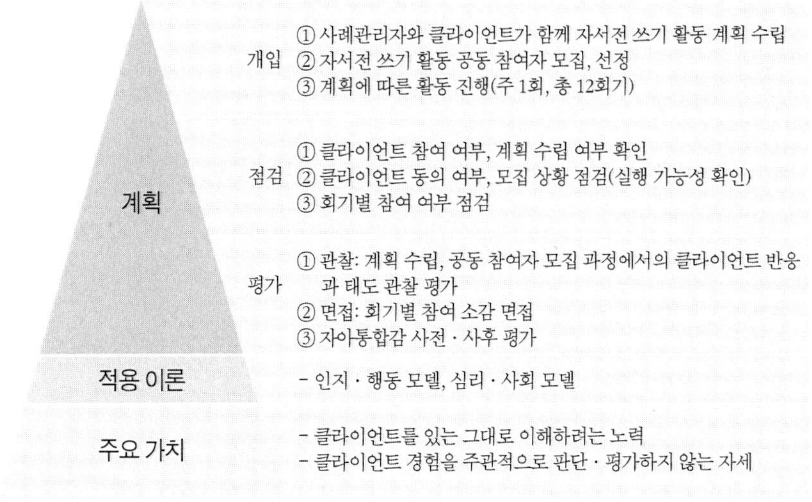

[그림 7-3] 노인 사례 개별 서비스 계획 기록지 예시

개별 서비스 계획 수립 이후 각각의 실천 시기를 표로 정리하면 전체적인 일정을 한눈에 쉽게 파악할 수 있다(〈표 7-12〉 참조).

표 7-12 ◆ 간트 차트_문제에 대한 개별 서비스 계획의 간트 차트 예시

내용	시작일	완료일	10월	11월	12월	1월	2월
안과 검진	10.26.	10.30.	■				
치매지원센터 연계, 치매 조기 검진	11.02.	11.13.		■			
검진 여부 및 결과 확인	10.26.	11.13.	■	■			
검진 결과에 따른 조치 사항 이행	10.30.	12.31.	■	■	■		

| 표 7-13 ◈ 간트 차트_욕구에 대한 개별 서비스 계획의 간트 차트 예시 |

내용	시작일	완료일	11월	12월	1월	2월	3월
사례관리자와 클라이언트가 함께 자서전 쓰기 활동 계획 수립	11. 23.	11. 25.					
자서전 쓰기 활동 공동 참여자 모집, 선정	11. 30.	12. 04.					
진행과정 점검	12. 07.	12. 08.					
계획에 따른 활동 진행 (주 1회, 총 10회기)	12. 09.	02. 24.					
자서전 쓰기 활동 중간 점검	01. 06.	01. 08.					
자서전 쓰기 활동 평가	02. 29.	03. 02.					

6. 개입

1) 과정기록지

과정기록지는 클라이언트와 관련된 모든 일을 시간 흐름에 따라 작성하는 것으로, 주요 내용 위주로 작성하고 세부 내용은 첨부하여 전체 흐름을 한눈에 보기 좋게 정리하여 관리할 수 있다. 이 책에는 과정기록지 활용의 이해를 돕기 위해 발굴부터 계획 수립까지의 내용을 수록하였다.

| 표 7-14 ◈ 과정기록지(클라이언트 발굴~개별 서비스 계획) |

날 짜	내 용	
○○.○○.○○	★클라이언트 발굴	
	밀반찬 지원 사업 이용이 중단된 클라이언트를 대상으로 사후관리 차원의 점검 중 건강악화, 사회적 관계 단절 등 개인과 환경의 변화로 위험이 감지되는 사례가 있어 가정방문 일정 수립 *○○.○○ 방문 예정	
○○.○○.○○	★인테이크	
	가정방문하여 면접 실시(16:10~17:40)	
	일반사항	82세 여성 독거 노인
	가족사항	슬하에 2남 1녀를 둠. 현재 왕래 및 연락 거의 없음
	건강사항	뇌병변 3급(지팡이 사용), 시력 저하, 고혈압, 당뇨, 신경성 위장질환
	특이사항	10여 년 호주 거주 경험
		한국 사회와 사람들(특히 노인)에 대한 부정적 인식
		학벌 중시, 본인 지식수준에 대한 자부심과 신뢰감
		종교에 대한 맹목적 믿음
	*파악된 정보를 정리, ○○.○○ 스크리닝 예정	
○○.○○.○○	▲슈퍼비전	
	주제: CBP 기반 사례관리 - 인테이크	
	내용: 사례관리자들이 실천과정에서 어려움을 겪은 부분에 대해 질의, 풀레코딩 작성법에 대한 교육, 면접 분석방법 및 유의 사항에 관한 슈퍼비전	
○○.○○.○○	●풀레코딩	
	욕구사정과 사례관리자 면접 및 의사소통 기술 평가를 위해 면접 내용 녹음	
	팀원 간 풀레코딩 기법에 대한 이해 내용이 상이하여 슈퍼비전 요청	
	면접내용 풀레코딩 기록	
	인테이크 기록지 작성	
	*○○.○○ 스크리닝 시 슈퍼비전 예정	

★사례관리 주요 실천과정 ■회의 ▲슈퍼비전 ●기타 의미 있는 실천과정

<table>
<tr><th>날 짜</th><th colspan="2">내 용</th></tr>
<tr><td>○○.○○.○○</td><td colspan="2">■ 스크리닝</td></tr>
<tr><td></td><td>주요 논의 사항</td><td>고정 수입 없이 생계 유지가 가능한가?
→ 클라이언트 스스로 검소하게 생활
→ 검소한 생활 습관이 건강문제에는 위험요인이 될 수 있음
건강 문제에 대한 우려
→ 현재 건강관리 방법에 대한 위험성으로 개입의 필요성이 제기됨
욕구 파악 및 개입 필요성에 대한 논의
→ 추가 면접을 진행하여 대인관계에 반복적 어려움을 겪는 원인 파악, 근본적인 원인을 해결하기 위한 개입 필요</td></tr>
<tr><td></td><td>결과</td><td>• 집중사례 선정
• 추가 정보 파악을 위한 면접 후 문제 및 욕구사정 필요</td></tr>
<tr><td></td><td colspan="2">*클라이언트에게 회의 결과 안내, 면접 일정 수립</td></tr>
<tr><td>○○.○○.○○</td><td colspan="2">▲ 슈퍼비전
주제: CBP 기반 사례관리 - 사정
내용: 욕구의 개념 이해와 중요성 인식
• 문제와 욕구에 대한 차이 이해
• 문제에서 시작하여 근원을 찾아가는 과정으로 욕구 파악</td></tr>
<tr><td>○○.○○.○○</td><td colspan="2">★ 사정
욕구와 관련 있다고 생각되는 것 중 가장 관심이 가는 문제를 발견, 근원을 추적해 가는 과정으로 욕구사정
• 문제: 사회적 관계망을 자의적으로 단절, 건강 악화에 대한 공포감, 만성적 · 복합적 건강 문제에 대한 관리 미흡, 건강 관리 방법의 위험성에 대한 미인식
• 욕구가설: 과거 오랜 외국 생활로 인해 한국 사회에 부정적 인식을 갖게 된 노인은 사회적 관계망을 자의적으로 단절하게 되어 사회적 고립감으로 인한 우울 · 불안감을 갖게 된다.</td></tr>
<tr><td>○○.○○.○○</td><td colspan="2">● 근거 자료 탐색 및 면접 준비
사정 과정에서 사례관리자의 주장을 뒷받침하고 실천과정의 객관성을 확보하기 위해 근거 자료 탐색(풀레코딩-텍스트 근거, 선행연구-이론적 근거, 측정도구-실증적 근거)</td></tr>
</table>

★ 사례관리 주요 실천과정 ■ 회의 ▲ 슈퍼비전 ● 기타 의미 있는 실천과정

<table>
<tr><th>날 짜</th><th colspan="2">내 용</th></tr>
<tr><td></td><td colspan="2">욕구 파악에 필요한 추가 정보 수집을 위해 면접 준비</td></tr>
<tr><td></td><td>질문사항</td><td>호주에 가기 전 한국에 대한 인식? 호주에 가게 된 계기?
현재 경제 상황? 학벌과 관련된 사건이 있는지?
배우자에 관한 사항?</td></tr>
<tr><td></td><td>근거자료 조사항목</td><td>외국 생활이 개인의 인식이나 생활 모습에 미치는 영향
지나친 종교 활동은 개인의 인식 변화에 악영향을 미침
열등감, 피해의식이 미치는 영향에 대한 연구 결과
사회적 관계망, 우울감 측정도구
사람에 대한 인식에 관련된 측정도구</td></tr>
<tr><td></td><td colspan="2">*○○.○○ 면접 예정</td></tr>
<tr><td>○○.○○.○○</td><td colspan="2">● 면접
추가 확인사항: ① 호주에 가기 전에도 한국에 대한 인식은 좋지 않았음 ② 딸이 거주하고 있어 여행차 놀러갔다가 10여년 정도 생활하게 됨 ③ 본인 명의 부동산(부친 유산)이 조금 있으며 스스로 모은 자금으로 전셋집 마련. 현재 노령연금 외 수입이나 유동자산은 없음 ④ 10대부터 일을 시작했으며 학업에 대한 의지가 있어 야간 학교를 다니며 고졸 학력 취득. 어린 시절 형제들로부터 남자 같다고 놀림을 받았으며 형제들을 보며 열등감을 느꼈던 것으로 확인 ⑥ 본인의 노력에 대해 인정받지 못하고 약속된 유산을 물려받지 못해 가족들에게 사기당했다고 생각함 ⑦ 독신으로 신학 공부를 하며 살고자 했지만 부친 권유와 시아주버니 중매로 결혼. 배우자는 고졸 학력으로 성품이 좋은 사람이었다고 함. 배우자와 일찍 사별, 그 과정에서 클라이언트가 상처받고 힘들었다고 함</td></tr>
<tr><td>○○.○○.○○</td><td colspan="2">● 근원 재탐색
욕구가설에 적합한 근거를 찾지 못하여 풀레코딩에서 문제의 근원을 재탐색
● 욕구가설 재수립
어린 시절 열등감을 경험한 노인은 타인을 비하하고 스스로를 인정, 지지하면서 사회적으로 고립되어 가는 양상을 나타내게 된다.</td></tr>
</table>

★사례관리 주요 실천과정 ■회의 ▲슈퍼비전 ●기타 의미 있는 실천과정

날 짜	내 용
○○.○○.○○	★사정: 욕구이론 수립
	유아동기 형제관계에서 열등감을 경험하고 이후 성장과정에서 가족이나 타인에게 상처 받는 경험을 반복하게 되면 노년기 자기애 성향이 발현되어 자의적으로 사회적 관계망을 단절하며 자신을 고립시키게 된다.
	*욕구사정 과정을 한눈에 파악할 수 있도록 '욕구사정 다이어그램' 정리
○○.○○.○○	■사정회의
	문제에 대한 논의: 건강에 대한 반복적 불안감의 표현, 기본 생계 유지에 대한 개입 필요성
	욕구에 대한 논의: 욕구사정 과정과 결과의 적합성 확인
	*현재까지 진행과정에 대해 공유, 클라이언트와 합의 · 조정
○○.○○.○○	▲슈퍼비전
	주제: CBP 기반 사례관리-개별 서비스 계획
	내용: 개별 서비스 계획 과정에서 기억해야 할 사항 및 주의사항에 관한 슈퍼비전
	• SMART 작성법을 고려한 목표 수립
	• 더 이상 세분화할 개념이 없을 정도로 구체화
	• 계획이 잘 수립되었는지 확인하기 위해 역(易)으로 생각해 보기
	*개별 서비스 계획 수정 · 보완, 클라이언트와의 합의를 위한 방문일정 수립
○○.○○.○○	●욕구 해결방안 나열화 / 구체화
	클라이언트의 문제와 욕구를 해결할 수 있는 방법에 대해 떠오르는 내용들을 모두 나열해 보고 구체화
	●고려해야 할 주요 가치, 적용 이론
	각 목표별로 개입과정에 있어 전문가로서 고려해야 할 주요 가치와, 적용할 수 있다고 판단되는 이론에 대해 조사: 과제중심 모델, 생태체계 이론, 인지 · 행동 모델 등
○○.○○.○○	★개별 서비스 계획 수립
	목표, 개입 계획, 점검 계획, 평가 계획, 가치, 이론 등을 종합하여 개별 서비스 계획 수립

★사례관리 주요 실천과정 ■회의 ▲슈퍼비진 ●기타 의미 있는 실천과정

날 짜	내 용
	• 목표 1. 전문 기관에서의 진단과 진단 결과에 따른 조치를 통해 확인되지 않은 건강 상태에 대한 막연한 불안감 감소
	• 목표 2. 지역사회에 기반한 클라이언트 맞춤형 건강 돌봄 체계 구축
	• 목표 3. 자서전 쓰기 활동을 통한 자아통합감 향상
	*세부 내용은 개별 서비스 계획 기록지 참조
○○.○○.○○	■ 클라이언트와의 합의 · 조정
	클라이언트와 개별 서비스 계획 내용에 대한 논의, 합의 과정을 거침
	실무자들이 가장 크게 우려했던 자서전 작성 활동에 대한 의지 재차 확인
	자원 연계에 대한 우려: 서비스 개시 전 기본 교육을 실시하기로 함
	자아통합감에 대한 공감 부족: 클라이언트가 이해할 수 있는 내용으로 재설명
	*합의 · 조정된 내용을 토대로 개별 서비스 계획 최종 작성

★사례관리 주요 실천과정 ■ 회의 ▲슈퍼비전 ● 기타 의미 있는 실천과정

2) 목표별 개입 내용

목표 1. 전문 기관에서의 진단과 진단 결과에 따른 조치를 통해 확인되지 않은 건강 상태에 대한 막연한 불안감 해소

① 원인이 확인되지 않아 클라이언트의 불안감을 증폭시키고 있는 '시력 저하' 안과 검진 실시

클라이언트 접근성을 고려하여 지역 내 이용 가능한 안과 목록 확보

▼

클라이언트와 안과 목록 공유

- 안과 정보가 제공되고 내원 일정을 수립하려고 하자 "돈을 벌기 위해 필요하지도 않은 수술을 하자고 하거나 고액의 치료비를 요구하면 어떻게 하냐"며 개입을 거부

▼

대안으로 S병원과 연계하여 진행되는 무료 진료 서비스 안내

- 진료가 진행되는 동안 사례관리자가 함께 동행하는 것을 전제로 서비스 이용 동의

▼

S병원 무료 진료 서비스 이용

- 혈압 · 당 측정, 소변검사, 내과 검진, 가정의학과 검진, 안과 검진 실시
- 시력 저하의 원인은 '노안'임을 확인. 시력에 맞는 렌즈(안경)를 처방받아 착용할 필요가 있으며, 눈이 피로하지 않도록 너무 오랜 시간 TV를 시청하거나 글을 보는 등의 생활 습관을 가지고 있다면 20~30분 간격으로 눈을 쉬게 해 주는 연습을 하는 것이 필요하다는 의사 소견 확인

② 치매지원센터와 연계하여 치매 조기 검진 실시

자치구 치매지원센터 조기 검진 온라인 신청

▼

담당자 회신(유선 연락): 클라이언트 가정방문 일정 수립

▼

검진 결과 회신(공문)

• 검진 결과 치매 위험도는 낮은 것으로 확인되었지만 클라이언트는 고혈압, 뇌병변 장애, 비만 등 뇌혈관 질환을 악화시킬 수 있는 위험 요인이 있어 이에 대한 치료와 관리가 매우 중요함을 확인

③ 검진 결과에 따른 조치 사항 이행

지역 자원을 연계하여 클라이언트 시력에 맞는 안경 제작, 착용

혈관성 치매 예방을 위한 만성질환 건강관리

• 세부 내용은 목표 2에 대한 실행 내용에서 확인 가능

목표 2. 지역사회에 기반한 클라이언트 맞춤형 건강 돌봄 체계 구축

① 현재 건강관리 상태에 대한 의료 전문가 자문 요청 및 결과 확인

건강관리 상태 파악을 위한 정보 수집	A. 클라이언트가 복용 중인 출처가 확인되지 않은 혈압약 1알 회수, 협력기관에 정보 제공 요청
	B. 면접을 통한 클라이언트 일상생활습관 파악
	C. 1개월간 평균 혈압 수치 확인

▼

D. 협약기관을 통한 의료 자문 요청

A. 혈압약 정보 파악

데잘탄플러스정(16/12.5mg). 개별 성분 치료로 효과가 충분치 않은 본태성 고혈압[6] 치료제로 병원에서 처방받은 약이 아닌 경우 클라이언트의 전반적인 건강 상태를 고려하지 않은 투약이 이루어지고 있을 우려가 있다. 따라서 약물치료가 필요한 상황인지, 다른 질환의 투약에 있어 조심해야 할 부분은 없는지 확인이 필요하다는 의사 소견을 확인하였다.

B. 일상생활습관 파악

식생활	- 주로 하루 두 끼 식사 - 식단: 배추(또는 무)백김치, 양파 절임, 계란(찜, 프라이), 된장찌개 ※ 지팡이를 짚고 다녀서 무거운 짐을 들 수가 없음. 한 손으로 들고 이동할 수 있는 정도의 식재료를 사다 보니 반찬을 해 먹는 것이 제한적 - 간식: 야쿠르트, 과일 등 - 신경성 위염으로 자극적인 음식은 먹지 않으려고 함
종교활동	- 토, 일요일에는 교회에 가느라 저녁 시간에 귀가 ※ 동일한 교회에 규칙적으로 다니기보다 부흥회가 있다거나 추천을 받아 한번 이용해 보는 등 불특정 다수의 교회를 비정기적으로 이용
대인관계	- 정기적으로 교류하거나 연락하는 사람은 없음
여가활동	- 집에 있을 때에는 주로 방 안에서 대부분의 시간을 보냄 - TV를 보거나 책을 읽기도 함 - 굴곡 많은 삶을 자서전으로 남겨서 후손들에게 물려주고 싶어 글을 써 볼까 했는데 혼자 하다 보니 쉽지 않아 현재는 중단된 상황

C. 1개월간 평균 혈압 수치 확인

클라이언트에게 가정 혈압 측정의 올바른 방법, 주의 사항 등에 대한 정보를 제공하고 일 2회 혈압을 측정하여 기록할 수 있도록 하였다. 이후 점검 과정에서 클라이언트가 혈압을 가정에서 자가관리하고 있다고 했던 면접 내용이 사실이 아니었음을 확인하였고, 해당 내용은 개입을 중단하게 되었다.

6) 특별한 원인 질환 없이 수축기 혈압이 140mmHg 이상이거나 확장기 혈압이 90mmHg 이상인 경우

D. 협약기관 의료 자문 요청

해당 의료기관에 클라이언트의 내원 기록이 없고 혈압약 외 복용하고 있는 다른 약은 없는지, 현재 혈압 상태는 어떠한지 등 자문을 구하기에는 정보가 충분하지 않아 약 정보 외 다른 부분에 대한 자문을 구하지 못한 상태로 개입이 종료되었다.

② 현 상황이 지속될 경우 발생할 수 있는 위험 요인에 대한 정보 제공

클라이언트와 함께 수집한 자료 종합 정리

▼

면접

- 시각화된 자료를 토대로 스스로 건강관리 상태에 대해 확인하도록 함
- 현 상황이 지속될 경우 발생할 수 있는 위험 요인에 대해 설명
- 클라이언트의 비언어적 메시지 관찰, 확인된 내용에 대한 소감 확인

③ 지역 내 활용 가능한 인적 · 물적 자원 탐색

클라이언트와의 면접, 지역방문, 인터넷 조사 등을 통해 자원을 탐색하고 그 결과를 자원목록표 형태로 정리하였다.

④ 연계 가능 서비스, 클라이언트의 접근성 등을 고려하여 자원 연계 제안

클라이언트와 자원연계 우선순위에 대한 합의

▼

자원 연계 제안서 제작

▼

자원 연계 제안 활동: 안경점, 치매지원센터, 의료기관, 동년배 어르신

- 의료기관 연계 제안
- M내과: 지역 내 이용 경험이 있는 의료기관이나 손잡이가 설치되지 않은 높고 가파른 돌계단 등 환경적 요인이 부적합하다고 판단

- 보건소: 방문보건서비스를 연계하려고 했지만 보건소에서는 동주민센터로, 동주민센터에서는 담당 방문간호사에게로 연결함. 여러 차례 전화 메모를 남기고 통화를 시도했지만 2주간 담당 간호사와 전화 연결이 되지 않음. 이후 서비스 제공과정에서도 진행 상황 공유 등이 제대로 이루어지지 않을 우려가 높다고 판단
- 새로운 자원 추가 파악: 의료기관 개입에 대한 대안 모색을 위해 클라이언트에게 진행 상황 공유, 면접 중 S교회 이동진료소에 대한 정보 파악

⑤ 세부 활동 내용에 대한 상호(클라이언트-자원) 합의 및 협약(계약)

자원명	협약(계약) 내용
E안경점	• 분기 1회 100,000원 한도 내 안경 지원 • 연 1회 클라이언트 시력 검진
행복구 치매지원센터	• 치매 예방 관련 정보 제공 • 연 1회 치매 발병 위험도 사후관리
S교회 이동진료소	• 기관 특성상 협약 체결이 어렵다는 답변 • 내원 시 요청하면 처방전 발급 가능
동년배 어르신	• 주 2회 밑반찬 배달 및 클라이언트 안부 확인 • 그 외 필요에 따른 일상생활 지원, 말벗 서비스 제공

⑥ 협약(계약) 내용에 따른 서비스 이용

자원명	서비스 이용 내용
E안경점	• 시력 검진 및 안경 제작 지원
행복구 치매지원센터	• 치매 예방 관련 정보 제공
S교회 이동진료소	• 클라이언트 건강 상태를 고려한 혈압약 처방 • 신장결석 진단: 방사선 촬영에서 발견. 신체적으로 나타나는 다른 증상들이 없고 클라이언트가 다른 시술은 거부하여 약물치료와 함께 수분을 충분히 섭취하도록 1차 처치 • 몰랐으면 마음이 편했을 것을 괜히 병원에 가서 마음만 더 안 좋아졌다며 개입을 거부하는 태도가 다시 나타남 • 합리적 정서치료 모델을 적용하여 비합리적 사고를 합리적 사고로 변화시키고자 함

동년배 어르신	• 주 2회 밑반찬 배달 및 클라이언트 안부 확인 • 그 외 필요에 따른 일상생활 지원, 말벗 서비스 제공

의료기관을 연계하는 과정에서 '병원에서는 영리적인 목적으로 환자들에게 없는 병도 만들어 내고 각종 치료를 권한다.' '내 몸은 내가 제일 잘 안다.' '하나님께서 다 고쳐 주실 것이다.'라는 반응을 보이며 개입을 거부하는 상황이 발생하였다. 클라이언트가 가진 사고의 변화 없이는 더 이상 개입이 어렵다고 판단해 Ellis의 합리적 정서행동치료를 적용하기로 하였다.

합리적 정서행동치료(Rational Emotive Behavior Therapy: REBT)에서는 ABCDE 모형을 통해서 비합리적 신념과 그로 인한 부적응적인 정서와 행동의 과정을 설명하고, 비합리적 신념을 합리적 신념으로 변화시키는 것을 치료 목표로 한다. A는 선행사건(Activating event), B는 선행사건에 대한 신념(Belief system), C는 B로 인한 정서적 또는 행동적 결과(Consequence), D는 비합리적 신념에 대한 상담자의 논박(Dispute) 그리고 E는 논박을 통해서 변화된 효과(effect)를 말한다(서민정, 2015 재인용).

사례관리자는 클라이언트의 과거 경험과 기억을 지울수는 없지만, 새로운 경험에 대한 가능성은 열어 줄 수 있을 것이라는 신뢰를 가지고 상담을 실시하였다.

클라이언트의 특성을 고려하여 상담 진행 과정에서 병원 진료를 받는 등 새로운 시도를 하는 클라이언트의 노력과 참여에 대해 지지하고 격려하였다. 또한 글쓰기를 좋아한다는 점을 강점으로 활용하여 비합리적 신념과 합리적 신념에 대해 나타날 수 있는 상황에 대해 작성해 보거나 신념의 변화로 발생할 수 있는 이익과 손실에 대해 작성해 보는 등 생각에 그치기보다 가시적으로 확인할 수 있도록 하여 클라이언트가 자신의 변화를 더 분명히 인식하게 하려는 노력을 기울였다.

목표 3. 자서전 쓰기 활동을 통한 자아통합감 향상

① 사례관리자와 클라이언트가 함께 자서전 쓰기 활동 계획 수립

1회기	오리엔테이션	2회기	인생 곡선 그리기
3회기	건강과 신체적 특성	4회기	성 정체감(여성과 남성)
5회기	나의 가족	6회기	사랑과 결혼
7회기	중요했던 일, 경력과 역할	8회기	경제관념과 재정적 삶
9회기	종교와 영적인 삶	10회기	인생의 전환점
11회기	죽음 경험과 나의 죽음	12회기	평가회

② 세부 활동 내용에 대한 상호(클라이언트-자원) 합의 및 협약(계약)

세부 활동 계획을 알리고 클라이언트 의견을 수렴하여 반영할 수 있는 부분에 대해서는 수정·보완하였고, 필요한 경우 부연 설명을 통한 이해 과정을 거치며 합의를 구하였다.

일정	주 1회 10:30~12:00(90분), 총 12회 → 10회로 조정
조정사항	1회기: 전체 일정 소개, 활동규칙 수립, 인생 곡선 그리기 10회기: 7회기 내용과 중복되는 느낌이라는 의견 반영, 삭제
참여자	클라이언트, 사례관리자, 동년배 어르신
진행방법	회기별 주제에 따라 클라이언트와 동년배 어르신이 떠오르는 대로 이야기를 풀어 가면 사례관리자는 활동 내용을 녹음하고 추후 관련 학과 전공생 또는 관련 업종 종사자를 연계하여 글로 쓰고 교정·교열 작업 진행 후 각 5부씩 인쇄하도록 함
평가	회기별 소감 나누기 외 10회기에 총평 나누는 시간을 갖고 자아통합감 사전·사후 검사 실시

선행연구 결과에 따르면 자서전 쓰기 활동을 집단으로 실시할 경우 서로의 경험을 나누는 과정에서 효과성을 증진시킬 수 있다고 하였다. 클라이언트에게 밑반찬을 배달하며 안부를 확인해 주는 노인일자리 참여 어르신을 통해 관계 형성과 활동 효과성 증진을 도모하기 위한 활동 계획을 수립하였다. 하지만 1~2회기 진행과정 동안 사례관리자와 1:1로 이야기할 때보다 말을 아끼거나 불편해하는 모습이 관찰되었고, 3회기 이후 불편함을 표현하여 4회기부터는 사례관리자와 1:1 활동으로 진행하였다.

③ 계획에 따른 활동 진행(주 1회 총 10회기)

1회기	오리엔테이션, 인생 곡선	2회기	건강과 신체적 특성
3회기	성 정체감(여성과 남성)	4회기	나의 가족
5회기	사랑과 결혼	6회기	중요했던 일, 경력과 역할
7회기	경제관념과 재정적 삶	8회기	종교와 영적인 삶
9회기	죽음 경험과 나의 죽음	10회기	평가회

7. 점검

목표 1. 전문 기관에서의 진단과 진단 결과에 따른 조치를 통해 확인되지 않은 건강 상태에 대한 막연한 불안감 감소

클라이언트와 합의·조정 과정을 거쳐 동의를 구하고 개입을 실시하였으나 해당 목표에 대한 개입 시기가 되자 클라이언트가 거부감을 나타내어 해당 사안에 대해 슈퍼비전을 요청하였다.

표 7-15 ◈ 슈퍼비전 기록지_점검 1

슈퍼바이저	○○○	형태	개별 슈퍼비전
슈퍼바이지	○○○		
주 제	개입이 이루어지는 과정에서 클라이언트가 거부감을 나타내는 경우 대처 방안		
내 용	1. 진행 상황 • 클라이언트와 협의 · 조정 과정을 거쳐 최종 수립된 개별 서비스 계획에 의거하여 목표 1에 대한 실행이 이루어지는 과정에서 거부감을 표현 • 안과 검진: 눈이 침침하긴 하지만 그럭저럭 지낼 만하다며 병원까지 갈 일은 아닌 것 같다고 함 • 사전에 합의된 일이고 클라이언트가 '공포심'이라고 표현할 정도로 불편함을 표현한 건강 문제에 대한 개입인 만큼 다시 생각해 보는 것이 좋겠다며 며칠 뒤 재시도해 보았지만 같은 태도를 취함 • 클라이언트의 특성을 고려할 때 강경한 태도는 오히려 도움이 되지 않을 것이라고 판단되지만 이대로 방치할 수는 없겠다고 생각되어 슈퍼비전을 요청 2. 슈퍼비전 내용 • 초점은 '클라이언트' - 현재 사례관리자가 '클라이언트가 개입에 거부한다.' 는 것에 초점 → 개입해야 하는데, '어떻게 하지?'라고 생각하고 있는 과정에는 '왜?'라는 질문이 누락됨. 사례관리자가 가장 중요하게 생각해야 하는 것은 '클라이언트'로 왜 태도를 바꾸게 되었는지, 왜 그런 생각을 하게 된 것인지에 관심을 가질 수 있어야 함 - '개입' 자체가 목적이 되지 않도록 주의가 필요함 • 개별 서비스 계획 수립 단계에서 클라이언트 참여도의 중요성 - 개별 서비스 계획 수립 단계에서 클라이언트와 충분한 합의과정이 이루어지지 않았을 가능성이 있음. - 클라이언트 입장에서는 자신이 순응적인 태도를 보여야 더 많은 서비스를 받을 수 있다고 생각할 수 있음 - 특히 해당 클라이언트의 경우 인정받고 싶어 하는 마음이 커서 사례관리자에게 잘 보이기 위해 되도록 동의하는 방향으로 긍정적인 답변을 주었을 가능성이 있음 - 클라이언트와 면접을 통해 단서를 발견하도록 해보는 것이 좋겠음		
향후 계획	클라이언트의 개입 거부 원인 파악을 위한 면접 후, 그 결과에 따라 대처 방안 모색		

슈퍼비전 이후 클라이언트 태도 변화의 원인을 파악하기 위해 면접을 실시한 결과, 개별 서비스 계획 수립과정에서 외현적 자기애 성향이 발현되며, 모든 계획을 잘 수행할 수 있고 '그 정도는 아무것도 아니다. 거뜬히 할 수 있다.'라고 생각했지만 막상 현실로 마주하게 되자 과거 경험들이 떠오르며 비합리적 사고를 반복하게 되었음을 확인할 수 있었다.

공감과 수용적 태도를 바탕으로 클라이언트가 안정감을 느낄 수 있도록 작은 과제부터 수행하며 성취감을 느끼고 그 과정에서 스스로 동기부여될 수 있도록 사례관리자와의 신뢰관계를 바탕으로 관내에서 실시되는 무료 진료 서비스를 받아 볼 수 있도록 연계하였고, 치매 조기 검진의 경우 일정 조율 등에 시간이 소요되는 것을 감안하여 온라인 신청서를 우선 제출하였다.

이후 사례관리자가 동행하는 조건으로 관내 무료 진료 서비스를 이용하였고 치매지원센터 담당자와도 일정을 수립하여 클라이언트 가정에 방문하여 조기 검진을 실시하였으며, 각각의 검진 결과에 따른 조치 사항 이행은 목표 2에 대한 실행과정에서 함께 실시될 수 있도록 하였다.

| 표 7-16 ◈ 슈퍼비전 기록지_점검 2 |

슈퍼바이저	○○○	형태	개별 슈퍼비전
슈퍼바이지	○○○		
주 제	슈퍼비전 이후 진행 상황에 대한 슈퍼비전		
내 용	1. 진행 상황 클라이언트 태도 변화의 원인을 파악하기 위한 면접을 실시한 이후 외부 자원보다는 사례관리자와의 신뢰관계를 활용하여 관내 무료 진료 서비스를 우선 이용하는 것으로 목표 1에 대한 개입 실행 2. 슈퍼비전 내용 • 사례관리자와 신뢰관계를 형성하고 유지하는 것도 매우 중요하고 필요한 경우 실행과정에서 활용할 수도 있지만, 자칫 관계가 과도하게 밀착될 수 있는 상황에 대해서는 주의를 기울여야 함 • 외현적 자기애나 비합리적 사고에 대해 언급되었던 만큼, 이를 고려하여 보다 전문적인 개입이 필요함		

향후 계획	개별 서비스 계획 수립 단계에서 적용한 이론과 모델을 실행과정에서도 적용하려는 노력이 필요함

목표 2. 지역사회에 기반한 클라이언트 맞춤형 건강 돌봄 체계 구축

사례관리자가 직접 개입하여 함께 진행한 내용에 비해 클라이언트 스스로 수행하도록 계획된 내용의 진행이 미비하였다. 혈압 자가 측정은 사전 파악한 내용과 달리 가정에 구비된 수동 혈압기로 자가 측정이 불가능한 상태임을 점검과정에서 확인할 수 있었다. 건강 문제에 대한 자가관리의 한계를 인식하고 인정하는 것도 도움이 될 수 있다고 판단하여 진행되지 않은 상태 그대로 추후 평가를 위한 기록으로 남겨 두었다. 이렇듯 개입과정에서 필요한 정보를 수집하던 중 클라이언트가 태도를 번복하거나 자기과장을 위해 거짓말을 하는 등의 모습을 보이고 있어 현 상황이 반복될 경우 클라이언트에 대한 신뢰가 무너지지 않을지 염려되었고, 이에 대한 슈퍼비전을 요청하였다.

| 표 7-17 ◈ 슈퍼비전 기록지_점검 3 |

슈퍼바이저	○○○	형태	개별 슈퍼비전
슈퍼바이지	○○○		
주 제	클라이언트의 번복되는 태도와 거짓말로 인해 신뢰감이 저해되고 있음이 우려되는 경우 사례관리자의 대응 방안		
내 용	1. 진행 상황 클라이언트의 생활습관에 대한 정보를 수집하던 과정에서 혈압 자가관리에 대한 부분이 과장된 내용이었음을 확인. 이후 클라이언트의 말을 어디까지 믿어야 하는 것인지, 계속해서 의심하고 확인하는 과정이 필요한 것인지 혼란스러워짐 2. 슈퍼비전 내용 • 클라이언트에게도 '신뢰'의 중요성을 알려 줄 필요가 있다고 보이며, 그 과정에서도 클라이언트의 특성을 고려해야 함. '잘못됐다'는 인식을 주게 되면 자존심이 상하게 되거니 오히려 사례관리자가 신뢰를 깨뜨리는		

	상황이 발생할 우려가 있음 • 사례관리자가 클라이언트의 문제 및 욕구해결을 위해 진심으로 함께 노력하고 있으며 클라이언트 또한 이 과정에 진심으로 임해 주었으면 좋겠다는 생각을 진솔하게 전달해 보는 것도 좋겠음 • 왜 나를 속였지 하며 서운해하지만 말고 마찬가지로 '왜' 솔직하게 말하지 못했을까를 먼저 생각하고 헤아려 줄 수 있어야 함
향후 계획	해당 사안에 대한 사례관리자의 생각을 클라이언트와 함께 나누고자 함

사례관리가 진행되는 동안 상호 신뢰를 잘 유지해야 한다는 사례관리자의 의견에 클라이언트도 동의하였다. 위험 요인에 대한 정보 제공에 대해서는 '그럴 수도 있겠다.'고 사례관리자가 제공하는 정보를 신뢰하고 있음을 확인할 수 있었다.

정보를 제공할 때 출처를 밝히고 클라이언트의 의견과 반응을 확인하여 적절한 정보가 제공되고 있는지 점검할 수 있었으며, 사례관리자의 일방적인 전달이 되지 않도록 주의를 기울였다.

자원 연계 과정에서는 클라이언트 특성을 고려하는 것은 물론 자원의 동의가 필요해 생각보다 많은 시간과 노력이 소요되었다. 자원 연계의 효과성을 높이고자 사례에 대한 개요와 연계가 필요한 서비스 내용으로 구성된 제안서를 제작하여 활용하였으며 필요에 따라 유선연락, 방문, 이메일 발송, 온 · 오프라인 홍보 등의 방법을 활용하였다. 신규 자원보다는 클라이언트나 사례관리자와 초기 관계가 형성되어 있던 자원들이 긍정적인 반응을 보이고 최종 협약(계약)까지 연결되었지만 클라이언트의 특성을 감안하여 조사의 범위를 넓히지는 않았다.

개입 초기 '건강'과 '관계'에 대한 개입이 이루어지는 과정에서 당장 눈에 보이는 변화가 미비하다 보니 체감할 수 있는 서비스 지원에 대한 요구가 발생하였다. '사례관리'는 단순 서비스 연계와는 차이가 있다는 점을 이해시키려고 했지만 한계에 부딪히게 되었고 슈퍼비전을 요청하였다.

| 표 7-18 ◆ 슈퍼비전 기록지_점검 4 |

슈퍼바이저	○○○	형태	개별 슈퍼비전
슈퍼바이지	○○○		
주 제	당장 눈에 보이는 변화나 지원을 희망하며 참여에 소극적인 태도를 보이는 클라이언트		
내 용	1. 진행 상황 • 목표 1에 대한 초기 무료 진료 서비스 연계, 치매 조기 검진 실행 이후 목표 2에 대한 실행과정에서 혈압 자가 측정과 관련 실행부터 진행 속도가 조금씩 늦춰짐 • 겉으로 드러나는 변화나 클라이언트가 체감할 만한 서비스 지원 없이 시간이 흐르면서 클라이언트 태도의 변화가 감지됨 • 이를 보완할 수 있는 방안을 모색하기 위한 슈퍼비전 요청 2. 슈퍼비전 내용 • 드러나지 않은 욕구를 파악하는 데 집중하느라 클라이언트가 표현한 문제 중 빠뜨린 것이 있지는 않았는지 점검해 볼 필요가 있음. 욕구를 파악하고 근본적인 개입을 시도하는 것이 매우 중요하지만, 당장 클라이언트의 공감과 신뢰를 얻지 못해 사례관리가 종결된다면 이후 과정은 무의미해질 수 있음 • 전문가의 판단하에 클라이언트에게 필요한 것은 물론, 클라이언트가 요청하는 내용에 대해서도 귀 기울일 수 있어야 함 • 논의되었던 내용 중 '밑반찬 배달 서비스' 재개에 대해 재검토해 볼 필요가 있음. 이전에도 식생활 문제로 서비스를 받은 이력이 있고 당시 스스로 종결 의사를 밝혀 서비스가 중단되었지만 현재 클라이언트의 건강이나 영양 상태가 더 좋아졌다고 보기는 어려움 • 또한 해당 클라이언트는 각각의 목표에 대한 실행에서 모두 다른 인적·물적 자원이 연계되기보다 최소한의 자원으로 필요한 개입이 모두 이루어질 수 있는 방향으로 접근해 보는 것이 좋겠다는 의견도 의미 있다고 봄		
향후 계획	자원 연계 목록 정리, 클라이언트에게 관련 정보 제공		

슈퍼비전 결과를 반영하여 풀레코딩 내용을 다시 살펴보았고, 식생활에 대한 지원과 관계에 대한 개입을 함께 할 수 있는 방안을 모색해 보았다. 밑반찬 배달 서비스를 제공하며 배달 인력으로 노인일자리 참여자를 연계하여 클라이언트

와 동년배관계를 형성할 수 있도록 활동을 촉진하였다.

의료기관을 연계하는 과정에서 보건소 연계가 불발되었고 S교회 이동진료소와 협약 체결이 되지 않았다. 클라이언트의 비합리적인 사고에 대한 개입 없이 자원의 참여를 이끌어 내는 데 한계가 있어 목표 달성이 어렵겠다고 판단하였고 합리적 정서행동치료 모델에 기반한 상담을 실시하였다.

표 7-19 ◈ 슈퍼비전 기록지_점검 5

슈퍼바이저	○○○	형태	개별 슈퍼비전
슈퍼바이지	○○○		
주 제	개입에 대해 클라이언트의 동의를 받은 상황에서 해당 자원과의 연락이 원활하지 않은 경우 사례관리자로서의 적절한 대응 방안		
내 용	1. 진행 상황 • 보건소 방문보건 서비스 연계과정에서 담당 간호사와 연락이 닿지 않은 채 3주 소요 • 더 지체하면 다른 계획까지도 차질이 빚어질까 염려되어 계속해서 시도해야 할지, 중단하고 대안을 마련해야 할지 판단을 내리기 어려워 슈퍼비전 요청 2. 슈퍼비전 내용 • 사례관리자로서 실천과정에 있어 '무엇이 중요한지' 잊지 않아야 함 • 간호사를 연계하는 것이 목적이 아니라, 클라이언트의 건강관리를 위한 '체계 구축'이 목적이므로 좀 더 다양한 방법으로 접근하려는 노력이 필요함 • 팀 회의 결과와 같이 꼭 필요한 자원들만 선택적으로 연계하는 것은 좋다고 생각되며, 그 자원 간에도 관계를 형성해 줄 수 있어야 함 • 무리해서 자원을 연계할 경우 지속성이 저해될 우려가 크므로 이 또한 고려해야 함		
향후 계획	대체 가능한 자원이 있을지 검토, 클라이언트에게 관련 정보 제공		

목표 3. 자서전 쓰기 활동을 통한 자아통합감 향상

클라이언트가 관심을 보이던 활동이었던 만큼 계획 수립 및 참여에 있어 전반적으로 호의적인 반응이었다. 노인일자리 참여자 어르신을 공동작업자로 연계하여 효과성을 높이고자 하였으나, 3회기 활동 종료 후 불편함을 표현하여 4회기부터는 사례관리자와 1:1 활동으로 진행하였다.

8. 평가

목표 1. 전문 기관에서의 진단과 진단 결과에 따른 조치를 통해 확인되지 않은 건강 상태에 대한 막연한 불안감 감소

- 평가방법: 관찰 및 면접
- 평가 결과: 시력 저하와 치매 발병에 대한 불안은 감소했지만, 만성질환으로 인한 건강에 대한 불안감은 단기간에 해결할 수 없는 것으로 건강관리를 지속하기로 하였다.

시력 저하 원인을 파악하고 치매 조기 검진을 통해 위험 상황이 아님을 확인하였다. 노화는 치료할 수 있는 상태가 아니며 치매는 클라이언트가 가지고 있는 만성질환으로 인한 발병 가능성을 배제할 수 없는 상황으로 불안감이 완전하게 해소되었다고 보기는 어렵지만 현재 상황에서 최선의 개입이 이루어졌다고 평가하였다. 다만, 만성질환에 대해서는 지속적인 관리가 필요할 것으로 판단하였다.

목표 2. 지역사회에 기반한 클라이언트 맞춤형 건강 돌봄 체계 구축

건강관리 상태에 대한 위험성 인식 여부 평가

- 평가방법: 면접
- 평가 결과: 현 상태에 대한 위험성 및 변화의 필요성을 인식하였다.

혈압약 정보, 클라이언트 일상생활습관 기록 자료, 혈압 자가 측정 미진행 결과물, 클라이언트 주요 질환에 대한 기본 정보, 현 상황이 지속될 경우 발생할 수 있는 합병증 등 위험 요인에 대한 정보 등 실행과정에서 수집된 자료들을 종합하여 클라이언트가 현 상태의 위험성을 인식할 수 있게 하였다.

혈압약에 대해서는 "큰 기관에서 주는 것이니 좋은 약인 줄 알았다."며 자신의 건강 상태에 적합하지 않을 수 있다는 사실에 불안감을 표현하였으며, 일상생활습관을 정리해 둔 자료를 보며 "이렇게 보니 굉장히 무료하고 재미없는 삶을 사는 노인네 같다."고 표현하였다. 혈압 자가 측정에 대해서는 다소 민망하다는 듯 얼버무리며 넘어갔고, 혈압은 특히 합병증 발병 위험이 높아 꾸준한 관리가 반드시 이루어져야 한다는 사례관리자의 말에 어떻게 하는 것이 좋겠냐고 조언을 구하였다.

제공되는 정보에 대해 반감을 나타내거나 부정하기보다는 "그런가요?"라며 중립적인 태도를 보이거나 "그렇군요." 하고 동의하거나 "어떻게 하면 되죠?" 하고 조언을 구하는 모습을 보여 클라이언트가 현재 건강관리 상태에 대한 위험성을 인식하고 미약하게나마 변화의 필요성을 느끼고 있는 것으로 평가하였다.

건강 상태에 적합한 건강 돌봄 체계 구축 여부 및 만족도 평가

- 평가방법: 자가 평가
- 측정 항목: ① 자원조사가 충분히 이루어졌다, ② 나의 의견이 충분히 반영되었다, ③ 불필요한 자원이 연계되지 않았다, ④ 연계된 자원에 대해 만족

한다, ⑤ 전반적인 진행과정에 대해 만족한다

- 평가 결과: 자원 간 자발적 네트워크 형성까지 이루지는 못하였지만 클라이언트의 건강 상태를 확인하고 그에 맞는 관리방법을 유지하는 데 기여하였다. 그 과정에서 클라이언트의 참여를 이끌어 냈다는 점에서 의미 있는 성과를 달성한 것으로 평가하였다.

건강 상태에 적합한 건강 돌봄 체계 구축 여부 및 만족도 평가를 위해 클라이언트와 다섯 가지 측정항목을 설정하였고 개입 전, 자원 조사 중 진행 상황을 공유한 이후, 우선순위 및 필요성에 대한 합의 이후, 자원 연계 이후, 서비스 이용 과정 중 총 다섯 차례에 거쳐 자가 평가를 실시하였다. 사례관리자도 동일한 항목으로 클라이언트와 함께 평가를 실시하였으며 그 결과는 [그림 7-9]와 같다.

- 사전검사

개입의 효과성을 확인하기 위한 사전검사를 실시하였다. 클라이언트는 '빵점은 괜히 기분이 나쁘다'며 전 항목에 1점을 부여하였고, 사례관리자는 사전검사를 실시하는 것도 클라이언트의 참여로 평가하여 전 항목에 1점을 부여하였다.

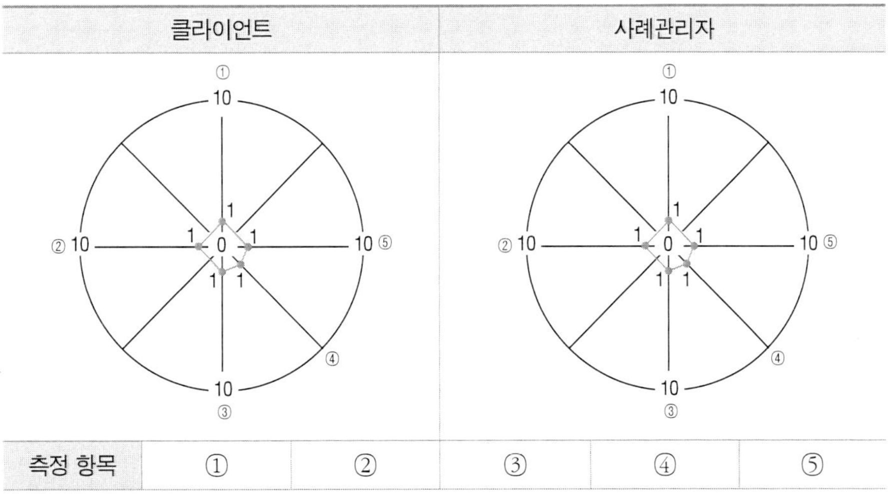

측정값	클라이언트	1	1	1	1	1
	사례관리자	1	1	1	1	1

• 1차: 자원 조사 중 진행 상황 공유

자원 조사가 이루어지는 과정 중 1회차 자가 평가를 실시하였다. 클라이언트의 의견을 묻고 확인하고자 하는 사례관리자의 노력은 인정하지만 그 필요성에 대해서는 아직 완전하게 수용하지 못하고 있음을 확인하였다. ③, ④ 항목은 아직 진행된 상황이 없어 1점을 부여했고, 사례관리자는 클라이언트에게 꼭 필요한 자원만 연계하고자 노력하고 있기 때문에 ③ 항목에 3점을 부여하였다.

클라이언트	사례관리자
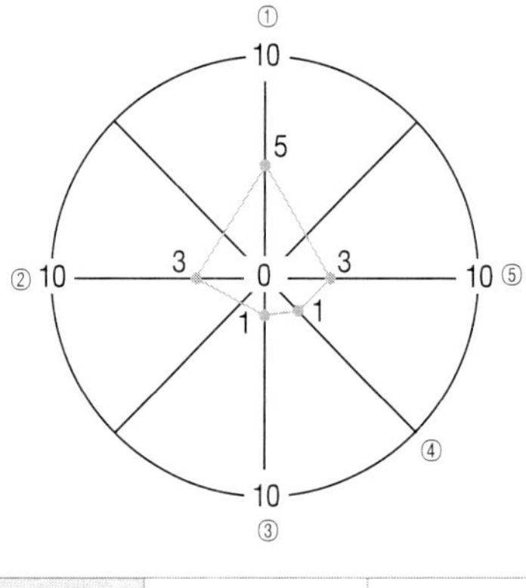	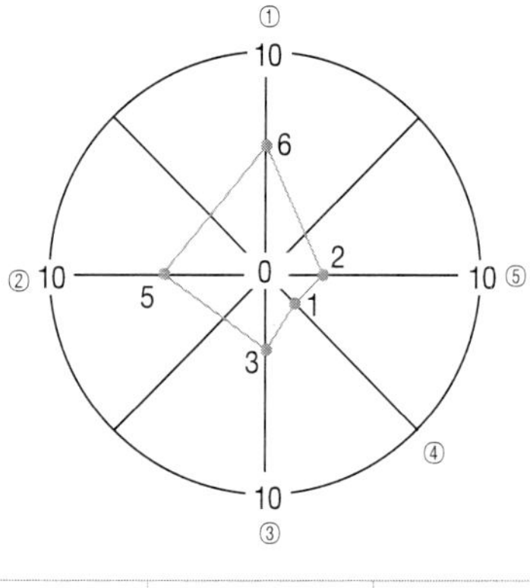

측정 항목		①	②	③	④	⑤
측정값	클라이언트	5	3	1	1	3
	사례관리자	6	5	3	1	2

• 2차: 우선순위 및 필요성에 대한 합의

자원 조사가 완료되고 우선순위와 필요성에 대한 논의가 이루어지며 전체 항목에 대한 점수가 상향 조정되었다. ④ 항목에 클라이언트는 아직 연계가 이루어지지 않아 1점을 부여하였지만, 사례관리자는 클라이언트의 의견을 최대한 반영하고자 노력하고 있는 과정에 대해 만족스러운 자원 연계를 할 수 있을 것이라고 판단하여 3점을 부여하였다.

클라이언트	사례관리자

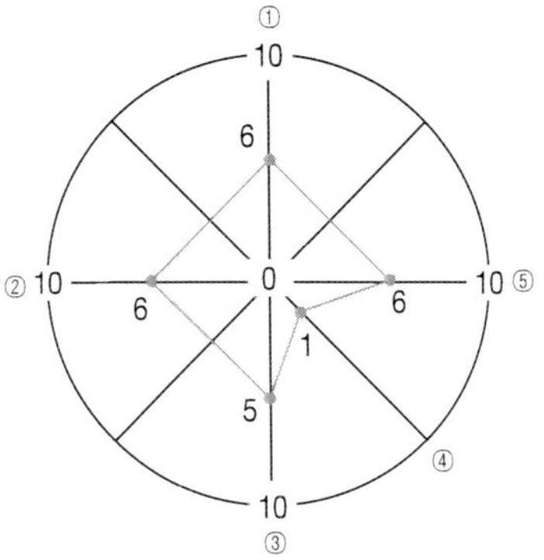

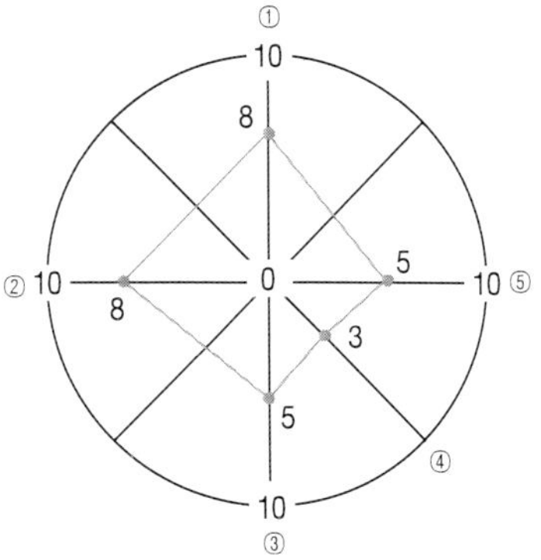

측정 항목		①	②	③	④	⑤
측정값	클라이언트	6	6	5	1	6
	사례관리자	8	8	5	3	5

• 3차: 자원 연계 이후

자원 연계 이후 클라이언트의 ①, ②, ④ 항목의 측정 점수가 향상된 것을 확인하였다. 사례관리자의 ①, ② 항목 측정 점수가 하향 조정된 것은 자원연계가 생각만큼 원활하게 이루어지지 않았고 클라이언트의 의도를 정확하게 파악하지 못하였거나 자원조사가 부족했을 가능성이 있기 때문이다.

클라이언트	사례관리자

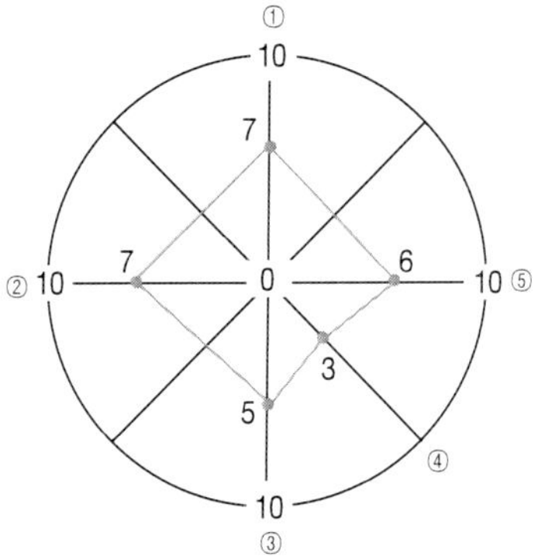

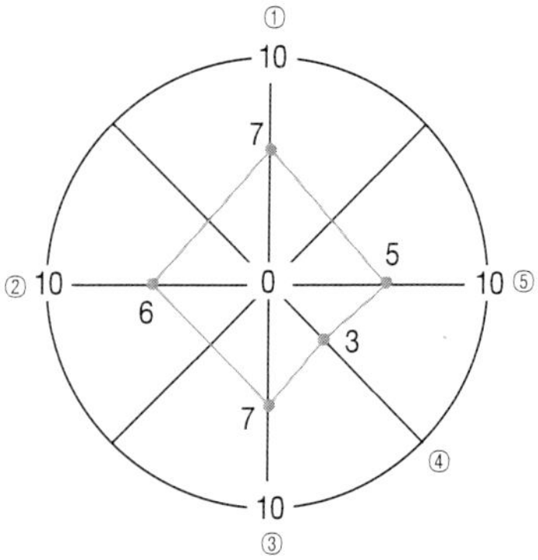

측정 항목		①	②	③	④	⑤
측정값	클라이언트	7	7	5	3	6
	사례관리자	7	6	7	3	5

- 4차: 서비스 이용 과정 중

서비스 이용 과정에서 측정한 결과 ②, ⑤ 항목의 점수가 소폭 하락한 것을 볼 수 있다. 이는 병원 진료를 통해 이전에는 없던 새로운 질병에 대한 진단을 받게 되어 '괜히 검사를 받아 걱정거리만 늘었다.'고 생각하게 된 것이 영향을 미친 것으로 보인다. 하지만 개입 전과 같이 한 번의 경험으로 극단적인 태도 변화가 나타나기는 어렵고 앞으로의 가능성을 고려하여 사례관리자는 점수를 유지 또는 상향 조정하였다. 실제로 이후 비합리적 사고에 대한 개입이 이루어졌다.

클라이언트	사례관리자

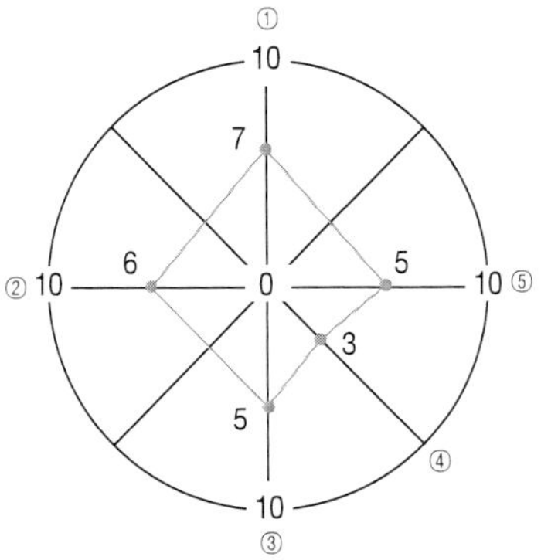

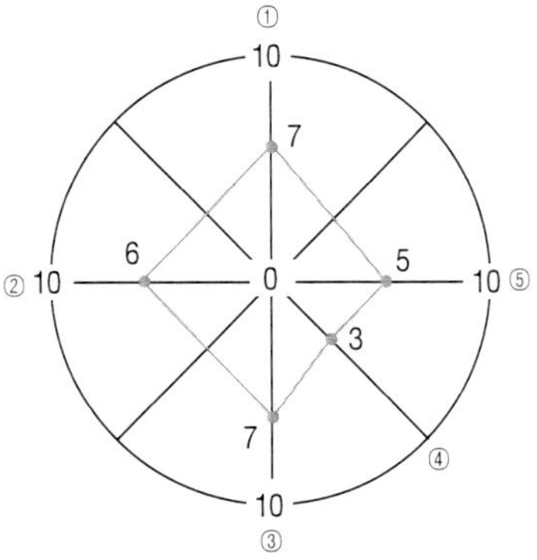

측정 항목		①	②	③	④	⑤
측정값	클라이언트	7	6	5	3	5
	사례관리자	7	6	7	3	5

사전검사 결과는 어떠한 개입도 이루어지지 않은 상황이기 때문에 전체 영역이 1점으로 측정되었으며 이후 4차 측정은 전반적으로 상승세를 보였다. 3~4차 측정 결과에서 점수가 하락한 항목들이 있는데 S교회 이동진료소에서 검진을 받고 새로운 질환의 진단을 받게 된 결과가 영향을 미친 것으로 보인다. 동일하게 1점을 부여한 사전검사를 제외하고, 1차 검사 결과와 4차 검사 결과를 비교해 보면 전체 점수는 12점 향상하였다. 전반적으로 개별 서비스 계획에 따른 개입이 진행되며 건강 상태에 대해 적합한 건강 돌봄 체계가 구축되었다고 인식하는 정도와 만족도가 향상된 것으로 볼 수 있다.

평가 점수 하락에 영향을 미쳤던 '건강'에 대해서는 슈퍼비전을 통해 비합리적 사고에 대한 개입을 추가 진행하였다. 개입 이후 혈압약 처방을 위해 S병원 진료소를 재방문하는 모습과 면접 내용을 통해 건강관리에 대한 비합리적인 사고에 변화가 있었음을 확인하였다.

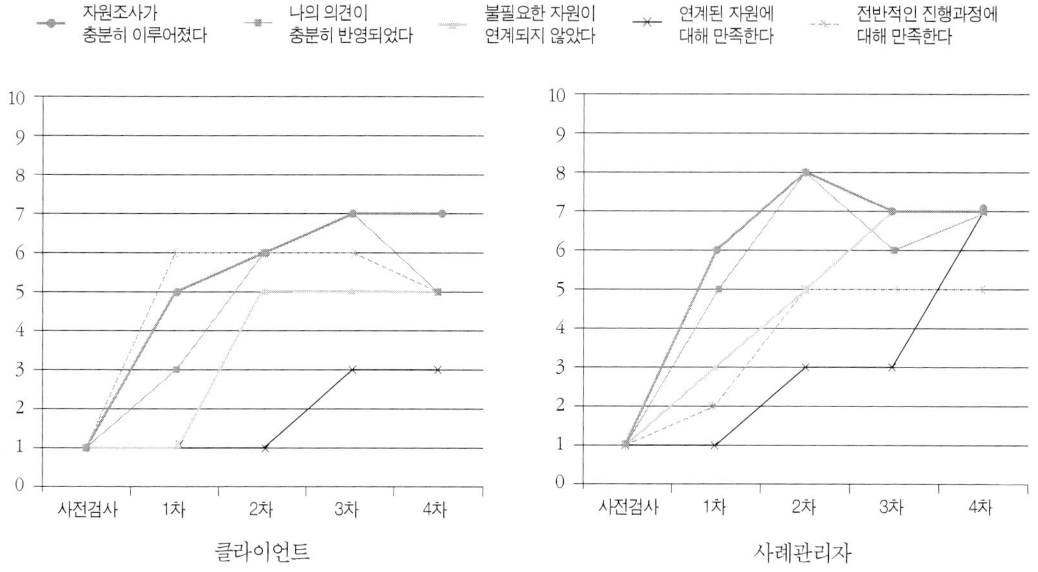

[그림 7-4] 자가 평가 결과(그래프)

클라이언트, 자원의 역할 수행 충실도 평가

- 평가방법: 면접
- 평가 결과: 자원 간 네트워크 체계를 형성하지 못하였다.

지역사회에 기반하여 클라이언트 맞춤형 건강 돌봄 체계를 구축하기 위한 개입과정에서 클라이언트의 건강관리에 필요한 자원을 연계하고, 장기적으로는 지역사회 안에서 자발적인 돌봄이 이루어질 수 있도록 자원 간 네트워크를 구축하고자 하였다. 하지만 타 지역의 의료기관을 이용하게 되거나 인적 자원의 연계를 거부하는 등 개입과정에서 의도하지 못했던 결과가 도출되어 자원 간 네트워크는 이끌어 내지 못하였다.

목표 3. 자서전 쓰기 활동을 통한 자아통합감 향상

계획 수립 및 공동 참여자 모집 과정에서의 클라이언트의 태도 평가

- 평가방법: 관찰
- 평가 결과: 진행과정 중 불편함을 나타내어 개별 활동으로 전환하였고, 이후 더 긍정적이고 자유롭게 활동에 참여하였다.

클라이언트가 관심을 가지고 있던 '자서전'을 매개로 하여 다른 계획에 비해 클라이언트의 관심과 적극성이 두드러졌다. 자서전 활동을 통해 과거 부정적 감정을 해소하고 클라이언트가 자신의 삶에 대해 합리적으로 사고하고 자신이 처한 상황을 있는 그대로 수용할 수 있도록 돕고자 하였다. 검증된 프로그램을 활용하고자 선행연구 자료를 토대로 사례관리자가 1차 계획안을 수립한 이후 클라이언트와 의견을 나누며 최종 계획을 수립하였다.

클라이언트는 "생각나는 대로 써 내려가는 줄 알았는데 이렇게 복잡한 과정이었냐"며 놀라는 모습이었다. 사례관리자는 주어진 시간 내에 완성도 있는 자서전을 작성하고 클라이언트의 삶에서 의미 있다고 생각되는 경험들을 더 편안하게 떠올릴 수 있도록 돕기 위한 과정임을 설명하였다.

공동 참여자 모집과정에서 "굳이 다른 사람과 같이 해야 할 필요가 있겠냐"는 반응을 보였지만, 집단 활동의 효과성에 대해 설명하며 노인일자리 참여 어르신과 함께해 볼 것을 제안하자 이에 동의하였다. 하지만 활동이 진행되며 점차 불편함을 나타냈고 개인 활동으로 전환할 수밖에 없었다. 계획 수립과정에서 클라이언트의 특수성과 의견을 충분히 고려하기보다 사례관리자의 계획대로 활동이 진행될 수 있도록 무리하게 설득했기 때문이라고 평가하였다. 개별 활동으로 전환 후 클라이언트의 반응은 긍정적이었고 자신의 생각을 자유롭게 표현하는 모습을 볼 수 있었다.

회기별 참여 소감 평가

- 평가방법: 면접
- 평가 결과: 회기가 거듭될수록 가족에게 느끼던 피해의식과 배신감이 해소되고, 일방적인 감정표현뿐만 아니라 가족들의 감정에 대해 궁금해하는 모습을 보임

회기별 면접을 통해 자서전 쓰기 활동이 클라이언트가 과거 감정적 갈등을 해소하고, 자신의 삶을 수용하고, 비합리적인 사고를 변화시키는 데 영향을 주는지 평가하고자 하였다.

1회기에는 '인생 곡선'이라는 방법 자체를 흥미롭게 생각하였으며 높게 그려진 부분이 많지 않은 것에 대해 실망스러운 마음을 표현하였다.

2회기에는 뚱뚱해지고 병든 자신의 모습에 대한 속상함을 나타낸 것과는 달리 과거 건강하고 활기찼던 모습을 회상하며 목소리도 커지고 힘이 실리는 것을 보며, 자신은 인식하지 못하고 있을지 모르지만 좋았던 기억들을 떠올리며 긍정적인 감정을 느끼고 있음을 알 수 있었다.

3회기부터는 개별 활동이 시작되며 활동 중 자신의 감정을 더 풍부하게 표현하는 것을 볼 수 있었다.

5회기 활동까지는 클라이언트의 비합리적 사고에 가장 큰 영향을 미치고 있는 '가족'을 중심으로 이야기를 풀어 가며 서운함과 억울함, 분노를 표현하고 과거에 비해 악화된 현재 상황에 대해 좌절감과 상대적 박탈감을 느끼고 있는 것으로 평가되었다면 6회기부터는 조금씩 변화되는 모습이 관찰되었다.

6회기에는 중요했던 일, 경력과 역할에 대해 이야기하며 과거 선거캠프에서 활동했던 경험, 국악원에서 실력을 인정받으며 승승장구했던 기억, 호주에서 여유롭고 행복했던 기억들을 떠올리며 다소 들뜬 모습으로 이야기를 이어 가다가 과거 가족들을 위해 아버지와 사업을 하게 되었던 부분에 대해 여자였고 어린 나이였지만 기죽지 않았고 일을 곧잘 하여 아버지에게 인정받았던 경험들을 떠올렸다. 활동 후 소감을 나누는 과정에서 클라이언트는 스스로의 변화를 깨닫지 못하

고 있음이 확인되어 사례관리자가 이를 상기시켜 주며 변화가 시작된 것에 대해 독려해 주었다.

이후 7~9회기 활동이 진행되는 동안 클라이언트가 과거를 바라보는 관점에 변화가 나타나는지, 그 영향으로 또 다른 변화가 나타나는 부분이 있는지 파악하고자 하였다. 과거에 대해 지배적으로 갖고 있던 '가족들을 위해 희생했지만 배신당했다.'는 생각이 '당시에는 어쩔 수 없는 선택이었다.' '맏이로서 마땅히 해야 할 일이었다.'고 변화해 가는 것을 볼 수 있었고, 가족들과의 갈등에 대해 '나는 잘못한 것이 전혀 없다.'고 생각했던 것에 비해 '왜 이렇게밖에 될 수 없었는지' 아쉬워하며 가족들의 마음이나 생각을 궁금해하는 것을 볼 수 있었다.

자아통합감 측정 결과 비교 평가

- 평가방법: 자아통합감 척도(석미란, 2011) 검사
- 평가결과: 측정 결과 사전검사 41점에서 사후검사 79점으로 38점 증가

전체적으로 1~2점 정도의 차이였지만 본인만의 확고한 사고방식을 갖고 있던 클라이언트가 지나온 내 삶에 대해 실패했던 경험들만 있는 것이 아니라 의미 있고 행복한, 성공했던 경험도 있었음을 인식하게 되었고 가족들에 대한 적대감을 조금 내려놓게 되었다는 점에서 충분히 의미 있는 변화가 있었던 것으로 평가하였다.

클라이언트의 심리, 인지 변화 여부와 정도를 평가하기 위해 회기별로 기록해 두었던 활동 소감과 평가회 내용을 종합해 보았다. 활동 초기에는 주로 부정적인 감정들과 기억들을 상기시키며 이야기를 풀어 가던 것에 비해 회기가 거듭될수록 중립적인 태도를 보이거나 긍정적이었던 경험들을 기억해 내는 등 변화되는 모습도 발견할 수 있었다. 특히 활동 초기 공동참여했던 노인일자리 참여자가 새로운 자극이 되었던 것으로 보인다. 전체 과정에 모두 참여했다면 더 많은 영향을 주고받았겠지만 클라이언트가 불편함을 호소하여 3회기만에 개별 활동으로 전환된 것이 아쉬운 점으로 평가되었다.

회기별 주제에 대한 이야기를 풀어가고 들었던 이야기를 기록하고 정리해야 하는 점에서 늘 시간이 계획보다 많이 소요되었지만 10회기라는 시간이 다소 부족하게 느껴지기도 했다. 개별 서비스 계획 수립 단계에서 클라이언트의 비합리적인 신념에 대해 너무 조심스럽게 접근했던 것은 아닌지, 전문가로서 반드시 필요한 개입이라고 판단했고 클라이언트의 동의도 얻었기 때문에 좀 더 적극적인 계획을 수립하고 실행하면 좋았을 것이라는 아쉬움도 있었다.

표 7-20 ◈ 평가회의

클라이언트	○○○	사례관리자	○○○
참석자	○○○, ○○○, ○○○		
계획	평가		
전문 기관에서의 진단과 진단 결과에 따른 조치를 통해 확인되지 않은 건강 상태에 대한 막연한 불안감 해소	① 관찰 및 면접: 시력 저하, 치매 발병에 대한 불안 감소, 만성질환 관리 필요 • 시력 저하의 원인을 파악하고 치매 조기 검진 결과 치매위험도가 낮다는 결과 확인 • 고혈압, 비만 등 현재 클라이언트의 건강 상태가 혈관성 치매 발병률을 높일 수 있는 요인임을 확인 • 만성 질환의 치료적 한계에 대한 인식 → 점수의 폭이 크지는 않지만 올바른 건강관리의 필요성에 대해 인식하는 계기를 제공하였다. 또한 사실 확인 없이 막연하게 커져 가는 불안감을 해소하기 위해 스스로 문제를 자각하고 변화를 위한 과제를 수행하였다는 점에서 목표는 달성한 것으로 평가		
지역사회에 기반한 클라이언트 맞춤형 건강 돌봄 체계 구축	① 면접: 건강관리 상태에 대한 위험성 인식 • 세 가지 정보를 모두 수집하여 전문가 자문을 구하려고 했지만 최종적으로 '혈압약'에 대한 정보만 자문을 구함 • 혈압 자가 측정 미실시 • 혈압약 정보, 일상생활습관에 대한 정보를 자료화하여 내용을 시각적으로 확인할 수 있도록 함 → 면접 중 의료기관 이용 필요성과 자가관리의 한계에 대해 언급하여 문제의식은 가지고 있는 것으로 평가 ② 자가 평가: 건강 상태에 적합한 건강 돌봄 체계 구축 여부 및 만족도(1차 → 4차: 13점 → 25점) • 하위 측정 항목: 자원 조사의 충분성, 클라이언트 의견 반영, 필요에 따른 자원 연계, 연계된 자원에 대한 만족도, 전반적 진행과정에 대		

지역사회에 기반한 클라이언트 맞춤형 건강 돌봄 체계 구축	한 만족도 • 사전검사 포함 총 5회기 평가 • S교회 이동진료소에서 신장결석 진단을 받으며 건강관리에 있어 종교적 신념이나 자신의 지식에 의존하는 비합리적 사고가 반복되는 모습이 발견됨 • 예기치 못한 상황의 발생에 슈퍼비전 요청 • 자원들 간의 관계 형성을 통한 돌봄 체계의 자율 운영은 수행하지 못함 → 사례관리가 지속되는 동안 담당자가 직접 개입하여 아쉬웠던 점으로 평가 → 의료기관, 안경점 최소 연 1회 이용에 대한 합의와 동년배 어르신과의 우호적 관계가 유지되고 있어 목표 달성으로 평가. 3개월간 월 1회 사후관리 필요 ③ 면접: 클라이언트, 자원의 역할 수행 충실도 • S교회 이동진료소 검진 결과 평가 점수 소폭 하락 → 예기치 못한 상황의 발생으로 슈퍼비전 요청, 5회기 상담 추가 실시 • 표현은 무심한 듯하지만 약속을 지키려고 노력하는 클라이언트를 지지, 격려 • E안경점, S교회 이동진료소 최소 연 1회 지속 방문하도록 독려 • 동년배 어르신과의 우호적 관계 유지 중 • E안경점 사장님과 동년배 어르신의 배려와 참여 → 클라이언트의 특성을 이해하고, 사례관리자와 원활하게 소통하고 있어 각자의 역할을 충실하게 수행하고 있는 것을 확인 → 자원 간 네트워크 체계를 형성하지 못한 부분은 한계 및 아쉬운 부분으로 평가
자서전 쓰기 활동을 통한 자아통합감 향상	① 관찰: 계획 수립, 공동참여자 모집 과정에서의 클라이언트 반응과 태도 관찰 평가 • 관심을 표현했던 활동을 매개로 한 개입이었던 만큼 가장 적극적이고 자발적인 태도로 임함 • 공동참여자 모집 과정에서 전반적으로 수긍하는 태도를 보였지만 의견을 묻기 전 방법을 제시하고 동의 여부만 확인하는 형태로 진행되어 실천과정에서 클라이언트 의견 수렴이 부족했던 것으로 평가 ② 면접: 회기별 소감 면접 • 초기: 과거 경험을 위주로 이야기를 풀어 갔으며 주로 부정적인 이야기가 주를 이루었음. 3회기에 공동 작업에 대한 불편함을 표현하여 해당 어르신에게 양해를 구한 뒤 4회기부터 1:1 활동으로 진행하였음

	• 중기: 긍정적인 기억들을 떠올리기 시작했고 후기로 갈수록 부정적이라고 생각했던 기억들 안에서도 긍정적 의미를 발견해 가는 모습이 관찰됨. 클라이언트 역시 자신의 이야기를 말로 표현하는 과정에서 정서적으로 환기되고 위로받는 느낌을 받았다고 평가 • 후기: 하다 보니 하고 싶은 말이 너무 많다며 참 굴곡진 인생이었다, 열심히 살아왔다고 자신의 삶을 평가. 가족들의 마음과 생각에 대해 궁금해하고, 현재 자신의 삶의 의미에 대해 고민하는 모습에서 자서전 쓰기 활동의 효과가 나타나고 있음을 확인 ③ 자아통합감 사전 · 사후 평가(41점 → 79점)

비 고
목표별 평가 내용에 따라 클라이언트와 종결에 대한 합의와 사후관리 계획 수립을 진행하고자 함

9. 종결

세 가지 목표에 대한 개입이 모두 종결되었다. 클라이언트와 함께 각각의 진행 내용과 결과에 대해 돌아보는 시간을 가졌다. 사례관리기관이 지지체계로서 지역사회에 존재하고 있다는 사실을 인식하고 불안해하지 않도록 종결에 대한 감정을 다루어 주었다. 사후관리에 대해서는 향후 6개월간 그동안 노력했던 결과들이 잘 유지되는지 점검하는 것으로 합의하였다. 사례관리자는 특히 자의적으로 사회적 관계망을 단절시키던 클라이언트가 다시 지역사회로 나오려는 시도를 하게 된 점을 가장 큰 변화로 보았고, 그 변화에 초점을 맞추어 사후관리를 실시하는 것으로 계획을 수립하였다.

사소한 시도나 변화로 보일 수 있지만 자신만의 강한 신념을 가지고 가족을 비롯한 모든 사람들에게 부정적인 모습을 보이며 스스로 고립되어 가던 클라이언트가 새로운 시도를 해 보고 그 과정에서 오랜 시간 고집해 온 생각의 틀을 벗어나는 경험을 하게 되었다. 클라이언트의 욕구가 완전히 해결되었다고 보기는 어려운 결과이지만 클라이언트가 지역사회 안에서 한 명의 구성원으로서 살아갈 수 있는 가능성을 열어 주었다는 점에서 의미 있는 변화라고 평가하면서 종결에 대해 합의하였다. 관련 내용을 종합하여 종결회의를 진행하였고, 회의 결과는 클라이언트에게도 공유하였다.

표 7-21 종결회의

클라이언트	○○○	작 성 자	○○○
참 석 자	○○○, ○○○, ○○○		
회의안건	사례관리 종결		
회의 내용	• 사정 - 문제 1. 건강 악화에 대한 공포감 - 문제 2. 고혈압, 무릎 관절, 시력 저하, 신경성 위염 등 만성적 · 복합적 건강 문제에 대한 관리 미흡 - 문제 3. 종교적 신념이나 자신의 지식에 의존하는 건강관리 방법의 위험성에 대한 미인식 - 욕구: 유아동기 형제관계에서 열등감을 경험하고 이후 성장과정에서 가족이나 타인에게 상처받는 경험을 반복하게 되면 노년기 자기애 성향이 발현되어 자의적으로 사회적 관계망을 단절하며 자신을 고립시키게 된다. • 개별 서비스 계획 - 목표 1. 전문 기관에서의 진단과 진단 결과에 따른 조치를 통해 확인되지 않은 건강 상태에 대한 막연한 불안감 해소 - 목표 2. 지역사회에 기반한 클라이언트 맞춤형 건강 돌봄 체계 구축 - 목표 3. 자서전 쓰기 활동을 통한 자아통합감 향상 • 종결에 대한 논의 - 인테이크부터 평가까지의 과정을 함께 돌아보며 각 단계에서 의미 있었던 경험에 대해 상기 - 모든 변화가 클라이언트의 동의와 참여로 시작된 점에 대해 강조 - 당시 호소했던 어려움, 사례관리자가 돕고 싶었던 부분은 무엇이었는지 그것을 위해 어떤 목표 수립하고 노력 해 왔는지 과정을 되짚어 봄 → 클라이언트 의견 처음엔 혼자 사는 늙은이를 찾아와 이야기도 들어주고 도와주겠다고 하니 고마운 마음이 있었고, 배운 사람이라 그런지 예의도 바르고 편안해서 나도 모르게 이런저런 이야기를 늘어놓게 되었다고		

회의 내용	함. 중간에는 뭐 이렇게 자꾸 귀찮게 하나 그냥 대충 살다 죽으면 그만인 걸 괜한 짓을 했나 싶은 마음이었다고 함. 하지만 자서전을 쓴 건 나중에 형제, 자녀들에게 꼭 보여 주고 싶다며 내가 어떤 삶을 살았는지 보여 주면 나를 좀 이해할 수 있을 것 같다고 자서전 쓰기 활동에 대한 높은 만족도를 나타냄 - 각 목표에 대해 각각 의미 있는 변화들이 있었음을 확인하였으며 사례관리 종결에 대해 합의 → 클라이언트의 가족에 대한 분노가 감소하였고 전반적으로 사례관리자와 호흡을 잘 맞춰 온 점, 단절되었던 사회적 관계망들을 조금씩 다시 형성하기 시작한 점에 대해 긍정적으로 평가 → 최소한 현재 상태가 유지만 되더라도 클라이언트 선정과정에서 우려했던 고독사 등 극단적인 문제 상황은 예방할 수 있을 것이라고 평가 → 센터장 외 3인 모두 사례관리 종결에 대해 합의 • 사후관리 계획 - 6개월간 밑반찬 배달 인력을 통해 클라이언트 건강 및 생활상태 점검 - 월 1회 유선 및 방문 상담을 통해 사례관리를 통한 변화 지속 여부 점검
회의 결과	• 사례관리 종결 • 계획에 따라 사후관리 실시

부록

서식

〈서식 1〉

과정기록지

날짜	구분	내용	비고

목표 1.			
1)			

목표 2.			
1)			

개입		점검 / 평가	
날짜	내용	날짜	내용

〈서식 2〉

인테이크

일시		성명	
주소		주민번호	
전화번호		장애유무	
보호 구분	☐ 수급 ☐ 조건부수급 ☐ 차상위 ☐ 저소득 ☐ 기타 ( )		
의료보장	☐ 1종 의료급여 ☐ 2종 의료급여 ☐ 국민건강보험(지역/직장)		
세대유형	☐ 부부 ☐ 조손가정 ☐ 부모자녀가정 ☐ 한부모(부자/모자)가정 ☐ 독거 ☐ 삼세대가정 ☐ 소년소녀가정 ☐ 기타 ( )		
직업		종교	
비상연락	성명: (관계:)	전화번호	집: 핸드폰:
생활환경 관찰사항			
도움 요청내용 (대상자 진술)			

가계도	생태도

세부사항
※ 가족 및 개인력, 건강 사항, 사회성, 경제 상황 등 필요시 파악된 세부 사항 추가 기재

사례관리자 의견	
	☐ 선정(긴급/집중/일반/보류) ☐ 비선정(정보제공/연계)

〈서식 3〉

풀레코딩

면접일시		작성자	
내용			

〈서식 4〉

욕구사정

클라이언트		사례관리자	
사정일자		정보제공자	

① 문제

문제	텍스트 근거	주요 내용

② 욕구

욕구가설	
근거	
욕구이론	
욕구사정 다이어그램	

〈서식 5〉

개별 서비스 계획(ISP)

클라이언트		작성자		작성일	

목표 1.

개입	점검	평가	실천자	비고
1)				
2)				

주요 가치:
적용 이론:

목표 2.

개입	점검	평가	실천자	비고
1)				
2)				

주요 가치:
적용 이론:

- ○○○은(는) 상기와 같은 서비스 계획에 동의하며, (　　)종합사회복지관과 함께 적극적으로 변화의 노력에 동참할 것을 약속합니다. 또한 더 나은 생활지원을 위해 협력하는 기관들과 본인 및 가족의 기초정보 및 서비스 진행과정에 대한 정보를 공유하는 것에 대해 동의합니다.
- ○○○은(는) 상기 목표 달성을 위해 최선을 다하겠습니다.
- 본 (　　)종합사회복지관은 ○○○의 사회복지 욕구를 해결하기 위해 최선의 사례관리 실천과정을 수행하도록 노력하겠습니다.

20　　년　　월　　일

클라이언트 ____________ (인)　　사례관리자 ____________ (인)

〈서식 6〉

회의록

일　자		작성자	
참 석 자			
회의 안건			

회의 내용

회의 결과

〈서식 7〉

사례관리 클라이언트 등록 및 개인정보 수집·활용 동의서

1. ________은(는) ○○종합사회복지관의 사례관리 서비스에 대해 안내받았으며, 사례관리 실천에 있어 수행해야 할 역할과 책임을 다할 것을 약속합니다. 아래와 같이 개인정보 수집 및 이용에 대해 동의합니다.

• 본 동의서 작성일로부터 귀 기관의 사례관리 클라이언트로 등록됨에 동의합니다.
( )

• 사례관리 실천에 있어 수행해야 할 역할과 책임을 다하겠습니다.
( )

• 사례관리를 실천하는 데 있어 필요한 정보를 적극 제공하겠습니다.
( )

• 외부자원 연계를 위한 신청서 작성 등 사례관리 실천에 있어 필요에 따라 제3자에게 개인정보를 제공하거나 활용하는 것에 대해 동의합니다.
( )

• 사례관리서비스의 질적 향상과 전문가 양성을 위한 교육 및 학문적 목적을 위해 본인의 정보가 활용되는 것에 대해 동의합니다(단, 성명이나 주소 등의 개인정보는 공개하지 않습니다).
( )

2. 본 ○○종합사회복지관은 귀하의 사회복지 욕구 해결을 위하여 최선을 다해 사례관리실천과정을 수행하도록 노력할 것이며, 동의하신 목적 외 귀하의 개인정보가 노출되지 않도록 주의할 것을 약속합니다.

20 년 월 일

클라이언트(또는 대리인) ____________ (인)

사례관리자 ____________ (인)

○○종합사회복지관

〈서식 8〉

자원목록표

연번	기본 정보					기관 특성		비고
	기관명	담당자	주소	연락처	홈페이지	주요사업	교환가능자원	
1								
2								
3								
4								
5								
6								
7								
8								
9								
10								

〈서식 9〉

서비스 연계 결과

기관명		사례관리자	
클라이언트 일반 사항			
협약 내용			
서비스 연계 내역			
클라이언트 문제 및 욕구			
클라이언트 근황			
사진			

참고문헌

강기정, 박수선(2013). 가족중심 사례관리의 지역사회 체계구축을 위한 탐색적 연구-건강가정지원센터와 다문화가족지원센터 적용을 중심으로. 한국가족자원경영학회지 17(3), 125-144.

강영안(2014). 철학은 어디에 있는가?(삶과 텍스트 사이에서 생각하기). 경기: 한길사.

강진숙(2016). 질적 연구방법론-커뮤니케이션과 미디어교육 연구의 주사위. 서울: 지금.

권석만(2015). 현대이상심리학. 서울: 학지사.

권진숙(2010). 한국 사례관리의 다양성과 혼돈, 그리고 정체성. 한국사례관리학회 춘계학술대회 자료집, 1-19.

권진숙, 김상곤, 김성천, 김혜성, 민소영, 박선영, 박지영, 백은령, 유명이, 유서구, 이기연, 조미숙, 조현순, 황성철(2012). 사례관리론. 서울: 학지사.

권진숙, 박지영(2011). 사례관리의 이론과 실제. 서울: 학지사.

권진숙, 전석균(1999). 사례관리. 서울: 하나의학사.

김경미, 윤재영(2010). 강점관점과 지역사회네트워크를 기반으로 하는 통합적 사례관리 실천방법의 구조화. 한국가족복지학, 28, 93-118.

김기덕, 최소연, 권자영(2012). 사회복지 윤리와 철학. 경기: 양서원.

김미자, 전남련, 윤기종, 정현숙, 오주, 박정란(2014). 사회복지 프로그램 개발과 평가. 경기: 양서원.

김상곤, 최승희, 안정선(2015). 복지 프로그램 개발과 평가. 서울: 학지사.

김성은(2007). 한 · 미 · 국제 문서화 기준의 비교 · 분석 및 개정제안. 회계정보연구, 25(2), 255-277.

김성회(2004). 성인기 중도 지체장애인의 자아인식과 자아수용 간의 관계. 평택대학교 논문집, 121-142.

김승재(1989). 사회사업 실천에 있어서 생태체계적 관점의 사정도구에 관한 연구. 서울대학교 대학원 석사학위논문.

김승현(2008). 행정학분야의 실증적 사례연구에 관한 분석과 평가. 한국행정학회 하계학술대회 자료집.

김영미(2013). 법적관점의 간호기록 작성방법에 대한 교육프로그램 개발과 효과. 임상간호연구, 19(3), 369-382.

김영숙(2008). 재가장애인 사례관리의 욕구사정 정확도 향상을 위한 사정도구 개발과 욕구 추출 알고리즘 과정 연구. 한국사회복지학, 60(2), 155~173.

김영숙(2009). 아동 사례관리의 욕구사정 정확도 향상을 위한 사정도구 개발과 욕구추출 알고리즘 과정 연구. 사회복지정책, 36(2), 167-189.

김영숙, 이근무(2009). 사회복지사들의 실천지식의 본질에 대한 연구. 한국사회복지학, 61(4), 217-241.

김영숙, 임효연, 신소라(2009). 사례관리자들의 실천경험 연구: 질적사례연구 방법 접근. 사회복지연구, 40(2), 89-122.

김영숙, 정국인(2008). 재가 장애인 사례관리의 욕구사정 정확도 향상을 위한 사정도구 개발과 욕구추출 알고리즘 과정 연구. 한국사회복지학, 60(2), 155-173.

김용민(2011). 사회복지관 조직풍토인식이 사회복지사의 전문성에 미치는 영향. 사회복지연구, 329-363.

김은주(2010). 교사의 전문성 함양을 위한 실천적 지식의 시사. 교육연구, 1-21.

김정아, 오헌석(2007). 전문성 구성 요소의 발달에 관한 연구. 직업능력개발연구, 111-134.

김진희, 김영순, 김지영(2015). 질적연구여행. 경기: 북코리아.

김향지(1996). 사회적 기술 중재전략이 정신지체아의 사회적 기술, 문제행동 및 학업능력에 미치는 효과. 대구대학교 대학원 박사학위논문.

김현진(2006). 독일 기록관리 담론에서의 평가론. 기록학 연구, 14, 325-357.

김혜련, 최진경(2002). 여성 문제음주자를 위한 사정도구 개방을 위한 탐색적 연구. 여성연구논총, 17, 155-177.

김홍식 역(2014). 피터 드러커 리더의 도전: 혁신 기업을 만드는 경영의 기술. 서울: 한국경제신문사.

남화수(2009). 지역사회복지관에서의 지역사회조직화에 관한 사회복지사들의 인식. 한국인간복지실천연구, 89-120.

남화수(2012). 지역사회복지관 사례관리자의 사례관리 인식에 관한 재구성. 강남대학교 사회복지전문대학원 박사학위논문.

대한간호학회(1996). 간호학대사전. 서울: 한국사전연구사.

도광조 (2010), 지역사회복지관 사례관리수행의 영향요인에 대한 연구. 숭실대학교 일반대학원 박사학위논문.

민소영(2008). 강점관점 반영 사례관리 훈련프로그램의 개발 및 효과성 연구. 한국사회복지행정학, 10(1), 39-65.

민소영(2012). 정신보건실천현장의 사례관리활동목록개발 연구. 한국사회복지학, 64(3), 127-153.

민소영(2015). 한국의 사례관리 전개 과정과 쟁점 고찰. 한국사회복지행정학, 46, 213-239.

민소영(2016). 사례관리실천에서의 권력역동과 그 영향. 2016 한국사례관리학회 춘계학술대회 자료집, 48.

박경일, 박승기, 조수경, 오승환, 권진아, 김안나(2016). 사회복지 프로그램 개발과 평가. 경기: 양서원.

박병식(1993). 사례조사의 방법론적 분석: 한국행정학보에 게재된 사례 조사연구를 대상으로. 행정학회 동계학술발표논문집, 25-51.

박수연(1997). 교육학에 있어서 사례연구의 중요성. 교육과학연구, 26, 197-215.

박영란, 박경순(2013). 한국노인의 사회적 관계망과 복지: 연구의 동향과 향후 과제. 노인복지연구, 60, 323-352.

박영숙(2008). 사례관리를 통한 교정복지 실천방안. 교정복지연구, 11, 19-35.

박영주, 정남운(2013). 내현적 자기애가 사회적 상호작용 불안에 미치는 영향: 평가염려 완벽주의의 매개효과. 인간이해, 34(1), 55-74.

박춘숙, 송지현, 최주환, 박미은(2011). 국내 사례관리 개념논쟁에 관한 소고. 사회과학연구, 20(2), 10-16.

배을규(2009). 인적자원 개발론. 서울: 학이시습.

배진현(2012). 전문가 가치와 조직공정성이 조직몰입과 경력몰입의 균형을 매개로 이직의도에 미치는 영향. 서울대학교 대학원 박사학위논문.

백옥미(2013). 사회복지 교과 과정에서 실천 역량 측정: 영미 지역의 경험과 한국에의 함의. 한국사회복지교육, 84-111.

보건복지부(2006). 2006년 정신보건사업 안내. 서울: 보건복지부.

보건복지부(2013). 2013년 사회복지관 운영관련 업무처리안내. 서울: 보건복지부.
보건복지부(2016). 2016년 희망복지지원단 업무안내. 서울: 보건복지부.
보건복지부(2017). 2017년 희망복지지원단 업무안내. 서울: 보건복지부.
서동우, 이영문, 김윤, 임정기, 김동진(1999). 전국 정신보건시설의 정신건강 프로그램 및 재원환자의 정신건강 실태조사. 서울: 한국정신보건연구원.
서민정(2015). 합리적 정서 행동치료가 부적응적 완벽주의와 신체불만족을 가진 대학생들의 부적응적 완벽주의, 신체불만족, 그리고 신체상에 대한 암묵적 태도에 미치는 영향. 한국심리학회지 건강, 20(3), 547-566.
서울시복지재단(2005). 사회복지 프로그램 매뉴얼 개발 연구-사례관리 실천방법.
서울시복지재단(2009). 사례관리 실천 매뉴얼.
서울시복지재단(2010). 사례관리 서비스표준화 및 원가측정 방안 연구.
서울시복지재단(2012). 복지관, 마을 지향으로 일하기.
서울특별시교육청(2014). 학교폭력 가・피해학생의 회복탄력성 증진을 위한 프로그램 개발.
석미란(2011). 게슈탈트 관계성 향상 프로그램이 우울성향 독거노인의 우울과 자아통합감에 미치는 효과. 한국게슈탈트치료연구, 1(1), 65-83.
설진화(2011). 사례관리론. 경기: 양서원.
손은정(2003). 반성적 사고와 전문가 교육. 학생생활연구, 제28집, 31-54, 서울교육대학교 학생생활연구소.
송영혜(2012). 또래관계(개정증보판). 서울: 시그마프레스.
송정부 역(2000). 사회복지체계론. 서울: 나눔의 집, 151-152.
양정남, 권구영, 김화선, 최은정, 한혜경(2011). 사례관리. 경기: 양서원.
엄명용, 김성천, 오혜경, 윤혜미(2011). 사회복지 실천의 이해. 서울: 학지사.
엄명용, 노충래, 김용석(2015). 사회복지 실천기술의 이해. 서울: 학지사.
엄미선, 최종복, 전동일(2009). 사회복지자원개발론. 경기: 대왕사.
오하연, 박경(2012). 사회불안에 미치는 내현적 자기애, 수치심, 부정적 평가에 대한 두려움의 영향에 대한 고찰. 심리치료: 다학제적 접근, 12(2).
오헌석, 성은모(2010). 전문직종의 변화에 따른 전문가 사회의 특성 및 동향분석. 직업교육연구, 29(2), 205-223.
오혜경(1995). 사회사업실천의 사례관리 모델: 사례관리 과정 중심. 사회과학연구, 49-74.
우국희 외(2007). 지역사회복지관에서의 사례관리에 대한 사회복지사들의 주관적 경험과 인식. 사회복지정책, 287-310.
유기웅, 정종원, 김영석, 김한별(2012). 질적 연구방법의 이해. 서울: 박영사.
유성은(1993). 재가봉사센터의 효율적 운영을 위한 사회복지사의 역할에 관한 연구: 사례관리 모델을 중심으로. 중앙대학교 대학원 석사학위논문.
윤은자, 권영미, 이영미(2016). 중년과 노년의 자가 평가 건강수준 영향요인 비교. 한국콘텐츠학회논문지, 16(2), 200-210.
윤주영(2006). 재가노인수발서비스 사례관리의 효과: 노인요양보장제도 1차 시범사업을 중심으로. 서울대학교 대학원 석사학위논문.
윤희정, 김영근(2016). 내현적 자기애, 내면화된 수치심, 친밀함에 대한 두려움 및 외로움의 구조적 관계. 교육치료연구, 8(3).
이경준(2005). 장애인의 자기결정과 보장원리. 재활복지, 9(2), 114-141.
이근홍(2015). 사례관리. 경기: 양서원.
이미아, 강영심, 고민정(2007). 정신지체아동의 사회적 유능성과 문제행동 간의 관계. 수산해양교육연구, 19(2), 256-268.
이민홍, 정병오(2015). 사회복지 프로그램 개발과 평가. 서울: 나눔의 집.
이복실, 김용득(2012). 생활시설 성인 지적장애인의 자기결정에 영향을 미치는 요인. 한국장애인복지학, 18, 65-84.
이상준, 안수영(2011). 자아존중감과 우울이 중도지체장애인의 장애 수용에 미치는 영향: 사회적 지지의 조절효과 검증. 장애와 고용, 21(3), 239-266.
이순민, 임효연(2011). 전문성 향상의 관점에서 본 미국, 일본, 한국의 사회복지 자격제도 비교. 사회복지연구, 103-136.
이영철(2006). 사회과학에서 사례연구의 이론적 지위: 비판적 실재론을 바탕으로. 한국행정학보, 40(1), 71-90.
이윤로, 성규탁(1993). 사례관리: 효과적 서비스 전달을 위한 방법-피부양노인 사례를 중심으로 한 기법과 모델. 한국사회복지협의회, 111-131.
이인숙(2004). 가정폭력 피해여성을 위한 위기개입서비스 연계망 모형 개발. 부산대학교 대학원 박사학위논문.
이정덕(2003). 문화인류학적 연구방법론: 민족지적 접근. 서울행정학회 학술대회 발표논문집.
이주연(2011). 미국의 아동대상 사례관리 서비스. 보건복지포럼, 175, 106-115.
이주한(2012). Dewey의 반성적 사고 개념에서 본 반성적 교사의 특질. 한국초등교육, 17-34.
이주헌(2004). 재가노인을 위한 사례관리 유형개발과 그 효과성 검증에 관한 연구. 성균관대학교 사회복지대학원 석사학위논문.
이철수(2006). 사회복지학 소사전. 서울: 높이깊이, 518.
이철수 외(2009). 사회복지학사전. 집단사회사업의 사회자원.

이학승(2008). 의과대학생에서 임상 수기 수행능력에 대한 자가평가 결과와 임상수행 능력 평가시험(CPX) 결과의 비교. 원광의과학, 23(2), 117-122.

이효선(2005). 사회복지실천을 위한 질적연구-이론과실제. 경기: 학현사.

이효선(2007). 생애사 연구를 통한 중도장애인의 삶의 재구성-슛제(F. Schütze)의 이야기식 인터뷰를 중심으로-. 사회복지연구, 32.

이효선(2009). 한국 여성들의 삶의 이해를 위한 가족 패러다임 재구성: 여성세대 생애사를 중심으로. 여성학논집, 26(1), 135-181.

이효선, 정푸름(2012). 사회복지실천론. 경기: 정민사.

이효선, Garz D. (2012). 인간행동과 사회환경. 경기: 정민사.

장영은, 김신열(2015). 사회적 관계망 기능이 노인의 자살생각에 미치는 영향과 우울의 매개효과 연구. 한국케어매니지먼트연구, 14, 1-24.

장용진(2012). 사례연구를 통한 한국행정이론의 정립. 한국행정이론학회 학술대회 발표논문집.

장유경(2015). 장유경의 아이 놀이 백과(3-4세, 아동발달심리학자가 전하는 융복합 놀이 100). 서울: 북폴리오.

장창호(2007). 케어매니지먼트 실천에 있어서 케어매니저의 양성과 과제. 제1회 케어매니지먼트 학술세미나 자료집.

정방자(1984). 사례연구에 의한 상담과정 분석. 한국심리학회지 임상, 5(1), 451-460.

정순둘(2008). 사회복지관 이용노인을 위한 팀 접근 사례관리실천의 과정평가. 한국노인복지학회, 175-202.

정순둘(2010). 한국의 "사례관리" 교과과정: 사회복지학의 맥락에서. 한국사회복지교육, 11, 33-53.

정순둘(2012). 대학 사례관리 교육과정: 교과목 지침서와 교재분석. 사례관리연구, 3(1), 65-80.

정순둘, 고미영(2003). 재가노인을 위한 사례관리 서비스의 효과성 연구. 팀접근 모델을 중심으로. 한국사회복지학, 54, 273-294.

정승일, 한준상, 조해경(2012). 노년기 그룹 자서전 쓰기 활동 참여자의 배움에 대한 내러티브 연구. 배움학 연구, 4(1), 41-79.

조용태(1996). 또래 거부된 정신지체아동의 행동특성. 특수교육학회지, 17(1), 103-120.

주지영, 이동귀(2012). 초등학생의 내현적 자기애 성향이 대인관계 문제에 미치는 영향: 열등감과 부정적 자동사고의 순차적 매개효과. 상담학연구, 13(6), 2657-2679.

지은림, 장정아(2006). 대학 교수자를 위한 강의자가진단도구 개발의 타당화 및 관련변인 분석. 교육평가연구, 19(1), 51-71.

지행중, 한정란, 박성희(2011). 노인자서전 쓰기 교육 프로그램 사례 연구. 한국노년학회, 31(2), 223-241.

진영선, 김영경(2011). 기억 향상 요소를 강화한 노인 집단 자서전 쓰기 프로그램의 효과. 한국노년학회, 31(2), 389-405.

차지영(2014). 사례연구에 대한 방법론적 고찰. 간호과학, 26(1), 1-8.

최기호(2013). 문화기술지연구, 실행연구와 사례연구의 비교분석. 조형교육, 46, 305-331.

최명민(2010). 사회복지사 전문성 향상 방안. 한국사회복지사협의회, 20-29.

최옥채, 박미은, 서미경, 전석균(2015). 인간행동과 사회환경. 경기: 양서원.

최은희, 황미영(2013). 사례관리. 경기: 정민사.

최은희, 황미영, 황명구(2016). 사례관리. 경기: 정민사.

최혜지, 김경미, 정순둘, 박선영, 장수미, 박형원, 배진형, 박화옥, 안준희(2013). 사회복지 실천론. 서울: 학지사.

한국사례관리학회(2014). 사례관리 전문가 교육: 실무자 기초과정. 서울: 학지사.

한국사례관리학회(2015). 사례관리론. 서울: 학지사.

한국사회복지관협회(2012a). 사례관리 담당자 교육 자료집.

한국사회복지관협회(2012b). 사회복지관 사례관리 매뉴얼.

한국사회복지관협회(2013). 사회복지관 사례관리 담당자 교육자료.

한국사회복지교육협의회(2006). 사회복지교과목 지침서.

한국사회복지협의회(1994). 사회복지사전.

한국산업인력공단(2015). NCS(국가직무능력표준) 사회복지사례관리 간접실천.

한상만(2013). 경험 학습을 통한 名醫의 전문성 발달과정. 중앙대학교 대학원 박사학위 논문.

허정무(2008). 성인교육자의 전문성 개발을 위한 반성적 실천 이론 탐색. *Andragogy Today, 11*(2), 1-27.

홍선미(2006). 자활지원 사례관리 모형과 운영방안 연구. 사회복지연구, 133-165.

홍선미(2009). 지역사회 네트워크 중심 통합 사례관리에 대한 탐색적 연구-안산 통합서비스 네트워크를 중심으로. 한국사회복지행정학, 11(1), 29-61.

홍선미(2011). 사회복지실천의 가치지향 분석: 미국의 사회복지역사를 중심으로. 상황과 복지, 193-223.

홍영미, 성현란(2012). 대학생의 기질 및 지각된 부모양육행동이 외현적 · 내현적 자기애 성향에 미치는 영향. 한국심리학회지 발달, 25(4), 35-48.

황성철(2013). 사회복지 프로그램 개발과 평가. 경기: 공동체.

황성혜(2011). 성인 지적장애인의 자기결정에 대한 영향요인. 재활복지, 15(3), 203-229.
희망복지지원단 중앙지원센터(2014). 희망복지지원단 통합사례관리 실천 가이드.

Abery, B. H., & Stancliffe, R. J. (2003). An ecological theory of self-determination: Theoretical foundations. In M. L. Wehmeyer, B. H. Abery, D. E. Mithaug, & R. J. Stancliffe (Eds.), *Theory in self-determination: Foundations for educational practice* (pp. 25-42). Springfield: Thomas.

Airasian, P. W., & Gullickson, A. R. (1997). *Teacher self-evaluation tool kit*. Thousand Oaks, CA: Corwin.

Alexander, P. A. (2003). The development of expertise: The journey from acclimation to proficiency. *Educational Researcher, 32*(8), 10-14.

Atkinson, R. (1998). *The life Story Interview Sage University Papers Series on Qualitative Research Methods Vol. 44*. Thousand Oaks, CA: SAGE Publications.

Austin, C. D. (1987). *Case management: Reinventing social work*? Paper presented at the National Association of Social Workers Symposium, LA: New Orleans.

Austin, M., & Packard, T. (2009). Case-based Learning: Educating Future Human Service Managers. *Journal of Teaching on Social Work, 29*, 216-236.

Bartmann, S. (2006). 'Flüchten oder Bleiben?' Rekonstruktion biographischer Verläufe und Ressourcen von Emigranten im Nationalsozialismus. Wiesbaden.

Beck, G., & Scholz, G. (1997). Fallstudien in der Lehrerausbildung. In: Friebertshäuser, B. & Prengel, A. (Hrsg.), *Handbuch Qualitative Forschungsmethoden in der Erziehungswissenschaft* (pp. 678-692) Weinheim, München: Juventa.

Biestek, F. (1957). *The casework relationship*. Chicago: Loyola University Press.

Bourdieu, P. (1979). *Diefeinen Unterschiede. Kritik der gesellschaften Urteilskraft. Kulturpoetik, 13*(1), 105-111.

Bourdieu, P. (1992). *Die verborgenen Mechanismen der Macht*. Hamburg.

Bromley, D. B. (1986). *The case-study method in psychology and related disciplines*. Chichester: Wiley.

Brown, G., Bull, J., & Pendlebury, M. (1997). *Assessing Student Learning in Higher Education*. London: Routledge.

Buck, G. (1989). *Lernen und Erfahrung-Epagogik: Zum Begriff aktischen Induktion. Hrsg. Pädagogik von Ernst Vollrath*. Darmstadt: Wissenschaftliche Buchgesellschaft.

Campbell, J. (2001). *The masks of god: Creative mythology*. London: Souvenir Press.

Cohen, A. (2003). Ethnography and case study: A comparative analysis. *Academic Exchange Quarterly*(online). Retrieved November 30, 2008 from http://findarticles.com/p/articles/mi_hb3325/is_/ai_n29051787.

Cohler, B. (1988). The human studies and life history. *Social Service Review, 62*(4), 552-575.

Compton, B. R., & Galaway, B. (1984). *Social Work Processes* (3rd ed.). Homewood, IL: The Dorsey Press.

Connors, H. R., & Barr, M. A. (1992). The effect of a statewide continuing education program on case-management skills: NAMFE. *Gerontology & Geriatrićs Education, 12*(3), 109-119.

Cooper, A. M. (2000). Further developments in the clinical diagnosis of narcissistic personality disorder. In F. Flsa, & E. Ronningstam (Eds.), *Disorders of narcissim: Diagnostic, clinical and empirical implications*. London: Jason Aronson.

Coulshed, V., & Orme, J. (1998). Care management: Assessment and commissioning. *Social work practice: An introduction*. BASW.

Cross, T., Bazron, B., Dennis K., & Isacs, M.(1989). *Towards a Culturally Competent System of Care: A Monograph on Effective Services for Minority Children Who Are Severly Emotionally Disturbed*. Washington, DC: Georgetown University Child Development.

De Cangas, J. P. C. (1991). *The promethean muse: The development of a tool to measure the helping behaviours of case managers. Proceedings of the Third Congress of the World Association for Psychosocial Rehabilitation*. Montreal, Quebec, Canada: World Association for Psychosocial Rehabilitation.

De Cangas, J. P. C. (1997). Assertive case management training: A model of university, hospital and community mental health agency collaboration in the training of future psychiatric nursing clinical specialists. *The International Journal of Psychiatric Nursing Research, 3*(3), 354-360.

Dean, R. G., & Poorve, N. L. (2008). Assessment and formulation: A contemporary social work perspective. *Family in Society, 89*(4), 596-604.

Deci, E. L., & Ryan, R. M. (1985). *Intrinsic Motivation and self-determination in Human Behavior*. New York: Plenum Press.

Ellis, A. (1962). *Reason and emotion in psychotherapy*. New York: stuart.

Ericsson, K. A. (2006). An introduction to Cambridge handbook of expertise and expert performance: Its development, organization, and content. In K. A. Ericsson., N. Charness., P. J. Feltovich, & R. R. Hoffman (Eds.), *The Cambridge handbook of expertise and expert performance* (pp. 3-19). New York: Cambridge.

Ericsson, K. A., & Ward, P. (2007). Capturing the naturally occurring superior performance of expert in the laboratory. *Current Directions in Psychological Science, 16*(6), 346-350.

Erwin, P. (1998). *Friendship in childhood and adolescence*. London: Routledge.

Fisher, J. (1981). The social work revolution. *Social Work, 26*(3), 199-207.

Florio, E. R., Rockwood, T. H., Hendryx, M. S., Jensen, J. E., Raschko, R., & Dyck, D. G. (1996). A Model Gatekeeper Program to Find The At-Risk Elderly. *Journal of Case Management, 5*(3), 106-114.

Flyvbjerg, B. (2001). *Making social science matter: Why social inquiry fails and how it can succeed again*. New York: Cambridge University Press.

Garz, D. (1997). Qualitative Forschungsmethoden fuer die Sachunterrichtsdidaktik. B. Marquardt-Mau, W. Koe-hnlein, & R. Lauterbach (Eds.), Forschung zum Sachunterricht. *Bad Heilbrunn, 1997*, 43-60.

Germaine, C. B., & Gitterman, A. (1996). *The life model of social work practice*. New York: Columbia University Press.

Gibbs, A. (2013). The Power of One: Why auto-ethnography, solo service-user voice and reflective case study analysis are useful strategies for researching family-centred social work practice. *Aotearoa New Zealand Social Work, 25*(4), 15-24.

Gibbs, G. (1988). *Learning by Doing: A Guide to teaching and learning methods*. Further Education University, Oxford Polytechnic.

Goffman, E. (1963). *Stigma: Notes on the management of spoiled identity*. 윤선길, 정기현(2009). 스티그마: 장애의 세계와 사회적응. 오산: 한신대학교출판부.

Goodman, C. C. (1987). The elderly fragile who should get case management. *Journal of Gerontological Social Work, 2*(3/4), 99-112.

Greene, R. N. (1992). *Case management: An agenda for social work practice in social work case management*(edited by Vourlekis & Greene). New York: Walter and Gruyter Inc.

Greene, R. R. (2001). *Resiliency: An integrated approach to practice, policy, and research*. NASW Press.

Gross, T., Bawron, B., Dennis, K., & Isaacs, M. (1989). *Towards a culturally competent system of care: A monograh on effective services for minority children eho are severely emotionally disturbed*. Washington, DC: Georgetown University Child Development.

Gummer, B. (1983). Consumerism and clients rights. In A. Rosenblatt, & D. Waldfogel (Eds.), *Handbook of clinical social work* (pp. 920-938). San Francisco: Jossey-Bass Publishers.

Günther, K. H. (1983). Situationsbeschreibungen als Anlässe für pädagogische Reflexion. In: Fischer, D. (Hrsg.), Lernen am Fall. Zur Interpretation und Verwendung von Fallstudien in der Pädagogik. Konstanz: Faude, 213-235.

Guralnick, M. J. (1999). Family and child influences on the peer-related social competence of young children with developmental delays. *Mental Retardation and Developmental Disabilities Research Reviews, 5*, 21-29.

Guralnick, M. J., & Groom, J. M. (1985). Correlates of peer-related social competence of developmentally delayed preschool children. *American Journal on Mental Retardation, 100*, 359-377.

Gutzwiller, M. (1975). Der juristische "Fall". In Hofstetter, J., Billeter, A., Kägi, W., Knapp, B., Müller, J. P., Saladin, P., & Schnyder, B. (Hrsg.)., Die Erhaltung und Entfaltung des Rechts in der Rechtsprechung des Schweizerischen Bundesgerichts. Festgabe der schweizerischen Rechtsfakultäten zur Hundertjahrfeier des Bundesgerichts. Basel: Helbing & Lichtenhahn, 3-27.

Harris, J. (1999). State social work and social citizenship in Britain: From clientelism to consumerism. *British Journal of Social Work, 29*(6), 915-937.

Hayes, J. R., & Bajzek, D. (2008). Understanding and reducing the knowledge effect: Implications for writers. *Written Communication, 25*(1), 104-118.

Hepworth, D. H., Rooney, R. H., Rooney, G. D., Strom-Gottfried, K., & Intagliata, J. (1982). Improving the quality of community care for the chronically mental disabled. *Schizophrenia Bulletin, 8*, 655-674.

Hepworth, D. H., & Larsen, J. A. (1993). *Direct social work practice: Theory and practice*. Pacific Grove, CA: Brooks/Cole Publishing.

Hepworth, D. H., Rooney, R. H., Rooney, G. D., Strom-Gottfried, K., & Larsen, J. (2006). *Direct social work practice: Theory and skills* (7th ed.). Washington:

Brooks/Cole.

Hepworth, D. H. et al. (2010). *Direct Social Work Practice: Theory and Skills* (8th ed.). Belmont, CA: Brooks/Cole.

Hokenstand, M. C., & Johansson, L. (1996). Eldercare in Sweden: Issues in Service Provision and care Management. *Journal of Case Management, 5*(4), 96-104.

Hwa, M. A. (1996). Case management education in universities: A national survey. *The Journal of Care Management, 2*(6), 10-23.

Jindra, I. W., & Jindra, M. (1999). Objective hermeneutics and the sociology of religion: Ulrich Overmann's model of religiosity, At the Annual Meeting of the Association for the Sociology of Religion(미간행).

Jordan, C., & Franklin, C. (1995). *Clinical Assessment for Social Workers: Quantitative and Qualitative Methods*. Lyceum books.

Kahn, A. J., & Kamerman, S. B. (1992). *Intergration Services Intergration: An Overview of Initiatives, Issues, and Possibilities*. New York: Columbia University School of Public Health, National Center for Children in Poverty.

Kane, R. A. (1992). Case Management in Elder Care: It Can Be Ethical and Efficacious. *Journal of case Management, 3*(1), 71-75.

Kanter, J. (1989). Clinical case management: Definition, principles, components. *Hospital and Community Psychiatry, 40*(4), 361-368.

Kernberg, O. F. (1975). *Borderline conditions and pathological narcissim*. New York: Aronson.

Kohlbache, F. (2006). The Use of Qualitative Content Analysis in Case Study Research. *Forum: Qualitative Social Research, 7*(1).

Kolb, D. A. (1984). *Experiential Learning: Experience as the source of learning and development*. Englewood Cliffs, NY: Prentice Hall.

Kraimer, K. (2016). Life-Space-Bild-Intervention in der Logik der stellvertretenden Krisenbewältigung-Eine Modellskizze. S. 26-35. In: Ders. (Hg.): Aus Bildern lernen. Bd. 2, Rekonstruktion und Narrativität. Ibbenbüren: Münstermann.

Kumar, S. (2000). Multidisciplinary approach to rehabilitation. Butterworth Heinemann.

Kuric, J. L., & White, A. H. (2005). Case management curriculum in nursing education. *Lippincott's Case Management, 10*(2), 102-107.

Larsen, J. (2006). *Direct social work practice: Theory and skills* (7th ed.). Belmont:

Thomson Brooks.

Levin, I. S., & Fleming, M. (1984). *Human Resource Development: Issues in Case Management*. Baltimore, M: Manpower Development Unit and Community Support Project, State of Maryland Hygiene, Administration.

Leashore, B. R. (1995). *African american overview in Encyclopedia of social work* (19th ed.). (p. 113) (edited by), National Association of Social Work, Washington, DC.

Libassi, M. F., & Maluccio, A. N. (1986). Competence-centered social work: Prevention in action. *Journal of Primary Prevention, 6*, 3, 168-180.

Loewenberg, F., & Dolgoff, R. (1995). *Ethical Decisions For Social Practice*. Itasca, IL: Peacock pub. Inc.

Lymbery, M. (1998). Care management and professional autonomy: The impact of community care legislation on social work with older people. *British Journal of Social Work, 28*, 863-878.

Mann, S., & Schweiger, J. (2009). Using the Objective Hermeneutics method in policy evaluation. *Evaluation, Vol. 15*, 4, 445-457.

Masato, K. (1996). Developing a Health Service System for the Elderly in Japan. *Journal of care management, 3*, 21-31.

Mataini, M. A., & Kirk, S. A. (1991). Assessing assessment in social work. *Social Work, 36*(3), 260-266.

McDermott, F. E. (1975). *Self-determination in social work: A collection of essays on self-determination*. London: Routledge & Kegan Paul.

McDonald, C. (2006). *Challenging social work: The context of practice*. Basingstoke, Palgrave Macmillan.

McLaughlin, H. (2009). What's in a name: 'client', 'patient', 'customer', 'consumer', 'expert by pxperience', 'service user'-what's next? *British Journal of Social Work, 39*, 1101-1117.

Merriam, S. B. (1998). *Qualitative research and case study applications in education*. San Francisco, CA: Jossey-Bass.

Miley, K. K., O'Melia, M., & DuBois, B. L. (1995). *Generalist social work practice: An empowering approach*. Boston, MA: Allyn and Bacon.

Moore, S. E. (1990). A social work practice model of case management: The case management grid. *Social Work, 35*(5), 444-448.

Moxley, D. P. (1989). *The practice of Case Management*. Newbury Park, CA: Sage Publications Inc.

Muninjaya, A. A. G., & Widarsa, T. (1994). Development of culturally appropriate educational material to improve home case management of Diarrhea in rural Lombok, Indonesia. *International Quarterly of Community Health Education, 14*(3), 237-243.

NASW (1984). NASW *standards and guidelines for social work case management for the functionally impaired*. Silver Spring, MD: Author.

NASW (1992). Case Management in Health Education, and Human Service Settings. In S. M. Rose (Eds.), *Case Management and Social Work Practice*. New York: Longman Publishing Group.

NASW (2013a). *Standards for Client, System, and Case Manager*. http://www.socialworkers.org/practice/standards/sw.case_mgmt.asp.

NASW (2013b). *Standards for Social Work Case Management*. http://www.socialworkers.org/practice/naswstandards/CaseManagementStandards2013.pdf.

O'Conner, G. G. (1988). *Social Casework, 62*(2), 99.

Oevermann, U. (1981). *Profesionnalisierung der Paedagogik-profesionalisierbarkeit paedagogischen Handelns*. Ms. Berlin.

Oevermann, U. (2002). Klinische Soziologie auf der Basis der Methodologie der objektiven Hermeneutik-Manifest der objektive hermeneutischen Sozialforschung. Frankfrut a.M. Quelle: Homepage des Instituts fuer hermeneutische Sozial-und Kulturforschung e.V.

Pollard, A., & Tann, S. (1993). *Reflective teaching in the primary school*. London: Cassell Villiers House.

Punch, K. F. (2005). *Introduction to social research: Quantitative and qualitative approaches* (2nd ed.). London: Sage.

Ragan, M. (2003). *Services Systems Intergrating Services for Income Support and related Programs*. Rockefeller Institute of Government.

Ragin, C. C. (1987). *The comparative method: Moving beyond qualitative and quantitative strategies*. Berkeley: University of California Press.

Ragin, C. C. (2000). Introduction: Cases of "what is a case?" in What is a case? In C. C. Ragin & H. S. Becker (Eds.), *Exploring the Foundations of Social Inquiry*. (pp. 1-17)New York: Cambridge University Press.

Reamer, F. G. (1998). The Evolution of Social Work Ethics. *Social Work, 43*(6), 488-500.

Reichertz, J. (1997). Objektive Hermeneutik. In R. Hitzler & A. Honer (Eds.), *Sozialwissenschaftliche Hermeneutik*. Opladen: Leske and Budrich.

Reichertz, J. (2004). Objective Hermeneutics and hermeneutics sociology of knowledge. In Flick, U., Ernst von Kardorff & Ines Steinke (Eds.), *A Companion to Qualitative Research* (pp. 290-295). Sage publication. anfred S. (Hg.). Biographie in handlungswissenschaftlicher Perspektive. Nürnberg, 67-156.

Reid, W. (1978). *The task centered system*. New York: Columbia University.

Roberts, D. (2002) Reconceptualizing case management in theory and practice: a frontline perspective. *Health Service Management Research, 15*(3), 147-164.

Rodriquez, J. D. (1993). Case Management in Two Long-Term-Care Population: A Synthesis of Research. *Journal of Case Management, 2*(4), 125-129.

Rothman, J. (1991). A model of case management: Toward empirically based practice. *Social Work. Nov. 1991, Vol. 36,* Iss 6, 520-528.

Rothman, J. (1992). *Guidelines fo Case Management: Putting Research to Professional Use*. Itasca, IL: F. E. Peacock Publishers, Inc.

Rubin, A. (1987). Case Management. In A. Minahan, (ed-in-a-chief) *Encyclopedia of social work* (18th ed). Silver Spring, MP: NASW Press.

Rubin, A. (1992). Is Case Management Effective for People with Serious Mental Illness? *A Research Review, Health and Social Work, 17*(2), 138-150.

Rutter, M. (1987). Psychological Resilience and Protective Mechanisms. *American Journal of Orthopsychiatry, 57*, 316-331.

Schön, D. A. (1983). *The reflective practitioner: How professionals think in action*. NY: Basic books. Schön(1987). *Educating the reflective practioner. Toward a new design for teaching and learning in the professions*. San Francisco, CA: Jossey-bass publishers.

Schütze, F. (1984). Kognitive Figuren des autobiographischen Stegreiferzählens. In Kohli, Martin/ Günther Robert (Hg.). *Biographie und soziale Wirklichkeit*. Stuttgart, 78-117.

Schütze, F. (1994). Das Paradoxe in Felix Leben als Ausdruck eines wilden Wandlungsprozesses. In Koller, H.-Ch./Kokemohr, R. (Eds.): *Lebensgeschichte als Text: zur biographischen Artikulation problematischer Bildungsprozesse*.

Weinheim, 13-60.

Schweppe, C. (2003). In Dies (Hg.). *Qualitative Forschung in der Sozialpädagogik*. Opladen, 7-16.

Schweppe, C. (2004). 사회복지와 질적 연구와의 관계. 강남대 사회복지전문대학원 워크샵 자료집(미간행).

Simons, H. (2009). *Case study research in practice*. London: SAGE.

Stake, R. E. (1988). Case study methods in educational research: Seeking sweet water. In R. Jaeger (Ed.), *Complementary methods for research in education* (pp. 253-265). Washington, DC: AERA.

Stake, R. E. (1994). Case studies. In N. K. Denzin & Y. S. Lincoln (Eds.), *Handbook of qualitative research* (pp. 236-247). Thousand Oaks, CA: Sage.

Stake, R. E. (1995). *The art of case study research*. Thousand Oaks, CA: Sage.

Stake, R. E. (2005). Qualitative case studies. In N. K. Denzin & Y. S. Lincoln (Eds.), *The SAGE handbook of qualitative research* (3rd ed.) (pp. 443-466). Thousand Oaks, CA: Sage.

Steinberg, R., & Center, G. W. (1983). *Case Management and the Elderly*. Lexington, MA: Lexington.

Steiner, E. (2004). Erkentnisentwicklung durch Arbeiten am Fall. Diss. Universität Zürich.

Steiner, P., & Pichler, B. (2009). Objective Hermeneutics: Methodological reflections on social structures in women's lives. *Psychology and Society, 2*(1), 50-54.

Sussman, M. (1982). Generational linkages: Reciprocal activities and support for older and younger Americans. Paper presented at the Commissioners Forum on Aging and Intergenerational Relationships: The role of the family, Kansas City, MO.

Swanson, R. A., & Holton, Ⅲ, E. F. (2001). *The nature of human expertise: Foundations of human resource development.* San Francisco, CA: Berrett-Koehler Publishers.

Teruyuki, K. (2005). Support and training of care managers. *Japanese Journal of care management, 3*, 42-47.

Thomas, G. (2011). A typology for the case study in social science following a review of definition, discourse, and structure. *Qualitative Inquiry, 17*(6), 511-521.

Tracy, B., & DuBois, B. (1987). Information model for generalist social work practice. Paper presented at the meeting of the Bacclaureate Program Directors of Social

Work Programs, Kansas City, KS.

Unger, J., & Cunningham, M. (2002). Case Management and the BSW Curriculum. *The Journal of Baccalaureate Social Work, 8*(1), 69-82.

Van Driel, H., Beijaard, D., & Verloop, N. (2001). Professional development and reform in science education: The role of teachers' practical knowledge. *Journal of Research in Science Teaching, 38*(2), 137-158.

Vinton, L. (1993). Educating Case Managers About Elder Abuse and Neglect. *Journal of Case Management, 2*(3), 101-105.

Vourlekis, B. S., & Greene, R. R. (Eds.) (1992). *Social Work Case Management*. New York: Aldine De Gruyter, Inc.

Wakefield, J. C. (1996) Dose social work need the eco-system perspective? Part 1. Is the perspective clinically useful? *Social Service Review, 70*(1), 1-32.

Wink, P. (1991). Two faces of narcissism. *Journal of Personality and Social Psychology, 61*, 590-597.

Wolcott, H. F. (1992). Posturing in qualitative research. In M. D. LeCompte, W. L. Millroy & J. Preissle (Eds.), *The handbook of qualitative research in education* (pp. 3-52). New York: Academic Press.

Woodside, M., & McClam, T. (2003). *Generalist case management: A method of human service delivery* (2nd ed.). Thomson Leaning, Inc.

Woodside, M., & McClam, T. (2006). *Generalist case management: A method of human service delivery* (3rd ed.). Thomson Brooks/Cole.

Yegidis, B. L., & Weinbach, R. W. (2006). *Research methods for social workers* (5th ed.). Pearson Education: Boston.

Yin, R. K. (2013). *Case study research: Design and methods* (5th ed.). Thousand Oaks, CA: Sage Publications.

국립국어원 표준국어대사전. http://stdweb2.korean.go.kr/main.jsp

두산백과. http://terms.naver.com/entry.nhn?docId=1108229&cid=40942&categoryId=31611

한국퍼실리테이터협회. https://www.facilitator.or.kr

Encyclopedia of sociology (2017). Social resources theory. http://www.encyclopedia.com/social-sciences/encyclopedias-almanacs-transcripts-and-maps/social-resources-theory

찾아보기

인명

내용

ㅎ

저자 소개

이효선(Lee, Hyoseon)

서울여자대학교 사회사업학과(문학사)
서울여자대학교 대학원 사회사업학과(문학 석사)
독일 Univ. of Carl von Ossietzky Oldenburg 사회사업/사회교육(철학 박사)
2006년 독일 Univ. of Frankfurt 객원교수
2011년 독일 Univ. of Mainz 문화연구소 객원교수
현 강남대학교 사회복지전문대학원 교수
　강남대학교 인간발달연구소 소장
　한국인간발달학회 이사

〈주요 저서〉

사회복지 윤리와 철학(학지사, 2016)
사회복지실천론(공저, 정민사, 2012)
인간행동과 사회환경(공저, 정민사, 2012)

남화수(Nam, Hwasoo)

강남대학교 사회사업학과(문학사)
연세대학교 행정대학원 사회복지전공(사회복지학 석사)
강남대학교 사회복지전문대학원 사회복지학과(사회복지학 박사)
현 궁동종합사회복지관 관장
　한국인간복지실천학회 이사
　사회복지실천지식연구소 위하여 이사

〈주요 저서〉

사회복지실천론(공저, 공동체, 2011)
지역사회복지론(공저, 공동체, 2011)
사회문제론(공저, 공동체, 2011)
사회복지개론(공저, 공동체, 2010)

사회복지실천을 위한 사례관리

-사례중심실천 접근-

Case Management for Social Work Practice:
Case-Based Practice

2017년 9월 20일 1판 1쇄 발행
2020년 4월 20일 1판 2쇄 발행

지은이 • 이효선 · 남화수
펴낸이 • 김진환
펴낸곳 • (주) 학지사
04031 서울특별시 마포구 양화로 15길 20 마인드월드빌딩
대표전화 • 02)330-5114 팩스 • 02)324-2345
등록번호 • 제313-2006-000265호

홈페이지 • http://www.hakjisa.co.kr
페이스북 • https://www.facebook.com/hakjisabook

ISBN 978-89-997-1374-3 93330

정가 19,000원

이 도서의 국립중앙도서관 출판시도서목록(CIP)은 서지정보유통지원시스템 홈페이지(http://seoji.nl.go.kr)와 국가자료공동목록시스템(http://www.nl.go.kr/kolisnet)에서 이용하실 수 있습니다.
(CIP 제어번호: CIP2017022391)